CONG
NANBEI
GUAGOU
HEZUO
DAO
DONGXIBU
FUPIN
XIEZUO

从"南北挂钩合作"到"东西部扶贫协作"
——中国减贫事业的县域实践与探索

陈世海 编著

苏州大学出版社
Soochow University Press

图书在版编目(CIP)数据

从"南北挂钩合作"到"东西部扶贫协作":中国减贫事业的县域实践与探索 / 陈世海编著. —苏州:苏州大学出版社,2021.11
ISBN 978-7-5672-3735-3

Ⅰ.①从… Ⅱ.①陈… Ⅲ.①县级经济—扶贫—研究—中国 Ⅳ.①F126

中国版本图书馆 CIP 数据核字(2021)第 202898 号

书　　名:	从"南北挂钩合作"到"东西部扶贫协作":中国减贫事业的县域实践与探索 CONG "NANBEI GUAGOU HEZUO" DAO "DONGXIBU FUPIN XIEZUO": ZHONGGUO JIANPIN SHIYE DE XIANYU SHIJIAN YU TANSUO
编　　著:	陈世海
责任编辑:	周凯婷
装帧设计:	吴　钰
出版发行:	苏州大学出版社(Soochow University Press)
社　　址:	苏州市十梓街1号　邮编:215006
网　　址:	www.sudapress.com
邮　　箱:	sdcbs@suda.edu.cn
印　　装:	苏州市深广印刷有限公司
邮购热线:	0512-67480030　销售热线:0512-67481020
网店地址:	https://szdxcbs.tmall.com/(天猫旗舰店)
开　　本:	700 mm×1 000 mm　1/16　印张:23.25　字数:430千
版　　次:	2021年11月第1版
印　　次:	2021年11月第1次印刷
书　　号:	ISBN 978-7-5672-3735-3
定　　价:	68.00元

凡购本社图书发现印装错误,请与本社联系调换。服务热线:0512-67481020

目 录

第一编：署名文章

南北挂钩合作的实践与思考／003
苏北欠发达地区承接产业转移的实践与思考／007
小康路上，携手前行／011
扶贫攻坚，打造东西部协作的升级版／013
精准对接助脱贫　智志帮扶显成效／017
"三个全覆盖"探索东西部扶贫协作新模式／023
从"南北挂钩合作"到"东西部扶贫协作"／027
"三聚焦三全力"攻克深度贫困堡垒／030
新时代文明实践扶贫协作助力深度贫困歼灭战／034
贵州沿河：以全方位精准扶贫协作共赢深度贫困歼灭战／039
苏黔携手　攻克深度贫困最后堡垒／045
打造东西部劳务协作就业扶贫示范样本／049
精准发力　打赢深度贫困歼灭战／052
精准发力东西部消费扶贫协作／055
精准发力职业教育协作／058

第二编：典型案例

实现区域共同发展的成功探索
  ——张家港、宿豫全面推进南北挂钩合作工作的调查 / 063

张家港市·沿河土家族自治县"三个全覆盖"打造东西部扶贫协作
 新模式 / 069

探索"三个三"结对帮扶新模式扶贫协作携手决胜深度贫困奔小康 / 073

率先实践"整村推进结对帮扶"新模式 / 077

挂牌督战三个精准发力 助力打赢深度贫困歼灭战 / 080

精准产业扶贫 助力持续发展 / 084

携手同心战深贫 合力打好歼灭战 / 087

江苏张家港："四个+"精准协作助力沿河战深贫 / 090

"扶贫老兵"陈世海：从"南北挂钩合作"到"东西部扶贫协作" / 093

张家港市携手沿河土家族自治县打好脱贫攻坚战 / 096

沿河土家族自治县·张家港市"四个三"探索东西部扶贫协作
 新路径 / 099

张家港市·沿河土家族自治县探索东西部扶贫协作"整村结对帮扶"新
 路径 / 103

扶贫协作村帮村 产业致富显成效
  ——张家港市善港村和沿河土家族自治县高峰村东西部村级帮扶
   主要做法 / 107

沿河土家族自治县携手张家港市探索文军扶贫新路径 / 110

张家港助力贵州铜仁最后一个贫困县脱贫摘帽 / 111

第三编：研究课题

苏州、宿迁南北挂钩研究
  ——以张家港、宿豫为例 / 115

东西部扶贫协作机制研究
　　——以江苏省对口帮扶贵州铜仁市为例／126
新时代东西部协作文化扶贫研究与实践／174
新时代文明实践中的文化精准扶贫研究
　　——以贵州沿河土家族自治县文明实践驿站建设为例／198
"后帮扶时代"东西部扶贫协作模式研究
　　——基于苏州·铜仁东西部扶贫协作实践的思考／214

第四编：经验交流

打好精准脱贫攻坚战是我们共同的奋斗目标／265
深化"五位一体"携手奔小康全面结对帮扶模式　全方位整体推进携手决胜深度贫困脱贫攻坚战／269
张家港市·沿河土家族自治县"三个全覆盖"率先探索"携手奔小康"东西部扶贫协作新模式／274
以习近平总书记关于扶贫工作重要论述指引苏铜东西部扶贫协作创新实践／280

第五编：其他

关于东西部扶贫协作"整村推进结对帮扶"的探索与思考／289
精准发力续写易地扶贫搬迁"后半篇"文章／294
以精准扶贫协作打赢打好深度贫困脱贫攻坚战
　　——江苏张家港市践行习近平总书记关于东西部扶贫协作重要论述的生动实践／297
张家港·沿河"四个大"精准扶贫协作共克沿河深度贫困堡垒／304
全面建成小康社会背景下"后帮扶时代"乡村振兴路径探析
　　——基于苏州·铜仁东西部扶贫协作实践的思考／307
聚焦产业扶贫协作　构建长效扶贫机制／316
全力打造东西部扶贫协作　党建引领促脱贫示范样本／320
张家港市帮扶沿河土家族自治县高峰村经验做法／324

第六编：媒体报道

【山海情深·我们都是贵州人】四年沿河人，一世沿河情/329
"张家港精神"激荡乌江之滨/333
决战脱贫攻坚　书写"对口帮扶"张家港答卷/338
张家港陈世海：征战四方的"扶贫老兵"/343
张家港创新帮扶机制确保精准扶贫全方位实施赢得深度贫困歼灭战/347
山海情谊一线牵　携手同心战深贫
　　——张家港市对口帮扶沿河土家族自治县纪实/350
【我的扶贫故事】贵州沿河‖陈世海：决胜深度贫困战场的江苏"扶贫老兵"/357

参考文献/361

后记/364

第一编：署名文章

南北挂钩合作的实践与思考[1]

加快苏北地区发展，实施区域共同发展战略，是江苏省实施现代化建设第三步战略部署的重要组成部分，是实践"三个代表"重要思想、促进共同富裕的客观要求，也是富民强省、争取率先基本实现现代化的关键环节。张家港市与宿迁市宿豫区自2001年年底建立南北挂钩合作关系以来，切实按照省委、省政府的要求，坚持党政推动和市场运作相结合、选择性定点挂钩和多层次自愿挂钩相结合、重点突破和整体推进相结合，不断探索挂钩合作的有效途径，在共建工业园区、乡镇挂钩结对、社会事业援助、干部交流培训、经济薄弱村帮扶、劳务输出合作等方面取得了丰硕的成果，两地的南北挂钩合作关系始终充满生机和活力。

一是产业转移合作初见成效。张家港市和宿豫区双方始终把产业转移作为挂钩合作的重中之重来抓，每年都要在两地组织开展投资推介和招商引资活动。自张家港市的长江润发集团2002年率先到宿豫县开发建设长江润发（宿豫）工业园后，一大批张家港企业纷纷到宿豫投资兴业。截至2007年年底，张家港市共有65家企业落户宿豫，到位固定资产投资超过19亿元。其中，长江润发集团基础设施投资达3.15亿元，2007年长江润发（宿迁）集团有限公司完成销售收入9.2亿元，名列宿豫区第一位、宿迁市第三位。与此同时，由两地政府共建的张家港宿豫工业园区于2007年6月开工建设。仅半年时间，园区投入资金5 700万元，7个项目落户共建园区，投资总额3.5亿元，其中外资项目2个，外商投资额1 600万美元。

二是两地人员交流互动频繁。每年由两地党政主要领导带队的党政代表团都要进行互访，召开挂钩合作座谈会，总结合作成果，研究对口合作途径，签订年度合作协议书。张家港市的8个镇与对口的宿豫区16个乡镇及对口的机关部门和对口帮扶的村，每年也都互派人员交流访问，在产业转移、项目建设、人员培训、业务工作、社会事业援助等方面进行合作。这几年，张家港市每年都要为宿豫区无偿举办干部培训班，双方互派干部

---

[1] 作者陈世海，系中共宿迁市宿豫区委副书记（挂职）。

到对方挂职锻炼。在教育领域，张家港市在以往支教的基础上，从2007年开始，累计选派63名省级示范学校以上的学校领导和教学骨干到宿豫区乡镇中小学进行常年性的支教工作。

三是结对帮扶援助整体推进。结对帮扶援助工作呈现出从双方政府间的资金项目援助到村村、村企之间的结对帮助及企业、个人的捐赠，从社会事业援助到经济薄弱村帮扶的整体推进态势。这几年，张家港市财政每年都要安排数百万元的帮扶专项经费专门用于援助宿豫区的社会事业建设，机关、企事业单位和个人的对口捐赠也明显增多。据不完全统计，仅2007年张家港市帮扶援助宿豫区资金就达1 086万元，宿豫张家港实验小学、宿豫张家港开发区技工实训基地、港豫大桥等项目相继完工。张家港市还组织发动对宿豫区的16个经济薄弱村重点帮扶，2007年已为周石庄村等5个村建造"为民服务中心"3 300平方米，建设标准型厂房3幢2 500多平方米，引进"三来一加"项目3个，新办企业2家，吸纳当地300多名贫困劳动力就业。两地劳务合作发展良好，自2007年以来，宿豫区累计向张家港市及周边地区输出劳务人员4.6万人次。

南北挂钩合作是江苏省委、省政府实施区域共同发展战略的重大决策，如何进一步贯彻落实好这一重大决策，促进南北优势互补、共同发展，笔者根据张家港市和宿豫区南北挂钩合作的实践，谈几点看法。

第一，进一步完善南北挂钩工作机制。南北挂钩合作需要两地党委、政府及有关部门从组织体制和制度入手建立起长效机制。在组织体制方面，可以考虑成立由两地党委、政府领导及相关部门负责同志参加的南北挂钩合作协调委员会。该协调委员会的主要任务是研究决定南北挂钩合作工作中的重大事项，协调解决南北挂钩合作过程中的重要问题。成立这样一个协调委员会对南北挂钩工作的正常和持续开展是十分必要的。在合作挂钩的制度方面，重点要建立健全产业转移信息联系交流制度。由双方相关部门牵头，建立定期的联席会议制度。南北双方通过协调委员会共同组织相关企业开展合作对接、互访考察、座谈交流，及时发布双方企业投资意向、配套协作、资产重组、供地用工、市场贸易、合作项目等经济信息，共同做好合办招商活动、项目转移对接等工作。与此同时，还要形成并完善人力资源交流与合作制度，通过信息网络实现双方人才资源共享，推进教育、卫生、文化等系统的人才培养，技术、科研、管理的合作与交流。

第二，进一步加强经济交流和合作。南北双方要以工业园区为平台，重点围绕园区建设加强经济交流与合作。工业园区建设是南北双方合作的最佳载体,也是检验双方合作成效的最好标杆。2007年,省发改委、省外经贸厅批准建立南北挂钩共建园区———张家港宿豫工业园区,张家港市委、市政府高度重视,在基础设施、项目引进等方面做了大量工作。2008年,共建园区将投入4 800万元,继续用于基础设施建设,进一步增强园区承载力,打造苏北工业园区中的一流投资环境。正是工业园区将双方紧密联系在一起,心往一处想,劲往一处使,目标一致,共同努力支持进区项目加快建设进程,力争早建设、早达产、早见效。南北经济交流和合作还需要建立起民间平台。南北两地党政之间的合作交流、工业园区基础设施的建设,这些都是基础性的工作,交流与合作的主体是民间,特别是企业。只有民间的交流与合作开展起来,南北合作才能有成效。基于这一认识,张家港市从一开始就积极鼓励、引导张家港市各类企业,特别是民营企业、规模企业向宿豫转移。早在2005年7月宿迁市宿豫张家港商会就成立了。2007年4月中旬,张家港市组织100多名企业家参加了"宿豫区经济社会发展暨张家港宿豫工业园区投资环境说明会"。正是民间特别是企业的积极参与,才使双方在产业协作、行业交流、企业对接方面取得积极成果。

第三,进一步拓宽南北挂钩合作领域。南北挂钩合作的持久性建立在南北双方经济社会发展紧密联系的基础之上,因此,仅仅有一个工业园区是不够的,必须实现全面的合作,这就需要不断拓宽合作的领域。工业园区的建设,干部的交流培训、劳务合作,这些工作需要进一步做好。同时,还要不断拓宽合作面。例如:加强村村合作、村企合作。根据在全省实施"千村万户帮扶工程"的要求,继续推进张家港市的行政村、重点骨干企业和农业产业化龙头企业与宿豫区的经济薄弱村建立结对帮扶关系,以2007年试点的4个村为样板,在资金、人才、技术、市场、信息等方面加大对宿豫区其他经济薄弱村的帮扶力度,争取帮到实处、扶出成效。促进涉农产业合作。除两地的农副产品购销合作外,还要鼓励两地的国家级、省级农业产业化龙头企业积极参与农副产品深加工,提高农业产业化经营水平。

第四,进一步加大援助帮扶力度。南北挂钩合作的一个重要出发点就是推进苏南发达地区援助帮扶苏北地区,实现邓小平同志提出的先富帮后富,实现共同富裕的目标。因此,苏南地区必须在本地经济又好又快发展的基础上,不断加大对苏北的援助帮扶力度。从张家港市的实践看,目前这种帮扶重点主要在三个方面。一是援助社会事业发展。在2007年由张家港市财政出资资助宿豫(张家港)工业园技工实训基地建设,为宿豫张家港实验小学、宿豫区劳动技能培训中心添置教学和培训设备,援助建设一批文化事业项目的基础上,张家港市将进一步加大援助力度,支持宿豫区发展教育、卫生、文化等社会事业,提高人民群众的生活质量。二是支持宿豫农村经济发展。采取种、养、加工等多种形式,支持宿豫对口帮扶村,特别是农村"能人"兴办经济实体,发展当地切实可行的产业,提高村民的生产经营和就业创业能力,加快脱贫致富步伐。三是继续帮扶特困人群。通过对农村贫困户和孤贫失学儿童进行资助,力争使宿豫农村贫困户的生产、生活条件不断得到改善。

7年来,张家港与宿豫两地真诚合作,共谋发展,已经取得了显著成果。两地干部群众通过不断交流,增进了了解,加深了感情,建立了友谊。在上级党委、政府的正确领导和两地的共同努力下,张家港市和宿豫区的南北挂钩合作工作一定会实现新的、更大的突破,取得更加丰硕的成果,共创两地发展的美好未来。

(《群众》2008年第4期,第32-33页)

苏北欠发达地区承接产业转移的实践与思考[1]

区域经济的非均衡发展与互动合作是当今经济发展的一个显著特点，由此引发的产业梯度转移已成为我国经济发展中的必然趋势。在这种发展态势下，欠发达地区如何理性地承接产业转移是值得认真思考的一个重大课题。近年来，宿迁市宿豫区密切联系地方发展实际，通盘考虑，趋利避害，把承接产业转移与产业结构调整、全面建设小康社会、推进新型工业化等紧密地结合在一起，逐渐发挥后发优势，以更快的发展节奏与苏南发达地区有效对接。

一

苏北地区正处于工业化起步阶段，承接发达地区产业转移显得尤为重要。宿豫通过加快基础设施建设，不断创优发展环境，加大招商引资力度，为承接产业转移积极创造条件。

积极放大承接产业转移优势。近年来，宿豫通过立足自身优势，重点承接高科技、高附加值、经济效益好、产业关联度高、上下游产业配套协作强的相关产业。一是深入推进南北挂钩合作承接产业转移。在挂钩合作之初，宿豫就把承接张家港产业转移作为工作"重头戏"，注重从政府、部门和企业三个层面推动。几年来，全区先后有16个乡镇和10个部门与张家港的乡镇和部门实现了对口挂钩，派出了42名副科级干部到张家港挂职招商，在张家港举办了十多次招商推介会。二是瞄准重点企业和区域承接产业转移。瞄准世界500强企业、绩优上市公司、全国民营100强企业等龙头型、基地型企业，深入分析其投资动向，锁定目标，重点突破。重点加强对上海、昆山、东莞等区域的招商力度，并以这些地区为中心，向外延伸触角。三是创新举措承接产业转移。为了提高招商实效，宿豫采取了"一专三靠"（成立10个专业招商局，靠现有企业、外来客商和委托代理人招

---

[1] 作者陈世海，系中共宿迁市宿豫区委副书记（挂职）。

商)的办法，重点抓好产业招商、项目招商、以商招商，着力主攻重大项目、优选高新项目、突破外资项目。

强力提升承接产业转移平台。近年来，宿豫坚持"五园"联动，全力加快宿豫经济开发区、张家港宿豫工业园区、长江润发（宿豫）工业园、彩塑工业园、宿迁植物园"五园"建设步伐。全面推进宿豫经济开发区建设。截至 2008 年，宿豫经济开发区引进项目已达 287 个，到位固定资产投资 27 亿元，已投产项目 212 个。2007 年，开发区实现销售收入 43 亿元、财政一般预算收入 6 094 万元。着力推进共建园区建设。张家港宿豫工业园区作为南北挂钩共建园，启动建设一年多来，共投入建设资金 7 000 万元，引进工业项目 7 个，投资总额 3.5 亿元，注册资本 1.5 亿元。大力加快长江润发（宿豫）工业园建设。2002 年，长江润发集团与宿豫签约，在宿豫开发区建设占地 1 000 亩（约 0.67 平方千米)[1] 的长江润发（宿豫）工业园，开全省以市场为导向、南北挂钩合作产业新模式之先河。目前，长江润发（宿豫）工业园投产项目 8 个，基础设施投入超过 3 亿元。强力推进彩塑工业园进度，彩塑工业园建设实行封闭管理、独立核算、企业化运作，已形成以企业集团为依托、以投资开发为主体、以产业集群为目标的整体推进发展格局。截至 2008 年，园区已建成 6 平方千米。全力加快建设宿迁植物园。将宿迁植物园建成集科普、休闲为一体的假日休闲胜地，2008 年完成总体规划，并启动建设一期工程。

全力优化承接产业转移环境。一是营造开放开明的投资环境。紧紧抓住省委、省政府允许和支持宿迁采取比其他地区更加灵活的政策的有利时机，解放思想，更新观念，放开手脚，大胆探索实践，抢抓发展机遇。为保证各项政策落实到位，宿豫出台了《软环境治理八项规定》，规范集中办公、一条龙服务、一个窗口对外的工作机制，努力营造亲商、重商、安商、富商的工作环境。二是营造重信守诺的信用环境。实行项目服务终身负责制和驻厂服务制，给每位投资的客商发放"投资绿卡"，并向园区招商企业派驻驻厂服务员和挂职干部。对于已出台的政策，坚决保证及时、足额兑现到位。三是营造健康文明的人文环境。围绕改善投资环境，有针对性地开展各类宣传教育活动，使"人人都是投资环境、人人代表宿豫形象"成为广大干群的自觉行动。

---

[1] 1 亩约等于 666.67 平方米，后文同。

二

"十五"期间，宿豫招商引资实际到位资金70.5亿元，共引进工业项目2 993个，引资总额54.7亿元。尤其是南北挂钩合作成果显著，截至2008年，全区共落户张家港项目68个，协议总投资23亿元，实际到位资金12亿元，长江润发、格林手套、华达涂层等企业逐渐成为宿豫经济发展的推动力。

支柱产业初具规模。通过有针对性地承接产业转移，宿豫初步形成了钢铁、橡胶、玻璃和彩塑四大主导产业，同时，机械、针织、服装、制鞋等劳动密集型产业悄然兴起，工业结构更加合理，发展后劲更加坚实。

带动效应逐步突显。据统计，近年来宿豫地方财政一般预算总收入中，有35%以上是招商引资企业对地方财力做出的贡献。随着南钢金鑫轧钢、亚洲钛业等重大项目的落户，招商企业对地方财力的贡献率将进一步增大。

产业结构更加优化。从承接的三次产业看，通过重点发展工业、开发农副产品业、培育新兴旅游产业，带动了全区产业结构调整，三次产业的结构比由"十五"初的35.1∶42.7∶22.2调整为2008年的20.6∶56.7∶22.7，第一产业比重降低14.5个百分点，第二产业比重提高14个百分点，产业结构进一步优化。

三

宿豫的实践给了我们诸多启示。

科学发展是做好产业承接的根本点。一是遵循市场导向原则。要坚持以市场为导向，以自愿合作为前提，充分发挥市场机制在资源配置中的基础性作用和企业的市场主体作用。二是遵循优势互补原则。要将苏北地区资源、成本、政策等方面优势与苏南地区资本、技术、人才、管理、开发区品牌等优势紧密结合起来，通过园区对接、产业联动、梯度转移，实现南北优势互补、共同发展。三是遵循利益共享原则。要兼顾苏南、苏北合作双方的利益，实现南北"双赢"。四是遵循集约开发原则。要按照布局集中、产业集聚、建设集约的要求，以优势资源为依托、骨干企业为龙头、重大项目为支撑，通过产业的上下游延伸配套，推动各种生产要素向重点产业、重点企业集聚，提高集约发展水平。五是遵循可持续发展原则。要坚持环保优先和节约优先,按照产业发展和环境保护规划,认真做好环境影响评价工作,确保苏北地区的可持续发展。

载体建设是做好产业承接的关键点。加快工业园区建设,切实做好园区规划,科学合理布局,明确各类园区产业定位和发展方向,打造特色优势产业园区,有条件的地方要建设一批承接产业转移的专门园区,努力使工业园区成为承接产业转移、带动本地工业快速发展的基地和龙头。推进园区的体制、机制、管理创新。在完善投资开发及经营管理体制上,可尝试通过招标方式将园区的投资、开发、招商、经营权全部承包给有实力的大开发商、企业集团,鼓励和支持外地的大企业兴办园区或创办"园中园",这样既可解决开发资金问题,也可更新管理经营模式和体制。

自主创新是做好产业承接的助力点。从长远看,欠发达地区的产业发展只有走自主创新的道路才有可能改变其在产业分工中处于价值链低端的不利地位。要在承接产业转移的同时,努力提高产业技术水平和自主创新能力,建立由企业主导的产业创新体系,联合产业内的企业、科研院所、行业协会和政府组织,对产业共性技术进行合作研发,加速优势资源互补和技术在产业内的有效扩散。

优化机制是产业对接的落脚点。制度因素是推动经济发展的直接动力,加快体制创新,实现环境对接,推进统一市场建设,是欠发达地区承接产业转移的制度保证。要着力营造安全文明的法制环境、诚实守信的人文环境、开明开放的政策环境、高效快捷的政务环境、优美舒适的人居环境、规范有序的市场环境,打造与发达地区无差异的投资环境,使转移过来的产业和资本能够快速适应环境而扎下根来。

(《群众》2008年第10期,第77-78页)

小康路上，携手前行[1]

前几年在江苏宿迁帮扶的记忆仍历历在目。如今，作为东西部扶贫协作的"兵"，我又从江苏张家港前往贵州沿河挂职。时光荏苒，初心不变，一个个人生阶段的坐标，记录着扶贫工作的点滴，也见证了我国减贫事业的发展。

长江尾的张家港，乌江畔的沿河，虽相隔千山万水，却因打赢脱贫攻坚战的共同目标，成为心手相连的圆梦伙伴。这些年的扶贫经历告诉我，东西部扶贫协作，不仅要将发达地区的致富经验带过去，更要结合当地实际，找到内生动力。

淇滩镇铜鼓村是沿河50个深度贫困村之一。2017年，淇滩镇获得张家港市80万元对口帮扶资金，按每户7 843元的标准量化到102户建档立卡贫困户，用于入股当地肉牛养殖基地。基地采用"保底分红+股份分红"的方式，完善了项目利益联结机制，保障了贫困户的利益，做到了产业扶贫分量重、持久脱贫有保障。在2017年年底分红大会上，102户共获得分红金额64 000元。有村民表示，"走心的好政策，让丧失劳动能力的人没有了后顾之忧"。

扶贫先扶智，重视教育保障是变输血为造血的重要手段。我们在走访中发现，某五口之家的低保贫困家庭培养了一个大学生和两个高中生。惊喜之余，我们也感慨因学致贫、返贫的困境。全家只靠一亩地的收成和父亲做泥瓦匠打零工的收入，无法负担孩子的学费。一块可能实现人生逆袭的"跳板"，一个未来能成功脱贫的"支点"，对这样的家庭何其珍贵！通过协调，我们迅速解决了这一家孩子的上学问题。

得益于扶贫协作的工作部署，这样的扶贫故事还有很多。一年来，我

---

[1] 作者陈世海，系政协张家港市委员会党组成员，市委宣传部副部长、市文化广电新闻出版局党委书记，张家港市美术馆馆长，江苏有线网络发展有限责任公司监事；中共沿河土家族自治县委常委、县人民政府党组成员、副县长（挂职），江苏省对口帮扶贵州省铜仁市工作队沿河土家族自治县工作组组长。

们探索出了"五位一体"东西部扶贫协作全面结对帮扶新模式,实现了两地市县、乡镇、村村、村企、园区五个层面全面结对。2018年,我们将帮助沿河当地培训600名机关部门及乡村干部和贫困村创业致富带头人,实现部门、乡镇互派干部挂职,在与沿河12个深度贫困村结对的基础上,抱团开展"滴灌式"精准扶贫行动,推进张家港与沿河全方位、立体化、深层次的扶贫协作,促进"帮眼下"与"谋长远"的有机结合。

"一花独放不是春,百花齐放春满园。"多年参与扶贫,让我对扶贫协作有着切身的感受。全面建成小康社会最艰巨、最繁重的任务在贫困地区,特别是深度贫困地区。改革开放40年来,一些地方先行先试,探索出很多脱贫致富的经验方法,获得人才、资本、政策等方面的优势。引导这些资源向中西部贫困地区流动,发挥扶贫协作在全面建成小康社会中的作用,鼓励当地在吸收借鉴的同时因地制宜找到路子,是我们的工作重点和难点。但无论如何,身为扶贫"老兵",就要持之以恒、有所作为,因为打赢脱贫攻坚战、携手步入全面小康,就是我的中国梦。

(《人民日报》2018年3月21日第7版)

扶贫攻坚，打造东西部协作的升级版[1]

习近平总书记关于扶贫工作的重要论述，深刻回答了新时代扶贫开发一系列重大理论和实践问题，为打赢脱贫攻坚战提供了强大思想武器。其中，东西部扶贫协作和对口支援是以习近平同志为核心的党中央从全局出发做出的大战略、大布局和大举措。2017年3月，小康路上"先行一步"的江苏省张家港市，与贵州省14个深度贫困县之一的沿河土家族自治县正式建立协作对口帮扶关系。由此，乌江畔的沿河与长江尾的张家港开启了全方位宽领域扶贫协作新模式，以到2020年实现脱贫攻坚整县退出为总目标，携手决胜深度贫困攻坚战，全面打造东西部扶贫协作升级版。

攻坚战就要用攻坚战的办法打，关键在于准、实两个字

脱贫攻坚责任制是实现全面脱贫目标的组织保证。张、沿两地的扶贫协作重在找准强化组织领导机制这一工作总抓手，做实领导工作、做实任务责任、做实资金保障、做实督查验收。健全组织机构，明确工作主体。两地分别成立"东西部扶贫协作领导小组"，明确由张家港市发改委和沿河土家族自治县扶贫办具体负责牵头组织协调对口帮扶工作。全国首个东西部扶贫协作办事处——沿河土家族自治县驻张家港市东西部扶贫协作办事处成立运行，专职干部常驻港城，常态化推进对接联络、招商引资、劳务协作等相关事宜。完善考核细则，落实各自责任。两地在组织领导、人才支援、资金支援、产业合作、劳务协作、社会帮扶、携手奔小康等方面，明确工作任务和考核指标，细化工作细则和考核细则，明确考核方式和考核结果的运用。统筹四级财政，确保资金充盈。建立省、市、县、镇四级财政专项拨款机制，累计落实帮扶资金6 594万元，重点支持63个项目，

---

[1] 作者陈世海，系政协张家港市委员会党组成员、市委宣传部副部长、市文化广电新闻出版局党委书记，张家港市美术馆馆长；中共沿河土家族自治县委常委、县人民政府党组成员、副县长（挂职），江苏省对口帮扶贵州省铜仁市工作队沿河土家族自治县工作组组长。

惠及21个乡镇街道72个村，带动9 223名贫困人口脱贫。

携手奔小康，不仅可推动县与县精准对接，还可以探索乡镇、行政村之间结对帮扶

张、沿结对探索出了一个"五位一体"东西部扶贫协作全面结对帮扶新模式。市县层面，两地党委、政府和市县12个对口部门分别签订扶贫协作对口帮扶合作框架协议。镇级层面，张家港10个镇（区）与沿河22个乡镇（街道）结对帮扶，在全国东西部扶贫协作县（市）中率先实现乡镇结对双向全覆盖。村级层面，张家港18个行政村与沿河18个深度贫困村建立结对帮扶关系。村企层面，张家港6个市级国资企业与沿河6个深度贫困村分别结对；张家港12家民企与沿河10个深度贫困村和2个贫困村分别结对。园区层面，张家港2家国家级开发区、1家省级开发园区共同参与贵州省级沿河经济开发区的共建。

"五位一体"其实质就是将脱贫致富这一大战略、大布局、大举措进行任务分解。"一人难挑千斤担，万人能移万重山"，让脱贫致富成为全社会都关心、参与的事。沿着这个思路，张、沿结对扶贫协作将脚步迈向了更广空间更深领域。2018年，张家港总结结对扶贫协作前期经验，结合两地村庄的乡情村风，打造出文明引领、社会组织、对口扶贫协作领导小组成员、经济强村、规模企业、国资企业结对帮扶等6类结对帮扶模式，通过有针对性的村村结对，让各级党政机关、人民团体、企事业单位、社会组织、各界人士都真正参与到脱贫攻坚工作中来，最终实现沿河全部50个深度贫困村结对帮扶全覆盖。"扶贫先扶志""扶贫必扶智"是对党的扶贫理论的新发展。做好"扶志"与"扶智"工作就是撬起贫困这座大山的支点。张、沿两地扶贫协作从抓教育入手，加大教育支持，提升职业技能培训，推进多层次人才交流培训，将教育培训作为实现脱贫、奔小康致富的关键一环，为贫困地区培育发展内生动力。

扶贫先扶志、扶贫必扶智。甩掉穷帽子，过上好日子，激发内生动力是消除贫困的根本途径

全面实现县域教育"三个全覆盖"。教育是改变贫困家庭命运的重要途径，也是阻断贫困代际传递的重要武器。张家港利用自身优质的基础教育资源，发动 11 所市直属学校、51 所镇属学校与沿河 12 所县直学校、63 所中心园校结对。34 名张家港骨干教师来沿河支教，20 名沿河教育从业人员到张家港跟班学习。沙洲职业工学院定向录取 214 名沿河籍学生，由市级财政保障每位学生安心就学。在全国县域教育系统东西部扶贫协作中，率先构建乡镇、学校、学段"三个全覆盖"的一对一帮扶机制。

全面深化干部双向挂职培训。"火车跑得快，全靠车头带。"村干部作为农村各项工作的直接组织者、推动者和实践者，是群众脱贫致富奔小康的领路人，更是实施乡村振兴的"排头兵"。围绕"长江水·乌江情——党建引领促脱贫"主题，张、沿两地开展多层次多形式干部人才交流。2018 年，张家港市委组织部组织两期共 82 名年轻干部赴沿河开展党性锤炼体验式培训，各区镇共安排 141 名年轻干部到沿河结对帮扶乡镇挂职锻炼；沿河组织 31 名干部赴张家港挂职学习，安排三期共 167 名干部到张家港现场培训学习。

全面开展贫困村致富带头人创业培育。乡村致富带头人是乡村振兴战略中新技术、新路子的实践者和带动者，同时也是脱贫攻坚的重要组成部分。发挥致富带头人的辐射带动作用，利用好他们的平台，对培育自力更生、脱贫光荣的扶贫精神和文化，对实现精准脱贫无疑是一股巨大的推动力。张家港善港农村干部学院开设"苏州—铜仁贫困村创业致富带头人培育班"，沿河贫困村 186 名创业致富带头人参训，其中 33 名学员成功创业。8 名农业专家定期到沿河张家港农业科技示范基地开展技术帮扶。张家港市 2018 年向沿河输出各类技术 14 项。

要更加广泛、更加有效地动员和集聚各方力量共同向贫困宣战

脱贫攻坚战是一场全党全社会共同参与的伟大战斗。党和政府领导与主导、多元力量参与是我国贫困治理的重要特色。张、沿两地扶贫协作通过搭建多形式、宽领域的扶贫平台，让更多潜在扶贫主体真正参与到对口帮扶行动中来。

党政主导，确保项目落实。有序、有效推进脱贫攻坚系统工程，需要强有力的组织领导。张、沿两地建立高层联席会议和对口协商协作机制，党政主要领导定期交流互访。2018 年，双方组织召开高层联席会议 2 次、市（县）部门工作对接会议 2 次，共计 146 批次 1 682 人次的港城干部和 50 批次 896 人次的沿河干部赴对口部门、单位交流考察学习。

部门结对，丰富项目内涵。张、沿两地人社部门深化劳务协作，成立全国县级首家东西部劳务协作服务站，帮助103名沿河籍建档立卡贫困人员赴东部省份稳定就业。文广新系统联合举办"长江水·乌江情"文化交流周活动，以文艺轻骑兵的形式弘扬先进文化，激发贫困人群自我发展的内生动力。文旅部门共同开展文化旅游推介活动，探索沿河特色精品线路，借助市场力量以租赁形式融资1.5亿元，开苏黔两地金融扶贫之先河。商务部门对电商平台予以优化，助推"沿货出山"，沿河被评为"2017年国家级电子商务进农村综合示范县"。卫生健康系统组织开展异地坐班接诊、医院结对、人才进修，张家港市红十字会一连7场的应急救护培训填补了沿河当地应急救护培训的空白。

多元参与，创新项目形式。2018年，张家港市企业、社会组织、行业协会等捐赠沿河土家族自治县款物达603万元，其中资金508万元。动员社会力量参与扶贫大事业，不仅传递了正能量，更通过发挥自身特殊优势对接贫困地区自然和人文资源禀赋，将贫困群众纳入现代产业链条，极大地丰富扶贫开发路径，为建立脱贫长效机制进行积极探索。

(《群众》2019年第3期，第28-29页)

精准对接助脱贫　智志帮扶显成效[1]

自 2017 年 3 月江苏省张家港市与贵州省沿河土家族自治县正式建立东西部扶贫协作对口帮扶关系以来，张、沿两地抢抓东西部扶贫协作重大机遇，积极推进两地对口帮扶，广泛开展干部人才挂职、交流、培训，切实提升干部人才业务技能和专业素养，健康帮扶、教育帮扶、就业帮扶、人才帮扶工作都取得了明显成效。

一、做优"组团式"健康扶贫，提高医疗保障水平

一是完善帮扶机制，实现医疗结对帮扶全覆盖。张家港市卫健委与沿河土家族自治县卫健局于 2017 年 11 月及 2018 年 11 月针对对口帮扶的目标任务、驻地帮扶专业人才的选派、帮扶时间、提供远程医疗服务等对口帮扶内容签订了协议和补充协议书，张家港 6 家医院（第一、二、三、五、六人民医院、中医院）和 3 家公共卫生单位（疾控中心、卫监所、妇保所）分别与沿河土家族自治县人民医院、4 家乡镇卫生院及沿河公共卫生单位建立对口帮扶关系。在已结对基础上，2019 年 4 月 9 日，张家港市卫健委与沿河土家族自治县卫健局签订"组团式"结对帮扶协议，新增沿河 18 家乡镇卫生院的结对帮扶，沿河土家族自治县人民医院、妇保院、疾控中心、卫监局、22 个乡镇（街道）卫生院（社区卫生服务中心）共 26 家基层医疗卫生单位与张家港市 13 家医疗卫生单位，通过"一对一""一对多""多对一"方式开展帮扶，在全国县域卫生健康系统率先实现县级医院、乡镇级卫生院、公共卫生单位"三个全覆盖"结对帮扶。

二是压紧压实责任，做亮"组团式"特色帮扶。以张家港市第一人民医院为牵头单位，重点通过选派由行政管理人员、专业技术人才和医疗骨

---

[1] 作者陈世海，系政协张家港市委员会党组成员、市委宣传部副部长、市文化广电新闻出版局党委书记，张家港市美术馆馆长；中共沿河土家族自治县委常委、县人民政府党组成员、副县长（挂职），江苏省对口帮扶贵州省铜仁市工作队沿河土家族自治县工作组组长。

干组成的医疗帮扶团队、结合当地学专科发展的需求（尤其是重点专科的创建）和当地疾病谱组建相关专科医联体或专病联盟、实施"沿医卫生人才培养计划"等方式，选派张家港市第一人民医院 1 名主任医师，担任沿河土家族自治县人民医院副院长，帮助沿河土家族自治县人民医院"解决 1 项医疗急需、突破 1 个薄弱环节、带出 1 支技术团队、新增 1 个服务项目"，确保对口帮扶工作落到实处。

三是加强挂职交流，全方位扩大帮扶成果。到 2019 年 6 月，张家港市卫健委先后选派了 8 批次共 38 人涉及消化内科、心内科等 10 多个专业的医疗骨干赴沿河土家族自治县开展驻地医疗帮扶，其中 1 人 1 年以上、4 人半年以上、33 人 1 个月以上；共服务门急诊患者 10 000 余人，住院患者 1 000 余人，抢救危急重症患者 200 余人，开展手术 230 余例，其中开展心脏起搏器置入、胃肠镜下息肉摘除等新技术新项目 37 项。结合沿河土家族自治县医院的实际需求，张家港市卫健委捐赠监护仪、多功能护理车等医疗设备。同时，张家港卫健委与沿河土家族自治县中界镇银山村建立结对帮扶关系，共捐赠帮扶资金 5 万元，捐赠羽绒被 27 床、价值 3 600 元，走访慰问 8 户贫困家庭、发放慰问金 4 000 元。2019 年，两地互派 67 名医务人员开展帮扶和交流学习正在实施。

二、做强"交互式"教育扶贫，提升教育事业水平

一是完善帮扶机制，率先实现教育帮扶全覆盖。2018 年，张家港市教育局与沿河土家族自治县教育局签订了《张家港市教育局与沿河土家族自治县教育局对口帮扶合作协议》，在全面深化人才队伍培养、结对学校帮扶、教育信息化建设等三个方面开展结对帮扶工作，确定由沿河土家族自治县 12 所县直中小学、幼儿园与张家港市 11 所直属中小学、幼儿园结对，沿河土家族自治县 22 个乡镇（街道）75 所中小学、幼儿园与张家港市 10 个镇（区）51 所中小学、幼儿园组成一对一帮扶学校，在全国县域教育系统率先实现各个乡镇、各类学校、各个学段"三个全覆盖"结对帮扶。2019 年，又明确以江苏省张家港中等专业学校为牵头单位对沿河中等职业学校开展"组团式"帮扶。

二是积极推进支教工作，充分发挥示范引领作用。自结对帮扶以来，张家港选派各学段教学骨干、教育系统中青年干部共计 50 名骨干教师来沿河土家族自治县开展送教送培活动，结合教学管理、德育工作、班级管理、

自身专业成长等方面进行实践指导,其中1人1年以上、2人半年以上、47人1个月以上。共开设公开课示范课99节、专题讲座90场,听课共计632节,个别访谈328名学生,实地走访88所学校,帮扶35名贫困学生。送教送培活动,有效提升了当地教师的教学技能和专业素养。

三是精准帮扶职业教育,着力促进职教健康发展。建立中职联合办学机制,探索中职教育"2+1"(沿河2年+张家港1年)、"1.5+1.5"(沿河1.5年+张家港1.5年)合作办学模式。在张家港市建立中职学校实训基地,加强校企对接,以张家港东渡纺织集团用工需求为导向,在沿河职校设立张家港东渡纺织专业班,促进学生精准就业。目前,张家港共资助教育资金400余万元用于购置学校实训器材、设立贫困大学生基金。推动高级技能人才培养。沙洲职业工学院在沿河开展"3个1"(招收1名学生、推荐1名学生家长在张家港就业、带动1户贫困户家庭脱贫)招生,正式录取沿河籍考生214名(其中建档立卡贫困家庭学生102名),贵州其他地区考生6名。张家港市为就读沙洲职业工学院的沿河籍学生专门设立了150万元的专项资助金,在充分享受国家、省、市及学校各种助学政策的基础上,张家港市还给予一般农户家庭学生每年5 000元,一般贫困户8 000元,五保、低保贫困户1万元的资助;同时,沙洲职业工学院还为沿河籍学生量身定制"精准招生、精准培养、精准资助、精准就业"的"四精准"专项教育帮扶方案,建立就业创业指导机制,学生毕业后,张家港用工企业将优先予以录用,实现沿河籍学生在张稳定就业。2019年,沙洲职业工学院申请在贵州省投放招生计划从300人增加至400人。

三、做精"订单式"就业扶贫,实现劳务协作无缝对接

一是精准建立劳务协作对接机制。张家港市人社局与沿河土家族自治县人社局共同成立就业扶贫工作领导小组,签订《对口劳务合作协议》,张家港市人社局与沿河土家族自治县人社局共同成立了全国县级首家东西部劳务协作服务站,张家港·沿河人力资源市场、张家港·沿河人力资源能力提升中心和沿河土家族自治县驻张家港市劳务联络工作站成立运行。沿河土家族自治县设立"东西部劳务协作工作站"。结对帮扶以来,张家港与沿河土家族自治县进行了12次对接互访,就劳务协作、转移就业、市场建设等方面进行了深入的交流,形成了政府推动、多方参与、精准对接的工作局面,为精准扶贫打下坚实基础。

二是精准组织"订单式"招聘。两地人社局在沿河土家族自治县全县范围内为张家港企业精心组织"订单式"招聘，充分考虑务工人员返乡回城、学生寒暑假等时间节点，由张家港各镇（区）社保所所长带队，采用招聘小分队的形式，深入沿河各结对乡镇（街道）和深度贫困村举办"家门口"招聘会。2018年到张家港就业务工的铜仁籍人员共353人（建档立卡人员100人），其中沿河籍人员209人（建档立卡人员83人）。2019年到张家港就业务工的铜仁籍人员326人（建档立卡人员98人），其中沿河籍人员168人（建档立卡人员94人）。

三是精准开启"订单式"培训。精准组织校企合作，在张家港市筛选出一批社会责任感强、管理规范且对技能人才需求较大的企业到沿河中等职业学校进行宣讲，促成东渡纺织集团、澳洋集团、张家港市高级技工学校和华灿光电4家企业（学校）与沿河中等职业学校签订合作协议。2018年，沿河中等职业学校首批103名学生结束在东渡纺织集团的实习，有9人留张就业，2019年的实习正在组织中。张家港市人社局组织走访慰问沿河籍务工及培训人员，通过在张家港务工的老员工、发展好的员工录制视频播放，以亲带亲、友带友、老乡带老乡的形式达到"以工引工"的效果，2019年，已有40人主动到张家港就业。通过走访沙洲职业工学院214名沿河籍学生，争取到就业意向家庭28个，家庭成员来张就业意向41人。

四、做深"立体式"人才扶贫，促进干部人才培养交流

一是创新推进干部双向挂职培训。张家港、沿河两地签订《沿河·张家港干部人才交流培训和就业保障百千万工程协议》，采取双向挂职、两地培训、定向派驻等方式，加大党政干部、教育医疗卫生和农村致富人才的交流培养。结对以来，沿河组织59名干部到张家港挂职学习，张家港组织400余名干部在沿河党建、行政、教育、医疗等领域以挂职锻炼的方式对沿河开展帮扶。结对以来，张家港市已帮助沿河培训党政干部、技术型人才等各类人才1 649人。张、沿两地干部双向挂职培训交流力度在全国东西部扶贫协作市（县）中居于领先地位。

二是全面开展贫困村致富带头人创业培训。张家港善港农村干部学院组织开展了苏州—铜仁贫困村创业致富带头人培育班，铜仁市共有1 134人参加了培训，其中，沿河土家族自治县共有286名致富带头人培育班学员学成结业。同时，出台了《沿河土家族自治县贫困村致富带头人培训管理扶

持政策（试行）》，对致富带头人带领贫困户创业在扶贫资金项目安排上给予倾斜，在融资贷款上给予贴息，在物流成本上给予补贴。在此基础之上，已有部分致富带头人成功创业，其中新景镇姚溪村全村15位致富带头人组建"沿河姚溪志飞茶叶农民专业合作社"，种植茶叶共7 000多亩（约4.7平方千米）。

三是不断加大专业技术人才交流。在教育方面，除教师支教交流外，张家港市教师发展中心、教育局教研室组织12名职业学校骨干教师赴沿河中等职业学校开展送培活动，结合德育工作、班级管理、自身专业成长等方面进行实践指导；在张家港市第三职业高级中学举办"沿河技能短训班"，共招生40人，培训包括维修电工、焊接、数控加工、机电装配、特种驾运等，目前有7人准备长期留在张家港市工作。沿河土家族自治县教育局也安排20名骨干教师、基础教育管理干部、财务人员等赴张家港交流学习。在医疗方面，张家港市红十字会为沿河红十字会开展应急救护培训，提供精准帮扶和指导，先后两次派员帮助沿河开展10场应急救护培训，共培训1 000人，开沿河土家族自治县应急救护培训之先河。沿河土家族自治县人民医院安排12人到张家港市进修3~6个月，安排82人到张家港市第一人民医院跟班学习一个月，开展"一对一"导师制带教培训学习，有效提升了沿河土家族自治县人民医院的诊疗水平和管理水平。开展张家港市级医疗专家赴沿河开展大型义诊活动，提升沿河百姓对医疗服务的获得感。在农业技术方面，张家港市蔬菜办、林业站、畜牧兽医站派出相关6名7人次行业专家开展技术帮扶，随时接受种植户就蔬菜、果品产业、畜牧兽医等专业技术方面的咨询，为沿河土家族自治县50名贫困劳动力开展了现场培训。两地农业、科技部门共同在沿河土家族自治县中界镇高峰村挂牌成立"张家港—沿河农业科技示范基地"。沿河土家族自治县安排了12名农业技术人员到张家港市跟班学习。

在沿河土家族自治县干部群众和东西部扶贫协作对口帮扶机制的共同作用下，沿河土家族自治县250个贫困村已脱贫出列154个，50个深度贫困村已脱贫出列13个，2018年年底贫困发生率下降到了7.38%，累计减少贫困人口12.64万人，其中2017年度减少贫困人口1.59万人，贫困发生率下降了2.59个百分点；2018年度减少贫困人口2.76万人，贫困发生率下降了4.51个百分点。江苏省对口帮扶贵州省铜仁市工作队沿河土家族自治县工作组将继续深入学习贯彻习近平总书记关于扶贫开发和东西部扶贫协作的重要论述，在2019年全国两会关于脱贫攻坚的重要讲话精神及在重庆主持召开的解决"两不愁三保障"突出问题座谈会重要讲话精神,全面贯彻落实2019年3月29日召开的全国东西部扶贫协作和中央单位定点扶贫工作推进会精神,继续深入推进东西部扶贫协作和中央单位定点扶贫,结合中央脱贫攻坚专项巡视和考核发现问题抓好整改,不折不扣完成协议书和责任书任务,提高帮扶工作的针对性、实效性和可持续性。为打赢精准脱贫攻坚战,全面建成小康社会做出更大贡献。

[《今日铜仁》2019年第6期(总第165期),第26-28页]

"三个全覆盖"探索东西部扶贫协作新模式[1]

自 2017 年 3 月江苏省张家港市和贵州省沿河土家族自治县扶贫协作正式结对启动以来，两地抢抓机遇、主动对接，围绕"优势互补、长期合作、精准聚焦、共建共赢"的思路，探索建立"五位一体"全方位结对帮扶机制，在协作机制、协作领域、协作要素上实现了"三个全覆盖"，各项扶贫协作工作取得一定成效。

在协作机制上实现全覆盖

建立市县协作机制。两地签订对口帮扶合作框架协议，制定《沿河·张家港东西部扶贫协作工作方案》，设立全国首家东西部扶贫协作办事处——沿河土家族自治县驻张家港市东西部扶贫协作办事处。建立互动交流与联席会议机制，明确党政主要领导每年互访考察交流 1 次以上、对口协作部门每季度对接洽谈 1 次以上。2018 年以来，张家港市有 189 批次 2 136 人次到沿河调研对接，主动推进工作；沿河赴张家港对口部门、乡镇考察 68 批次 1 485 人次。

建立区镇结对机制。张家港市 10 个镇（区）与沿河土家族自治县 22 个乡镇（街道）实现结对帮扶全覆盖，在全国东西部扶贫协作市（县）中率先实现乡镇结对双向全覆盖。张家港市各镇（区）还派出年轻干部定期驻沿河帮扶乡镇开展帮扶工作。

建立村村结对机制。张家港 18 个行政村与沿河 18 个深度贫困村建立结对帮扶关系，村与村之间通过互访考察对接，有针对性地开展各项帮扶工作。率先探索实践村村结对的"整村推进结对帮扶"新模式，重点围绕党

---

[1] 作者陈世海，系政协张家港市委员会党组成员，市委宣传部副部长、市文化广电新闻出版局党委书记；中共沿河土家族自治县委常委、县人民政府党组成员、副县长（挂职），江苏省对口帮扶贵州省铜仁市工作队沿河土家族自治县工作组组长，江苏省张家港市对口帮扶贵州省沿河土家族自治县工作组党支部书记。

组织建设、文化建设、乡村治理、产业发展等内容开展帮扶。

建立企业帮村机制。张家港积极组织和动员企业、行业协会参与脱贫攻坚工作。通过村村结对、村企帮扶、行业协会挂扶和机关部门联挂，张家港在2018年5月完成对沿河50个深度贫困村的全面结对帮扶，在全国县域率先实现深度贫困村结对帮扶全覆盖。

建立园区共建机制。张家港2个国家级开发区和1个省级开发区一同参与贵州沿河经济开发区建设。两地农业部门签订合作框架协议，共建现代农业园区。张家港市对沿河土家族自治县企业实行同城同待遇，支持沿河企业到张家港开展电商B2C、线下零售，并给予相应补贴。同时，沿河也相应制定系列优惠政策，争取更多张家港企业和东部沿海发达地区企业落户沿河。

在协作领域上实现全覆盖

加强教育领域协作。2018年10月，张家港市62所中小学、幼儿园与沿河土家族自治县87所中小学、幼儿园结对帮扶，张家港市已安排50名有丰富教学经验的骨干教师到沿河土家族自治县支教，沿河土家族自治县安排17名骨干教师到张家港市学校跟班学习，在全国县域教育系统东西部扶贫协作中，率先实现各个乡镇、各类学校、各个学段"三个全覆盖"结对帮扶。2019年，又明确以江苏省张家港中等专业学校为牵头单位对沿河中等职业学校开展"组团式"帮扶。

加强医疗领域协作。在全国县域卫生健康系统率先实现县级医院、镇级卫生院、公共卫生单位"三个全覆盖"结对帮扶，张家港市13家医疗卫生单位与沿河土家族自治县人民医院、妇保院、22个乡镇（街道）卫生院（社区卫生服务中心）共26家基层医疗卫生单位，通过"一对一""一对多""多对一"方式开展帮扶，以张家港市第一人民医院为牵头单位对沿河土家族自治县人民医院开展"组团式"帮扶。

加强旅游领域协作。建立张家港·沿河旅游协作长效机制，由两地共同组建旅游开发公司，深度开发沿河文化旅游资源，提升沿河旅游景区景点品味品级。出台奖励支持政策，鼓励张家港等地旅游企业和媒体参与沿河旅游宣传推介、旅游产品开发等，鼓励旅行社组织游客到沿河旅游、考察、投资，助推沿河旅游业发展。

加强精神文明领域协作。两地党委宣传部门共同实施"长江水·乌江情——文明共建助脱贫"工程，连续两年联合举办"长江水·乌江情"张家港市—沿河土家族自治县文化交流周活动。张家港市出资在沿河土家族自治县民族文化广场建设全国首家 24 小时土家书房，为沿河量身定制的两家全国首创"24 小时新时代文明实践驿站"已建成并试开放，打通宣传群众、关心群众、服务群众的"最后一公里"。

加强产业领域协作。坚持产业合作项目化运作，高点定位、因地制宜、精准布局，形成可持续发展动力，带动沿河实现产业脱贫。自 2017 年以来，累计投入对口帮扶资金 5 040 多万元用于帮扶产业发展。围绕沿河生态茶、生态果蔬、生态畜牧、生态中药材、生态旅游等五大主导产业先后实施项目 40 个。

在协作要素上实现全覆盖

激活人才要素。两地党委组织部门共同实施"长江水·乌江情——党建引领促脱贫"工程，加强党建引领东西部协作，合力助推脱贫攻坚，力求打造东西部协作党建引领示范样本。沿河土家族自治县与张家港市签订《沿河·张家港干部人才交流培训和就业保障百千万工程协议》，采取双向挂职、两地培训、定向派驻等方式，加大党政干部、教育医疗卫生和农村致富人才的交流培养。

激活资金要素。争取江苏省、苏州市及张家港市 2018 年度落实帮扶资金 5 794.14 万元，比 2017 年度的 800 万元增加了 4 994.14 万元，支持沿河产业发展、基础设施建设、教育医疗、危房改造、劳务协作、文化交流等方面共 66 个项目，通过项目实施，助力 2018 年沿河土家族自治县 9 223 名贫困人口脱贫，其中 333 人为残疾人贫困人口。2019 年，已争取江苏省、苏州市及张家港市资金 4 790 万元用于对口帮扶沿河，已开始实施。

激活土地要素。在沿河成立用地指标增减挂钩跨省流转工作领导小组，利用国家支持深度贫困地区脱贫攻坚政策，积极争取城乡建设用地增减挂钩指标跨省流转，既破解沿河土地撂荒问题，增加沿河财政收入，又缓解张家港城乡建设用地指标不足压力。

激活技术要素。张家港市农业委员会在沿河土家族自治县成立了张家港·沿河农业科技对口帮扶办公室，搭建起农业技术服务平台，为沿河土家族自治县 50 名贫困劳动力开展了现场培训。同时，围绕沿河空心李、千年古茶、中药材（铁皮石斛）、白山羊等优势产业，以"公司+合作社+基地+农户"合作形式，利用张家港市企业专业技术和市场开拓能力，精心包装沿河优质农特产品，打造绿色、环保、有机品牌形象，提升产品附加值。

激活市场要素。签订优质农特产品产销定向合作框架协议，根据张家港市农产品市场需求，由双方共同明确农产品种类、种植面积、上市时间、产量预测等，按需制订收购、运输、储藏和营销计划。出台"沿货出山"奖励办法，在张家港市部分超市、农贸市场设沿河农特产品专柜和体验店。合力打造农特产品"淘品牌"，借助张家港电商产业园平台，推动沿河农特产品网销。

我们将继续深入学习贯彻习近平总书记关于扶贫开发和东西部扶贫协作的重要论述，结合中央脱贫攻坚专项巡视和考核发现问题抓好整改，不折不扣完成协议书和责任书任务，提高帮扶工作的针对性、实效性和可持续性，为打赢精准脱贫攻坚战，全面建成小康社会做出更大贡献。

(《当代贵州》2019年第40期，第50-51页)

从"南北挂钩合作"到"东西部扶贫协作"[1]

扶贫是我一生难以磨灭的记忆,也是一笔宝贵的精神财富,能够参与一次已是人生大幸。我却有幸两次投身这项事业:从江苏省南北挂钩合作,到全国东西部扶贫协作。

时光倒回 2007 年 4 月。江苏省委确定苏州市和宿迁市结对开展南北挂钩合作,我受命作为苏州市首批援宿干部到苏北欠发达地区宿迁市宿豫区挂任区委副书记,从此开始了三年零一个月的第一段扶贫历程。

三年里,我积极促进南北产业转移,推动张家港市 26 个产业项目落户宿豫区,张家港市企业累计在宿豫区建办项目 82 个,投资总额 32 亿元。宿豫区全部 16 个乡镇和张家港市的 8 个镇建立了结对挂钩关系,张家港市 14 个村、2 家企业对宿豫区 16 个经济薄弱村进行结对重点帮扶,帮助建设标准型厂房 1.5 万多平方米,引进项目 11 个,吸纳当地 600 多名贫困劳动力就业。江苏省首家南北金融合作的张家港农商行宿豫支行开业,宿迁市最早获批的全省南北挂钩合作共建的张家港宿豫工业园区渐成气象,开南北挂钩县级文化领域交流合作先河,宿豫张家港实验小学综合改革成效显著,南北平安创建合作经验在全省得到推广……本人也获评江苏省南北挂钩合作先进个人。这段"累并快乐着"的岁月,充满了艰辛和挑战,我也收获了内心的坚定和丰满。

明月白露,光阴往来。十年后的 2017 年 10 月,作为江苏省对口帮扶贵州省铜仁市工作队首批队员中年龄最大的一位,我再次踏上扶贫征途,挂任沿河土家族自治县委常委、副县长,开启了在贵州省沿河土家族自治县的全国东西部扶贫协作对口帮扶四年挂职扶贫岁月。

那一年,我 51 岁。五十知天命,很多人对我再次出征感到不解,也有人劝我,"老陈,你已经为扶贫事业做出了贡献和牺牲,这岁数了,别再去

---

[1] 作者陈世海,系政协张家港市委员会党组成员、副主席;中共沿河土家族自治县委常委、县人民政府党组成员、副县长(挂职),江苏省对口帮扶贵州省铜仁市工作队沿河土家族自治县工作组组长,江苏省张家港市对口帮扶贵州省沿河土家族自治县工作组党支部书记。

了"。组织上征求我的意见,让我再跟家人商量一下后做决定。我作为一名共产党员,阅历比较丰富,又有南北挂钩合作扶贫工作的经验,毫不犹豫就一口答应了。

踏上沿河大地的那一刻,还是惊诧于典型山区沿河的贫困程度。这个地处武陵山集中连片特困地区的革命老区县,是贵州省14个深度贫困县之一、铜仁市唯一的深度贫困县。2014年,全县共有建档立卡贫困人口173 304人,贫困发生率为28.28%,贫困程度之深超出想象。在我来之前的2016年年底,全县还有贫困人口80 487人,贫困村230个(其中50个深度贫困村),贫困发生率为13.13%。这可真是一块难啃的深度贫困"硬骨头"!

说了算,定了干,样样工作争第一,这才是"张家港精神"!要干,就先从建立东西部扶贫协作对口帮扶机制开始吧。很快,在两地党委、政府的大力支持下,市县、乡镇、园区、村村、村企五个层面全面结对帮扶的"五位一体"扶贫协作新模式在全国率先探索出来。此后,率先在全国县域实现乡镇双向结对全覆盖,率先在全国县域教育系统实现各个乡镇、各类学校、各个学段"三个全覆盖"结对帮扶,率先在全国县域卫生健康系统实现县级医院、乡镇卫生院、公共卫生单位"三个全覆盖"结对帮扶,率先在全国县域建立包括易地扶贫搬迁安置点在内的24小时新时代文明实践驿站体系,率先在全国县域实现深度贫困村结对帮扶全覆盖,率先在全国县域实现未出列贫困村结对帮扶全覆盖,全国首创东西部扶贫协作劳务协作驿站——"两江家园"沿河·张家港劳务协作驿站,设立贵州省内东西部扶贫协作首家村级"就业服务站",签订贵州省首个县域东西部劳务协作稳就业协议……我本人也被贵州省委表彰为"全省脱贫攻坚优秀共产党员"。

面对这些创举,似乎应感到自豪,但我心头深知,更艰难的路还在后面。2020年是决战决胜脱贫攻坚收官之年。沿河是全国挂牌督战的52个贫困县之一,武陵山集中连片特困地区唯一未摘帽的片区县,铜仁市唯一的未摘帽贫困县,全国2 707个未出列贫困村中铜仁市有22个,都在沿河。沿河也是目前江苏省对口帮扶支援地区中唯一未摘帽的贫困县,可谓全国脱贫攻坚最后的"堡垒"。

2020年年初,新冠肺炎疫情突如其来。1月21日,我的妻子因此前髋骨粉碎性骨折,刚刚做手术取下钢钉,每两天需要换一次药,过段时间还要去医院拆线。可是形势逼人,哪里等得起!2月4日,妻子到岳父家中生活，我成为江苏省对口帮扶贵州省铜仁市工作队和10个区县工作组中第一个奔赴沿河疫情防控和脱贫攻坚前线的人。

脱贫攻坚，资金投入是保障。2020年，江苏省东西部扶贫协作对口帮扶张家港市级财政以上对口帮扶资金达2.51亿元，相当于沿河2019年度公共财政预算收入的六成，投向产业类、基础设施类、教育类等73个项目。这些资金到底有没有用到实处？自3月24日开始，连续5天行程1 000多千米崎岖山路，走遍沿河22个乡镇（街道）；"五一"假期又连续4天行程1 050千米，途经黔渝2省市5县，走遍沿河未出列的22个贫困村，走山寨、看项目、问民生。大家说我用"铁脚板"跑出了脱贫攻坚的"加速度"，我知道，时间不等人，必须一鼓作气才能把决战决胜的红旗插上深度贫困最后堡垒，确保沿河土家族自治县所有贫困人口在6月底实现"两不愁三保障"目标，到2020年年底实现高质量脱贫。

走过南北东西，时光荏苒，但初心不改，使命不变。"脚下沾有多少泥土，心中就沉淀多少真情。"在我人生的坐标系上，宿豫、沿河，永远是我最清晰的记忆、最深情的牵挂。

（《苏州日报》2020年5月21日第A08版。本文获2020年苏州市政府扶贫工作办公室、苏州市委党史工作办公室、苏州日报社主办的"扶贫路上，勠力同心"主题征文二等奖）

"三聚焦三全力"攻克深度贫困堡垒[1]

2017年3月,江苏省张家港市与贵州省沿河土家族自治县正式建立携手奔小康对口帮扶关系以来,始终以习近平总书记关于东西部扶贫协作的重要论述为指引,坚持精准扶贫、精准脱贫基本方略,多层次、宽领域、全方位开展东西部扶贫协作,取得了阶段性成效。2017年至2019年,张家港市助力沿河累计减少贫困人口17 818户60 248人,出列贫困村208个(其中深度贫困村40个)。

聚焦机制创新,全力构建全域结对帮扶

自2017年以来,在全国县域东西部扶贫协作中率先探索实践"三个全覆盖"结对帮扶新模式,即张家港与沿河两地扶贫协作结对帮扶机制"五位一体(市县、乡镇、园区、村村、村企五个层面)"全覆盖,结对帮扶领域(教育、卫生、文化、旅游、产业等)全覆盖,结对帮扶要素(人才、资金、技术、土地、市场等)全覆盖,成功构建起立体式的全域结对帮扶新机制。依托该机制,累计投入张家港市级财政以上江苏对口帮扶资金3.6亿元支持沿河,实施产业发展、基础设施、医疗、教育等项目275个,县域东西部扶贫协作对口帮扶财政资金总量位居全国前列。乡镇结对帮扶资金累计780万元;社会各界累计捐赠沿河款物2 385万元,其中资金1 936万元。2020年又进一步完善全域结对帮扶机制,帮扶工作继续向纵深推进。

帮扶范围拓展化。在率先实现乡镇结对双向全覆盖和50个深度贫困村结对帮扶全覆盖基础上,重点围绕沿河22个未出列贫困村精准发力。对其中除10个已结对深度贫困村之外的12个未出列贫困村,组织推动沙钢集团等12家重点民营企业(商会)进行结对,在全国县域率先实现未出列贫困

---

[1] 作者陈世海,系政协张家港市委员会党组成员、副主席;中共沿河土家族自治县委常委、县人民政府党组成员、副县长(挂职),江苏省对口帮扶贵州省铜仁市工作队沿河土家族自治县工作组组长,江苏省张家港市对口帮扶贵州省沿河土家族自治县工作组党支部书记。

村结对帮扶全覆盖。

帮扶力量复合化。对 10 个未出列深度贫困村中由行政村结对的 4 个深度贫困村，促成英格玛集团等 6 家企业进行强化帮扶，在原有"一对一"帮扶基础上实现了"2+1""3+1"结对帮扶，助力深度贫困村脱贫攻坚。张家港保税区（金港镇）等对由行政村结对帮扶的沿河相关结对村，增配行政村进行强化帮扶，采取"N+1"复合化方式进行"多对一"帮扶。

帮扶形式多样化。在捐赠帮扶资金基础上，进一步丰富帮扶形式。率先实现所有结对乡镇稳定就业劳务协作协议全覆盖，助推结对乡镇劳动力转移就业稳岗；张家港经济技术开发区（杨舍镇）与结对帮扶的沿河 3 个乡镇（街道）分别签订消费扶贫协议，年内采购 3 个乡镇共 50 万元农特产品。签订贵州省内首批村级消费扶贫协议，专项采购结对村农特产品；签订贵州省内首批村级认领微实事项目协议，出资帮助结对村补齐民生短板；设立贵州省内首个村级东西部扶贫协作就业服务站，实现就业服务零距离。

聚焦志智双扶，全力激发脱贫内生动能

党建引领振奋精神。坚持以党建引领扶贫协作，在全国县域东西部扶贫协作中率先实施"长江水·乌江情——党建引领促脱贫"工程，采取干部双向挂职、定向派驻、支部共建、设立"党员干部初心历练基地"等方式，全面实施跨区域党建联建，潜移默化带动群众脱贫奋进。自 2017 年以来，张家港累计选派 265 名党政干部到沿河挂职帮扶，在张家港举办沿河党政干部培训班 30 期培训 571 人次。

文明共建浸润心灵。实施"长江水·乌江情——文明共建助脱贫"工程，帮助提升贫困群众文化素质和文明素养。在沿河易地扶贫搬迁安置点等累计赠建 24 小时新时代文明实践驿站 5 家、新时代文明实践志愿服务指导中心 1 家，推动沿河在全国县域率先建立新时代文明实践驿站体系，在贵州省内率先构建县域新时代文明实践志愿服务体系、图书馆总分馆服务体系，"志愿沿河"网成为全国西部地区首个县级志愿服务网。

人才支持提升能力。坚持"鱼渔双授"，结合沿河所需和张家港所能，着力帮助和指导贫困群众提升脱贫致富的综合素质与能力。累计向沿河选派支农、支教、支医人才 113 人次进行 1 个月以上帮扶，举办专技人才培训班 28 期培训 250 人次，为沿河培训创业致富带头人 356 人次。重点帮助贫困人口子女接受教育特别是职业教育，阻断贫困代际传递。张家港 62 所中

小学、幼儿园与沿河 88 所中小学、幼儿园结对帮扶，在全国县域教育系统率先实现各个乡镇、各类学校、各个学段"三个全覆盖"结对帮扶，并以江苏省张家港中等专业学校为牵头单位对沿河中等职业学校实施"组团式"帮扶。依托沙洲职业工学院着力打造"1+1+1"教育扶贫项目（招收 1 名贫困学生到沙洲职业工学院就读、推荐 1 名家长在张家港就业、带动 1 户家庭脱贫），累计招录沿河籍学子 511 人（其中贫困生 240 人），学生毕业后张家港企业优先录用。推动沿河中等职业学校与江苏省张家港中等专业学校合作开展"2+1"分段式培养，与东渡纺织集团合作开设"东渡纺织班"进行"订单式"培养。张家港 11 家医疗卫生单位与沿河 24 家医疗卫生单位通过"一对一""一对多""多对一"方式开展帮扶，在全国县域卫生健康系统率先实现县级医院、镇级卫生院、公共卫生单位"三个全覆盖"结对帮扶。

聚焦精准协作，全力夯实持续增收基础

产业发展协作带脱贫。将扶贫开发和乡村振兴有机结合，在实施一批"吹糠见米"、短平快项目的同时，着力培育特色产业，谋划实施一批稳定增收、长期见效的项目。3 年共计安排对口帮扶财政资金 6 316 万元用于产业发展，覆盖沿河生态茶、生态果蔬、生态畜牧、生态中药材等主导产业。2020 年又将对口帮扶资金 1.49 亿元，用于发展黑木耳、辣椒、生态鸡、生态猪等 24 个产业项目，其中黑木耳产业投入对口帮扶资金 1 亿元。

劳务就业协作促脱贫。把促进转移就业作为重点，着力推动沿河贫困劳动力到东部就业。2017 年以来，累计安排对口帮扶资金 840 万元用于就业扶贫协作，举办劳务协作就业技能培训班 53 期培训贫困劳动力 1 657 人次。全国首创东西部扶贫协作劳务协作驿站——"两江家园"，入选贵州省 2019 年度优秀劳务协作工作站。2020 年新冠肺炎疫情期间，创新实施"送雁行动"，一季度点对点免费输送 8 批 372 名沿河劳动力到张家港务工，其中贫困劳动力 269 人。张家港市环宇职业培训学校在沿河开设装载机、挖掘机驾驶技能"订单式"培训班，首期对 50 名贫困学员培训 1 个月，其中 36 名学员到张家港沙钢集团等企业务工就业。全县 429 个行政村"劳务经纪网格服务站"实现全覆盖。

消费扶贫协作助脱贫。成立消费扶贫助力脱贫攻坚工作专班，制定《关于深入开展消费扶贫行动助力打赢脱贫攻坚战的实施方案》，积极开展

扶贫产品认定等工作，实施同城待遇、销售奖励等多项政策措施，着力打造"洲州茶""幸福李"等扶贫协作共创品牌，依托"洲州茶"公司等平台着力提升消费扶贫组织化程度，全力推动"沿货出山"，自2017年以来累计采购、销售沿河农特产品2 318万元。

（《当代贵州》2020年第27期，第64-65页）

新时代文明实践扶贫协作助力深度贫困歼灭战[1]

2015年11月27日,习近平总书记在中央扶贫开发工作会议上强调:"扶贫既要富口袋,也要富脑袋。要坚持以促进人的全面发展的理念指导扶贫开发,丰富贫困地区文化活动,加强贫困地区社会建设,提升贫困群众教育、文化、健康水平和综合素质,振奋贫困地区和贫困群众精神风貌。"江苏省张家港市自2017年3月与地处武陵山集中连片特困地区的革命老区县、贵州省深度贫困县沿河土家族自治县建立东西部扶贫协作对口帮扶关系以来,充分发挥张家港首个县级全国文明城市溢出效应,坚持物质文明扶贫协作和精神文明扶贫协作"两手抓、两手硬",以新时代文明实践扶贫协作助力沿河决战决胜脱贫攻坚。

结对引领,架起文明共建"连心桥"

在全国县域东西部扶贫协作中率先实施"长江水·乌江情——文明共建助脱贫"工程,以文明共建为抓手,通过文明引领助力"精神扶贫",补齐脱贫"精神短板"。对口帮扶之初,张家港市3个全国文明镇塘桥镇、锦丰镇、金港镇就与沿河土家族自治县8个乡镇(街道)建立了"1+N"结对帮扶关系。2018年,张家港市南丰镇永联村、保税区(金港镇)长江村、经济技术开发区(杨舍镇)农联村3个全国文明村及张家港市文体广电和旅游局、市财政局、市水政监察大队等6个全国文明单位又分别与沿河土家族自治县9个深度贫困村建立"1+1"结对帮扶关系。

张家港市各全国文明镇、村、单位大力开展"文明港城沿河行"活动,积极传播张家港文明理念,深入开展形式多样的文明共建结对帮扶引领活

---

[1] 作者杨芳,系中共苏州市委宣传部副部长、苏州市政府新闻办主任。作者陈世海,系政协张家港市委员会党组成员、副主席;中共沿河土家族自治县委常委、县人民政府党组成员、副县长(挂职),江苏省对口帮扶贵州省铜仁市工作队沿河土家族自治县工作组组长,江苏省张家港市对口帮扶贵州省沿河土家族自治县工作组党支部书记。

动，有力助推了结对单位的精神文明建设。农联村自 2018 年以来连续三年每年派出 10 名干部到结对的泉坝镇黄池村进行为期 1 个月的挂职帮扶，从整治人居环境脏、乱、差着手，提高村民文明素质，并帮助建设黄池村党支部活动室、乡村大舞台、图书室等活动阵地，营造浓厚的精神文明建设氛围；张家港市文体广电和旅游局 2019 年派出 12 名年轻干部到结对的黄土镇平原村和沿河土家族自治县文体广电旅游局进行为期 1 个月的挂职帮扶，开展"小书包·大梦想"爱心活动，帮助完成黔东特区革命委员会旧址全国爱国主义教育基地的申报，共同创作文艺作品，并在体育、旅游、执法等方面开展帮扶指导。在文明典型结对引领、文明共建扶贫协作的带动下，2019 年沿河土家族自治县获得"国家卫生县城"荣誉称号，现正全力创建"全省文明城市"。

载体共建，开辟文明实践"根据地"

紧紧围绕习近平新时代中国特色社会主义思想这个核心，全面推动文明实践载体共建，在沿河土家族自治县首创全国 24 小时新时代文明实践驿站，以点带面推动新时代文明实践体系建设，助力脱贫攻坚。2018 年，张家港市为沿河土家族自治县赠建全国首家 24 小时土家书房，在全国图书馆中首创人脸识别智能管理系统，率先引入儿童优先的阅读理念，为贫困地区建设 24 小时自助图书馆提供了范例。此后，每年赠建融公共图书馆和志愿服务工作站于一体的 24 小时新时代文明实践驿站。目前，已累计赠建 24 小时新时代文明实践驿站 5 个，总面积 396.25 平方米，总投资 430 万元。驿站以图书为载体，以阅读为媒介，以志愿服务为纽带，具备政策理论宣传、淳朴民风引导、良好家风培育、移风易俗等服务功能，打通宣传群众、教育群众、关心群众、服务群众的"最后一公里"，成为激励广大群众尤其是建档立卡贫困户自立自强、同创共建美丽新家园的文明实践新平台。特别是 2020 年为沿河土家族自治县的易地扶贫搬迁安置点官舟镇和舟社区、团结街道黄板社区配套建设的 2 个 24 小时新时代文明实践驿站，还同时作为校外教育基地，为安置点易地扶贫搬迁人口 10 229 人（其中建档立卡贫困人口 6 956 人）和周边 5 所学校 8 923 名学生（其中建档立卡贫困学生 2 759 人）提供服务。

自首家驿站启用以来，至 2020 年 5 月底，沿河 24 小时新时代文明实践驿站新增文化志愿者 41 人，设计并实施文化志愿服务项目 5 个，收集市民需求82条,参加文化志愿服务450余人次,服务总时长5 436小时,惠及市民1 800人次;注册读者总数4 836人,其中建档立卡贫困人口351人,接待读者111 844人次;外借图书20 040册次,总藏书9 000册,平均每册图书外借2.2次。在24小时新时代文明实践驿站带动下,沿河新时代文明实践中心、所、站建设全面推开,在全国县域率先构建新时代文明实践驿站体系,在贵州省率先形成新时代文明实践志愿服务体系和图书馆总分馆服务体系,在公共阅读服务和"互联网+"志愿者工作方面实现了与东部发达地区齐头并进。

志愿服务,凝聚崇德向善"正能量"

结合沿河土家族自治县实际,在群众关切的文化服务、科普科技、健康医疗、扶贫济困、文明风尚等方面,积极开展双向志愿服务行动,推动形成积极向上、崇德向善的精神风貌。组织张家港市8个专业社会组织走进沿河,实施公益志愿项目15个,覆盖儿童之家建设、爱心助学、禁毒防艾、个案辅导、心理辅导等领域。帮助沿河土家族自治县建立和完善志愿服务运行机制、志愿者权益保障和激励机制,修订完善注册登记、志愿礼遇等一系列志愿服务管理制度。赠建沿河土家族自治县新时代文明实践志愿服务指导中心和全国西部地区首个县级志愿服务网——"志愿沿河"。新时代文明实践志愿服务指导中心具有接待、志愿者管理、志愿活动审核发布、志愿服务成效展示等功能。"志愿沿河"采用"互联网+"技术,具有网上登记注册、志愿服务需求申报、志愿服务项目发布、志愿服务成功对接、报名参加活动、自动定位并计算志愿服务时长、实时显示志愿服务动态、自动积分及礼品兑换、志愿服务宣传培训等功能。

完善志愿项目库建设,帮助设计"先锋知音""彩虹桥""法惠万家""美家美户""情满三农""微孝"等一批接地气、聚人气的志愿服务项目,打造"善行沿河·和美土家"志愿服务品牌。组建理论宣讲、党建服务等8个志愿服务支队26个志愿服务小队,建立志愿服务骨干学习交流制度,强化志愿服务培训工作,落实志愿服务供需对接,推动志愿服务规范化、专业化。张家港市支教老师带动和指导沿河中等职业学校组建7支志愿服务队,1 780多名师生注册为贵州志愿者,近200人在张家港友爱港城网上注册,其中20人荣获张家港市志愿者协会颁发的星级志愿者证书;已开展支农扶贫、文明交通、创卫环保、大型会务赛事服务、关爱老人儿童、技能培训六大类常态化活动 200 多个，累计服务时长达 1 万多小时，志愿服务活动范围覆盖全县 22 个乡镇（街道），宣传和服务群众逾万人次，沿河职校志愿服务成为沿河志愿服务的"当家花旦"。

文化走亲，奏响脱贫攻坚"交响乐"

把文化扶贫作为扶志、扶智的重要方式，深入推动张、沿两地文化交流合作，激发脱贫内生动力。2018 年、2019 年连续举办"长江水·乌江情"张家港市—沿河土家族自治县文化交流周活动，举办长江主题美术作品展览，锡剧《一盅缘》、沙龙剧《港城梦工厂》、经典评弹折子书和原创评弹作品展演及文艺小分队走进深度贫困村巡演，展示两地民俗风情和城市风采，促进艺术交流，增进两地感情，提振追梦信心。2019 年举办"携手逐梦"两地文化工作者专题培训，张家港的专家老师对沿河相关从业人员进行了群众文化、全民阅读、文化志愿服务等方面的业务培训，帮助沿河健全公共文化服务体系；举办"传承文化根脉·共创精彩生活"张家港市—沿河土家族自治县非物质文化遗产交流、"同饮一江水·共唱新时代"张家港市文化志愿者走进沿河等活动，为沿河人民送上形式多样、内容丰富的文化大餐。连续两年特邀沿河中小学生赴张家港参加第 21 届、第 22 届全国"贝贝杯"青少年足球赛，为山里娃提供走出大山参加国家级赛事的机会，让他们开阔视野，增长见识。

深入开展艺术生产合作，共同推出器乐合奏《对话》、表演唱《更好的日子还在后头》等作品，《更好的日子还在后头》获评第三届苏州市群众文化"繁星奖"金奖和 2020 年度苏州市优秀群众文艺创作扶持立项作品，正参评第十四届江苏省"五星工程奖"；帮助创排土家歌舞节目摆手舞《摆摆摆》、苏州评弹元素与土家族花灯元素融合的歌舞《苏州来的三姐妹》、具有浓郁贵州傩戏韵味的歌舞《大话傩戏》、扶贫小品《铁树开花》《二叔快跑》《扶起来》等作品，引导各村寨群众奋进新时代、提振精气神，为携手打赢脱贫攻坚战提供文化支撑。

2018 年 2 月 12 日，习近平总书记在打好精准脱贫攻坚战座谈会上指出："贫困群众既是脱贫攻坚的对象，更是脱贫攻坚的主体。要加强扶贫同扶志、扶智相结合，激发贫困群众积极性和主动性，激励和引导他们靠自己的努力改变命运，使脱贫具有可持续的内生动力。"2020 年是决战决胜脱贫攻坚收官之年。张家港市正按照习近平总书记的指示和要求，紧盯沿河

2020年脱贫摘帽目标，在加大资金支持和产业就业消费扶贫的同时，坚持彰显首批全国文明城市结对帮扶工作特色，着力深化新时代文明实践扶贫协作工作，传递崇德向善的文明力量，激发脱贫攻坚的内在动能，携手沿河向深度贫困最后堡垒发起总攻，坚决打赢打好深度贫困歼灭战。

(《红旗文稿》2020年第13期，第36-38页)

贵州沿河：以全方位精准扶贫协作共赢深度贫困歼灭战[1]

贵州省沿河土家族自治县地处武陵山集中连片特困地区腹地，是国家新阶段扶贫开发重点县，也是贵州省14个深度贫困县之一、铜仁市唯一的深度贫困县。2014年，共有贫困村250个，其中深度贫困村50个，建档立卡之初贫困人口17.3万人，贫困发生率为28.28%，贫困面很广，贫困程度很深，脱贫任务极其繁重。2016年年底，全县仍有230个贫困村（含50个深度贫困村）未摘帽，贫困人口8.05万人，贫困发生率为13.13%。

自2017年3月与沿河土家族自治县正式建立对口帮扶关系以来，张家港市始终以习近平总书记关于扶贫工作的重要论述为指引，坚持精准扶贫、精准脱贫基本方略，坚持决胜脱贫攻坚与乡村振兴战略相结合，坚持扶贫与扶志、扶智相结合，多层次、宽领域、全方位开展东西部扶贫协作，取得了阶段性成效。至2019年年底，累计出列贫困村208个（其中深度贫困村40个），未出列贫困村22个（其中深度贫困村10个），剩余贫困人口2.02万人，贫困发生率降至3.3%。

"党建+文明"双擎驱动，提升脱贫攻坚"战斗力"

始终突出党建引领，充分发挥全国首批、县级首个全国文明城市的示范带动作用，坚持"围绕扶贫抓党建、抓好党建促扶贫、检验党建看脱贫"理念，把东西部扶贫协作工作和基层组织建设、文明共建有机结合，潜移默化提振脱贫攻坚信心，推动形成积极向上的强大力量，助推脱贫攻坚。

一是实施"长江水·乌江情——党建引领促脱贫"工程。每年安排党政干部、优秀年轻干部到沿河各乡镇（街道）挂职锻炼，共谋扶贫协作渠

---

[1] 作者陈世海，系政协张家港市委员会党组成员、副主席；中共沿河土家族自治县委常委、县人民政府党组成员、副县长（挂职），江苏省对口帮扶贵州省铜仁市工作队沿河土家族自治县工作组组长，江苏省张家港市对口帮扶贵州省沿河土家族自治县工作组党支部书记。

道、共商扶贫致富大计。2017年以来，累计选派285名党政干部到沿河挂职锻炼，举办党政干部培训班30期，培训沿河党政干部571人次。2020年，将继续派出20名干部到沿河挂职锻炼。依托国务院扶贫办贫困村创业致富带头人培训基地——张家港善港农村干部学院，2017年以来累计为沿河培训贫困村创业致富带头人356人次，其中48人创业成功，带动贫困人口610人走上脱贫道路。2020年，将继续安排100名创业致富带头人到张家港善港农村干部学院学习培训。沿河50个深度贫困村与张家港结对帮扶单位全面建立跨区域联建党组织，张家港市善港村结对帮扶沿河镇高峰村，积极开展支部联建，创新实施"合作社中党旗红""党员责任田头亮""党建便利站"3个"党建+"项目，带动精准惠民。

二是实施"长江水·乌江情——文明共建助脱贫"工程。自2018年以来连续举办两届"长江水·乌江情"张家港市—沿河土家族自治县文化交流周活动，特邀沿河青少年组队到张家港参加第21届（2018）、第22届（2019）由中国足球协会、中国宋庆龄基金会、张家港市人民政府联合主办的"贝贝杯"青少年足球赛。赠建5个全国首创新时代文明实践驿站和贵州省内第二个县级朗读亭，全部采用智能管理，实现24小时开放。全国文明村张家港市农联村、全国文明单位张家港市文体广电和旅游局等每年选派干部到结对帮扶的沿河深度贫困村挂职帮扶，为脱贫工作理思路、出主意、想办法、解难题，并帮助沿河完成黔东特区革命委员会旧址全国爱国主义教育基地申报工作。结合沿河实际帮助设计一批志愿服务项目，开展"敬老爱幼·东西同行""港沿牵手行·春晖汇爱心""携手禁毒·护航青春"等一系列主题志愿服务活动，全力打造"善行沿河·和美土家"志愿服务品牌。带动和指导沿河中等职业学校组建7支志愿服务队，1 780多名师生注册成为贵州志愿者，常态化开展支农扶贫、文明交通、创卫环保、大型会务赛事服务、关爱老人儿童、技能培训六大类活动200多个，覆盖沿河22个乡镇（街道），累计服务时长达1万多小时。

"政府+社会"双重发力，擘画携手小康"同心圆"

按照构建专项扶贫、行业扶贫、社会扶贫互为补充的大扶贫格局要求，坚持政府主导，动员和凝聚全社会力量广泛参与东西部扶贫协作，构建多元化、立体化帮扶机制，助力沿河脱贫攻坚。2017年以来累计超过240批次2 700人次到沿河开展帮扶活动。

一是率先探索"五位一体"全面结对帮扶新模式。2017年11月，张家港市率先在全国东西部扶贫协作中探索实践"五位一体（即市县、乡镇、园区、村村、村企五个层面）"全面结对帮扶新模式。在市县层面，签订《张家港市—沿河土家族自治县东西部扶贫协作对口帮扶合作框架协议》，张家港12个部门与沿河对口职能部门签订12个合作框架协议。2017年以来，仅两地县级负责同志互访对接就达22人次。在乡镇层面，张家港10个镇（区）与沿河22个乡镇（街道）结对帮扶，在全国东西部扶贫协作市县中率先实现乡镇结对双向全覆盖［2018年以来，镇（区）结对帮扶资金累计450万元，2020年各镇（区）结对帮扶资金保底15万元］。在园区层面，江苏省张家港保税区、张家港经济技术开发区2个国家级开发区和江苏扬子江国际冶金工业园1个省级开发区共同参与贵州沿河经济开发区建设工作，两地农业部门合作共建农业产业园区（在村级层面，张家港8个行政村与沿河8个深度贫困村建立结对帮扶关系；在村企层面，张家港4家国资企业与沿河4个深度贫困村结对帮扶）。

二是率先实现深度贫困村结对帮扶全覆盖。在"五位一体"全面结对帮扶基础上，进一步加大帮扶力度，2018年5月，对沿河其余38个深度贫困村进行结对帮扶，在全国东西部扶贫协作中率先实现对深度贫困县县域深度贫困村结对帮扶全覆盖（沿河50个深度贫困村分别由张家港18个行政村、6个国资企业、10个民营规模企业、9个部门单位、5个社会化组织、2个金融机构结对帮扶。）。自2018年起，深度贫困村结对帮扶资金每年保底5万元，并视情安排资金实施产业发展项目。

三是率先探索"整村推进结对帮扶"新模式。张家港市善港村与沿河土家族自治县深度贫困村高峰村结对后，在全国东西部扶贫协作"携手奔小康"行动中率先探索实践村村结对的"整村推进结对帮扶"新模式，携手高峰村开展"支部联建、文化共建、乡村治理、产业同建"四大方面帮扶活动，帮助高峰村规划建设"一场两园三业（一场：生态养殖场；两园：有机农业产业园、茶叶公园；三业：种植业、养殖业、乡村旅游业）"产业布局，推动高峰村于2019年年底整村脱贫出列。"整村推进结对帮扶"模式得到省、市认可，并在铜仁市全市推广。

四是率先实现教育、医疗卫生结对帮扶全覆盖。张家港市62所中小学、幼儿园与沿河土家族自治县88所中小学结对帮扶，以江苏省张家港中等专业学校为牵头单位对沿河中等职业学校开展"组团式"帮扶，在全国县域教育系统东西部扶贫协作中率先实现各个乡镇、各类学校、各个学段"三个全覆盖"结对帮扶。张家港市 11 家医疗卫生单位以"一对一""一对多""多对一"等形式结对帮扶沿河 24 家医疗卫生单位,以张家港市第一人民医院为牵头单位对沿河土家族自治县人民医院开展"组团式"帮扶,在全国县域卫生健康系统率先实现县级医院、镇级卫生院、公共卫生单位"三个全覆盖"结对帮扶。

五是社会力量广泛参与帮扶沿河脱贫攻坚。广泛发动张家港企业、社会组织、行业协会和爱心人士积极参与社会帮扶活动,自 2018 年以来,累计捐赠沿河各类款物价值 1 793 万元,其中资金 1 474 万元。

"产业+就业"双措并举,修建增收致富"蓄水池"

立足产业发展,坚持短平快与谋长远结合、"输血"与"造血"结合,催生内在动力,助推沿河实现真正脱贫。自 2017 年以来,张家港市级财政帮扶资金累计安排 3 560 万元、江苏省东西部扶贫协作帮扶资金累计安排 7 715 万元,实施 185 个项目,其中产业项目 103 个,投入资金 6 951 万元,带动 52 435 个贫困人口脱贫。

一是深入开展产业合作。合作共建贵州沿河经济开发区和高峰村有机农业产业园,累计引进入驻企业 3 个,到位投资 2.11 亿元,吸纳贫困劳动力就业 29 个。累计招商引资引进项目 12 个,到位资金 17.34 亿元,带动 285 个贫困劳动力就业。援建扶贫车间 4 个,吸纳就业 533 人,其中贫困人口 81 人。2020 年,安排张家港市东西部扶贫协作资金 2 000 万元,江苏省东西部扶贫协作帮扶资金也拿出一半(2.26 亿元)用于支持沿河脱贫攻坚,实施 72 个项目,其中产业项目 21 个,投入资金 14 899 万元。

二是全力推动劳务协作。全国首创东西部扶贫协作劳务协作驿站——"两江家园"沿河·张家港劳务协作驿站,入选贵州省 2019 年度优秀劳务协作工作站。深入开展"春风行动""民营企业招聘周"等招聘活动,举办劳务协作培训班 53 期,培训贫困劳动力 1 652 人次,"校校""校企"合作开设服装设计专业"东渡纺织班""挖掘机技能短训班"等进行"订单式"培养,推动精准就业。截至 2019 年年底,233 名沿河劳动力在张家港稳定就业(其中贫困劳动力 161 人),省内就近就业达 1 301 人。2020 年面对新冠肺炎疫情,张家港创新推出一系列举措,实施"送雁行动",开辟"点对点"全程免费输送通道,对有组织输出到张家港稳定就业 3 个月以上的沿河务工人员给予 5 000 元补助补贴,促进贫困劳动力转移就业增收脱贫。目前，已组织6批372名沿河劳动力到张家港务工，其中贫困劳动力254人。

三是积极推动消费扶贫。把生态茶、生态果蔬、生态中药材作为扶贫协作的"拳头产品"，出台同城待遇、销售奖励等多项支持政策和措施，签订"洲州茶"生态茶产品购销、乡村旅游共建战略合作等消费扶贫协议，共同打造"洲州茶""幸福李"公共联创品牌，依托"五位一体"结对帮扶机制，政府、社会、市场共同发力，积极拓宽消费扶贫渠道，全力推动"沿货出山"。自2018年以来，累计采购、销售沿河农特产品868万元，带动贫困人口1 244人。

"扶智+扶志"双管齐下，打造内在脱贫"永动机"

扶贫必扶智，治贫先治愚。张家港立足智志双扶，结合沿河所需和张家港所能，持续加大教育、文化、卫生、科技、旅游等领域的帮扶力度，促进两地观念互通、思路互动、技术互学、作风互鉴。自2018年以来，累计向沿河选派专技人才93人次进行帮扶，举办专技人才培训班28期培训250人次，向沿河输出医疗、农业等先进技术35项。

一是创新推进教育帮扶。沙洲职业工学院大力开展教育扶贫，累计招录沿河籍学子511人（其中贫困生240人），并为沿河籍学生设立350万元专项资助金，学生毕业后张家港企业优先录用。江苏省张家港中等专业学校与沿河中等职业学校在机电技术运用、汽车运用与维修两个专业合作开展"2+1"分段式培养（沿河2年+张家港1年），共招收50名沿河学生（其中贫困生35人），50名学生同步纳入"苏州市—铜仁市东西部扶贫协作职业教育千人培养计划"。

二是精准发力医卫帮扶。2017—2019年，累计派出41名医生到沿河进行为期1个月以上挂职帮扶，开展永久性心脏起搏器置入、腹腔镜大子宫肌瘤剥除、全髋关节置换术、胃大部分切除术等一系列高难度手术，填补了沿河相关领域技术空白。张家港市红十字会累计为沿河开展10场应急救护培训，共培训1 000人，开沿河应急救护培训之先河，并为沿河留守儿童开展2场心理健康知识讲座，覆盖小学生200多名。2020年，又派出12名医生到沿河挂职1个月以上进行帮扶。

三是鱼渔双授农技帮扶。在沿河建立农业技术服务平台，设立蔬菜、果品、畜牧兽医、植保、农机等"专家门诊"，常年随时接受种植户专业技术方面咨询。2017—2019年，累计派出农业和畜牧业方面专家14人次到沿河开展技术帮扶，举办农作物病虫害、蔬果种植、林地养鸡等农业技术培训，进行非洲猪瘟防控等工作。完成沿河《园艺产业现状及发展模式思考》《植保工作调研报告》等调研分析。2020年，选派6名农技专家到沿河挂职帮扶。

2020年3月6日，习近平总书记在决胜脱贫攻坚座谈会上强调，到2020年现行标准下的农村贫困人口全部脱贫，是党中央向全国人民做出的郑重承诺，必须如期实现，没有任何退路和弹性。这是一场硬仗，越到最后越要紧绷这根弦，不能停顿、不能大意、不能放松。沿河土家族自治县是国务院挂牌督战的全国52个未脱贫摘帽的贫困县之一、贵州省9个未脱贫摘帽的深度贫困县之一、铜仁市唯一的深度贫困县和未摘帽贫困县，也是目前江苏省对口帮扶支援地区中唯一未摘帽的贫困县。张、沿两地东西部扶贫协作工作将牢记总书记嘱托，咬定沿河脱贫出列目标，聚焦聚力，尽锐出战，奋力夺取脱贫攻坚最后胜利，助力沿河全面打赢打好脱贫攻坚战，实现顺利摘帽、精彩出列。

（中国扶贫网2020年7月22日）

苏黔携手　攻克深度贫困最后堡垒[1]

2020年是决战决胜脱贫攻坚收官之年。习近平总书记在3月6日决战决胜脱贫攻坚座谈会上强调，到2020年现行标准下的农村贫困人口全部脱贫，是党中央向全国人民做出的郑重承诺，必须如期实现，没有任何退路和弹性。革命老区贵州省沿河土家族自治县地处武陵山集中连片特困地区，既是国务院挂牌督战的全国52个未摘帽贫困县之一，也是目前江苏省对口帮扶支援地区中唯一未摘帽的贫困县。2017年3月，该县与张家港市正式结为东西部扶贫协作携手奔小康县（市）。在苏黔、苏铜两级两地党委、政府的坚强领导下，张家港市牢牢咬定沿河土家族自治县2020年脱贫摘帽目标，交出新冠肺炎疫情防控这道决战决胜脱贫攻坚加试题的完美答卷，聚焦精准扶贫协作，全力携手向深度贫困最后堡垒发起总攻。

多元参与推动帮扶立体化

构建"大扶贫格局"，政府、市场、社会共同参与，凝聚八方力量深入推动东西部扶贫协作，合力助推沿河脱贫攻坚。

持续完善结对机制。自2017年以来，在全国率先探索实践"五位一体"全面结对帮扶新模式（市县、乡镇、园区、村村、村企五个层面结对帮扶）的基础上，2020年对沿河22个未出列贫困村中除10个已结对深度贫困村之外的12个贫困村，由沙钢集团、亨通集团等12家江苏省、苏州市重点民营企业（商会）进行结对并签订帮扶协议，捐赠每村10万元共120万元帮扶资金，率先实现县域未摘帽贫困村结对帮扶全覆盖。

持续拓宽协作领域。以张家港62所中小学、幼儿园、11家医疗卫生单位分别与沿河乡镇以上88所中小学、24家乡镇卫生院以上医疗卫生单位在

---

[1] 作者陈世海，系政协张家港市委员会党组成员、副主席；中共沿河土家族自治县委常委、县人民政府党组成员、副县长（挂职），江苏省对口帮扶贵州省铜仁市工作队沿河土家族自治县工作组组长，江苏省张家港市对口帮扶贵州省沿河土家族自治县工作组党支部书记。

全国县域率先实现全面结对帮扶全覆盖,并以"组团式"结对帮扶为基础,着力完善教育、医疗卫生、农业技术等方面常态化帮扶机制,进一步加强金融、旅游等领域扶贫协作,拓宽帮扶领域。充分用好城乡建设用地增减挂钩结余指标跨省域调剂政策,推动沿河 4 685 亩土地指标实现跨省转让,为沿河脱贫攻坚争取 84 240 万元资金。

持续强化社会帮扶。自 2018 年以来,组织社会各界累计捐赠沿河各类款物 1 704 万元(其中资金 1 391 万元),采购、销售沿河农特产品 868 万元。2020 年,依托"五位一体"结对帮扶机制,继续鼓励支持社会力量参与帮扶沿河。加大"消费扶贫"激励扶持力度,充分利用社会平台,政府、社会、市场共同发力,着力提高"沿货出山"组织化程度,有望完成消费扶贫 5 000 万元的年度目标。

长短结合力促发展可持续

把发展产业项目作为关键,"输血"与"造血"相结合,在实施一批"吹糠见米"、短平快项目的同时,着力打造打基础、利长远的项目,增强沿河可持续发展后劲。

大手笔投入帮扶资金。自 2017 年以来,共投入江苏省东西部扶贫协作资金 7 715 万元、张家港市级财政对口帮扶资金 3 560 万元用于支持沿河脱贫攻坚工作。张家港全市各镇(区)结对帮扶沿河各乡镇(街道)资金每年保底 10 万元、累计 450 万元,50 个深度贫困村结对帮扶资金每年保底 5 万元、累计 497 万元。2020 年,财政继续计划安排省东西部扶贫协作资金 2.26 亿元(省对口帮扶贵州省铜仁市统筹资金的一半)、张家港市级帮扶资金 2 000 万元,并将区镇结对帮扶保底资金进一步提高至 15 万元。

精细化分配帮扶资金。确保精准帮扶,资金和项目向贫困村、贫困户倾斜,重点支持未出列贫困村发展产业、完善村内道路、保障饮水安全、加快危房改造等。尽最大可能扩大帮扶项目受益面,使资金覆盖贫困学生资助、养老院建设、职业教育支持、扶贫车间项目、就业支持等领域。自 2017 年以来,累计实施各类项目 185 个(其中产业类 103 个、基础设施类 40 个、医疗卫生类 17 个、教育类 9 个)。2020 年,利用省东西部扶贫协作资金实施 64 个项目(其中产业类 20 个、投入 14 713 万元,基础设施类 32 个、投入 3 666 万元,教育类 5 个、投入 2 835 万元,住房安全类 5 个、投入 1 090 万元),覆盖贫困人口 7.7 万人;利用张家港市级帮扶资金实施产业扶贫、基础设施、教育扶贫等项目9个，覆盖贫困人口1.2万人。

规范化使用帮扶资金。严格按照对口帮扶项目和资金管理办法使用帮扶资金，精打细算，用活用好。完善东西部扶贫协作项目库、项目专家库，规范项目编制、报送、评审和资金拨付流程。强化对项目实施的督促检查，确保帮扶资金使用安全、用到实处，切实发挥帮扶资金使用效益。

内外并举巩固就业稳定性

立足就业增收促脱贫，"留下来"与"走出去"相结合，把推动转移就业作为重点，多措并举全力促进贫困劳动力外出就业。

产业合作吸纳一批。围绕精品果蔬、中药材、畜牧养殖、农特产品加工、服装加工等产业，强化招商引资，吸引东部企业特别是劳动密集型企业到沿河开设分公司或分厂，或者在易地扶贫搬迁安置点等兴建扶贫车间，帮助贫困劳动力就地就近就业。2020年，争取新建或引进扶贫车间2个以上，吸纳100名以上贫困劳动力就业，并实现1 500名贫困劳动力就地就近就业。

劳务协作输送一批。2020年，安排东西部扶贫协作资金220万元用于劳务协作，充分发挥全国首创"两江家园"沿河·张家港劳务协作驿站作用，创新实施"送雁行动"，采取"点对点"免费输送，并对有组织输出到张家港稳定就业3个月以上和6个月以上的沿河务工人员分别给予5 000元、9 000元补贴补助。2020年一季度已组织8批372名沿河劳动力到张家港务工，其中贫困劳动力269人。

创业致富带动一批。依托张家港善港农村干部学院，持续加大贫困村创业致富带头人培训力度，自2017年以来，累计为沿河培训创业致富带头人356人次，其中48人创业成功，带动610人走上脱贫道路。2020年，计划培训100人，并对其创业给予政策扶持，示范带动贫困群众脱贫致富。

职业教育培养一批。依托张家港市职业教育资源，大力面向贫困地区招生。如沙洲职业工学院，近年来累计招录沿河学子511人（其中贫困生240人）。2020年，计划再招生300名，并为每个沿河籍就读学生配套设置奖助学金，且承诺毕业后张家港企业优先录用。继续推动两地中等专业学校合作开展"2+1"分段式培养，如与东渡纺织集团合作开设服装设计专业东渡纺织班进行"订单式"培养，推动精准就业。

智志双扶激活脱贫源动力

把激发内生动力作为根本,"智""志"双扶,提升贫困地区群众的教育、文化、健康水平,激发群众走出贫困的积极性、主动性。

党建文明双驱动。深入实施"长江水·乌江情——党建引领促脱贫""长江水·乌江情——文明共建助脱贫"两大工程,充分发挥全国首批、县级首个全国文明城市示范作用,把东西部扶贫协作和基层组织建设、文明实践有机结合,努力推动结对帮扶单位与受援单位全面实施跨区域党建联建、文明共建,潜移默化带动群众脱贫奋进、崇德向善。2020年4月,2个新时代文明实践驿站、1个新时代文明实践志愿服务指导中心在沿河官舟、思州安置点配套建设完工。依托沿河中等职业学校7支志愿服务队,常态化开展志愿服务活动,打造"善行沿河·和美土家"志愿服务品牌。

干部人才齐发力。自2017年以来,两地互派239名、55名党政干部挂职锻炼,举办党政干部培训班30期培训沿河党政干部571人次;累计向沿河选派教育、医疗卫生、农业方面专技人才93人次进行1个月以上帮扶,举办专技人才培训班28期培训250人次,向沿河输出医疗、农业等先进技术35项。2020年,张家港市计划派出不少于26名帮扶专技人才。

长江乌江山水相连,沙洲思州心手相牵。张家港与沿河两地干部群众携手抗疫情、战贫魔,聚焦聚力、冲锋冲刺,坚决夺取脱贫攻坚的最后胜利,全面决战决胜深度贫困歼灭战。

[《群众(决策资讯版)》2020年第14期,第28-29页]

打造东西部劳务协作就业扶贫示范样本[1]

2015年11月27日，习近平总书记在中央扶贫开发工作会议上指出："要支持贫困地区农民在本地或外出务工、创业，这是短期内增收最直接见效的办法。劳务输出地政府和输入地政府，对贫困人口外出务工要多想办法、多做实事。"受经济下行、新冠肺炎疫情和地质灾害叠加影响，2020年，就业形势较往年更为严峻。全力以赴做好贫困群众的就业工作，是在复杂多变环境中夺取脱贫攻坚全面胜利的必然举措。自2020年以来，张家港市和结对帮扶的贵州省沿河土家族自治县在做好疫情防控的同时，携手聚焦劳务协作就业扶贫，创新推出一系列劳务协作举措，推动贫困劳动力转移就业增收脱贫，累计组织8批372名沿河籍务工人员到张家港务工就业，其中建档立卡贫困劳动力269人，助力深度贫困县沿河按时高质量打赢脱贫攻坚战，让贫困群众用自己的双手托起"稳稳的幸福"。

打通"肠梗阻"，就业扶贫"有力度"

以建档立卡贫困劳动力为重点，精准匹配人岗需求，多措并举动员沿河贫困劳动力到张家港务工。张家港线上推送用工需求，由沿河落实网上招聘，上半年共向沿河提供岗位信息19期，共计8 202个岗位。充分利用脱贫攻坚驻村干部和疫情防控宣传工作人员，走村入户宣传发动。在沿河官舟镇爱新村设立贵州省内首家村级东西部扶贫协作"就业服务站"，全县429个行政村全覆盖建立"劳务经纪网格服务站——外出务工报名点"，每个服务站选拔1名劳务经纪人作为站长，构建和完善全县劳务输转市场化运作体系，提高劳务输转的市场化、规范化、组织化程度，实现了就业服务"零距离"。

---

[1] 作者陈世海，系政协张家港市委员会党组成员、副主席；中共沿河土家族自治县委常委、县人民政府党组成员、副县长（挂职），江苏省对口帮扶贵州省铜仁市工作队沿河土家族自治县工作组组长，江苏省张家港市对口帮扶贵州省沿河土家族自治县工作组党支部书记。

实施"订单化",就业扶贫"有深度"

根据每个贫困劳动力的基本情况和就业意愿,提供免费的职业指导、就业援助等公共就业服务,并提供免费首次职业培训。发挥张家港网络平台优势,为沿河劳动力提供网络技能培训课程,让沿河务工人员在新冠肺炎疫情期间也能不断提升自己的就业技能。指导 300 多名沿河籍务工人员免费在手机平台参加防疫培训和就业指导培训、职业技能理论知识培训。上半年累计举办 4 期劳务协作培训班,培训建档立卡贫困劳动力 187 人次。依托张家港市环宇职业培训学校,在沿河联合开展以"培训、就业、服务"三位一体为导向的挖掘机、装载机驾驶技能"订单式"培训班,分 2 批对 100 名沿河贫困劳动力进行培训。首期对 50 名沿河学员培训 1 个月,经技能理论、实操考试合格后,有 36 人到沙钢集团等张家港企业就业,其中建档立卡贫困劳动力 35 人。

打好"组合拳",就业扶贫"有温度"

对到张家港务工的沿河籍务工人员提供人性化务工保障和关心关爱,确保他们稳得住、留得下。开辟交通绿色通道,对经认定的复工企业组织的招工返工运输开辟绿色通道,创新实施"送雁行动",形成"点对点"全程输送方式,组织沿河籍务工人员免费乘坐返岗复工专列或大巴包车到张家港。精准匹配岗位需求,在张家港设立了全国首创的东西部扶贫协作劳务协作驿站,由沿河土家族自治县人社局指派专人负责运行,有效解决了沿河籍务工人员到张家港就业空档期间无技能、无单位、无住处等问题。两地人社局签订铜仁市首个县域东西部劳务协作稳就业协议;张家港保税区(金港镇)与结对帮扶的沿河沙子街道、中寨镇、晓景乡签订贵州省内首批乡镇层面的东西部劳务协作稳就业协议,上半年率先在全省实现东西部就业扶贫协作乡镇层面稳就业协议签订全覆盖。组织部分沿河籍务工人员开展"两江一家亲、携手看港城、共话致富路"主题活动,帮助他们全面深入了解张家港城市基本情况,在港安心工作,开心生活。

就业扶贫拔"穷根",幸福饭碗"端得稳"

针对市场经营主体,采取多项扶持政策,充分推动贫困劳动力转移就业。给予组织输送补贴、一次性跟踪服务补贴。对人力资源服务机构、劳务公司、劳务经纪人等市场主体开展有组织输出,贫困劳动力到张家港稳定就业3个月以上的,按500元/人的标准给予组织输送补贴;对输出的建档立卡贫困劳动力稳定就业6个月以上且提供跟踪服务的,按500元/人的标准给予一次性跟踪服务补贴。新冠肺炎疫情防控期间,对人力资源服务机构(包括非张家港人力资源服务机构)成功介绍沿河籍建档立卡贫困劳动力到张家港企业就业、签订劳动合同并缴纳社会保险满2个月的,按1 500元/人的标准给予人力资源服务机构职业介绍补贴。对人力资源服务机构、劳务公司等市场主体有组织输出建档立卡贫困劳动力到张家港就业的,组织输送费按1 000元/人的标准包干落实。对实地跟踪服务促进建档立卡贫困劳动力实现稳定就业3个月以上的,稳岗跟踪服务费按300元/(月·人)的标准落实,最长不超过6个月。对项目合作的经营性合作机构,输送到张家港企业稳定就业3个月,完成50人以上,奖励补助6万元;完成100人以上,奖励补助12万元。

(《新华日报》2020年8月18日第15版)

精准发力　打赢深度贫困歼灭战[1]

江苏省张家港市与贵州省沿河土家族自治县自2017年3月正式建立对口帮扶关系以来，始终以习近平总书记关于东西部扶贫协作重要论述为指引，聚焦聚力精准扶贫、精准脱贫，多层次、宽领域、全方位开展东西部扶贫协作，取得了阶段性成效。截至2019年年底，累计减少贫困人口17 818户60 248人，出列贫困村208个（其中深度贫困村40个），贫困发生率从2016年年底的13.13%下降到3.3%。

2020年是决战决胜脱贫攻坚收官之年。沿河土家族自治县作为国务院扶贫开发领导小组挂牌督战的全国52个未摘帽贫困县之一，到2020年2月，全县还有贫困人口6 612户20 239人、未出列贫困村22个，是脱贫攻坚最难啃的"硬骨头"。张家港和沿河两地紧盯决战决胜脱贫攻坚目标，全力实施"123扶贫协作攻坚行动"（完善一个全域结对帮扶机制，坚持智志双扶，重点推进产业发展、劳务就业、消费扶贫三项扶贫协作），向深度贫困的最后堡垒发起总攻。

创新机制，探索全域结对帮扶，凝聚脱贫攻坚合力

按照构建大扶贫格局要求，张家港市动员和凝聚各方力量参与东西部扶贫协作，在全国率先探索实践东西部扶贫协作"三个全覆盖"结对帮扶，即张家港和沿河两地扶贫协作结对帮扶机制"五位一体（市县、乡镇、村村、村企、园区五个层面）"全覆盖，结对帮扶领域（教育、卫生、文化、旅游、产业等）全覆盖，结对帮扶要素（人才、资金、技术、土地、市场等）全覆盖，构建起立体式的全域结对帮扶新机制，并在全国县域扶贫协作中率先实现乡镇结对双向全覆盖和深度贫困村结对全覆盖。

---

[1] 作者陈世海，系政协张家港市委员会党组成员、副主席；中共沿河土家族自治县委常委、县人民政府党组成员、副县长（挂职），江苏省对口帮扶贵州省铜仁市工作队沿河土家族自治县工作组组长，江苏省张家港市对口帮扶贵州省沿河土家族自治县工作组党支部书记。

县域东西部扶贫协作对口帮扶财政资金总量位居贵州省第一、全国前列。两地互动交流力度和频次在全国县域东西部扶贫协作中始终居于领先地位。2020年，针对沿河22个未出列贫困村的情况，进一步完善"五位一体"全面结对帮扶机制，对10个已结对深度贫困村之外的12个未出列贫困村，组织沙钢集团等12家民营骨干企业结对帮扶，在全国县域率先实现未出列贫困村结对帮扶全覆盖；对10个已结对深度贫困村中由行政村结对的4个深度贫困村，增配6家企业进行"N+1"强化帮扶。

立足根本，始终坚持智志双扶，激发脱贫内生动力

扶贫先扶志。扶志，就是要扶思想、扶观念、扶信心，帮助贫困群众树立摆脱贫困的斗志和勇气。坚持以党建引领扶贫协作，移植张家港市"红堡"阵地经验，发挥张家港首个县级全国文明城市的溢出效应，在全国县域东西部扶贫协作中率先实施"长江水·乌江情——党建引领促脱贫""长江水·乌江情——文明共建助脱贫"两大工程，采取干部双向挂职、定向派驻、支部共建、设立"党员干部初心历练基地"等方式，全面实施跨区域党建联建、文明共建，潜移默化带动群众脱贫奋进、崇德向善。在沿河易地扶贫搬迁安置点等累计赠建24小时新时代文明实践驿站5家、新时代文明实践志愿服务指导中心1家，推动沿河在全国县域率先建立新时代文明实践驿站体系，在贵州省内率先构建县域新时代文明实践志愿服务体系、图书馆总分馆服务体系，"志愿沿河"网成为全国西部地区首个县级志愿服务网。

扶贫必扶智。扶智，就是要扶知识、扶技术、扶思路，帮助与指导贫困群众提升脱贫致富的综合素质和能力。把发展教育特别是职业教育作为治本之策，重点帮助贫困人口子女接受教育，阻断贫困代际传递。张家港11家医疗卫生单位与沿河24家医疗卫生单位通过"一对一""一对多""多对一"等方式开展帮扶，在全国县域卫生健康系统率先实现县级医院、镇级卫生院、公共卫生单位"三个全覆盖"结对帮扶，并以张家港市第一人民医院为牵头单位对沿河土家族自治县人民医院实施"组团式"帮扶。

着眼长远，发力产业、就业、消费协作，提升持续发展能力

产业扶贫是稳定脱贫的根本之策。把发展产业项目作为关键，将扶贫

开发和乡村振兴有机结合，在实施一批"吹糠见米"、短平快项目的同时，谋划实施一批稳定增收、长期见效的项目。

就业是短期内增收最直接见效的办法。沿河自身产业基础薄弱、吸纳就业能力不强，必须把促进转移就业作为重点，着力推动沿河贫困劳动力到东部就业。全国首创东西部扶贫协作劳务协作驿站——"两江家园"，入选贵州省2019年度优秀劳务协作工作站。依托两地签订的铜仁市首个县域东西部劳务协作稳就业协议、全县429个行政村"劳务经纪网格服务站"全覆盖，进一步提高劳务输出的组织化程度，完善劳务协作就业扶贫机制。

通过消费扶贫协作助力脱贫。着力打造"洲州茶""幸福李"等张家港和沿河扶贫协作共创品牌，实施同城待遇、销售奖励等多项政策措施，通过签订贵州省内首个村级东西部扶贫协作消费扶贫协议等措施，进一步提高消费扶贫组织程度，继续拓宽消费扶贫渠道，全力推动"沿货出山"。

(《光明日报》2020年9月14日第6版)

精准发力东西部消费扶贫协作[1]

习近平总书记多次就消费扶贫做出重要论述,他指出,要探索建立稳定脱贫长效机制,强化产业扶贫,组织消费扶贫。张家港市自2017年3月与贵州省深度贫困县沿河土家族自治县正式建立携手奔小康对口帮扶关系以来,始终坚持政府引导、社会参与、市场运作,积极动员和引导社会组织、民营企业等社会力量广泛参与东西部消费扶贫协作,助推"沿货出山",取得明显成效。

自2017年以来,江苏省张家港市累计采购、销售沿河农特产品5 868万元,带动贫困人口2 865人,其中2020年1—9月已实现3 884万元(是2019年全年消费扶贫729万元的5.3倍,实现了爆发式增长),带动贫困人口2 203人。

政府和社会结合,形成强大合力。在政府引导下,张家港和沿河两地紧密对接,社会力量广泛参与,形成了东西互动、上下联动、点线结合、连点成网的消费扶贫强大合力。政府层面鼓励支持消费扶贫协作。两地签订乡村旅游共建战略合作框架协议、洲州生态茶产品购销意向协议、优质农特产品产销定向合作框架协议等一系列协议,对到张家港市组织开展沿河特色农产品、创意休闲农业等展销活动的市场主体实行同城待遇,并对组织销售沿河农特产品的电商企业按年实际采购额给予奖励。张家港市下达各镇(区)消费扶贫任务,保税区、经开区、冶金园年采购、销售沿河农特产品不少于50万元,其他镇(区)不少于30万元。社会力量广泛参与消费扶贫协作。举办"沿货出山"和招商引资暨旅游推介会、苏州市"绿色风"进社区(张家港市专场)优质农产品展销等系列活动,沿河空心李、牛肉干、苦荞酒、"洲州茶"等农特产品逐渐进入东部市场。

线下和线上结合,畅通流通销售环节。全力打通流通消费环节制约消

---

[1] 作者陈世海,系政协张家港市委员会党组成员、副主席;中共沿河土家族自治县委常委、县人民政府党组成员、副县长(挂职),江苏省对口帮扶贵州省铜仁市工作队沿河土家族自治县工作组组长,江苏省张家港市对口帮扶贵州省沿河土家族自治县工作组党支部书记。

费扶贫的痛点、难点和堵点，积极推动"沿货出山"，融入东部市场。着力健全农产品流通体系，着力完善县、乡镇（街道）、村三级物流配送体系建设，以实施农商互联示范县项目为抓手逐步完善冷链物流基础设施建设，深入推进村级电商服务站点建设，大力培育孵化本地电商企业，实现深度贫困村全覆盖。着力畅通农产品销售渠道，在线上线下开设精准扶贫农产品展销点、体验店，重点展销沿河农特产品。充分利用各类电商平台，通过网络直播、网红带货、"县长代言"等方式宣传推广沿河农特产品，带动线上线下销售。

供应和需求结合，提升供应水平质量。用市场需求引导供给，加快品牌培育和推介力度，全面提升沿河农产品的知名度和影响力，提高产品质量和供给水平。着力发展市场有需求、本地有优势的特色产业，建设农特产品供应基地，形成具有地域标志特色的拳头主打产品，提高农产品供给的规模化组织化水平，增强持续供给能力。加强品质管控，强化产品包装，提升产品品质，增强产品竞争力，并强化扶贫产品认定。联手共创打造品牌。根据沿河农特产品情况，重点打造"洲州茶""幸福李"两地公共联创品牌。启动农产品溯源体系建设，目前已在空心李、珍珠花生、黄花梨等部分种植基地安装溯源系统。

旅游和消费结合，创新消费扶贫协作。充分依托沿河土家族自治县旅游资源禀赋，着力提高旅游基础设施保障能力，积极发展休闲观光农业，带动旅游和消费双促进、双提升。大力开展旅游推介。张家港市主动帮助沿河土家族自治县，为沿河拍摄城市宣传片赴上海、嘉兴、南通、泰州等地开展旅游推介活动，探索打造符合当地市民游览沿河的旅游精品线路。深入挖掘旅游资源。充分利用乌江生态资源禀赋，着力打造乌江画廊黎芝峡景区，苏州银行与贵州乌江投资发展有限责任公司签订1.5亿元的融资租赁合作框架协议，用于建设游客服务中心、望夫岩码头等项目，努力打造沿河旅游品牌。大力发展农旅结合乡村旅游，累计投入东西部扶贫协作对口帮扶财政资金等共计1 972万元，帮助深度贫困村中界镇高峰村发展产业及完善基础设施，共建现代农业产业示范园区，截至2020年，已基本建成有机农业产业园、生态养殖场、茶叶公园3个有机循环农业产业项目，"一场（生态养殖场）两园（有机农业产业园、茶叶公园）三业（种植业、养殖业、乡村旅游业）"产业布局初步形成。张家港文化部门帮扶沿河创排土家族摆手舞《摆摆摆》、苏州评弹元素与土家族花灯元素融合的歌舞《苏州来的三姐妹》等节目，进一步提升具有浓郁土家族特色的文旅结合的乡村旅游品质，借力宣传推广沿河旅游资源。

消费扶贫协作一头连着西部的贫困地区，一头连着东部的广阔市场。张家港、沿河东西部消费扶贫协作的"四个结合"模式，"政府+社会"拓宽了参与主体，"线上+线下"畅通了销售渠道，"供应+需求"体现了市场导向，"旅游+消费"延伸了消费市场，"四个结合"精准施策、持续发力，每个人都可以通过消费参与扶贫，形成扶贫"人人皆能为"的局面，为助推"沿货出山"决胜深度贫困歼灭战提供了有力支撑。

（《贵州日报》2020年11月11日第8版）

精准发力职业教育协作[1]

职业教育作为与经济社会联系最为紧密的教育类型,在脱贫攻坚与乡村振兴两大战略中不但发挥着阻断贫困代际传递的重要作用,而且肩负着培养多元化人才、传承技术技能、促进就业创业的重要职责。

江苏省张家港市自对口帮扶贵州省沿河土家族自治县以来,始终坚持智志双扶理念,紧盯沿河职业教育薄弱环节,充分借助张家港本土院校沙洲职业工学院(以下简称"沙工")教育资源,持续深化张、沿两地高职教育交流合作,同时以江苏省张家港中等专业学校牵头对沿河中等职业学校(以下简称"沿河职校")实施"组团式"教育帮扶,精准发力职业教育协作。

坚持精准帮扶,精细化制订帮扶方案。在两地党委政府和教育部门的高度重视与大力支持下,沙工为沿河籍学生量身定制"精准招生、精准培养、精准资助、精准就业"的"四精准"专项教育帮扶方案。截至2020年,沙工将在贵州省的招生计划从最初的5名增至400名,可供沿河籍考生选择报考的国家级、省级高水平骨干专业从11个增至20个,目前在沙工就读的沿河籍学生已达796人;中等职业教育方面,以江苏省张家港中等专业学校为牵头单位,江苏省张家港中等专业学校及张家港市第二、第三职业高级中学先后与沿河职校达成校校合作帮扶协议,实施"多对一"帮扶。截至2020年,共派出15名优秀教师到沿河职校进行支教,帮助沿河职校汽车运用与维修、高星级饭店运营与管理、现代农艺技术、护理四个专业通过了铜仁市教育局的教学评估,沿河职校老师在2020年贵州省中等职业学校学前教育专业优质课评选交流观摩活动中荣获二等奖第一名。

聚焦贫困学生,多元化落实助学措施。沙工对沿河籍学生精准摸底,实行"一人一档",安排专职辅导员与学生结对。安排张家港市级财政对口

---

[1] 作者陈世海,系政协张家港市委员会党组成员、副主席;中共沿河土家族自治县委常委、县人民政府党组成员、副县长(挂职),江苏省对口帮扶贵州省铜仁市工作队沿河土家族自治县工作组组长,江苏省张家港市对口帮扶贵州省沿河土家族自治县工作组党支部书记。

帮扶资金1 050万元，对沿河籍学生按照"低保贫困户、一般贫困户、一般农户"三类贫困程度，每学年分别给予10 000元、8 000元、5 000元专项资助，目前已发放986.8万元。中等职业教育方面，安排对口帮扶资金310万元用于购置实训设备，帮助沿河职校建立汽车运用与维修、高星级饭店运用与管理、服装设计与工艺等专业教学实训室，极大改善了沿河职校的实训条件。建立专项助学帮扶基金，组织有关企业捐款并拿出部分财政资金，向沿河职校捐赠300万元资助贫困户学生。

立足成长成才，全方位提升综合素质。沙工根据沿河籍学生特点制订针对性培养方案，把技能培养专项课程与综合素养提升相结合，从心理、管理、活动等多维度发挥育人作用。针对沿河籍学生英语、计算机基础应用能力较弱的情况，实施"补弱提升"计划，单独开设免费英语辅导课，定点免费开放机房组织上机训练辅导，经济管理系4名沿河籍学生在江苏省高等职业院校技能竞赛"电子商务技能"赛项中荣获三等奖。实施心理健康普测，重点关注沿河籍学生心理状况，发现问题及时进行"一对一"心理辅导，帮助他们树立自信心，尽快融入大学生活。加强人文关怀。开展特色适应教育活动，通过开展"新生看港城"沿河籍学生专题座谈会等活动，帮助他们尽快熟悉张家港，融入沙工大家庭。截至2020年，沙工沿河籍学生有13人获国家励志奖学金，13人在省级大学生创新创业实践项目中获奖，无1人因学业困难、生活障碍、人际交往障碍、专业困惑等原因退学。

突出就业导向，"订单式"培养职业技能。深化产教融合，主动与具备条件的企业在人才培养、就业创业、社会服务、文化传承等方面开展校企合作，为沿河籍学生定制专业人才培养方案。与属地校企合作企业沙钢、永钢、华灿光电、华芳、东渡等10余家规模企业签订协议，为沿河籍学生提供专业对口岗位带薪见习机会，提高职业岗位认识能力。以企业冠名班形式，对沿河学生开展"订单式"培养，学生毕业后可到冠名企业就业。发挥实践育人功能，举办"职·德"训练营，建立清晰合理、切实可行、循序渐进的就业创业指导机制，引导沿河籍学生正确认识自我、合理自我定位，明确职业发展目标，提高职业规划意识，提升就业创业能力。

（《贵州日报》2021年2月1日第10版）

第二编：典型案例

实现区域共同发展的成功探索

——张家港、宿豫全面推进南北挂钩合作工作的调查

由于历史、自然、区位等因素影响，江苏省在经济上形成苏南、苏中、苏北三个"梯度板块"，苏北发展相对滞后。苏北地区土地面积超过全省一半、人口数量接近全省一半，GDP（地区生产总值）总量只占全省的五分之一，人均 GDP 还不到全省平均水平的二分之一。省委、省政府审时度势，提出了南北对口帮扶，实施区域经济共同发展的战略部署。几年来，南北双方积极策应，并取得了双赢的效果。但一些地区在南北挂钩合作中存在片面追求形式而不注重合作内涵、不注重寻找共赢发展的实质性内容等问题。从 2001 年 11 月开始，张家港市和宿迁市宿豫区双方本着优势互补、互惠互利、互动双赢的原则，在南北挂钩合作上做出了积极的探索，特别是在产业转移等方面创造了新的模式，得到各方的充分肯定和推广，被誉为"江苏南北挂钩合作的成功典范"。

一、做法

（一）依托党政推动原动力

两地展开了全方位、宽领域的合作。自开展挂钩合作以来，两地党委、政府高度重视，定期听取有关工作进展情况的汇报，每半年召开一次工作会办会，主要领导亲自过问挂钩合作重大问题，认真解决工作中遇到的实际问题。合作双方还建立了党政代表团互访制度和挂钩合作办公室定期联络制度，分别向对方派驻了一名挂职领导，具体负责、协调和组织挂钩合作，使两地交流和合作的层次不断提升，高层互访日趋频繁。在两地党委、政府的关心支持下，2005 年 7 月，宿迁市宿豫张家港商会成立。这是在宿迁的苏州企业成立的第一家商会，也是张家港企业在外地组建的第一家商会。商会的成立，对加速张家港产业向宿豫的转移，对在宿豫的张家港企业的发展起到了促进作用。

(二) 寻找挂钩合作共赢点

双方在挂钩合作之初就立足寻求合作的共赢点。寻找对口帮扶的内在动力。立足长远,不追求眼前政绩和实惠,着力突破短期效应、地域性的限制,在寻求投入与回报、帮扶与反哺的共赢点上做大做细。首先,在区位优势上,宿豫具有环抱地级市宿迁市的区位优势,水、陆交通便利,土地、劳务等投资成本低廉,软、硬环境比较优越。宿豫很自然地成为经济发达的张家港的资本异地扩张的理想之地。其次,在资源优势上,宿豫在水产、蚕桑、粮油、畜牧等方面具有相当规模和产量,农业资源丰富,为张家港农业龙头企业提供了原料基地。再次,在劳动力资源优势上,宿豫拥有10万~15万城乡富余劳动力资源,而且宿豫加大了对劳动力技能培训的投入,劳动力素质明显提高。加大劳动力向张家港输出,让张家港招工难、宿豫输出难这一局面得以破解。

(三) 打造产业转移大平台

为了转移一批深层次、战略性的项目,深入推进对口帮扶工作,张家港和宿豫率先采取园区搭台、政府唱戏的方法,建设张家港(宿豫)工业园。2002年8月,张家港市的江苏长江润发集团与宿豫签约,在宿豫开发区建设占地1 000亩的长江润发(宿豫)工业园,开全省以市场为导向、南北挂钩合作产业新模式之先河。截至2007年年底,长江润发(宿豫)工业园投产项目8个,基础设施投入超过3亿元。从2003年开始,以长江润发(宿豫)工业园为依托,在其周边区域内开始建设张家港(宿豫)工业园。宿豫和张家港政府以正式协议的形式约定,张家港主要负责园区的招商引资,宿豫负责基础设施建设。张家港宿豫工业园建设率先为全省创新南北挂钩合作模式,为江苏在全省推广共建工业园提供了示范。长江润发(宿豫)工业园和张家港宿豫工业园的建设,为省委、省政府推进南北挂钩合作和共建开发区提供了理论与现实依据。2006年11月,张家港市政府与宿豫区政府签订协议,确定正式开发建设两地政府挂钩共建的张家港宿豫工业园区。2007年1月,共建园区投资开发建设有限公司挂牌成立;5月,省发改委、省外经贸厅联合发文批复明确张家港宿豫工业园区为省南北挂钩共建园区,成为江苏省第2家、宿迁市首家获批的南北挂钩共建园区。6月,张家港宿豫工业园区正式开工建设。截至2007年年底,共建园区1 015亩的启动区就投入基础设施建设5 700万元,拆建房屋面积14万平方米,修建道路4.3千米。有7个工业项目落户园区,投资总额3.5亿元,注册资本1.5亿元,其中合同利用外资1 600万美元、注册外资800万美元。

二、成效

（一）产业对接不断深化，推动了经济建设发展

在张家港市委、市政府的鼓励引导下，张家港的众多企业家，始终把宿豫作为项目转移的首选地，只要有项目转移、只要企业需要扩张，第一个想到的就是宿豫。长江润发、华宝纸业、华茂纺织、格林橡塑、双鲸皮件、诚信皮件等许多企业纷纷在宿豫投资兴业，谋求新的发展。其中，长江润发（宿迁）集团有限公司2007年完成销售收入9.2亿元，名列宿豫区工业企业第一位、宿迁市第三位，是宿迁市最大的外来投资工业企业，同时，吸引了宿豫当地的1 500多名农民和下岗工人就业，产生了显著的社会效益。几年来，在双方共同努力下，在宿豫经济开发区内建成了长江润发（宿豫）工业园等多个园中园，特别是长江润发（宿豫）工业园的成功建设，为全省推进南北共建工业园区做出了积极的探索。两地积极响应省委、省政府南北共建开发区的部署和要求，加快推进共建园区规划建设，规划面积15平方千米的张家港宿豫工业园区被首批批准为南北共建开发区，一期已经正式启动建设。截至2007年年底，张家港市共有68家工业企业在宿豫落户，已有35家企业投产见效，到位固定资产投资超过12亿元，在苏州各县（市）中居于首位。近年来，在张家港市委、市政府的支持和帮助下，宿豫经济社会呈现出了加速发展的良好势头。一是经济结构明显优化。全区三次产业比重由"十五"初的一二三调整为二三一，达到了2007年的20.6：56.7：22.7。二是经济总量快速扩张。从2001年到2007年，全区地区生产总值年均增长13%，全社会固定资产总投资年均增长39.2%，财政总收入年均增长24.5%，地方财政一般预算收入年均增长20.6%。三是工业经济迅猛发展。宿豫经济开发区于2006年被批准为省级经济开发区，目前落户项目达375个；全区规模以上工业企业个数是"十五"初的3倍，有7个企业进入宿迁市销售20强，有6个企业进入宿迁市利税20强。

（二）合作领域不断拓宽，推动了社会事业发展

从两地政府、乡镇、部门开展对口帮扶，到现在的村村、村企结对帮扶，两地的合作领域不断拓宽。目前，张家港市8个镇与宿豫区的所有乡镇（16个乡镇）都建立了挂钩合作关系，组织与村、企业与宿豫区的16个经济薄弱村进行挂钩帮扶，乡镇结队挂钩、村村合作均走在全省前列。宿豫在教育、文化、基础设施建设等方面取得长足发展。近年来，两地党政代表团互访达15次，举办各类投资项目洽谈会20多次；张家港累计援助宿豫款物达4 750万元，先后帮助宿豫建设了宿迁市宿豫区张家港骏马小学、宿豫张家港实验小学、宿豫张家港开发区技术实训基地、港豫大桥等，帮助农村草改瓦4 700户；宿豫区先后两次选派36名干部到张家港市挂职锻炼，张家港市帮助宿豫培训各类干部520人，向宿豫派出了63名中小学领导和教学骨干进行常年性的支教工作，近期还将派出55名优秀青年干部到宿豫各乡镇挂职锻炼。张家港市还组织发动对宿豫区41个经济薄弱村中的16个村进行重点帮扶，2007年已为周石庄村等5个村建造"为民服务中心"3 300平方米，建设标准型厂房3栋2 500多平方米，引进"三来一加"项目3个，新办企业2家，吸纳当地300多名贫困劳动力就业。

（三）主体互动不断加强，推动了劳务合作发展

在劳动力转移等方面取得了互动发展。张家港和宿豫每年都定期召开人才交流会，由张家港企业和两地中介机构现场招聘。到2007年为止，双方共举办大型劳务合作交流会8次，对口乡镇、部门开展小型劳务合作交流活动50多次，累计向张家港输出劳务人员达4.6万人（次），其中，仅各类培训机构就向张家港市"订单"输出有一技之长的劳务人员2.5万人（次）。现在重点又转向为在宿豫投资的张家港企业解决用工问题。

三、启示

张家港和宿豫按照优势互补、注重实效、共同发展、实现双赢的要求，加大南北挂钩合作的力度，这对带动宿豫发展起到了重要作用。从深化南北挂钩合作，推动区域协调发展的要求出发，要在坚持和完善挂钩帮扶体制上有新作为，在加大社会事业援助力度、加深经济交流和合作方面有新进展，值得探讨和实践的空间依然很大。在南北挂钩合作过程中，应着力在提高合作效率、合作层次和水平上下功夫。

（一）南北挂钩合作必须建立完善配套的运行机制

要逐步完善南北挂钩合作的运行机制。单纯建立在行政性推动基础上的南北合作机制，是不能长久和有高效率的，必须强调各市场利益主体之间的合作伙伴关系。这种关系，主要是通过政策制定过程中的公众参与、各级政府部门之间的及时沟通、具有对各部门政策进行协调的机构、把私人企业作为地区经济发展的主体等方面来实现的。特别是要明确市场力量

（或社会化力量）在南北合作中的主导地位，以推动苏北地区市场化程度的提高。

（二）南北挂钩合作必须坚持以产业项目为载体

实现区域产业的战略大转移，一方面，苏南地区要进行自身产业结构的大调整，向更高层次的高新技术产业转移，然后将一部分资源加工型、劳动密集型等的传统产业让渡出来，鼓励、引导各类企业到苏北去经商办厂、投资兴业，这既能为苏南地区发展技术、资本密集型产业腾出空间，又能带动和推进苏北地区的工业化进程，从而实现南北优势互补、资源共享和区域共同发展；另一方面，苏北地区要主动跟进，向发达地区让出来的产业扩展，增强自己在传统产业中的竞争能力。苏南地区要主动向苏北地区介绍招商引资经验，主动把招商渠道推荐给苏北地区，每年帮助挂钩地区引进一定数量的外资项目。

（三）南北挂钩合作必须以利益趋向激发内生动力

单纯依靠政府间的推动，合作的领域、深度和实效是有一定局限性的。苏北地区在土地资源开发利用、农副产品种植收购、城市开发建设、服务业水平提高、产业梯度转移等方面有独特的优势，经济发展的不同层次，产业优势的差异，有利于两地优势互补，共同发展。当前，苏南一些企业本部设备更新换代，可利用原来的旧设备到苏北办分厂，逐步扩大生产，提高技术含量。苏南地区餐饮业苦于采购不到称心如意的鱼肉蛋禽和新鲜蔬菜，可以在苏北地区建立副食品和农副产品基地。宿豫有芦荟、芦笋的种植，却缺少相关深加工企业，如苏南相关的企业去收购，既解决了农民的销路，也找到了原料基地，这些都可谓"双赢"。实践证明，只有实现互动双赢的发展，不断激发双方合作的内生动力，才能实现南北合作帮扶的友谊之花长久盛开。

（四）南北挂钩合作必须以致富群众为落脚点

"小河有水大河满"，一个地区只有群众实现了富裕，才能真正走上快速发展的道路。因此，在南北挂钩合作中，无论是苏南的帮扶，还是苏北的策应，都应将致富群众作为出发点和落脚点。在帮扶合作的形式上进一步具体化。要在乡镇、部门对口帮扶的基础上，继续推进村村合作的模式，重点做好基层干部的交流与学习。一方面，对苏北乡村干部通过到苏南挂职等方式进行培训，使其积极解放思想，增强带领群众致富的本领。另一方面，鼓励苏南机关、乡村干部到苏北乡镇挂职，以增加了解，加深友谊，并对当地发展提出合理建议。在帮扶合作的内容上进一步深入。要继续加大村企挂钩帮扶力度，鼓励苏南的农业龙头企业、大型工业企业和苏北经济薄弱村进行对口帮扶。在公益事业、项目引进等方面给予支持。首先帮助薄弱村援建标准型厂房，使村集体有收入，从根本上迅速解决村级运转的问题。通过援建、引建和自建工业项目，帮助薄弱村逐步发展工业，不断壮大经济实力，让村民就近进厂务工，最终实现共同富裕的目的。

（本文系2008年4月陈世海挂职宿迁市宿豫区委副书记期间所做的调查报告）

张家港市·沿河土家族自治县"三个全覆盖"打造东西部扶贫协作新模式

自2013年张家港市与铜仁市沿河土家族自治县正式建立东西部扶贫协作对口帮扶关系以来,张、沿两地抢抓东西部扶贫协作重大机遇,不断探索"五位一体"东西部全面结对帮扶和深度贫困村全覆盖结对帮扶的东西部扶贫协作新模式。

一、坚持务实创新,全面深化"五位一体"东西部扶贫协作全面结对帮扶新模式

(一)坚持"三个优先",在市县结对上凝聚合力

一是坚持优先研究。通过建立高层联席会议和对口协商协作机制,双方党政主要领导定期开展交流互访和召开座谈会议,自2018年以来,两地分别召开9次工作会议。二是坚持优先规划。双方在市县层面签订了东西部扶贫协作框架协议,开展全方位合作。在框架协议的基础上,两地12个部门之间签订了12个合作框架协议,确保帮扶工作有序实施。三是坚持优先保障。双方均建立了东西部扶贫协作领导机构,沿河土家族自治县在张家港市成立了全国首个东西部扶贫协作办事处,张家港市选派了2名优秀干部到沿河土家族自治县挂职对接帮扶工作。

(二)着力"四个培养",在乡镇结对上增添动力

一是着力培养帮扶情谊。张家港市10个镇(区)各结对帮扶1~3个乡镇(街道),率先实现了与沿河22个乡镇(街道)结对"全覆盖"。二是着力培养干部队伍。互派青年干部进行挂职学习。2018年,张家港市和沿河土家族自治县共组织172名年轻干部相互挂职学习(张家港市139名,沿河土家族自治县33名)。同时,张家港市为沿河土家族自治县开展党务能力提升培训班和基层干部能力素质提升培训班,参训人数共115人次。三是着力培养专技人才。张家港市10个镇(区)51所学校与沿河22个乡镇(街

道）63 所中心校一对一帮扶，对沿河实施各个乡镇、各类学校、各个学段"三个全覆盖"帮扶。选派 23 名骨干教师赴沿河进行支教活动，接收沿河 36 名骨干教师在张家港进行跟岗锻炼。沙洲工学院 2018 年共招收了 214 名沿河籍学生，对沿河建档立卡贫困学生每年单独补助 10 000 元，对沿河土家族自治县其他学生每年单独补助 5 000 元，为沿河土家族自治县未来发展培养一批高素质专业人才。张家港市人民医院接收沿河土家族自治县人民医院 92 人分 7 批进行短期培训和进修学习，同时张家港市各级医疗机构还向沿河选派 15 名医疗专家，赴沿河开展为期 30 天以上的医疗帮扶。四是着力培养合作平台。两地签订职业培训定点机构委托培训协议，成立了江苏省首家东西部劳务协作服务站，已为沿河土家族自治县 627 人提供职业技能培训，通过培训为 186 人解决就业。张家港善港农村干部学院主动承担苏州对口帮扶铜仁农村致富带头人的培训任务，同时将创建全国第三家国务院扶贫办贫困村创业致富带头人培训基地。目前已开展 5 期培训，已有自治县 188 名贫困村创业致富带头人，围绕思维创新、典型示范、党建引领、乡村治理等方面"取经""充电"。

（三）加强"四项建设"，在村村结对上典型示范

张家港市 18 个行政村与沿河土家族自治县 18 个深度贫困村建立了结对帮扶关系。其中，张家港经济技术开发区（杨舍镇）善港村和沿河土家族自治县中界镇高峰村签订了"整村推进帮扶"协议，从党的建设、文化共建、村庄治理、产业发展四个方面进行全方位帮扶，探索实践村村结对的"整村推进结对帮扶"新模式，力争形成可推广、可复制的深度贫困村扶贫、脱贫的善港高峰村村结对的"善登高峰"范例。

（四）推动"三类帮扶"，在村企结对上注重拓展

一是推动国资企业结对帮扶。张家港 6 个国资企业与沿河 6 个深度贫困村分别建立结对帮扶关系。目前，张家港市金茂投资发展有限公司投资近 100 万元帮助结对村晓景乡暗塘村发展特色李 100 亩，带动了贫困户 35 户、120 人持续增收。二是推动民营企业结对帮扶。张家港市 12 家规模型民营企业与沿河深度贫困村建立了结对关系。目前，苏州嘉雄文化传播有限公司、苏州永联天天鲜配送股份有限公司、苏州玉龙景展网络科技有限公司等 3 家企业分别围绕沿河茶产业发展、空心李销售、城市宣传片拍摄等方面进行帮扶。三是推动社会力量结对帮扶。张家港市民政局等单位制定了《张家港市民政局对口帮扶沿河土家族自治县民政局三年行动计划（2018—2020 年）》，确定了建立"三社联动"机制、推进关爱儿童工作、引导社

会力量参与帮扶等重点任务，2018年社会帮扶资金到账金额达253万元。

（五）落实"四项举措"，在产业提升上争做示范

一是合力共建园区。张家港2家国家级开发区和1家省级开发区，一起参与贵州沿河经济开发区的共建工作，对开发区的建设管理方面进行全方位指导。二是合力招商引企。张家港市主动参与、介入沿河的投资推介工作，助力沿河招商引资。两地农业部门签订了协议，共同推进农业产业园区的项目建设和人才交流。三是合力打造品牌。张家港市针对沿河产业特点，为"沿货"制定全方位"出山"策略，设立"沿货"展销中心，共创"幸福李""洲州茶"沿货品牌，让"沿货"在张家港乃至苏州既有销量又有口碑。2018年，沿河空心李在两地协作部门的联合推介下，在张家港的销售额超100万元。9月21日，两地共创的"洲州茶"在张家港市成功召开品牌发布会，进一步完善了"沿货"市场推广体系建设。四是合力优待企业。张家港对沿河市场主体实行同城待遇，沿河土家族自治县制定出台了《2018年产业大招商突破年行动方案》等文件，对来沿河投资兴业的张家港市企业制定了相关优惠政策。

二、坚持自加压力，率先实现深度贫困村结对帮扶全覆盖

自2018年以来，张家港市在2017年率先实施"五位一体"全面结对帮扶的基础上，对沿河土家族自治县剩余的38个深度贫困村进行全覆盖结对帮扶。全覆盖帮扶涵盖了文明引领、社会组织、经济强村、对口扶贫协作领导小组成员、规模企业、国资企业结对帮扶等六类结对模式。在文明引领结对帮扶上，张家港市南丰镇永联村、市文广新局等9家全国文明村、文明单位，结对帮扶沿河9个深度贫困村；在社会组织结对帮扶上，张家港市总商会、市电子商务商会等5家社会组织，通过投资办厂、扩销特色农产品等形式，积极参与产业合作，结对帮扶沿河5个深度贫困村；在经济强村结对帮扶上，张家港保税区（金港镇）山北村、经济技术开发区（杨舍镇）田垛里村等7个村，结对帮扶沿河7个深度贫困村；在对口扶贫协作领导小组成员单位结对帮扶上，张家港市发改委、市经信委等5个领导小组成员单位，结对帮扶沿河5个深度贫困村；在社会组织结对帮扶上，江苏永钢集团、天沃科技等10家张家港市规模民营企业结对帮扶沿河10个深度贫困村；在国资企业结对帮扶上，张家港市江苏国泰国际集团、江苏华昌集团结对帮扶沿河2个深度贫困村。至此，张家港市相关单位与沿河土家族自治

县的全部50个深度贫困村结对实现了全覆盖,在全国东西部扶贫协作工作中,率先实现了对贫困县和深度贫困县县域所有深度贫困村的全面结对帮扶,助推沿河土家族自治县打好打赢深度贫困村脱贫攻坚战。

随着"携手奔小康"工作向纵深推进,张、沿两地将进一步加强全方位、常态化对接交流,推动两地板块、部门、企业、社会间广泛交流,助力沿河脱贫攻坚、决战决胜同步小康!

(本文入选2018年10月全国"携手奔小康"行动培训班案例选编)

探索"三个三"结对帮扶新模式扶贫协作携手决胜深度贫困奔小康

沿河土家族自治县是革命老区县、武陵山集中连片特困地区片区县、贵州省14个深度贫困县之一,共有贫困村250个(其中深度贫困村50个),建档立卡之初贫困人口17.3万人,贫困发生率为28.28%。自2017年3月江苏省张家港市与贵州省沿河土家族自治县扶贫协作结对以来,两地在探索建立"五位一体"全方位结对帮扶基础上,逐步形成以"三项机制、三个全覆盖、三大保障"为重点的"三个三"东西部扶贫协作结对帮扶新模式,各项工作取得一定成效。截至2018年年底,沿河土家族自治县贫困发生率下降到7.38%,累计减少贫困人口12.64万人。

一、健全"三项机制",推动扶贫协作工作落实

一是健全组织机制。两地分别成立"东西部扶贫协作领导小组",明确由县扶贫办和市发改委具体负责牵头组织协调东西部扶贫协作对口帮扶工作。同时,在张家港市成立沿河土家族自治县驻张家港市东西部扶贫协作办事处,选派4名干部常驻开展对接联络。

二是建立会商机制。建立联席会议和对口协商协作机制,双方党政主要领导定期开展交流互访和座谈会商,全面部署落实东西部扶贫协作各项工作,两地四套(家)班子领导和机关部门、乡镇、村全面开展对接交流。结对帮扶以来,双方组织召开联席会议6次,部门开展集中对接会议300余次。

三是完善考核机制。出台《沿河土家族自治县东西部扶贫协作考核办法(试行)》,分别在组织领导、人才支援、资金支援、产业合作、劳务协作、携手奔小康等方面细化考核指标,明确考核方式,全力推动各项工作落地落实。

二、实现"三个全覆盖",拓展扶贫协作工作维度

一是帮扶层次全覆盖。在全国率先探索实践"五位一体"东西部扶贫协作全面结对帮扶新模式。在市县层面,两地政府签订东西部扶贫协作对口帮扶合作框架协议,分年度落实好帮扶工作具体任务,沿河12个部门与张家港对口职能部门签订12个合作框架协议,推动精准脱贫工作有序开展。在乡镇层面,沿河土家族自治县22个乡镇(街道)与张家港市10个镇(区)建立结对帮扶关系,定期组织人员到对口乡镇(街道)开展结对帮扶工作,在全国县域率先实现乡镇结对全覆盖。在村级层面,张家港18个行政村与沿河18个深度贫困村建立结对帮扶关系。其中张家港善港村"整村推进结对帮扶"沿河土家族自治县中界镇高峰村,围绕党的建设、村庄治理、文化共建、产业发展等四个方面全面帮扶,打造扶贫协作"善登高峰"结对帮扶范例,得到了贵州省委书记孙志刚批示肯定。在村企层面,张家港市18个国资及民营企业与沿河16个深度贫困村和2个贫困村分别结对。在园区层面,张家港市2家国家级开发区和1家省级开发区一起参与省级贵州沿河经济开发区共建,两地农业部门共同推进农业产业园共建示范园区建设。在实施"五位一体"全面结对帮扶的基础上,张家港市相关单位与沿河土家族自治县的全部50个深度贫困村结对实现了全覆盖,在全国东西部扶贫协作工作中,率先实现对贫困县和深度贫困县县域所有深度贫困村的全面结对帮扶。

二是智志双扶全覆盖。着力党建引领:两地党委组织部门共同实施"长江水·乌江情——党建引领促脱贫"工程,互派机关干部、乡镇干部、脱贫攻坚一线干部挂职交流,抓好教育、医疗、党政干部人才交流培训,促进观念互通、思路互动、技术互学、作风互鉴,打造一支带不走的人才干部队伍。两年多来,两地互派638名党政干部、163名医技人员、124名教师挂职交流学习。充分利用全国第3家国务院扶贫办创业致富带头人培训基地张家港善港农村干部学院的优势,两年来对沿河336名贫困村致富带头人进行创业培育。着力文明共建:两地党委宣传部门签订《长江水·乌江情——文明共建助脱贫协议》,连续两年联合举办"长江水·乌江情"文化交流周活动,以文艺轻骑兵形式深入山寨,潜移默化地调动贫困群众人心思进、勤劳致富的积极性和主动性。在沿河捐建1个全国首家24小时土家书房、2个全国首创新时代文明实践驿站,为深度贫困地区开展新时代文明

实践、完善公共文化服务提供范例。着力教育提升：张家港市62所中小学、幼儿园与沿河87所中小学、幼儿园"一对一""一对多"结对帮扶，在全国县域教育系统东西部扶贫协作中，率先实现各个乡镇、各类学校、各个学段"三个全覆盖"帮扶。开展"组团式"教育帮扶，由张家港教育局选派副校长1名、中层干部2名、专业教师7名以组团形式到沿河中等职业学校开展组团式帮扶。探索中职教育机电技术运用、汽车运用与维修2个专业"2+1"（沿河2年+张家港1年）合作办学模式，并在县职校设立2个张家港"东渡纺织班"，促进学生精准就业。开展沙洲职业工学院"三个一"（1人就学、1人就业、1户脱贫）招生，2018年沙洲职业工学院在沿河招生214名，2019年增加到400名，已全部录满。

三是重点领域全覆盖。产业扶贫：突出主导产业，围绕茶、果蔬、畜牧、中药材、旅游生态五大产业，先后帮扶沿河土家族自治县实施产业项目42个，助力全县2万余名贫困人口脱贫；加强产销对接，张家港市出台"沿货出山"奖励支持办法，让沿河土家族自治县农特产品在张家港市享受与本地农特产品同等待遇，两年多来沿河土家族自治县农特产品在张家港市销售额超过1 000万元。就业扶贫：探索形成"五个精准"（精准对接需求、精准组织招聘、精准校企合作、精准宣传动员、精准技能培训）劳务协作新模式，完善"劳务机构、用工企业、劳动力"三方利益联结机制，实现贫困劳动力就业意愿、就业技能与就业岗位的精准对接。对接协调137家企业赴沿河土家族自治县开展贫困劳动力招聘17场，组织劳务输出357人，其中建档立卡贫困户199人。健康扶贫：在全国县域卫生健康系统率先实现县级医院、乡镇卫生院、公共卫生单位"三个全覆盖"结对帮扶，张家港市11家医疗卫生单位与沿河土家族自治县人民医院、妇保院、22个乡镇街道卫生院（社区卫生服务中心）共24家基层医疗卫生单位，通过"一对一""一对多""多对一"方式开展帮扶。以张家港市第一人民医院为牵头单位对沿河土家族自治县人民医院实施"组团式"医疗帮扶，已为沿河土家族自治县医院开展电子肠镜、肱骨外科颈骨折等47项新技术。

三、强化"三大保障"，夯实扶贫协作工作基础

一是扶贫协作制度保障。制定出台《张家港对口帮扶沿河三年行动计划（2018—2020）》《沿河土家族自治县东西部扶贫协作攻坚方案（2019—2020年）》等文件，按年度分别制定园区共建、组织领导、产业合作、文

化交流、人才培训、劳务协作、旅游发展、教育卫生"八个专项"工作方案，建立会商、互访、投资、帮扶等合作工作机制，推动扶贫协作规范化、制度化、长效化运作。

二是农业技术支持保障。张家港市在沿河土家族自治县组建"农业科技对口帮扶办公室"，设立蔬菜、果业等多个"专家门诊"窗口，随时接受种养植户的咨询。先后邀请全国知名三农模范人物赵亚夫等 7 名行业专家来沿河土家族自治县开展现场专业技术培训，提升农民群众农技水平，增强农户从事种养植积极性。

三是项目建设资金财政保障。开展结对帮扶的两年多来，江苏、苏州、张家港市及其镇（区）四级财政共同发力，落实对沿财政帮扶资金 11 597 万元，实施扶贫项目 132 个，惠及贫困人口 2 万余人。同时，围绕对口帮扶资金的使用，优化项目资金投向、运作方式，严格立项审批和资金拨付流程，确保帮扶资金效益最大化。

我们将进一步深入学习习近平总书记关于扶贫开发重要论述，坚持决胜脱贫攻坚与乡村振兴战略相结合，坚持扶贫与扶志、扶智相结合，坚持吹糠见米和长效发展相结合，全面打造东西部扶贫协作升级版，携手决胜深度贫困脱贫攻坚战，同步全面奔小康。

（本文入选 2019 年 8 月全国"携手奔小康"行动培训班案例选编）

率先实践"整村推进结对帮扶"新模式

高峰村原是贵州省沿河土家族自治县深度贫困村,处于三乡镇交界处,属于典型的喀斯特地貌,资源贫乏,2017年年底全村共147户562人,其中建档立卡贫困户有50户119人,贫困发生率为21.2%。村民收入主要靠传统种养殖和外出务工,市场融入发展程度低。为推进高峰村加快发展,按期实现贫困村出列、贫困人口全部脱贫,张家港市杨舍镇善港村与沿河土家族自治县中界镇高峰村结对帮扶携手奔小康,并签订了《"整村推进帮扶"协议》,在全国率先探索村村结对的"整村推进结对帮扶"新模式,推动形成可推广、可复制的深度贫困村精准扶贫、精准脱贫的"善登高峰"范例。

一、做法及成效

一是支部联建助推基层组织建设。善港村精准扶贫驻村工作队临时党支部与高峰村党支部实行支部联建,为高峰村党支部注入新鲜血液,新发展4名党员、6名入党积极分子。开展"党员承诺"活动,在工作生活中以身作则,引领带动身边群众。坚持"党建带扶贫、扶贫促党建",善港村党委、驻村临时党支部联合高峰村党支部,坚持党建统领,以"不走的党支部"的核心理念,以党建活力带动精准惠民,实施了"合作社中党旗红"、"党员责任田头亮"和"党建便利站"共3个"党建+"项目,通过建立村民合作社、打造"全国通"便利站等方式,带领村民走向共同富裕。

二是文化共建助推乡村精神文化建设。挖掘当地文化内涵,增强群众对本土优秀传统文化的认同。以土家族文化为依托,组建高峰村"金钱杆"舞蹈队,实施惠民文化工程,引导开展具有地方特色的文化文艺活动,引导乡村文化现代化发展。定期放映关于社会主义主旋律和"潮流"的影视片。开展科学知识文化普及教学活动,提高文化素养。针对该村30多个留守儿童无人看、没处去的现实问题,工作队在村里开设周末作业班、青少年暑期活动班，举办国学、科技等特色活动，拓宽青少年视野。建立了沿河土家族自治县首个村级新时代文明实践站，进一步整合资源，深化文明创建。

三是乡村治理联建助推乡村振兴发展。推进村庄环境综合整治，谋划村庄布局调整，全力提升群众的环境卫生意识，改善生产生活环境，完善公共基础设施、农田水利等建设。完善高峰村村民自治，探索村民自治章程、村规民约，成立村民议事会，引导村民主动参与村务管理。2018年8月，工作队在高峰村探索"善扶康"健康医疗互助基金项目，由村委会组织全体村民以家庭户为单位自愿参加，通过"村民筹资+帮扶基金+社会捐款"等方式筹集资金，全部款项用于本村村民，第三方服务平台按病种对住院村民进行补助。通过平台作用，带动多方慈善力量，拓宽村民发生大病时的救助渠道，推进对高峰村的精准帮扶。

四是产业同建助推村民脱贫致富。工作队通过走访调研、邀请赵亚夫团队专家等实地考察，高点定位、谋划高峰村产业布局，做好高峰村产业发展规划。因地制宜，引进善港村优势农业项目，并适度推广。该村目前已建成高峰有机产业园一期项目，占地面积58.7亩，建有2万平方米钢管塑料薄膜大棚及物联网高标准大棚，引种日本限根葡萄、日本网纹蜜瓜、中国台湾地区高山红颜草莓、美国金瓜等。村民同步学习种植技术，以承包大棚种植创业致富。探索村集体经济培育路径，所有大棚设施等均将归村集体所有，实现该村集体经济的发展壮大。

五是人才共建培育创业致富带头人。加强对有意愿创业致富村民的培训，并在张家港市创建国务院扶贫办全国贫困村创业致富带头人（善港）培训基地，以张家港善港农村干部学院为载体，以整体带动被扶贫村（地区）的脱贫为宗旨，培育一大批创业能成功、带动能成效的贫困村创业致富带头人，最终实现扶贫对象增收脱贫。现已举办"苏州—铜仁创业致富带头人培育班"10期培训800余人次，其中培育沿河土家族自治县贫困村创业致富带头人186人，2018年部分首期培训对象已在高峰村探索实践生态种养殖产业创业。

二、案例启示

善港村的实践证明，扶贫攻坚伟大工程离不开党建引领，只有发挥好基层党组织核心作用，发挥好党员干部先锋模范作用，在扶贫攻坚中沉下心去思考、扑进身子实干，才能确保真脱贫、能巩固、农民得实惠、经济得发展。同时，善港村在扶贫攻坚中既帮助村民富口袋，又通过文化建设富脑袋，还通过产业帮扶夯实基础利长远，激发内生动力和发展活力，推进乡村振兴，真正拔除穷根，增强老百姓的幸福感、获得感。

（本文入选2019年6月全国东西部扶贫协作培训班案例选编）

挂牌督战三个精准发力
助力打赢深度贫困歼灭战

自2020年以来，张家港、沿河两地始终坚持以习近平总书记关于脱贫攻坚和东西部扶贫协作重要论述为指引，紧盯沿河2020年脱贫摘帽目标任务，按照"全覆盖、督死角、查问题、抓整改"要求，强化东西部扶贫协作挂牌督战，以督促战、督战结合，持续推动"组织领导、人才交流、资金支持、产业合作、劳务协作、携手奔小康"等各项工作落细落实，助力沿河打赢深度贫困歼灭战。

统筹谋划，在分解落实上精准发力。2020年2月，根据《关于印发〈沿河土家族自治县脱贫攻坚挂牌督战工作方案〉的通知》（沿党办发〔2020〕1号），结合东西部扶贫协作工作实际，及时制定《沿河土家族自治县东西部扶贫协作挂牌督战工作方案》，并印发各乡镇（街道）和县东西部扶贫协作领导小组成员单位，把东西部扶贫协作挂牌督战作为全县脱贫攻坚挂牌督战的重要组成部分，迅速启动实施。明确督战时间。将2020年1月—12月划分为四个阶段进行督战，每个阶段明确不同的工作重点。第一阶段（一季度）重点督战东西部扶贫协作工作的启动情况，第二阶段（4月1日至5月31日）重点督战东西部扶贫协作项目实施等情况，第三阶段（6月1日至6月30日）重点督战张、沿两地对接互访等情况，第四阶段（6月1日至12月31日）重点督战创业致富带头人培训情况及查漏补缺等情况。明确督战对象。重点对县委组织部、县人社局、教育局、扶贫办、卫健局、工业商务局、农业农村局等县东西部扶贫协作领导小组成员单位和参与结对帮扶的22个乡镇（街道）、50个深度贫困村及东西部扶贫协作项目实施所在村进行督战。明确督战方式。采取"定点督战"和"巡回督战"两种方式，定点督战由县委、县政府分管领导等任督战队长，重点围绕县东西部扶贫协作领导小组成员单位承担的东西部扶贫协作工作任务完成情况进行督战；由联系乡镇（街道）的县级领导作为督战队长，重点围绕乡镇（街道）、村结对帮扶工作开展情况，以及东西部扶贫协作项目实施和利益联结等情况进行督战。巡回督战由县分管东西部扶贫协作领导牵头，纪检、组织等单位参与，组成3个县级层面的巡回督战队，分别对县东西部扶贫协作领导小组成员单位和22个乡镇（街道）进行巡回督战。明确督战重点。对东西部扶贫协作"组织领导、干部人才交流、资金使用、产业合作、劳务协作、携手奔小康"六个方面工作逐一明确督战重点内容，确保挂牌督战有的放矢、精准有效。

以督促战，在严督实导上精准发力。按照省、市各级脱贫攻坚挂牌督战工作部署，全县上下形成"一盘棋"，聚焦重点、集中火力、尽锐出战，合力推进东西部扶贫协作各项工作，确保挂牌督战督出实效。坚持定期调度。定点督战队和巡回督战队坚持"一月一督战"，每月至少开展一次督导，建立督战台账，及时发现问题、分析研判，向督战对象反馈情况并督促整改落实，协调相关部门帮助解决困难和问题。2020年3月24日—29日，第二巡回督战队利用6天时间行程1 000多千米，对22个乡镇（街道）逐个进行督战，重点督战东西部扶贫协作项目推进情况；"五一"假期期间，又连续行程1 050千米对22个未出列贫困村进行督战，重点督战结对帮扶工作推进情况，指导帮扶资金科学使用。截至6月底，各督战队累计督战20余次，覆盖沿河22个乡镇（街道）、50个深度贫困村和县东西部扶贫协作领导小组成员单位。狠抓问题整改。各督战队在督战中发现问题后，及时制定问题清单，明确整改责任单位、整改时限，并下发整改提示函，形成从县直各部门到各乡镇（街道）、村的层层抓整改落实的工作局面。坚持即查即改、立查立改、边查边改，对能立即整改的，现场监督整改，对需要一段时间整改的，责令限期整改。强化结果运用。根据督战对象工作开展的好、中、差情况，给督战对象悬挂"蓝、黄、红"牌，适时组织开展"回头看"，根据整改落实情况悬挂相应颜色的督战牌。

强化保障，在压实责任上精准发力。健全完善《关于进一步明确督战期间脱贫攻坚工作职责的通知》《沿河土家族自治县决战脱贫攻坚最后冲刺阶段相关纪律要求》等系列激励保障文件，进一步强化部门、乡镇（街道）、村三级脱贫攻坚责任，完善条块结合的责任体系。强化组织领导。强化各乡镇（街道）指挥部和行业部门作用，细化工作计划，明确目标任务，落实责任到人，列出时间表、排出路线图，挂图作战、无缝对接。制定东西部扶贫协作挂牌督战责任清单，明确责任事项、督战内容、责任单位、督战领导和督战队员，切实采取强有力措施，确保所有督战对象2020年6月底前完成全部项目实施，10月底前完成全部工作任务。强化作风建设。

坚决杜绝形式主义、官僚主义，严禁虚假对接、虚假落实、消极厌战、松劲懈怠等问题发生。正确处理督与战的关系，既要督促落实，更要帮助解决问题，不能只督不战；正确处理督战与减负的关系，用好脱贫攻坚全面筛查成果，减轻基层负担。要求督战人员强化政治担当，加强学习，熟悉脱贫攻坚政策，做到客观公正、实事求是。强化关怀激励。严格落实驻村干部人身意外伤害保险、体检、驻村工作经费等保障措施。注重在脱贫攻坚一线培养和选拔干部，自2020年以来提拔一线干部51名，占提拔比例的70%，为5 129名驻村帮扶干部和1 702名村干部购买了100万元保额人身意外伤害保险，将村干部平均报酬提高到2 300元/月，落实人均500元/月生活补助。强化执纪问责。强化监督执纪问责，发现干部作风问题按规定从严处理，坚决纠治形式主义、官僚主义问题。自全县挂牌督战工作（包括东西部扶贫协作挂牌督战）开展以来，对脱贫攻坚工作作风不实问责120人（党纪政务处分4人，诚勉谈话4人，批评教育1人，全县通报63人，谈话提醒38人，组织调整乡镇党政主要领导7人、县直部门主要负责同志3人）。

综合施策，助力打赢脱贫攻坚战。面对决战决胜脱贫攻坚收官之年和新冠肺炎疫情影响双重压力，在东西部扶贫协作挂牌督战推动下，东西部扶贫协作各项工作努力克服疫情影响，行动及时、推进有力、成效明显。

一是组织领导有新成效。全县召开县委常委会、县政府常务会议、东西部扶贫协作工作推进会、消费扶贫专题会议等各类会议11次，对东西部扶贫协作工作进行研究部署；印发2020年东西部扶贫协作工作要点，签订2020年张家港沿河东西部扶贫协作协议；张家港市委书记潘国强率党政代表团来沿河考察交流并召开东西部扶贫协作联席会议；沿河土家族自治县委副书记宋选文率党政代表团到张家港、上海等东部城市对接消费扶贫和劳务协作工作。上半年，张、沿两地互访交流35批次289人次。

二是人才交流有新成效。上半年，张家港累计派出挂职帮扶1个月以上支农、支医、支教人才25人；沿河派出1名医务人员到张家港挂职学习。张家港市乐余镇继2018年、2019年之后派出第3批16名年轻干部到结对帮扶的沿河谯家镇、夹石镇挂职锻炼1个月；杨舍镇农联村继2018年、2019年后第3次派出10名年轻干部到结对帮扶的沿河深度贫困村黄池村，进行为期1个月的文明示范共建挂职帮扶活动。

三是资金支持有新成效。投入张家港市级财政以上对口帮扶资金2.5亿元，实施产业发展、基础设施、住房安排、教育、医疗等各类项目89个，全力支持沿河脱贫攻坚。县域东西部扶贫协作对口帮扶财政资金总量位居贵州省第一、全国前列。张家港市各镇（区）结对帮扶沿河各乡镇（街道）资金由往年保底 10 万元提高到保底 15 万元，累计 330 万元；50 个深度贫困村结对帮扶资金保底 5 万元。

四是产业合作有新成效。投入张家港市级财政以上对口帮扶资金 2.5 亿元的近六成共 1.48 亿元，发展黑木耳、辣椒、生态鸡、生态猪等 24 个产业项目。出台《沿河土家族自治县关于深入开展消费扶贫行动助力打赢脱贫攻坚战的实施方案》《沿河土家族自治县支持沿货出山助推脱贫攻坚奖励扶持办法（试行）》，成立消费扶贫行动助力脱贫攻坚工作专班，全力推动"沿货出山"，上半年累计销售 1 450 万元。

五是劳务协作有新成效。新冠肺炎疫情期间创新实施"送雁行动"，一季度"点对点"免费组织输送 8 批 372 名沿河劳动力到张家港务工，其中贫困劳动力 269 人。张、沿两地签订铜仁市首个县域东西部劳务协作稳就业协议；签订贵州省内首批乡镇层面的东西部劳务协作稳就业协议，并实现乡镇层面稳就业协议签订全覆盖；设立贵州省内东西部扶贫协作首家村级"就业服务站"；全县 429 个行政村"劳务经纪网格服务站"实现全覆盖。"两江家园"劳务协作驿站入选 2019 年度贵州省优秀劳务协作工作站。

六是携手奔小康有新成效。围绕沿河 22 个未出列贫困村进一步完善"五位一体"结对帮扶模式，着力构建立体式的全域结对帮扶机制。对 10 个已结对深度贫困村之外的 12 个未出列贫困村，组织沙钢集团等 12 家民营骨干企业结对帮扶，在全国县域率先实现未出列贫困村结对帮扶全覆盖；对 10 个已结对深度贫困村中由行政村结对的 4 个深度贫困村，推动 6 家企业在原有"一对一"帮扶基础上进行"N+1"复合式帮扶。上半年，张家港社会各界累计捐赠沿河款物共 778 万元，其中资金 593 万元。

七是文明实践有新成效。继 2018 年赠建首个土家书房、2019 年赠建 2 个 24 小时新时代文明实践驿站之后，2020 年又投入张家港市级财政对口帮扶资金 200 万元，在易地扶贫搬迁安置点和舟社区、黄板社区配套建设 2 个 24 小时新时代文明实践驿站、1 个新时代文明实践志愿服务指导中心和全国西部地区首个县级志愿服务网——"志愿沿河"，推动沿河在全国县域率先建立新时代文明实践驿站体系，在贵州省率先形成新时代文明实践志愿服务体系和图书馆总分馆服务体系，在公共阅读服务和"互联网+"志愿者工作方面实现了与东部发达地区齐头并进。

（本文入选 2020 年 8 月全国东西部扶贫协作培训班案例选编）

精准产业扶贫　助力持续发展

2016年7月,习近平总书记在东西部扶贫协作座谈会上强调:"要加大产业带动扶贫工作力度,着力增强贫困地区自我发展能力。"江苏省张家港市自2017年3月与贵州省深度贫困县沿河土家族自治县正式建立携手奔小康对口帮扶关系以来,始终把产业发展作为东西部扶贫协作重点和脱贫治本之策,持续推动扶贫协作由"输血式"向"造血式"转变,助力沿河高质量打赢打好深度贫困歼灭战。

一、做法与成效

（一）项目引领,资金投入催开产业之花

张家港始终聚焦沿河深度贫困脱贫摘帽目标,牢牢抓住项目建设"牛鼻子",对口帮扶资金着力支持贫困村发展产业。自2017年以来,累计争取投入张家港市级财政以上江苏对口帮扶资金3.68亿元,实施产业发展等各类项目274个（其中2020年2.5亿元,实施产业发展等各类项目89个）,县域东西部扶贫协作对口帮扶财政资金总量位居贵州省第一、全国前列。对口帮扶资金超半数共计2.07亿元用于产业发展,实施产业项目97个。其中2020年投入产业发展的对口帮扶资金高达1.5亿元,发展包括食用菌（黑木耳）、辣椒、生态鸡等在内的26个产业项目（其中黑木耳产业投入对口帮扶资金1亿元）,覆盖建档立卡贫困人口3.5万人次。

（二）牵线搭桥,招商引资夯实发展基础

在张家港设立沿河土家族自治县驻长三角招商引资办事处,围绕精品果蔬、中药材、畜牧养殖、农特产品加工、服装生产等产业,坚持每季度到张家港等东部城市开展招商引资宣传推介活动,并对东部城市来沿投资企业在金融、土地、税收等方面给予支持。自2017年以来,累计招商引进苏黔农业产业开发、天露园茶叶、大一安全环保科技等17个项目,到位资金22.26亿元,吸纳贫困劳动力378人就业。累计援建全鲜电子加工厂、沿丰贝制衣厂等扶贫车间10个,吸纳就业927人,其中建档立卡贫困人口

354人。

（三）倾力合作，园区共建打造示范样本

张、沿两地在沿河中界镇共建高峰有机农业产业园，全力打造园区共建示范样本。自2017年以来，累计投入对口帮扶财政资金等共计1 972万元，建成有机农业产业园、生态养殖场、茶叶公园3个有机循环农业产业项目，初步形成"一场两园三业（生态养殖场，有机农业产业园、茶叶公园，种植业、养殖业、旅游业）"的产业形态。其中占地200亩的有机农业产业园累计投资535万元，规划了经果林、设施农业区、瓜蒌种植区、美国金瓜种植区和稻鸭共作区5个板块，设施农业区已建成高标准大棚2万平方米。2020年，两地农业部门又在高峰有机农业产业园挂牌成立东西部农技协作基地。两地农业部门实施东西部扶贫协作官舟食用菌产业园区共建，目前，投入东西部扶贫协作财政资金1亿元的官舟镇马脑村黑木耳种植示范基地一期107亩已排棒50万棒，日产6万棒智能化菌棒加工厂项目已竣工投产。

（四）授人以渔，人才支持传授致富真经

张家港农业部门在沿河建立农业技术服务平台，设立蔬菜、果品、畜牧兽医、植保、农机等"专家门诊"，为种养殖户常年提供专业技术指导，为沿河农业发展提供技术保障。自2017年以来，张家港累计派出支农人才25人次到沿河挂职1个月以上进行技术帮扶，举办农作物病虫害、蔬果种植、林地养鸡等农业技术培训，共同开展非洲猪瘟防控等工作。积极培育致富带头人并对其创业给予政策扶持，示范带动贫困群众脱贫致富。截至2019年年底，累计为沿河培训致富带头人354人次，其中124人创业成功，带动贫困人口2 012人脱贫。2020年继续安排100名致富带头人到张家港培训。

（五）多方参与，消费扶贫助力"沿货出山"

张家港始终坚持政府引导、社会参与、市场运作，积极动员和引导社会力量广泛参与东西部消费扶贫协作，形成了东西互动、上下联动、点线结合、连点成网的消费扶贫强大合力，"线上""线下"相结合，全力助推"沿货出山"。强化市场导向，着力发展市场有需求、本地有优势的特色产业，建设以茶叶、白山羊、食用菌、辣椒等为主导产业的农特产品供应基地，提高农产品供给的规模化组织化水平。重点打造"洲州茶""幸福李"两地公共联创品牌，全面提升沿河农特产品的知名度和影响力。2017年至2020年7月底，累计采购、销售沿河农特产品4 133.87万元，带动贫困人口3 447人。

二、案例启示

产业扶贫是稳定脱贫的根本之策。江苏省张家港市对口帮扶工作牢牢抓住这个根本，以项目带动为引领，以招商引资为抓手，以园区共建为载体，以人才支持为后盾，以消费扶贫为支撑，持续发力产业扶贫，不断提升沿河深度贫困县自身"造血"功能，推动可持续发展，为攻克沿河深度贫困最后"堡垒"提供了有力支持，也为沿河全面脱贫后实现乡村振兴奠定了良好的产业基础。

（本文入选2020年8月全国东西部扶贫协作培训班案例选编）

携手同心战深贫　合力打好歼灭战

自实行对口帮扶以来，江苏省张家港市与贵州省深度贫困县沿河土家族自治县不断深化"携手奔小康"行动，全方位、多层次、宽领域开展东西部扶贫协作。特别是2020年，面对决战决胜脱贫攻坚收官之战和新冠肺炎疫情影响双重压力，张、沿两地紧盯沿河2020年脱贫摘帽目标，坚持"战疫""战贫"两手抓、两不误，充分利用挂牌督战契机，以督促战、督战结合，推动"携手奔小康"行动不断向深入实，为打赢深度贫困歼灭战提供了有力支撑。

一、全域结对帮扶确保"不留死角"

自实行对口帮扶以来，张、沿两地就在全国县域东西部扶贫协作中率先探索实践"五位一体（市县、乡镇、园区、村村、村企五个层面）"结对帮扶新模式，成功构建起立体式的全域结对帮扶机制。在市县层面，自2017年以来（至2020年10月21日），两地主要领导互访10次，召开联席会议，研究部署推动扶贫协作工作。在区镇层面，张家港10个镇（区）结对帮扶沿河22个乡镇（街道），在全国县域率先实现乡镇双向结对全覆盖。在园区层面，张家港2个国家级开发区、1个省级开发园区共同参与贵州沿河经济开发区建设；两地农业部门合作共建沿河中界镇高峰有机农业产业园和官舟镇食用菌产业示范园区。在村村、村企层面，张家港18个行政村、6家国资企业、10家民营规模企业、9个市级部门、5个社会组织、2个金融机构结对帮扶沿河50个深度贫困村，率先实现深度贫困村结对帮扶全覆盖。2019年，苏州市无锡商会等10个商会（协会）又结对帮扶沿河10个贫困村。2020年，聚焦沿河22个未出列贫困村，对其中12个无结对贫困村，发动沙钢集团等12家重点民营企业结对帮扶，每个村捐助10万元，率先实现未出列贫困村结对帮扶全覆盖；对其中10个已结对深度贫困村中的4个深度贫困村，促成英格玛集团等6家企业进行"多对一"结对帮扶。自2017年以来，张家港累计317批次3 416人次到沿河帮扶交流（2020年79批次755人次），沿河累计134批次3 131人次到张家港对接交流（2020年19批次376人次）。两地互动交流力度和频次在全国县域扶贫协作中居于领先地位。

二、强化资金投入实现"精准滴灌"

2020年争取张家港市级财政对口帮扶资金2 000万元、江苏省对口帮扶财政资金一半以上共2.3亿元支持沿河，县域扶贫协作财政资金总量居贵州省第一、全国前列。乡镇层面结对帮扶资金由往年保底10万元提高到2020年15万元，总计330万元；50个深度贫困村结对帮扶资金保底5万元；社会捐赠款物1 394.6万元，其中资金1 109.7万元。自2017年以来，累计投入张家港市级财政以上江苏对口帮扶资金3.7亿元（其中张家港市级财政资金5 570万元）；乡镇结对帮扶资金780万元；社会捐赠款物3 187.6万元，其中资金2 583.5万元。帮扶资金使用按照精准扶贫要求，聚焦"两不愁三保障"，重点向贫困村、贫困户倾斜，自2017年以来，累计利用张家港市级财政以上对口帮扶资金实施产业发展等各类项目254个（其中2020年89个），覆盖建档立卡贫困人口14.95万人，有效提升了沿河自我发展"造血"功能和民生事业发展水平。此外，推动沿河4 685亩城乡建设用地增减挂钩结余指标跨省流转，为沿河争取8.424亿元财政资金。

三、坚持智志双扶激发"内生动力"

结合张家港所需和沿河所能，大力推动党政干部双向挂职锻炼，持续推动支农、支医、支教等专技人才交流。一是干部人才培训交流大力度。自2017年以来，张家港累计选派322名党政干部到沿河挂职锻炼1个月（2020年83名），举办沿河党政干部培训班33期培训721人次（2020年3期150人次）；选派专技人才156人次到沿河帮扶1个月以上（2020年35人次），举办专技人才培训班35期培训629人次（2020年7期379人次）；为沿河培训创业致富带头人454人次（2020年100人次），124人创业成功，带动2 012人脱贫。沿河累计选派78名党政干部到张家港挂职锻炼3个月以上（2020年22名），选派专技人才198人到张家港交流学习1个月以上（2020年42人）。二是教育医疗结对帮扶全覆盖。张家港62所中小学、幼儿园结对帮扶沿河88所中小学、幼儿园，由江苏省张家港中等专业学校牵头对沿河职校实施"组团式帮扶"，在全国县域教育系统率先实现各个乡镇、各类学校、各个学段"三个全覆盖"结对帮扶；11家医疗卫生单位结对帮扶沿河24家医疗卫生单位，由张家港市第一人民医院牵头对沿河土家族自治县人民医院实施"组团式"帮扶,在全国县域卫生健康系统率先实现县级医院、乡镇卫生院、公共卫生单位"三个全覆盖"结对帮扶。教育及医疗卫生系统全覆盖结对帮扶做法在贵州全省推广。三是文明实践共建引领新风尚。2020年在沿河易地扶贫搬迁安置点配套建设2个24小时新时代文明实践驿站(自2017年以来累计赠建5个)、1个新时代文明实践志愿服务指导中心和全国西部地区首个县级志愿服务网——"志愿沿河",推动沿河在全国县域率先建立新时代文明实践驿站体系,在贵州省率先形成新时代文明实践志愿服务体系和图书馆总分馆服务体系。2020年10月,体现张、沿两地文明共建成效的2个项目"'艺'起绽放"群众文艺创作和"长江水·乌江情"土家书房,入选文化和旅游部、中央文明办2020年"春雨工程"——全国文化和旅游志愿服务行动计划全国示范性项目(江苏省共3个项目入选)。

四、创新帮扶举措敢于"率先争先"

自2020年以来,张、沿两地各结对单位在强化资金帮扶基础上,不断创新帮扶举措,实现了多样化帮扶。一是创新推进劳务协作。张、沿两地率先签订铜仁市首个县域东西部劳务协作稳就业协议;率先签订贵州省内首批乡镇层面稳就业劳务协作协议(张家港保税区与沿河沙子街道、中寨镇、晓景乡),并实现乡镇层面全覆盖;苏州文鼎人力资源服务有限公司在结对帮扶的官舟镇爱新村设立贵州省内东西部扶贫协作首家村级"就业服务站"。二是创新推进消费扶贫。签订贵州省内首批村级消费扶贫协议(张家港保税区高桥村与沿河晓景乡吴家村)和镇级消费扶贫协议(张家港经济技术开发区与沿河中界镇、泉坝镇、团结街道,冶金工业园与淇滩镇等)。自2020年以来消费扶贫达3 884万元(约是2019年729万元的5.3倍),带动贫困人口2 203人(自2017年以来累计4 752万元,惠及贫困人口3 447人)。三是创新推进民生帮扶。张家港保税区晨阳村、朱家宕村分别与沙子街道回洞村、中寨镇红色村签订微实事项目认领协议并捐赠5万元资金实施微实事项目,帮助补齐民生短板。此外,2020年8月,张家港市与沿河土家族自治县率先签订全国县域东西部扶贫协作首个脱贫攻坚与乡村振兴有效衔接框架协议,张、沿两地扶贫协作翻开新的篇章。

(本文入选2020年10月全国"携手奔小康"行动培训班案例选编)

江苏张家港：
"四个+"精准协作助力沿河战深贫

贵州省沿河土家族自治县地处武陵山集中连片特困地区，是贵州省14个深度贫困县之一、铜仁市唯一的深度贫困县。2017年，江苏省张家港市与贵州省沿河土家族自治县正式建立对口帮扶关系。在苏黔、苏铜两地党委、政府坚强领导下，张家港市始终坚持精准扶贫、精准脱贫基本方略，多层次、宽领域、全方位开展东西部扶贫协作，取得了阶段性成效。截至2019年年底，助力沿河减少贫困人口17 818户60 248人，出列贫困村208个（其中深度贫困村40个），贫困发生率从2016年年底13.13%下降到3.3%。

"党建+文明"双擎驱动。突出党建引领，充分发挥张家港首个县级全国文明城市的溢出效应，在全国县域东西部扶贫协作中率先实施"长江水·乌江情——党建引领促脱贫""长江水·乌江情——文明共建助脱贫"两大工程，采取干部双向挂职、定向派驻、支部共建、设立"党员干部初心历练基地"等方式，全面实施跨区域党建联建、文明共建，潜移默化带动群众脱贫奋进。累计选派265名党政干部到沿河挂职帮扶，在张家港举办沿河党政干部培训班30期培训571人次。在沿河易地扶贫搬迁安置点等累计赠建24小时新时代文明实践驿站5家、新时代文明实践志愿服务指导中心1家，推动沿河在全国县域率先建立新时代文明实践驿站体系，在贵州省内率先构建县域新时代文明实践志愿服务体系、图书馆总分馆服务体系，"志愿沿河"网成为全国西部地区首个县级志愿服务网，"善行沿河·和美土家"志愿服务品牌影响力不断扩大。

"政府+社会"双重发力。动员和凝聚各方力量参与扶贫协作，在全国县域东西部扶贫协作中率先探索实践"五位一体（市县、乡镇、园区、村村、村企五个层面）"全面结对帮扶，并率先实现乡镇结对双向全覆盖和深度贫困村结对全覆盖，成功构建起立体化的全域结对帮扶机制。2020年进一步围绕沿河22个未出列贫困村完善该机制，对10个已结对深度贫困村之外的 12 个未出列贫困村，组织沙钢集团等 12 家重点民营企业结对帮扶，率先实现未出列贫困村结对帮扶全覆盖；对 10 个已结对深度贫困村中由行政村结对的 4 个深度贫困村，增配 6 家企业进行"N+1"强化帮扶。自 2017 年以来，张家港共 257 批 2 825 人次到沿河开展帮扶，在全国县域东西部扶贫协作中始终居于领先地位。3 年累计安排张家港市级以上财政对口帮扶资金 1.1 亿元支持沿河，实施产业发展、基础设施、医疗、教育等项目 187 个。2020 年又安排张家港市级以上财政对口帮扶资金 2.5 亿元，实施产业发展、住房安全等各类项目 89 个。县域东西部扶贫协作对口帮扶财政资金总量位居贵州省第一、全国前列。社会各界累计捐赠沿河款物 2 385 万元，其中资金 1 936 万元；消费扶贫采购沿河农特产品 2 318 万元。

"产业+就业"双措并举。把发展产业项目作为关键，着力提升"造血"能力。3 年累计安排对口帮扶财政资金 6 316 万元用于产业发展，覆盖沿河生态茶、生态果蔬、生态畜牧业、生态中药材等五大主导产业。2020 年又将张家港市级以上财政对口帮扶资金的近六成共 1.49 亿元，用于黑木耳、辣椒、生态鸡、生态猪等 24 个产业项目。把促进转移就业作为重点，着力推动沿河贫困劳动力到张家港就业。自 2017 年以来，共安排对口帮扶资金 840 万元用于就业扶贫协作，举办就业技能培训班 53 期培训贫困劳动力 1 657 人次。全国首创东西部扶贫协作劳务协作驿站——"两江家园"，入选贵州省 2019 年度优秀劳务协作工作站。2020 年，新冠肺炎疫情期间实施"送雁行动"，一季度"点对点"免费输送 8 批 372 名沿河劳动力到张家港务工，其中贫困劳动力 269 人。签订铜仁市首个县域东西部劳务协作稳就业协议，并率先实现乡镇层面稳就业劳务协作协议全覆盖。

"扶智+扶志"双管齐下。结合沿河所需和张家港所能，持续加大教育、卫生、农业等领域帮扶力度，推动智志双扶。累计向沿河选派专技人才 113 人次进行 1 个月以上帮扶，举办专技人才培训班 28 期培训 250 人次，为沿河培训创业致富带头人 356 人次，输出医疗、农业等先进技术 35 项。重点帮助贫困人口子女接受教育特别是职业教育，阻断贫困代际传递。张家港 62 所中小学、幼儿园与沿河 88 所中小学、幼儿园结对帮扶，在全国县域教育系统率先实现各个乡镇、各类学校、各个学段"三个全覆盖"结对帮扶。依托沙洲职业工学院着力打造"1+1+1"教育扶贫项目（招收 1 名贫困学生到该校就读、推荐 1 名家长在张家港就业、带动 1 个贫困户脱贫），共招录沿河学子 511 人（其中贫困生 240 人），毕业后张家港企业优先录用。沿河中等职业学校与江苏省张家港中等专业学校合作开展"2+1"分段式培养，与东渡纺织集团合作开设"东渡纺织班"进行"订单式"培养。张家港11家医疗卫生单位与沿河24家医疗卫生单位通过"一对一""一对多""多对一"方式开展帮扶,在全国县域卫生健康系统率先实现县级医院、乡镇卫生院、公共卫生单位"三个全覆盖"结对帮扶。

2020年是决战决胜脱贫攻坚收官之年,当前已进入关键时刻。沿河作为全国52个未摘帽贫困县之一,是贵州省9个未摘帽的深度贫困县之一、铜仁市唯一的深度贫困县和未摘帽贫困县,也是目前江苏省对口帮扶支援地区中唯一未摘帽贫困县,是脱贫攻坚最难啃的"硬骨头"。张家港市牢牢咬定沿河脱贫摘帽目标,聚焦聚力、冲锋冲刺,全力向深度贫困最后"堡垒"发起总攻,坚决打赢打好深度贫困歼灭战。

(本文系"第三届中共优秀扶贫案例报告会"案例,该报告会由人民日报社、国务院扶贫办指导,人民网、《中国扶贫》杂志社联合主办,于2020年12月25日在北京举行)

"扶贫老兵"陈世海：
从"南北挂钩合作"到"东西部扶贫协作"

有这样一个人，他从江苏省南北挂钩合作，到全国东西部扶贫协作，两次义无反顾投身扶贫事业，用心用情用力书写了一曲感人奋进的扶贫壮歌。他，就是现年54岁的"扶贫老兵"陈世海。

首次出战，架起南北挂钩合作"连心桥"

2007年4月，陈世海同志受命作为苏州首批援宿干部，到张家港市对口帮扶的苏北欠发达地区宿迁市宿豫区挂任区委副书记，从此开始了三年零一个月的第一段扶贫历程。

三年里，他创新推进南北挂钩合作，积极促进南北产业转移，推动张家港26个产业项目落户宿豫，张家港企业累计在宿豫建办项目82个，投资总额32亿元。宿豫区有16个乡镇和张家港市8个镇建立结对挂钩关系，14个村、2家企业重点结对帮扶宿豫区16个经济薄弱村，帮助建设标准型厂房1.5万多平方米，引进项目11个，吸纳600多名贫困劳动力就业。争取张家港市级财政帮扶资金3 800多万元，社会各界捐赠资金1 100多万元。江苏省首家南北金融合作的张家港农商行宿豫支行开业，宿迁市最早获批的全省南北挂钩合作共建的张家港宿豫工业园区渐成气象，南北挂钩县级文化领域交流合作率先开展，宿豫张家港实验小学综合改革成效显著，南北平安创建合作经验在全省推广。2009年，陈世海被评为江苏省南北挂钩合作先进个人，被宿迁市委、市政府评为2007—2009年度南北共建园区先进个人；2010年被宿迁市政府记二等功，并授予"宿迁市荣誉市民"称号。

再上征途，勇当东西部扶贫协作"先行者"

10年后，2017年10月，51岁的陈世海作为江苏省对口帮扶贵州省铜仁市工作队首批队员中年龄最大的一位,再次踏上征途,挂任沿河土家族自治县委常委、副县长,开启了在贵州省14个深度贫困县之一、铜仁市唯一的深度贫困县、革命老区县沿河土家族自治县的四年挂职扶贫岁月。

当时的沿河,截至2016年年底有建档立卡贫困人口24 430户80 487人,贫困村230个(含50个深度贫困村),贫困发生率为13.13%。贫困程度之深超出想象。

到沿河后,陈世海充分发挥"样样工作争第一"的"张家港精神",在全国率先探索实践东西部扶贫协作"三个全覆盖"结对帮扶,即张、沿两地扶贫协作结对帮扶机制"五位一体(市县、乡镇、园区、村村、村企五个层面)"全覆盖,结对帮扶领域(教育、卫生、文化、旅游、产业等)全覆盖,结对帮扶要素(人才、资金、技术、土地、市场等)全覆盖,构建起立体式的全域结对帮扶新机制,并率先在全国县域扶贫协作中实现乡镇结对双向全覆盖和深度贫困村结对全覆盖,率先在全国县域教育系统实现各个乡镇、各类学校、各个学段"三个全覆盖"结对帮扶,率先在全国县域卫生健康系统实现县级医院、乡镇卫生院、公共卫生单位"三个全覆盖"结对帮扶,率先在全国县域建立包括易地扶贫搬迁安置点在内的24小时新时代文明实践驿站体系,率先在全国县域实现未出列贫困村结对帮扶全覆盖,全国首创东西部扶贫协作劳务协作驿站——"两江家园",设立贵州省内东西部扶贫协作首家村级"就业服务站",签订贵州省首个县域东西部劳务协作稳就业协议……通过多层次、宽领域、全方位的东西部扶贫协作,2017—2019年,助力沿河累计减少贫困人口17 818户60 248人,出列贫困村208个(其中深度贫困村40个),贫困发生率下降到3.3%。他2018年被贵州省委授予"全省脱贫攻坚优秀共产党员";2019年被张家港市委、市政府授予"担当作为好干部"并记个人三等功,被沿河土家族自治县委、县政府表彰为第三届"乌江先锋";入选2019年度"铜仁脱贫攻坚群英谱"。

初心所系,跑出决战深度贫困"加速度"

2020年是决战决胜脱贫攻坚收官之年。沿河作为国务院挂牌督战的52个未摘帽贫困县之一,是全国4个单一的土家族自治县中唯一未摘帽县、武陵山集中连片特困地区唯一未摘帽片区县、贵州省9个未摘帽深度贫困县之一、铜仁市唯一的深度贫困县和未摘帽贫困县,也是目前江苏省对口帮扶支援地区中唯一未摘帽的贫困县。全国2 707个未出列贫困村中铜仁市有22

个，都在沿河。2020年年初，新冠肺炎疫情突如其来，攻克沿河深度贫困最后"堡垒"面临的形势更加严峻、任务更加艰巨、时间也更加紧迫。

2020年1月21日，陈世海的妻子因此前髋骨粉碎性骨折刚刚手术取下钢钉，每两天要换一次药，过段时间还要去医院拆线。2月4日，他将妻子送回岳父家，第一个返回贵州，奔赴沿河疫情防控和脱贫攻坚前线。此后除参加苏州市对口帮扶支援工作会议外，他半年没回张家港。

为督促项目加快实施，确保资金用到实处，他连续行程2 000多千米，走遍沿河22个未出列贫困村，用"铁脚板"跑出了脱贫攻坚"加速度"。

走过南北东西，时光荏苒，但初心不改，使命不变。当前，正是脱贫攻坚最后总攻的关键时刻，"扶贫老兵"陈世海用实干担当一步一个脚印丈量沿河这片决战决胜脱贫攻坚的热土，全身心投入最后的歼灭战，与沿河一道共克深度贫困最后"堡垒"。

（本文系"第三届中共优秀扶贫案例报告会"案例，入选"最美人物"优秀案例。该报告会由人民日报社、国务院扶贫办指导，人民网、《中国扶贫》杂志社联合主办，于2020年12月25日在北京举行）

张家港市携手沿河土家族自治县打好脱贫攻坚战

2017年3月，江苏省张家港市与贵州省深度贫困县沿河土家族自治县正式建立结对帮扶关系，开展"携手奔小康"行动。两地积极探索多层次、宽领域、全方位的东西部扶贫协作新模式，全方位推进，取得良好成效。

一、探索实践"五位一体"结对帮扶，深入实施"携手奔小康"行动

一是积极开展全方位对接。在市县层面、乡镇层面、村村层面、村企层面、园区层面实现全覆盖结对帮扶。2018年，张家港市有146批次1 682人次到沿河土家族自治县调研对接，沿河土家族自治县赴张家港对口部门、镇（区）考察48批次802人次。二是实现深度贫困村结对帮扶全覆盖。张家港市对沿河土家族自治县的50个深度贫困村实现全覆盖结对帮扶，帮扶内容涵盖社会组织结对帮扶、对口扶贫协作领导小组成员结对帮扶、经济强村结对帮扶、规模企业结对帮扶、国资企业结对帮扶等五类结对帮扶模式。三是县域教育系统实现"三个全覆盖"结对帮扶。沿河土家族自治县12所县直学校与张家港市11所直属学校结对，22个乡镇（街道）63所中心园校与张家港市10个乡镇51所学校建立结对帮扶关系，建立各个乡镇、各类学校、各个学段"三个全覆盖"的一对一帮扶机制。

二、全面推进人才挂职交流培训，加大扶志扶智力度

一是创新推进干部双向挂职培训。张、沿两地以"长江水·乌江情——党建引领促脱贫"为主题，多层次、多形式地开展干部人才交流。2018年，张家港市委组织部组织两期82名年轻干部赴沿河开展党性锤炼体验式培训，各镇（区）共安排141名年轻干部到沿河结对帮扶乡镇（街道）挂职锻炼；沿河土家族自治县组织31名干部到张家港挂职学习，安排3期167名干部到张家港现场培训学习。二是全面开展贫困村致富带头人创业培育。沿河

土家族自治县贫困村186名创业致富带头人在张家港善港农村干部学院开展贫困村创业致富带头人培育，共计103名致富带头人成功创业。张家港经济技术开发区（杨舍镇）善港村与中界镇高峰村探索实践"整村推进结对帮扶"新模式，从党组织建设、文化建设、乡村治理、产业发展四个方面着手，整村推进结对帮扶。三是着力推进专业技术人才交流。教育方面，张家港市教育局安排34名有丰富教学经验的骨干教师到沿河土家族自治县支教；沿河土家族自治县教育局安排甘溪镇中心完全小学校长等20人到张家港市学校跟班学习。卫生方面，张家港市先后组织26名医生到沿河医院坐班接诊，市第一、第二、第三、第五、第六人民医院分别结对帮扶沿河土家族自治县人民医院、板场镇、中界镇、甘溪镇、官舟镇卫生院。沿河土家族自治县人民医院安排12人到张家港市进修3~6个月，安排80人到张家港市第一人民医院接受短期培训。农业技术方面，张家港市在沿河设立农业科技示范基地，安排蔬菜办、林业站、畜牧兽医站相关8名行业专家到沿河土家族自治县开展技术帮扶，现场培训全县50名贫困劳动力。

三、突出帮扶项目规范运作，扩大贫困人口受益覆盖面

一是党政主导帮扶项目成效显现。2018年，张家港市（含省、市财政）向沿河土家族自治县提供援助资金5 142万元，支持沿河土家族自治县产业发展、基础设施建设、劳务协作等方面共54个项目。出台《沿河土家族自治县东西部扶贫协作资金项目管理办法（试行）》，优化项目资金投向和运作方式，严格立项审批和资金拨付流程。二是部门结对帮扶项目内涵丰富。张、沿两地人社部门共同成立县级东西部劳务协作服务站，共享企业招工、用工信息，沿河籍建档立卡贫困人员赴东部省份稳定工作103人。两地文广新部门联合举办"长江水·乌江情"文化交流周活动，共演出6场次，覆盖受众3万余人次。两地旅游部门共同开展旅游推介活动，探索打造符合沿河实际的旅游精品线路，苏州金融租赁股份有限公司租赁融资1.5亿元，支持沿河旅游业发展。沿河籍214名学生被沙洲职业工学院录取就读。两地供销合作总社在张家港市设立"沿货出山"店铺，并与张家港市新百信超市达成销售协议，每年固定输送沿河农产品。三是社会力量结对帮扶项目形式多样。自2018年以来，苏州银行、苏州弘化社慈善基金会等企业和社会组织向沿河土家族自治县捐赠各类资金、物资407万余元。

在沿河土家族自治县干部群众和东西部扶贫协作对口帮扶机制的共同努力下，2017年，沿河土家族自治县56个贫困村摘帽，贫困人口减少1.64万人，贫困发生率下降到11.47%；2018年拟摘帽贫困村78个，减少贫困人口2.56万人。

（本文入选国务院扶贫办综合司2018年12月29日《扶贫信息——东西部扶贫协作与定点扶贫专刊》第110期）

沿河土家族自治县·张家港市"四个三"探索东西部扶贫协作新路径

自2013年以来，沿河土家族自治县与江苏省张家港市抢抓机遇，探索建立全方位结对帮扶机制，推动形成"优势互补、长期合作、聚焦扶贫、实现共赢"新格局，实现沿河土家族自治县贫困发生率从28.2%降到11.47%，累计减少贫困人口10.2万人。

一、健全"县乡村"三层级协作机制

一是建立市县协作机制。出台《沿河土家族自治县张家港市扶贫协作工作方案》，设立沿河驻张家港办事处，负责沿河在东部地区的扶贫协作、招商引资和劳务协作。两地均成立了结对帮扶工作领导小组及其办公室，负责具体扶贫协作业务。建立互动交流与联席会议机制，明确沿河土家族自治县党政主要领导每年赴张家港考察1次以上、邀请张家港党政主要领导每年到沿河实地调研1次以上、对口协作部门每季度对接洽谈1次以上、沿河土家族自治县每季度到张家港等东部城市开展招商引资活动1次以上。出台《沿河土家族自治县东西部扶贫协作考核办法（试行）》，加强扶贫协作考核，考核成绩按20%比例计入乡镇和县直责任部门脱贫攻坚年终考核总成绩。编制《张家港市对口帮扶沿河土家族自治县工作"十三五"规划（2016—2020年）》，重点建立现代农业、教科文卫、招商引资、城市规划、旅游产业、人才交流、社会帮扶等结对帮扶机制。二是明晰乡镇结对措施。张家港市组织各镇（区）扶贫工作组赴沿河帮扶乡镇开展实地调研，有针对性地制定产业合作、文化交流、人才培训、劳务协作、旅游发展、教育卫生等帮扶措施，签订结对扶贫协作框架协议。目前，张家港10个镇（区）与沿河土家族自治县22个乡镇（街道）实现结对帮扶"全覆盖"，张家港保税区（金港镇）、经济技术开发区（杨舍镇）等还派遣扶贫工作组长期驻沿河帮扶乡镇开展帮扶工作。三是汇聚多方帮扶力量。签订《张家港市全覆盖结对帮扶沿河土家族自治县50个深度贫困村合作框架协议》，组织张家港市28家成员单位、18个经济强村、4家国资企业结对帮扶沿河50个深度贫困村。鼓励张家港市企业跨省参与沿河"千企帮千村"行动，引导张家港国资企业、商会成员、规模企业到沿河投资办厂、扩销农特产品等，释放企业在产业发展、市场拓展、项目管理、基础设施建设等方面的帮扶经验和帮扶优势。探索可推广、可复制的结对帮扶示范带动机制，张家港市善港村与沿河土家族自治县高峰村结对并签订《善港村-高峰村"整村推进帮扶"协议书》，援助对口帮扶资金500万元，以"公司+合作社+农户"合作方式，发展高峰村茶产业和山羊养殖。

二、加强"教旅医"三领域协作互动

一是职教合作。建立中职联合办学机制，探索中职教育"2+1"（沿河2年+张家港1年）、"1.5+1.5"（沿河1.5年+张家港1.5年）合作办学模式。在张家港市建立中职学校实训基地，加强校企对接，以张家港东渡纺织集团用工需求为导向，在沿河职校设立张家港"东渡纺织班"，促进学生精准就业。2018年，张家港共资助该校教学资金350万元用于购置学校实验器材、设立贫困大学生基金。二是旅游互动。建立张家港·沿河旅游协作长效机制，由两地共同组建旅游开发公司，深度开发沿河文化等旅游资源，提升沿河旅游景区景点品位品级。在张家港高新区修建形象展示厅，宣传推介沿河丰富的旅游资源、多彩的民族文化和结对帮扶成效。派遣沿河土家族自治县旅游管理人员赴张家港培训学习旅游景点开发、景区管理先进经验。出台奖励支持政策，鼓励张家港等地旅游企业和媒体参与沿河旅游宣传推介、旅游产品开发等，鼓励旅行社组织游客到沿河旅游、考察、投资。三是医疗协作。按照双向培养模式，沿河土家族自治县每年安排医院管理人员、骨干医生、护士赴张家港进修学习，张家港每年安排市内医务人员到沿河开展支医行动。目前，两地互派医务人员交流学习达53人。结合苏州"三百工程"，建立两地医疗卫生对口帮扶机制，开通远程医疗会诊，搭建独立开放、互联互通、资源共享、安全适用的远程医疗信息平台，提供远程医疗会诊、远程影像诊断、远程监护、远程手术指导、远程数字资源共享等。当前，张家港市第一人民医院捐赠治疗车27台，婴儿监护车1台。

三、推动"人地钱"三要素协作互补

一是人才交流合作。出台《沿河土家族自治县精准扶贫劳务输出工作实施方案》,与张家港市签订《干部人才交流培训及就业保障百千万工作协议》,采取双向挂职、两地培训、定向派驻等方式,加大党政干部、教育医疗卫生和农村致富人才的交流培养,2018年,张家港市已帮助沿河培训各类人才1 457人。2017年以来,张家港市组织92家企业来沿开展就业招聘5次,提供就业岗位达19 530个,实现沿河土家族自治县劳动力转移就业脱贫一批,缓解张家港市企业用工需求压力。二是增减挂钩政策互动。在沿河成立用地指标增减挂钩跨省流转工作领导小组,利用国家支持深度贫困地区脱贫攻坚政策,积极争取增减挂钩指标跨省流转,既破解沿河土地摆荒问题,增加沿河财政收入,又缓解张家港城乡建设用地指标不足压力。产生收益全部返还拆旧地,用于保障沿河贫困地区安置补偿、公共服务和基础设施建设。2018年计划完成跨省交易指标2 800亩,实现财政收益达8.4亿元。三是项目资金帮扶。引进张家港劳动密集型加工企业到沿河投资兴业,推动张家港产业转移,壮大沿河土家族自治县园区产业规模。2018年共引进4家企业来沿投资,完成投资总额4 000余万元。用好用足张家港援助资金,自2017年以来,张家港完成援助沿河帮扶资金3 000余万元,全部投入深度贫困村发展白山羊、中药材、精品水果等项目。出台《江苏省苏州市张家港市东西部扶贫协作资金项目和资金管理办法(试行)》,优化项目资金投向、运作方式,严格立项审批和资金拨付流程,对建设类项目,开工拨付30%、验收拨付40%、决算审计后按审计报告确认的投资额完成全部款项拨付。

四、促进"产加销"三联结协作共赢

一是园区协作强载体。双方共同签订园区共建框架协议,推动张家港保税区、经济技术开发区、冶金工业园与贵州沿河经济开发区建立结对帮扶联合体。签订农业产业园共建框架协议,推动沿河现代农业示范园区建设,重点支持以沿河空心李为主的精品水果产业、以茶叶为主的生态茶产业、以白山羊为主的生态畜牧业、以乌江白及和铁皮石斛为主的中药材产业发展。目前,沿河土家族自治县建成现代高效农业园区26个30万亩,建成茶园 9.7 万亩，产值达 2.88 亿元，建成空心李基地 6.2 万亩，产值达 12 亿元。二是加工协作创品牌。围绕沿河空心李、千年古茶、中药材（铁皮石斛）、白山羊等优势产业，以"公司+合作社+基地+农户"合作形成，建成"沿河土家族自治县天然富硒绿色食品开发有限公司"等一批农特产品种植和加工龙头企业。在沿河建立张家港食材供应基地，利用张家港资金、技术、管理、信息和市场优势，将沿河部分初加工农特产品配送至苏州工业园区进行深加工和包装，提升产品附加值。三是产销对接拓市场。签订优质农特产品产销定向合作框架协议，根据张家港市农产品市场需求，由双方共同明确农产品种类、种植面积、上市时间、产量预测等，按需制定收购、运输、储藏和营销计划。出台"沿货出山"奖励办法，在张家港市部分超市、农贸市场设沿河农特产品专柜和体验店。以千年古茶等一批地标产品为重点，合力打造农特产品"淘品牌"，借助张家港电商产业园平台，推动农产品网销。目前，全县电商交易额突破 3 亿元，被评为"2017 年国家级电子商务进农村综合示范县"。

［本文入选中共铜仁市委改革办《铜仁改革交流》2018 年 9 月 7 日第 39 期（总第 145 期），并获铜仁市 2018 年度全面深化改革创新奖区（县）改革创新奖］

张家港市·沿河土家族自治县探索东西部扶贫协作"整村结对帮扶"新路径

沿河土家族自治县中界镇高峰村属典型深度贫困村，全村有147户562人，其中建档立卡贫困人口50户199人。自2018年以来，随着全国东西部扶贫协作"携手奔小康"行动深入推进，张家港市在结对沿河土家族自治县帮扶工作中，积极探索东西部扶贫协作"整村结对帮扶"新路径，依托善港村资源优势，结对高峰村，从建强组织、发展产业、培育人才、普惠群众等方面开展帮扶，着力把高峰村这一深度贫困村打造成"东西部扶贫协作样板村"。仅1年时间，2018年高峰村农民人均可支配收入4 600元，比2017年增加1 800元，贫困人口减少至26户95人，贫困发生率从34.6%下降至17.1%。

一、"长期轮驻"建强组织，提升脱贫帮扶引领力

善港村驻村工作队临时党支部与高峰村党支部实行支部联建，坚持"党建带扶贫、扶贫促党建"，实现党的建设与精准扶贫无缝对接。一是采取支部联建。善港村采取"长驻+轮派"模式，选派2名长驻帮扶人员和15名轮派技术骨干组建临时党支部，与高峰村党支部开展支部联建，建立常态化联络联商机制，共同抓好高峰村产业规划、项目建设、收益分红等重大事项落实，实现"1+1+1>3"叠加效应。目前善港村已先后派出驻村扶贫工作队6批共90人次参与结对帮扶，高峰村已成为善港村"不忘初心、牢记使命"实践基地。二是注重科学分工。坚持"发挥所长、合力攻坚"的思路，按照善港村驻村工作队侧重科技育人、产业富民，铜仁市生态移民局侧重基层党建、争取资金项目，高峰村党支部侧重化解纠纷、土地流转、宣传政策等各自优势进行科学分工，制订支部工作计划，明确各支部在月调度、季督察和年考核工作中的目标任务，并将工作完成情况作为党支部书记年度述职及考评重要依据，形成合力攻坚，决

战贫困、携手小康工作格局。三是激发党员活力。在高峰村 3 个村民组分别设立"党员中心户",建立"网上 e 支部",将党员进行设岗定责,定期开展支部活动、宣讲上级精神、开展支部活动、共谋发展良策,延伸党组织"神经末梢"。同时大力储备后备力量,将村里优秀青年及时吸纳到党组织中来,先后发展预备党员 4 名,培养入党积极分子 6 人,目前高峰村党员总数达 18 人。

二、"因地制宜"发展产业,增强脱贫帮扶带动力

按照农村产业革命"八要素"要求,坚持因地制宜、科学谋划、长短结合,探索高端有机农业产业发展新路。一是精选致富产业。邀请"全国十大三农人物"江苏省赵亚夫专家团队实地考察、精准把脉,该村围绕"一水两园三业"产业发展思路,建成有机农业产业园 60 亩,推动农业产业集约化、精品化发展。村集体注册农业公司,村"两委"负责把握发展方向,引进善港村优势农业项目,由善港村农业公司专业人员管理运营,无偿提供技术支持,保证企业足够自主权,最大限度降低经营风险。2019年,公司有负责农技的技术人员 5 名,均为本科以上学历,其中研究生学历 2 人,具有 10 年以上工作经验的 2 人。二是精心组织推进。采用"龙头企业+村集体+基地+贫困户"组织方式发展产业园,将有机农业产业园里每个大棚管护责任分解到贫困群众身上,由江苏善港生态农业科技有限公司和贵州苏黔农业产业开发有限公司提供技术指导。2019 年,在有机农业产业园里建成高标准大棚 57 个,发展灵芝 3 万多棒、有机葡萄 9 亩、有机蔬菜 7 亩,网纹瓜、有机黄瓜、红玫糯玉米、瓜篓子等 20 多个新品种试种成功;建成有机茶园 183 亩,打造知青茶、善缘红、高峰白等 6 个有机茶叶产品;建设生态养殖业基地 1 个,主要发展白山羊、黑毛猪、鹌鹑等特色养殖业。三是精准利益联结。建立"721"利益联结机制,将公司盈利以"农户占 70%、集体经济占 20%、公司占 10%"的形式进行分红,直接带动 50 户 199 名贫困群众增收。2019 年,发展大棚灵芝 7.5 亩,每亩所产出的灵芝粉可卖 20 万元,预计创收 150 余万元;生产茶叶约 250 千克,主要销往张家港、北京等地,创收 80 万余元。成功试种草莓 1.5 亩,产量约 500 千克,已创收 3 万余元;大力发展大棚蔬菜,种植的黄瓜、西红柿、茄子、辣椒等定点供应本县内部酒店及超市,已创收 4 万余元。

三、"智志双扶"培育人才，激发脱贫帮扶内生力

一年多来，通过不断丰富群众精神文化生活，加强农民技能培训，着力增强贫困群众"造血功能"，激发脱贫致富内生动力。一是培育致富带头人。以张家港善港农村干部学院为载体，采取"理论培训+实践锻炼"方式，实施"党建+"项目，鼓励村干部带头承办或领办项目，着力培养一支高素质专业化村干部队伍和后备力量。目前，有3名致富带头人领办合作社，党支部副书记罗文武等2人已在第1期"苏州—铜仁创业致富带头人培育班"顺利结业。2018年，党员罗来凤成立特色种植农民专业合作社，种植40余亩百合。二是培育新型农民。实行"产业+农民培训"模式，以产业大棚为单位，根据产业发展和农民技术需求，分别制定美国金瓜、有机黄瓜、红玫糯玉米等产业生产技术全程"培训单"，确保每户至少1人以上掌握一门实用技术，有效消除"零就业"家庭。同步实施产业规划和人才培养，对在建黑毛猪、沿河白山羊、乌江土家山泉、生态有机茶等项目，组织村里有知识、有劳动力的村民去善港村实地学习2~3个月，确保项目建成后可及时接手管理，为推进脱贫攻坚、实现乡村振兴提供人才支持。三是培育产业工人。采取校企合作、校校合作、定向培训等方式，动员有意愿、有劳动能力的贫困户到张家港市培训，切实提高贫困人口劳动技能和就业率。截至2019年，高峰村通过培训输出劳动力120余人次，其中贫困劳动力70余人次。同时，通过邀请张家港市农业专家到基地进行"面对面"培训指导，将发展产业项目、学习农业技术和组织务工有效结合，拓宽增收渠道。村民罗来光、黄军霞等30余名剩余劳动力常年在几个产业园务工，每人每年工资收入增加上万元。

四、"民生保障"普惠群众，增强脱贫帮扶辐射力

通过成立善扶康基金会，建立文明实践站，拓展服务功能，为高峰村整村脱贫出列增砖添瓦。一是创新实施健康扶贫。探索成立"善扶康"村级健康医疗互助会，采取"村民筹资+帮扶基金+社会捐款"方式筹措10万元，资金由村委会管理，基金会理事会负责监督，凡村民一次性住院费用在3 000元以上的，由委托的第三方服务平台进行严格评估以后，及时对住院村民进行补助，有效解决因病致贫、因病返贫难题，截至2019年，已有

2 户贫困户受益。二是多方实施爱心扶贫。汇聚帮扶资金，苏州银行捐赠 150 万元用于发展茶叶及建设茶叶加工厂房，苏州农办捐赠 100 万元投入有机农业产业园二期，县红十字会在高峰村投入 45 万元建设博爱家园，其中 15 万元为贫困群众设立"生计金"滚动用于产业扶持，有效带动贫困群众增收致富。汇聚企业爱心，县妇联组织女企业家协会开展"花蜜行动"，资助贫困学生 30 名共 3 万元。创新探索"三社联动"帮扶机制，构建以社区为平台、社会组织为载体和专业社会工作为支撑的联动机制，为农村留守儿童、困境儿童等特殊困难群体提供爱心帮扶。三是分类实施文化扶贫。深入开展"春晖行动"，通过在该村健全团支部，成立青年志愿服务队，组织志愿者利用寒暑假，免费开设兴趣班、特长班，利用周末为中小学生无偿补课。建立沿河土家族自治县首个村级新时代文明实践站，以满足群众需求为导向，主动收集群众意愿，链接社会资源，为群众提供理论宣讲、教育、文化、科技与科普、体育健身五大类服务。坚持将善港村"善有善为、善始善终、善作善成"文化理念与高峰村土家民风民俗相结合，提振群众精气神，组织开展文明家庭、示范家庭、好婆婆、好儿媳等评选活动，成立金钱杆土家舞蹈队，在满足村民精神文化需求中，培育高峰村群众崇德向善、自强自立精神。共播放主旋律电影 60 余场次，开展法治宣传 8 场，免费开设留守儿童"周末辅导班""假期兴趣班"110 余次课。

[本文入选中共贵州省委全面深化改革委员会办公室《贵州改革情况交流》2019 年 8 月 30 日第 80 期（总第 737 期），并获铜仁市 2019 年度全面深化改革创新奖区（县）改革创新奖]

扶贫协作村帮村　产业致富显成效
——张家港市善港村和沿河土家族自治县高峰村东西部村级帮扶主要做法

自2018年3月起，张家港经济技术开发区善港村和沿河土家族自治县中界镇高峰村率先探索实践东西部扶贫协作整村推进结对帮扶，善港村派出精准扶贫工作队6批95人次，通过精准选择产业、激发内生动力、强化民生保障等助力高峰村全面发展。2018年，高峰村共147户562人，农民人均纯收入4 600元，比2017年增加1 800元，贫困人口从50户195人减少至26户95人，贫困发生率降低17.79个百分点。

一、"因势利导"发展产业，不断增强整村帮扶带动力

一是专家团队实地精选致富产业。邀请"全国十大三农人物"赵亚夫专家团队实地考察、精准把脉，围绕"一水两园三业"产业发展思路，在甄选推荐种植产业时，帮扶工作队选择善港村种过的成熟品种，其中，红美人橘子、日本网纹蜜瓜、日本田柿等部分品种先从日本引进到善港村，再从善港村引进到高峰村，帮助高峰村建成有机农业产业园60亩，高标准大棚57个，推动农业产业集约化、精品化发展。

二是贫困群众直接参与多元化产业管理。采用"龙头企业+村集体+基地+贫困户"的组织方式发展产业园，将有机农业产业园里每个大棚管护责任分解到贫困群众身上，由江苏善港生态农业科技有限公司和贵州苏黔农业产业开发有限公司提供技术指导。截至2019年，建成有机茶园183亩，打造知青茶、善缘红、高峰白等6个有机茶叶产品；发展灵芝3万余棒、有机葡萄9亩、有机蔬菜7亩，网纹瓜、有机黄瓜、红玫糯玉米、瓜蒌子等20余个品种试种成功；建设生态养殖业基地1个，主要发展白山羊、黑毛猪、鹌鹑等特色养殖业。

三是企业和贫困户利益联结实现互利共赢。注册成立高峰村集体所属

公司，由善港村帮扶工作队义务负责养殖场、农业园区、茶园等前期运营。通过2~3年时间，待帮扶工作队把高峰村运营管理人员和技术人员培训到位后，将产业移交给高峰村自主经营管理。同时，建立"721"利益联结机制，将公司盈利以"农户占70%、集体经济占20%、公司占10%"的比例进行分红，直接带动50户199名贫困群众增收致富。

二、"智志双扶"培育人才，不断增强扶贫协作新动能

一是生产技术培训全程贯穿产业发展链条。实行"产业+农民培训"模式，以产业大棚为单位，根据产业发展和农民技术需求，分别制定美国金瓜、有机黄瓜、红玫糯玉米等产业生产技术全程"培训单"，确保每户至少1人以上掌握一门实用技术，有效消除"零就业"家庭。同步实施产业规划和人才培养，对在建黑毛猪、沿河白山羊、生态有机茶等项目，组织村里有知识、有劳动力的村民去善港村实地学习2~3个月，确保项目建成后能够及时接手管理。

二是产业运营指导和产销对接同步推进。引进善港村优质农业项目，由善港村农业公司专业人员运营管理，无偿提供技术支持，目前，公司有技术人员5名，均为本科以上学历，其中研究生学历2人，具有10年以上工作经验的2人。帮扶工作队积极与周边区县、张家港市收购商对接，提前谋划寻找销路，在沿河土家族自治县内超市建立高峰有机农产品专柜，精准对接市场，形成长期稳定的销售渠道。自2019年以来，高峰村大棚灵芝、有机茶叶、优质蔬菜等农产品远销张家港、北京等地，创收300余万元。

三是跨省劳务培训输出拓宽贫困户就业渠道。采取校企合作、校校合作、定向培训等方式，动员有意愿、有劳动能力的贫困户到张家港市培训，切实提高贫困人口劳动技能水平和就业率。截至2019年，高峰村通过培训输出劳动力120余人次，其中贫困劳动力70余人次。同时，张家港市农业专家到高峰村基地进行"面对面"就业培训指导，30余名村民常年在高峰村产业园务工，人均增加年收入上万元，有效解决贫困人口"就业难"问题。

三、"民生保障"政策普惠，不断增强贫困群众获得感

一是创新实施健康扶贫。探索成立"善扶康"村级健康医疗互助会，

采取"村民筹资+帮扶基金+社会捐款"方式筹措10万元,资金由村委会管理,基金会理事负责监督,凡村民一次性住院费用在3 000元以上的,由委托的第三方服务平台进行严格评估以后,及时对住院村民进行补助,有效解决因病致贫、因病返贫难题,目前已有2户贫困户受益。

二是两地共推爱心扶贫。两地共同开展高峰村帮扶,苏州银行捐赠150万元重点支持高峰村茶产业发展,苏州农办捐赠100万元重点支持有机农业产业园(二期)发展。沿河土家族自治县红十字会在高峰村投入45万元建设博爱家园,其中15万元为贫困群众设立"生计金"滚动用于产业帮扶,有效带动贫困群众增收致富;县妇联组织女企业家协会开展"花蜜行动",资助贫困学生30名共3万元。

三是分类开展文化扶贫。建立全县首个村级新时代文明实践站,以满足群众需求为导向,为群众提供理论宣讲、教育、文化、科技与科普、体育健身五大类服务。坚持将善港村"善有善为、善始善终、善作善成"文化理念与高峰村土家民风民俗相结合,组织开展文明家庭、示范家庭、好婆婆、好儿媳等评选活动,成立金钱杆土家舞蹈队,丰富群众精神文化需求,群众精气神不断提振。一年多来,高峰村播放主旋律电影60余场次,开展法治宣传8场,免费开设留守儿童"周末辅导班""假期兴趣班"110余期。

[本文入选贵州省人民政府办公厅《政务信息(内刊)》2019年9月18日第69期]

沿河土家族自治县携手张家港市探索文军扶贫新路径

江苏省张家港市是贵州省沿河土家族自治县的结对帮扶城市，自2018年以来，张家港市陆续派出22名干部到沿河土家族自治县挂职，从新时代文明实践阵地建设、农村人居环境整治、村民文明素质提升等方面给予沿河土家族自治县帮扶指导。

一是实施结对引领行动，架起文明共建"连心桥"。张家港市3个全国文明镇（部门）与沿河土家族自治县乡镇（街道）、村建立"1+N"结对帮扶关系，帮助建设党支部活动室、图书室等，大力开展"文明港城沿河行""小书包·大梦想"等文明共建帮扶活动，助力"精神扶贫"。

二是实施载体共建行动，开辟文明实践"根据地"。捐赠建设新时代文明实践驿站5个，总投资420万元，以点带面推动沿河新时代文明实践体系建设。其中，在易地扶贫搬迁安置点建有2个，为10 229名搬迁群众及8 923名学生提供服务。自驿站启用以来，注册读者5 336人，接待读者11.18万人次。

三是实施志愿服务行动，凝聚崇德向善"正能量"。帮助建立县级志愿服务网，完善服务运行机制、权益保障和激励机制，采用"互联网+"模式，为群众提供科普科技、健康医疗等志愿服务。目前，收集市民需求96条，开展文化志愿服务550余人次，惠及市民2 000余人次。组建理论宣传、党建服务等8个志愿服务支队，实施公益志愿项目15个，1 780名师生注册为志愿者，实现志愿服务常态化、品牌化。

四是实施文化交流行动，奏响文军扶贫"交响乐"。连续两年举办"张家港市·沿河土家族自治县文化交流周"活动，展示两地民俗风情和城市风采，促进艺术交流。连续两年邀请沿河中小学生赴张家港参加全国青少年足球赛。张家港市捐赠沿河土家族自治县一台价值242万元的电视转播车。合作创作的傩戏、扶贫小品等作品深受欢迎，有效促进两地文体艺深度融合。

（本文入选中共贵州省委办公厅《工作动态》2020年11月17日第38期）

张家港助力贵州铜仁最后一个贫困县脱贫摘帽

日前，贵州省人民政府公告，贵州省铜仁市唯一的深度贫困县沿河土家族自治县退出贫困县序列。至此，江苏省东西部扶贫协作和对口支援地区最后一个贫困县实现脱贫摘帽。2016年7月，习近平总书记召开东西部扶贫协作座谈会后，江苏省确定由苏州市继续对口帮扶贵州省铜仁市，其中苏州张家港市与铜仁沿河土家族自治县自2017年3月起建立对口帮扶关系。通过3年多全方位、多层次、宽领域的协作，张、沿两地终于取得战胜深度贫困的阶段性成效。

一是"创新+实干"变穷貌。在全国东西部扶贫协作中首创"五位一体（市县、乡镇、园区、村村、村企）"全面结对帮扶新模式，率先实现乡镇双向结对全覆盖、深度贫困村结对帮扶全覆盖和未出列贫困村结对帮扶全覆盖，成功构建起立体式的全域结对帮扶机制。张家港市善港村与沿河土家族自治县高峰村率先探索实践"整村推进结对帮扶"模式，得到省、市认可并在铜仁全市推广。善港村党委书记葛剑锋荣获2018年度全国脱贫攻坚奖（创新奖）。依托该机制，张家港市累计选派304名党政干部到沿河土家族自治县挂职锻炼，选派专技人才144人次到沿河土家族自治县帮扶1个月以上。《精准对接助脱贫智志帮扶显成效》等7个案例入选全国东西部扶贫协作培训班、全国"携手奔小康"行动培训班案例；2个项目获铜仁市全面深化改革创新奖区（县）改革创新奖。

二是"输血+造血"改穷业。输血方面，累计投入市级财政以上江苏对口帮扶资金3.7亿元，县域扶贫协作对口帮扶财政资金总量位居贵州省第一。社会各界累计捐赠沿河款物3 660万元，其中资金2 550万元。充分用好深度贫困县城乡建设用地增减挂钩结余指标跨省流转政策，推动沿河土家族自治县4 685亩指标跨省流转，为沿河土家族自治县争取财政到账资金8.74亿元。造血方面，实施112个产业项目，涵盖沿河生态茶、生态畜牧业、中药材、食用菌等产业，覆盖建档立卡贫困人口5.8万人。全力推动"沿货出山"，累计采购、销售沿河农特产品8 487万元，带动贫困人口9 259人。

三是"扶志+扶智"拔穷根。为沿河土家族自治县培训党政干部35期821人次、培训专技人才39期647人次。举办劳务协作就业技能培训班62期，培训贫困劳动力1 727人次，培训创业致富带头人456人次。62所中小学、幼儿园，11家医疗卫生单位分别结对帮扶沿河土家族自治县88所中小学、幼儿园，24家医疗卫生单位，教育及卫生健康系统全覆盖结对帮扶做法在贵州全省推广。全国首创东西部扶贫协作劳务协作驿站——"两江家园"，入选贵州省2019年度优秀劳务协作工作站，其落实鼓励和支持就业措施被江苏省政府通报表扬。累计招收795名沿河籍学生就读沙洲职业工学院（其中贫困户学生398人），安排市级财政对口帮扶资金1 050万元进行资助。实施"长江水·乌江情——党建引领促脱贫""长江水·乌江情——文明共建助脱贫"两大工程，"志愿沿河"网成为全国西部地区首个县级志愿服务网，2个文明共建项目入选文化和旅游部、中央文明办2020年"春雨工程"全国示范性项目名单。

[本文入选中共苏州市委办公室《苏州信息（综合摘报）》2020年11月25日第138期]

第三编：研究课题

苏州、宿迁南北挂钩研究

——以张家港、宿豫为例[1]

由于历史、自然、区位等因素影响,江苏省在经济上形成苏南、苏中、苏北三个"梯度板块",苏北发展相对滞后。苏北地区土地面积超过全省一半、人口数量接近全省一半,GDP总量只占全省的五分之一,人均GDP还不到全省平均水平的二分之一。因此,加快苏北地区发展,实施区域共同发展战略,成为江苏省实施现代化建设三步战略部署的重要组成部分,是实践"三个代表"重要思想、促进共同富裕的客观要求,也是富民强省、争取率先基本实现现代化的关键环节。江苏省委、省政府审时度势,提出了南北对口帮扶,实施区域经济共同发展的战略部署。自2001年以来,苏州、宿迁两市认真贯彻省委、省政府决策部署,按照优势互补、注重实效、共同发展、实现双赢的要求,不断创新完善南北挂钩合作机制,积极开展多种形式的对口交流活动,形成了全方位、多层次、宽领域的合作局面,在推进产业转移、加快区域经济发展方面取得明显成效。其中的张家港、宿豫两地坚持党政推动和市场运作相结合、选择性定点挂钩和多层次自愿挂钩相结合、重点突破和整体推进相结合,在南北合作挂钩上做出了积极的探索,在共建工业园区、乡镇挂钩结对、社会事业援助、干部交流培训、经济薄弱村帮扶、劳务输出合作等方面取得了丰硕的成果,特别是在产业转移等方面创造了新的模式,得到各方的充分肯定和推广,被誉为"江苏南北挂钩合作的成功典范"。

一、张家港、宿豫两地推进南北挂钩合作的主要做法

把政府推动作为挂钩合作的原动力。两地展开了全方位、宽领域的合作。自开展挂钩合作以来,两地党委、政府高度重视,定期听取有关工作

---

[1] 作者陈世海,系中共宿迁市宿豫区委副书记(挂职)。

进展情况的汇报,每半年召开一次工作会办会,主要领导亲自过问挂钩合作重大问题,认真解决工作中遇到的实际问题。合作双方还建立了党政代表团互访制度和挂钩合作办公室定期联络制度,分别向对方派驻了1名挂职领导,具体负责、协调和组织挂钩合作,使两地交流和合作的层次不断提升,高层互访日趋频繁。在两地党委、政府的关心支持下,2005年7月,宿迁市宿豫张家港商会成立。这是在宿迁的苏州企业成立的第一家商会,也是张家港企业在外地组建的第一家商会。商会的成立,对加速张家港产业向宿豫的转移,对在宿豫的张家港企业的发展起到了促进作用。2007年4月中旬,张家港市组织100多名企业家参加了"宿豫区经济社会发展暨张家港宿豫工业园区投资环境说明会"。

把双方共赢作为挂钩合作的内在动力。双方在挂钩合作之初就兼顾苏南、苏北合作双方的利益。立足长远,不追求眼前政绩和实惠,着力突破短期效应、地域性的限制,在寻求投入与回报、帮扶与反哺的共赢点上做大做细,寻求合作的共赢点,寻找对口帮扶的内在动力。首先,在区位优势上,宿豫具有环抱地级市宿迁市的区位优势,水、陆交通便利,土地、劳务等投资成本低廉,软、硬环境比较优越。宿豫很自然地成为经济发达的张家港的资本异地扩张的理想之地。其次,在资源优势上,宿豫在水产、蚕桑、粮油、畜牧等方面具有相当规模和产量,农业资源丰富,为张家港农业龙头企业提供了原料基地。再次,在劳动力资源优势上,宿豫拥有10万~15万城乡富余劳动力资源,而且宿豫加大了对劳动力技能培训的投入,劳动力素质明显提高。加大劳动力向张家港输出,让张家港招工难、宿豫输出难这一困境得以解决。

把载体建设作为挂钩合作的大平台。开发区(工业园区)是区域经济发展的载体,是南北产业转移的主阵地。为了转移一批深层次、战略性的项目,深入推进对口帮扶工作,张家港和宿豫率先采取园区搭台、政府唱戏的方法,建设张家港(宿豫)工业园。2002年8月,张家港市的江苏长江润发集团与宿豫签约,在宿豫开发区建设占地1 000亩的长江润发(宿豫)工业园,开全省以市场为导向、南北挂钩合作产业新模式之先河。目前,长江润发(宿豫)工业园投产项目8个,基础设施投入超过3亿元。从2003年开始,以长江润发(宿豫)工业园为依托,在其周边区域内开始建设张家港宿豫工业园。宿豫和张家港政府以正式协议的形式约定,张家港主要负责园区的招商引资,宿豫负责基础设施建设。张家港宿豫工业园建设为全省创新南北挂钩合作模式,为江苏在全省推广共建工业园提供了示范,为省委、省政府做出南北挂钩合作和共建开发区决定提供了理论与现实依据。2006年11月,张家港市政府与宿豫区政府签订协议,确定正式开发建设两地政府挂钩共建的张家港宿豫工业园区。2007年1月,共建园区投资开发建设有限公司挂牌成立;5月,省发改委、省外经贸厅联合发文批复明确张家港宿豫工业园区为省南北挂钩共建园区,成为江苏省第2家、宿迁市首家获批的南北挂钩共建园区;6月,张家港宿豫工业园区正式开工建设。目前,已投入资金1亿元,拆迁房屋14万平方米,1平方千米启动区的基础设施建设已经达到"六通一平"的投资条件,共有江苏骏马集团投资的骏马化纤万吨工业丝等15个工业项目落户共建园区,实际到位投资3.2亿元,其中外资项目合同投资额3 000万美元,注册资本800万美元,在建工业项目5个。

二、张家港、宿豫两地推进南北挂钩合作取得的成效

*产业转移成果丰硕,发展拉动力强劲。*随着市场经济和经济国际化步伐的不断加快,产业转移不仅成为发达地区产业升级的必然选择,而且成为欠发达地区加快发展的重要机遇。在张家港市委、市政府的大力宣传推动下,张家港的众多企业家,始终把宿豫作为项目转移的首选地,只要有项目转移、只要企业需要扩张,第一个想到的就是宿豫。长江润发、华宝纸业、华茂纺织、格林橡塑、双鲸皮件、诚信皮件等许多企业纷纷在宿豫投资兴业,谋求新的发展。几年来,在双方共同努力下,在宿豫经济开发区内建成了长江润发(宿豫)工业园等多个园中园。截至2009年年底,张家港市共有82家工业企业在宿豫落户,到位固定资产投资超过32亿元,吸引了宿豫当地的2 000多名农民和下岗工人就业,产生了显著的社会效益。张家港企业在宿豫的投资企业数和投资到位数均名列宿迁投资的苏州企业首位。近年来,在张家港市委、市政府的支持和帮助下,在转移产业的推动下,宿豫经济社会呈现出了加速发展的良好势头。一是工业经济迅猛发展。通过有针对性地承接产业转移,初步形成了钢铁、橡胶、玻璃和彩塑四大主导产业,同时,机械、针织、服装、制鞋等劳动密集型产业悄然兴起,支柱产业初具规模,工业结构更加合理,发展后劲更加坚实。宿豫经济开发区于2006年被批准为省级经济开发区,目前落户项目约400个。全区规模以上工业企业个数是"十五"初的3倍,有7个企业进入宿迁市销售20强,有6个企业进入宿迁市利税20强。二是带动效应逐步突显。据统

计,近年来宿豫地方财政一般预算总收入中,有35%以上是招商引资企业对地方财力做出的贡献。随着南钢金鑫轧钢、三元轮胎等重大项目的落户,招商企业对地方财力的贡献率将进一步增大。三是经济结构明显优化。全区三次产业比重由"十五"初的一二三调整为二三一,达到了目前的19.2∶57.8∶23。四是经济总量快速扩张。近三年,全区地区生产总值年均增长14%以上,财政总收入、地方财政一般预算收入年均增长均超过40%。

合作领域不断拓宽,结对帮扶整体推进。从两地政府间的资金项目援助到对口乡镇、部门开展对口帮扶到村村、村企之间的结对帮助及企业、个人的捐赠,从社会事业援助到经济薄弱村帮扶,两地的合作领域不断拓宽。这几年,张家港市财政每年都要安排数百万元的帮扶专项经费专门用于援助宿豫区的社会事业建设。机关、部门、企事业单位和个人的对口捐赠也明显增多。据不完全统计,近三年来,张家港市级财政提供帮扶资金2 200多万元,机关、企事业单位及镇村捐赠资金1 100多万元。目前,张家港市8个镇与宿豫区的所有乡镇(16个乡镇)都建立了挂钩合作关系,乡镇结对挂钩、村村合作、村企合作工作均走在全省前列。先后帮助宿豫建设了宿迁市宿豫区张家港骏马小学、宿豫张家港实验小学、宿豫张家港开发区技术实训基地、港豫大桥等,帮助农村草改瓦4 700户。张家港市还组织发动对宿豫区41个经济薄弱村中的16个村进行重点帮扶,已为周石庄村等5个村建造"为民服务中心"3 300平方米,建设标准型厂房3栋2 500多平方米。

两地交流互动不断,宣传推介力加强。加强两地部门和企业、乡镇间的挂靠合作,实行政企联动,已形成了稳定和畅通的沟通机制,每年由两地党政主要领导带队的党政代表团都要进行互访,召开挂钩合作座谈会,总结合作成果,研究对口合作途径,签订年度合作协议书,对合作中的重大事项进行交流、研究、会办。相关职能部门主动衔接,积极帮助牵线搭桥,组织客商来宿豫考察。近年来,两地各级部门开展的互访及企业交流活动达20余次,签订各类合作协议100余项。在加强政府互动的同时,张家港和宿豫双方还积极促进两地企业与社会团体间互动,推动产业转移。建立了"政府引导、企业参与、项目支持"的良性运作模式。张家港市的8个镇与对口的宿豫区16个乡镇,以及对口的机关部门和对口帮扶的村,每年也都互派人员交流访问,在产业转移、项目建设、人员培训、业务工作、社会事业援助等方面进行合作。这几年,张家港市每年都要为宿豫区无偿举办干部培训班,双方互派干部到对方挂职锻炼,宿豫区先后两次选派36

名干部到张家港市挂职锻炼,张家港市帮助宿豫培训各类干部520人,2008年5月派出55名优秀青年干部到宿豫各乡镇挂职锻炼。在教育领域,张家港市在以往支教的基础上,从2007年开始选派63名省级示范学校以上的中小学领导和教学骨干到宿豫乡镇中小学进行常年性的支教工作。在劳动力转移方面,张家港和宿豫每年都定期召开人才交流会,由张家港企业和两地中介机构现场招聘。双方已举办大型劳务合作交流会8次,对口乡镇、部门开展小型劳务合作交流活动50多次,累计向张家港输出劳务人员达4.6万人(次),其中,仅各类培训机构就向张家港市"订单"输出有一技之长的劳务人员2.5万人(次)。现在重点又转向为在宿豫投资的张家港企业解决用工问题。通过开展这些活动,张家港更加主动关注宿豫、宣传宿豫、推介宿豫,也让张家港市的广大企业家能够更直接、更全面、更深入地了解宿豫,促使有产业转移意向的张家港客商投资考察首选宿豫,为张家港产业加快向宿豫转移树立了导向、明确了方向。

三、南北挂钩合作存在的主要问题

产业转移层次依然较低。从承接转移项目产业层次来看,目前承接的转移项目主要集中在纺织服装、金属及其制品加工、木材加工、农副产品加工等劳动密集型和资源消耗型产业,软件开发、生物工程等高新技术企业凤毛麟角。产业转移项目层次低,科技含量低,受市场和宏观政策调整的影响较大,存在低水平重复建设现象。从产品结构来看,转移项目主要集中于低端产品。如木材加工业中,产品主要是技术含量不高的胶合板;纺织服装业中,产品多为来料加工,具有自主品牌的高档服装较少。从创新投入来看,部分企业人才、科技投入不足,自主研发创新意识不强,产品技术含量不高,产品结构单一,企业的核心竞争力较弱。

南北共建园区配套工作亟待跟进。从目前南北共建园区工业基础来看,由于生产服务业相对滞后,入园企业生产配套成本高,区域市场规模小,因而对承接南北产业转移,吸引高新技术、高附加值企业落户有一定制约,产业配套工作亟待跟进。从产业结构来看,产业结构仍较为单一,原材料、初级产品加工等基础产业所占比重较大,产品链条延伸较短的特征尤为明显。从进区项目的关联度来看,大部分项目不是"自然形成"的市场化分工协作,而是政府推动,企业间难以产生分工协作的产业组织联系。即使是相似产品或同类原材料加工企业也极少发生联系。"专业市场"或"主导企业"的缺乏，导致企业内在主动协作机制缺失，即使是同类企业在不同的生产时间内也不会统一采购原材料，或者因销售市场的不同而不会共同运输产品。企业间缺乏信任度和合作意识，原料、技术和市场信息方面的资源不能形成共享。同时，项目未达产达效和优惠政策未到期前，没有税收来源；目前金融机构贷款门槛仍相对较高、条件较严，仅靠共建园区开发公司的注册资本，以及省里对每个共建园区以奖代补的资金，难以满足共建园区建设和项目发展需要。

两地合作领域尚需扩大。双方之间南北挂钩合作主要成果仅限于承接产业转移、劳动力输出、南北园区共建等领域，南北挂钩合作领域狭窄。在干部挂职交流、人才培训、农产品供求合作、科技、教育、旅游等方面尚未深入开展挂钩合作。当前人才培训仅以政府为主导，尚未形成大规模自发性人才培训交流模式；农产品供求合作仍以政府牵头的农产品交易洽谈会推动为主，农业龙头企业、农业大户及农户参与度较低，南北挂钩合作的广度和深度仍需进一步拓展。

投资环境竞争力有待提高。苏北整体策应扶持水平不断提升，但整体投资环境仍面临一定的压力，需进一步挖掘潜力。一是面临土地指标紧张的压力。随着国家宏观政策的不断调整，土地成为制约开发区发展、南北产业转移的关键因素。在手土地指标数量、土地新指标申请进度严重滞后于项目发展转移速度和要求。二是面临用工日趋紧张的压力。高素质劳动力欠缺，劳动力培训与企业用工需求衔接不够紧密，造成劳动力的结构性紧缺，给企业用工带来了一定难度。如纺织、服装、电子等劳动密集型企业，用工数量很大，而普通劳动力大量剩余，经培训合格的熟练工、技术工却非常紧缺。随着新劳动法的实施及工人工资不断上涨，人力资源成本越来越高，与苏南地区的差距越来越小，对劳动密集型企业吸引力逐渐减弱。

挂钩合作推动机制仍需健全。虽然南北挂钩合作的机制不断完善，但两地的政策缺乏同一性、融合性。近年来，省里出于优先发展苏北的考虑，出台了加快苏北发展的一些优势政策，但有些政策不具备连续性、长期性，区域制度安排的不平衡给挂钩合作带来一定的影响。同时，由于项目引导、引荐的方式、方法不多，大多为两地政府领导的个人推荐，尚未形成全社会的宣传、推动氛围，缺乏长期鼓励南北挂钩、产业转移的具体措施，致使项目流动不快，转移不多，还没有形成顺畅转移的良好态势。

四、张家港、宿豫两地加强南北挂钩合作的启示

南北挂钩合作是省委、省政府实施区域共同发展战略的重大决策。从深化南北挂钩合作，推动区域协调发展的要求出发，要在坚持和完善挂钩帮扶体制上有新作为，在加大社会事业援助力度、加深经济交流和合作方面有新进展，值得探讨和实践的空间依然很大。张家港和宿豫按照优势互补、注重实效、共同发展、实现双赢的要求，加大南北挂钩合作的力度，对带动宿豫发展起到了重要作用。如何进一步贯彻落实好这一重大决策，促进南北优势互补、共同发展，分析张家港市和宿豫区南北挂钩合作的实践，给了我们诸多启示。

科学发展是做好挂钩合作的根本点。一是遵循市场导向原则。要坚持以市场为导向，以自愿合作为前提。充分发挥市场机制在资源配置中的基础性作用和企业的市场主体作用。二是遵循优势互补原则。要将苏北地区资源、成本、政策等方面优势与苏南地区资本、技术、人才、管理、开发区品牌等优势紧密结合起来。通过园区对接、产业联动、梯度转移，实现南北优势互补、共同发展。三是遵循利益共享原则。在严格执行国家有关财税政策的前提下，兼顾苏南、苏北合作双方的利益，加快推进南北挂钩、产业转移工作，既有利于苏北地区"筑巢引凤"，加快工业化进程，又有利于苏南地区"腾笼换鸟"，加快产业升级。四是遵循集约开发原则。要按照布局集中、产业集聚、建设集约的要求，以优势资源为依托、骨干企业为龙头、重大项目为支撑，通过产业的上下游延伸配套，推动各种生产要素向重点产业、重点企业集聚，提高集约发展水平。五是遵循可持续发展原则。要坚持环保优先和节约优先，按照产业发展和环境保护规划，认真做好环境影响评价工作，确保苏北地区的可持续发展。

载体建设是做好挂钩合作的关键点。加快工业园区建设。切实做好园区规划，科学合理布局，明确各类园区产业定位和发展方向，打造特色优势产业园区，有条件的地方要建设一批承接产业转移的专门园区，努力使工业园区成为承接产业转移、带动本地工业快速发展的基地和龙头。推进园区的体制、机制、管理创新。在完善投资开发及经营管理体制上，可尝试通过招标方式将开发区的投资、开发、招商、经营权全部承包给有实力的大开发商、企业集团，鼓励和支持外地的大企业兴办园区或创办"园中园"，这样既可解决开发资金问题，也可更新管理经营模式和体制。

优化机制是做好挂钩合作的落脚点。制度因素是推动经济发展的直接动力,加快体制创新,实现环境对接,推进统一市场建设,是推进南北挂钩合作向纵深发展的制度保证。要着力营造安全文明的法制环境、诚实守信的人文环境、开明开放的政策环境、高效快捷的政务环境、优美舒适的人居环境、规范有序的市场环境,打造与发达地区无差异的投资环境,使转移过来的产业和资本能够快速适应环境而扎下根来。

五、深化苏州、宿迁南北挂钩合作的建议

南北挂钩作为加快区域经济一体化步伐、在更高层次上推进区域共同发展、实现全省"两个率先"目标的重要抓手,必须进一步坚持以南北区域共同发展为总体目标,以承接南北产业转移为工作重点,以南北共建园区为主要载体,进一步拓宽南北合作领域,创新合作形式,深化合作机制,提高合作成效,全力开创南北挂钩合作新局面。

深化南北挂钩合作必须进一步完善工作机制。深化南北挂钩,政府的引导和推动具有特殊的影响力,甚至能起到关键性的作用,南北两地党委、政府及有关部门必须从组织体制和制度入手建立起长效机制。在组织体制方面,可以考虑成立由两地党委、政府领导及相关部门负责同志参加的南北挂钩合作协调委员会。该协调委员会的主要任务是研究决定南北挂钩合作工作中的重大事项,协调解决南北挂钩合作过程中的重要问题。成立这样一个委员会对南北挂钩工作的正常和持续开展是十分必要的。在合作挂钩的制度方面,重点要建立健全产业转移信息联系交流制度。由双方相关部门牵头,建立定期的联席会议制度。南北双方通过协调委员会共同组织相关企业开展合作对接、互访考察、座谈交流,及时发布双方企业投资意向、配套协作、资产重组、供地用工、市场贸易、合作项目等经济信息,共同做好合办招商活动、项目转移对接等工作。与此同时,还要形成完善人力资源交流与合作制度,通过信息网络实现双方人才资源共享,推进教育、卫生、文化等系统的人才培养,技术、科研、管理的合作与交流。要逐步完善市场运行机制,单纯建立在行政性推动基础上的南北挂钩合作机制,是不能持久和具有高效率的,必须强调各市场利益主体之间的合作伙伴关系。这种关系,主要是通过政策制定过程中的公众参与、各级政府部门之间的及时沟通、对各部门政策进行协调的机构、把民营企业作为地区经济发展的主体等方面来实现的。特别是要明确市场力量(或社会力量)

在南北合作中的主导地位，以推动苏北地区市场化程度的提高。

深化南北挂钩合作必须加快共建园区这一新平台建设。南北共建工业园区，是省委、省政府促进全省区域共同发展的重大战略举措，也是南北双方深化挂钩合作、推进产业转移的最佳载体。要迅速夯实载体基础。在前期基本完成"七通一平"的基础上，结合两地实际，从投资主体、融资形式、运作方式等方面拓宽资金渠道，加快共建园区标准型厂房、污水处理系统等配套设施建设步伐，进一步提升园区的项目承载力。要迅速形成共建合力。南北合作共建工业园区是一项全新的事物，工作量大，涉及面广，在发展过程中，会出现一些始料不及的事情，合作双方要不断加强沟通协调，可建立高层协调决策机制和工作层面的沟通联系机制，定期和及时地交流情况、研究工作、协调和解决新问题。要创新运行机制。灵活高效的机制是共建园区快速发展的法宝。要注重学习借鉴苏州各开发区先进管理经验和模式，将苏州"园区经验"注入共建园区建设发展过程之中，迅速建立适应市场经济规律、符合国际惯例的新型管理体制，不断在开发机制、投融资体制、经营模式、管理方式等方面走出新路。特别是在投融资方面，加强对共建园区建设投资主体多元化、融资形式多样化、运作方式市场化的投融资体制机制的研究和探索，从根本上解决园区建设发展中的资金需求。

深化南北挂钩合作必须以推进产业项目转移为重点。南北挂钩合作最重要的就是推进产业的转移，实现区域产业的战略大转移，一方面苏州地区要进行自身产业结构的大调整，向更高层次的高新技术产业转移，然后将一部分资源加工型、劳动密集型产业等传统产业让渡出来，鼓励、引导各类企业到苏北去经商办厂、投资兴业。要主动向宿迁介绍招商引资经验，主动把招商渠道推荐给宿迁，每年帮助挂钩地区引进一定数量的外资项目，这既能为苏州地区发展技术、资本密集型产业腾出空间，又能带动和推进宿迁工业化进程，从而实现南北优势互补、资源共享和区域共同发展。另一方面宿迁地区要主动跟进，向发达地区让出来的产业扩展，增强自己在传统产业中的竞争能力。坚持自主创新是做好产业承接的助力点。从长远看，欠发达地区的产业发展只有走自主创新的道路才有可能改变产业分工中处于价值链低端的不利地位。要在承接产业转移的同时，努力增强产业技术水平和自主创新能力，建立由企业为主导的产业创新体系，联合产业内的企业、科研院所、行业协会和政府组织，对产业共性技术进行合作研发，加速优势资源互补和技术在产业内的有效扩散。

深化南北挂钩合作必须进一步激发内生动力。单纯依靠政府间的推动，合作的领域、深度和实效是有一定局限性的。苏北经济在土地资源开发利用、农副产品种植收购、城市开发建设、服务业水平提高、产业梯度转移等方面有独特的优势，经济发展的不同层次，产业优势的差异，有利于两地优势互补，共同发展。当前，苏南一些企业本部设备更新换代，可利用原有设备到苏北办分厂，逐步扩大生产，提高技术含量。苏南餐饮服务业可以在苏北建立农副产品基地。宿豫有芦荟、金针菜、荷兰豆的种植，但没有相关深加工企业，如苏南相关的企业去收购，既解决了农民的销路，也找到了原料基地，这些都可谓"双赢"。实践证明，只有实现互动双赢的发展，不断激发双方合作的内生动力，才能实现南北合作帮扶的友谊之花长久盛开。

深化南北挂钩合作必须以致富群众为落脚点。南北挂钩合作的一个重要出发点就是推进苏南发达地区援助帮扶苏北地区，达到邓小平同志提出的先富帮后富，最终达到共同富裕的目标。因此，苏南地区必须在本地经济又好又快发展的基础上，拓宽合作领域，不断加大对苏北地区的援助帮扶力度，最终致富群众，推动地区经济真正走上快速发展的道路。因此，在南北挂钩合作中，无论是苏南的帮扶，还是苏北的策应，都应将致富群众作为出发点和落脚点。在帮扶合作的形式上进一步具体化。要在乡镇、部门对口帮扶的基础上，继续推进村村合作的模式，重点做好基层干部的交流与学习。一方面，对苏北乡村干部通过到苏南挂职等方式进行培训，使其积极解放思想，实现带领群众致富的目的。另一方面，鼓励苏南机关、乡村干部到苏北乡镇挂职，以增加了解，加深友谊，并对当地发展提出合理建议。在帮扶合作的内容上进一步深入。要继续加大村企挂钩帮扶力度，鼓励苏南的农业龙头企业、大型工业企业和苏北经济薄弱村进行对口帮扶。在公益事业、项目引进等方面给予支持。帮助薄弱村援建标准型厂房，使村集体有收入，从根本上迅速解决村级运转的问题。通过援建、引建和自建工业项目，帮助薄弱村逐步发展工业，不断壮大经济实力，让村民就近进厂务工，最终实现共同富裕的目的。支持农村经济发展。采取种、养、加工等多种形式，支持农村"能人"兴办经济实体，发展当地切实可行的产业，提高村民的生产经营和就业创业能力，加快脱贫致富步伐。继续帮扶特困人群，通过对农村贫困户和孤贫失学儿童进行资助，力争使农村贫困户的生产、生活条件不断得到改善。

深化南北挂钩合作必须进一步优化发展环境。良好的投资环境是增强承接产业转移的区域竞争力的重要抓手,从产业转移的趋势来看,外来资本在看重商业成本的同时更看重投资地产业投资整体环境所带来的好处。苏北地区要吸引更多的产业转移项目,就必须进一步优化发展环境。一要优化产业投资整体环境。进一步健全和完善市场经济体制,加大市场建设力度,充分发挥市场作用,降低企业的信息、融资、营销等环节的成本。围绕体现区域差别定位,加强特色招商,着力建设对产业、财政、金融、市场、人才等各种资源进行整合运作并加以科学配置后的综合产业投资环境。二要改善投资软环境。把软环境建设作为一项永不竣工的工程来抓,着力创造创业最宽松、社会最文明、人居最安全和低生产成本、低交易成本、低行政成本、低社会成本的"三最四低"的投资环境。三要提高政府服务效能。切实强化服务意识,提高政府服务效能,为企业提供完善便捷的服务和更多的资源。深化行政审批制度改革,提高行政效率,进一步放大吸引和集聚生产要素的"洼地效应"。四要提供最优的政策支持。宿迁要选派精干招商人员主动与苏州市有关部门接洽联系,了解熟悉苏州的企业情况,对有意向来宿投资的企业跟踪洽谈,并帮助企业做好前期市场调研等工作。根据每个企业具体情况,特别是投资规模大、科技含量高、带动力强的企业,采取"一事一议"工作机制,研究制定特殊的优惠政策,为全面承接苏州产业转移、更好地接受对口帮扶提供更优的载体和平台。五要加强干部的交流。一方面,从目前苏州所处的发展阶段来看,产业正转型升级,在大力发展技术、资本密集型产业,一部分资源加工型、劳动密集型产业需要向外地转移,尽管宿迁由于区位、交通等硬件设施优势不大,并不是苏州一些转移企业的首选之地,但是加大与苏州干部的交流力度,能充分发挥苏州和宿迁两地挂钩合作的桥梁纽带作用,使苏州的一些企业有一种人脉上的"认同感",认为企业的服务可以有充分保障,容易促进产业转移。另一方面,在工作中,能够让苏州地区成功的发展理念、发展思路与宿迁发展实际结合起来,使宿迁的发展有效地避免苏南地区走过的一些弯路。

(本课题系2009年度苏州市哲学社会科学研究立项资助课题,编号:09-B-37)

东西部扶贫协作机制研究

——以江苏省对口帮扶贵州铜仁市为例[1]

第一章 苏州市·铜仁市东西部对口帮扶的背景

一、国家开展东西部扶贫协作的背景

1978年,党的十一届三中全会做出了改革开放的伟大决策,中国的经济社会发展进入跨越阶段。但是,在经济总量不断扩大、综合国力不断提升的同时,区域经济发展失衡问题日益突显。在东部经济快速增长和社会进步的同时,西部地区的贫困却依然存在,东西部地区发展差距制约着中国经济社会的协调、健康、稳定和可持续发展,西部欠发达地区成为制约中国经济社会整体水平向更高水平提升的短板。从这一时期起,对口支援政策开始起步,东西部扶贫协作沿着改革开放的发展脚步不断进阶,实现了从单方面帮扶向双向合作、互利共赢的模式升级。

二、苏州市·铜仁市东西部扶贫协作的背景

长期以来,贵州一直是我国贫困人口最多、贫困面最大、贫困程度最深的欠发达省份之一。资源条件差、发展底子薄、经济实力弱、人均收入低等问题突显。2013年2月,国务院办公厅发布《关于开展对口帮扶贵州工作的指导意见》,确定由辽宁、上海、江苏、浙江、山东、广东等6个省(直辖市)的8个城市,分别对口帮扶贵州的8个市(州),具体为上海市

---

[1] 作者陈世海,系政协张家港市委员会党组成员、市委宣传部副部长、市文体广电和旅游局党委书记;中共沿河土家族自治县委常委、县政府党组成员、副县长(挂职),江苏省对口帮扶贵州省铜仁市工作队沿河土家族自治县工作组组长,江苏省张家港市对口帮扶贵州省沿河土家族自治县工作组党支部书记。作者黄建浩,系张家港市政府办党组成员、副主任;沿河土家族自治县政府办党组成员、副主任,县扶贫办党组成员、副主任(挂职)。作者黄丹,系张家港市文体广电和旅游局办公室科员。

对口帮扶遵义市，大连市对口帮扶六盘水市，苏州市对口帮扶铜仁市，杭州市对口帮扶黔东南州，宁波市对口帮扶黔西南州，青岛市对口帮扶安顺市，广州市对口帮扶黔南州，深圳市对口帮扶毕节市。自此，苏州与铜仁东西部扶贫协作关系正式建立。

按照中央和江苏省委的统一部署，苏州承担的扶贫协作和对口支援任务涉及6个省（市）、7个地级市（州）、16个县（市、区）。对口帮扶铜仁市脱贫攻坚是苏州的重点任务，要帮助铜仁市到2020年现行标准下贫困人口实现脱贫、贫困县全部摘帽、解决区域性整体贫困的目标。

第二章 苏州市·铜仁市东西部对口帮扶的主要成效

根据国务院办公厅《关于开展对口帮扶贵州工作的指导意见》文件精神，苏州10个县（市、区）与铜仁10个县（区）"一对一"结对，分别为昆山市结对碧江区、高新区结对万山区、苏州工业园区结对松桃苗族自治县、太仓市结对玉屏侗族自治县、姑苏区结对江口县、相城区结对石阡县、吴江区结对印江土家族苗族自治县、常熟市结对思南县、吴中区结对德江县、张家港市结对沿河土家族自治县。

据统计，截至2018年年底，铜仁市累计减贫132.77万人，贫困发生率从2013年的30.72%下降至4.4%（表2-1）。

表2-1 苏州市·铜仁市东西部对口帮扶的主要成效（2013年年底至2018年年底）

时间	铜仁市贫困县数量/个	铜仁市贫困村数量/个	铜仁市贫困人口数量/万人（建档立卡）	铜仁市贫困发生率/%
2013年年底	10	—	149.33	30.72
2014年年底	10	—	93.27	24.78
2015年年底	10	1 620	60.92	15.54
2016年年底	10	1 461	45.66	11.46
2017年年底	10	942	32.72	8.41
2018年年底	6	389	16.56	4.40

六年来，在江苏、贵州两省党委、政府的高度重视下，苏、铜两地高层互动频繁，交流交往日益升温，在多个领域广泛开展务实合作，取得了

显著成效。

一是人才交流程度深。双方扎实开展党政干部双向挂职，2018 年互派挂职干部共计 295 人次，互派专业技术人才交流（含教师、医生等）1 955 人次。从 2017 年 9 月起，铜仁市每年选派 100 名青年干部到苏州市进行为期半年的挂职锻炼。两地教育、医疗、农业系统多次互派专业技术人才开展交流。

二是项目帮扶力度大。苏州市累计投入财政帮扶资金超过 5 亿元，先后实施美丽乡村、教育医疗、园区建设、产业发展、劳务协作、人才培训等六大类帮扶项目。2018 年通过实施东西部扶贫协作项目 244 个，帮助 6.95 万建档立卡贫困人口脱贫。帮扶项目中，基础设施建设投入 4 569.3 万元，产业开发投入 2.35 亿元，劳务协作投入 1 350.27 万元，教育医疗投入 5 937 万元。

三是产业合作成效好。截至 2019 年 6 月，苏州·铜仁共建园区累计入驻企业 201 家，其中苏州企业 16 家，规模以上工业企业 87 家，2019 年 1 月—5 月完成工业产值 48 亿元，实现工业税收 5.9 亿元。同时，援建扶贫车间 13 个，吸纳就业 429 人，其中建档立卡贫困人口 133 人。着力拓宽"沿货出山""铜货入苏"渠道，在苏州及相关市（区）举办铜仁农产品展销、展示活动，大力宣传推荐"梵净山珍·健康养生"铜仁特色优质产品。苏州各市（区）累计设立铜仁各对口帮扶区（县）农特产品展示中心或窗口 15 个（其中线上 4 个）；组织苏州经销商在贫困乡村建立合作和订单生产基地 23 个。全年通过采购，销售结对地区农特产品金额 1.59 亿元，带动贫困人口脱贫 6 040 人。

四是劳务协作推进快。苏州帮扶建成铜仁·苏州人力资源市场，"苏州铜仁就业创业培训远程课堂""苏州铜仁远程视频招聘平台""苏州铜仁人才科技培训远程课堂"三个平台顺利启用。2018 年，共举办培训班 99 期，开展贫困人口就业培训 5 107 人。苏州市科沃斯机器人、江苏恒力化纤等 9 家知名企业与铜仁 4 所高校、5 所职校签署了校企合作协议，仁宝电子科技（昆山）有限公司、纬创资通、江苏东渡纺织集团等优质企业与铜仁 6 所职校合作开办"昆山班""东渡纺织班"。研究制定了《铜仁市建档立卡贫困劳动力到苏州市稳定就业补助办法》，帮助建档立卡贫困户实现就近就业 10 664 人。

五是结对帮扶范围广。苏、铜两市"携手奔小康"行动持续深化，并不断向基层延伸。自 2017 年以来，苏、铜两地互派 1 295 批近 1.4 万人次开展交流考察，各结对市（区、县）主要负责同志每年均开展互访。在苏州市 10 个县级市（区）与铜仁市 10 个区（县）"一对一"结对的基础上，苏州市 98 个经济强镇、206 个村（社区、协会）、188 家企业，以及 323 所学校、70 所医院与铜仁市 116 个贫困乡镇、423 个贫困村（含铜仁全市 319 个深度贫困村）、509 所学校、163 所医院建立了结对帮扶关系。张家港市善港村与沿河土家族自治县高峰村"整村推进结对帮扶"帮扶模式在铜仁市推广。

第三章 苏州市·铜仁市东西部对口帮扶的主要做法

自结对以来，苏、铜两地瞄准铜仁深度贫困县、深度贫困乡镇、极贫村、建档立卡贫困人口四大群体精准扶贫，在组织领导、人才交流、资金投入、产业合作、劳务协作、携手奔小康等六个方面全面精准发力，提高两地扶贫协作工作实效。

一、组织领导方面

通过加强党政调研对接[1]、高层联席会议商定重大事项、运用专题会议研究解决整体推进策略等工作方法，创新东西部扶贫协作工作思路、方式，切实发挥各级党委、政府组织保障作用。

（一）高度重视，东西部扶贫协作组织基础强大

1. 高层协作推动，达成帮扶共识。苏州和铜仁两市党委、政府高度重视对口帮扶工作，双方人员多次开展互访，共商合作事宜，相继签订《苏州市人民政府　铜仁市人民政府　东西部协作和对口帮扶合作框架协议（2016—2020 年）》《苏州·铜仁教育对口帮扶合作协议（2016—2020年）》《苏州·铜仁农业对口帮扶合作协议（2016—2020 年）》等。苏州方面出台《苏州对口帮扶铜仁工作五年规划（2016—2020 年）》《苏州·铜仁对口帮扶工作座谈会会议纪要》《苏州市对口帮扶铜仁市"三百工程"医疗卫生工作实施方案》《苏州对口帮扶铜仁"新三百工程"——百位艺

---

[1]《苏州·铜仁对口帮扶工作座谈会会议纪要》（专议〔2017〕1 号）明确"每年党政主要领导要至少互访一次，确定帮扶重点，研究部署和协调推进对口帮扶工作"。

家帮扶铜仁工作方案（2017—2020年）》《2017年苏州市对口帮扶铜仁市工作要点》等协议、方案、文件，进一步明确帮扶项目、责任单位和考核办法，确保了对口帮扶各项工作落到实处、见到实效。铜仁方面出台《中共铜仁市委办公室、铜仁市人民政府办公室印发〈关于进一步加强苏州对口帮扶助推铜仁脱贫攻坚工作方案〉的通知》《中共铜仁市委办公室、铜仁市人民政府办公室印发〈关于积极主动对接苏州扎实落实对口帮扶重点工作实施意见〉的通知》等系列文件。

2. 落实规划引领，编制协作规划。2016年3月，苏州政府办印发《苏州对口帮扶铜仁工作五年规划（2016—2020年）》，要求各地、各部门认真组织实施，并报国家发改委和国务院扶贫办备案。为保障五年帮扶计划的顺利开展，计划安排22 169万元帮扶资金[1]，专项用于示范项目建设。

2016年全国东西部扶贫协作座谈会后，江苏省根据中央关于对口扶贫协作的决策部署，研究制定了《关于深入推进东西部扶贫协作工作的实施意见》（苏办发〔2016〕55号），决定2016年安排铜仁市扶贫协作资金增加到5 000万元，2017年增加到8 000万元，在此基础上，2018年及以后按照江苏省财政资金收入情况建立增长机制。据此测算，5年合计为37 000万元，比原规划的总资金22 169万元，增加14 831万元。

2017年年初，苏州市会同铜仁市对《苏州对口帮扶铜仁工作五年规划（2016—2020年）》进行修编，对资金增量部分落实精准扶贫、精准脱贫的要求。经两市职能部门及江苏省对口帮扶铜仁市工作队商议，拟以铜仁各县（区、高新区、开发区）贫困人口为参考基数，坚持以贫困村为重点、精准到户到人，以建档立卡贫困人口数为主要安排依据，结合《苏州对口帮扶铜仁工作五年规划（2016—2020年）》中已安排对口帮扶资金情况，兼顾县区间平衡，按因素分配法安排到铜仁市各县（区、高新区、开发区）。同时对"携手奔小康"的重点县（区）松桃县、思南县进行了适当倾斜，实现全市各县（区、高新区、开发区）江苏（苏州）对口帮扶资金和项目全覆盖。原则上不安排教育、科学、文化、卫生、医疗、社保等社会事业支出项目，以及扶贫效益不显著的基础设施和公共设施项目。

该次增补部分资金项目编制，两地职能部门及苏州对口帮扶铜仁工作

---

[1] 帮扶资金的安排建议根据国办发〔2013〕11号文件确定。2013年对口帮扶资金确定为3 000万元，并形成递增机制。2013年至2015年省财政按年均8%增长比例安排资金，以此为测算基数，2016年至2020年分别为3 779万元、4 081万元、4 408万元、4 760万元、5 141万元，合计为22 169万元。

队会同铜仁相关部门，对受援地各县（区、高新区、开发区）上报的增补项目，采取实地论证，领导协调小组初步讨论筛选，受援地市政府分管领导、市政府主要领导、市委主要领导亲自把关的程序，最终确定项目的增补内容。苏州所辖各市区与结对县区均制定了"十三五"规划。

2018年，为深化推进东西部扶贫协作工作，江苏苏州增加了扶贫协作资金支持力度，安排资金 37 079 万元，比 2017 年递增 244%。2019 年，安排资金 55 383.5 万元（截至 2019 年 7 月），助力铜仁市脱贫攻坚。

3. 制订年度计划，逐步推进落实。苏州市先后制定印发了《苏州市对口帮扶铜仁市 2017 年工作要点》《2018 年苏州市对口帮扶铜仁市工作要点》《2019 年度苏州市东西部扶贫协作工作要点》，对当年度苏州市对口帮扶铜仁市工作做出了安排，明确了年度对口帮扶的工作指导思想和主要目标。要点充分征求了苏州各市（区）、各相关部门的意见并设立督查机制。苏州所辖各市（区）皆制订了年度的工作计划。铜仁市制定了《铜仁市东西部扶贫协作三年行动计划（2018—2020 年）》《铜仁市 2019 年东西部扶贫协作工作要点》《铜仁市扶贫开发领导小组东西部扶贫协作专责小组成员单位扶贫协作工作责任清单》。

（二）组织得力，东西部扶贫协作机制健全

1. 领导机构健全。苏州方面，专门成立了苏州市对口扶贫协作领导小组，由市政府常务副市长任组长，成员由市委、市政府和 24 个相关部门单位的领导组成，承担全市的对口扶贫协作的组织领导职能。办公室设在苏州市发改委，具体负责牵头组织协调苏州市东西部扶贫协作的日常工作。铜仁方面，专门设立了铜仁市东西部扶贫协作工作领导小组，由市委书记、市委副书记任双组长，市四套班子相关人员和市直部门负责人分别任副组长和成员，下设办公室在市扶贫开发办公室。

2. 联席会议职能充分发挥。建立高层联席会议制度，《苏州·铜仁对口帮扶工作座谈会会议纪要》（专议〔2017〕1 号）明确"每年党政主要领导要至少互访一次，确定帮扶重点，研究部署和协调推进对口帮扶工作"。两市通过联席会议，重点研究解决规划编制、资金支持、产业发展、园区共建、经济协作、干部交流、人员培训、劳务合作等重大事项，加强部门之间的协调配合，统筹协调各有关单位职责分工，做好分类指导、总体规划、任务承办和监督落实，切实推进对口帮扶工作。

3. 工作机构健全，人员配置到位。苏州方面，明确苏州市对口扶贫协作领导小组办公室设在市发改委，印发《苏州市发展和改革委员会主要职责内设机构和人员编制规定》（苏府办〔2010〕108号），明确规定由市发改委统筹协调苏州市与其他地区的经济协作，负责组织全市对口支援、南北挂钩、援建协调等工作；参与东西部扶贫协作和与省内外对口市际间合作交流的有关工作等；内设机构是经济协作办公室，下设处室为经济协作处（对口支援处），编制人数为6人。铜仁方面，在市级及所辖10个区（县）全面建立东西部扶贫协作工作机构，机构均设于各级扶贫部门（表3-1）。组建铜仁市东西部扶贫协作工作专班，工作专班设在市扶贫开发办公室，由市东西部扶贫协作工作领导小组14个成员单位、受帮扶10个区（县）相关人员组成，分为综合协调、产业合作、项目资金、人才交流培训、劳务输出协作、民生帮扶、社会动员7个小组，共24人，其中区（县）10人集中在市扶贫开发办公室办公，全力确保专班工作不流于形式，实打实地开展各项工作。

表3-1 铜仁市东西部扶贫协作工作机构及文件名称

序号	层级分类	市县名称	文件名称
1	市级层面	铜仁市	《关于设立铜仁市扶贫开发办公室东西部扶贫协作科的批复》（铜市机编办〔2017〕196号）
2	区（县）层面	碧江区	《关于铜仁市碧江区扶贫开发办公室增设内设机构的批复》（碧编办〔2017〕35号）
3		万山区	《关于设立铜仁市万山区东西部对口协作办公室的通知》（万机编办〔2017〕52号）
4		松桃苗族自治县	《关于设立县扶贫开发办公室内设机构东西部扶贫协作股的通知》（松桃编〔2017〕56号）
5		玉屏侗族自治县	《关于玉屏侗族自治县扶贫开发办公室增设内设机构并增加事业编制的批复》（玉机编办〔2017〕52号）
6		江口县	《关于成立江口县东西部扶贫协作服务中心的通知》（江机编办〔2017〕43号）
7		石阡县	《关于石阡县扶贫开发办公室增设内设股室东西部协作股的通知》（石机编办〔2017〕57号）
8		印江土家族苗族自治县	《关于明确县扶贫开发办公室领导职数及增加内设机构和事业编制的批复》（印机编〔2017〕11号）

续表

序号	层级分类	市县名称	文件名称
9	区（县）层面	思南县	《关于增设思南县扶贫开发办公室事业编制和内设机构的批复》（思编办字〔2017〕86号）
10		德江县	《关于增加德江县扶贫开发办公室事业编制和内设机构的批复》（德机编办〔2017〕48号）
11		沿河土家族自治县	《关于沿河土家族自治县扶贫开发办公室增设内设机构的通知》（沿机编办发〔2017〕41号）

二、人才交流方面

开创并不断巩固人才、教育、科技、文化、卫生、旅游相结合的工作格局，通过互派挂职干部、推进"五个一百工程"（每年各100名教师、医生、艺术家、导游走进铜仁）、落实江苏省对口支援办支医、支教和支农"三支"组团式专技人才交流工作和农村致富带头人培训等方式，提升东西部对口帮扶扶贫与扶智内涵，为履行好帮扶责任打造人才支援新亮点。2018年，两地互派挂职干部共计295人次，专业人才双方交流1 585人次，党政干部培训2 708人次，创业致富带头人培训1 159人，创业成功382人，输出技术32项。

（一）紧贴受援地发展需求，加大干部人才培训力度

发挥苏州人才智力和干部教育培训优势，坚持用人主体组织、人才参与、形式多样的交流培训活动，为铜仁提供智力支撑和人才保障。

1. 坚持互派干部挂职。苏州方面，共派遣24名干部赴铜仁挂职，其中1名厅级干部、12名处级干部和11名科级干部。明确岗位职责分工，厅级干部作为援铜工作领队并挂任市委常委、副市长，处级干部主要在贫困区（县）党委、政府挂职，科级干部一般挂任贫困区（县）扶贫办副主任，均明确主要分管联系扶贫开发工作，主抓东西部扶贫协作工作。铜仁方面，每年组织选派优秀党政年轻干部赴苏州市挂职锻炼，其中县处级干部分赴苏州市有关开发区（高新区）挂任管委会副主任，学习苏州投资融资、招商引资、企业服务与激励、效能管理、园区景区开发建设等方面的先进经验和理念；组织后备干部在苏州市委党校完成培训并分派到具体单位培训锻炼。

2. 探索选派干部参加培训锻炼工作。采取"集中培训+跟班锻炼+调研总结"方式,从2017年9月起,每年选派两批、每批50名优秀年轻干部到苏州市培训锻炼。每批培训锻炼4个月,到2020年共计将完成300名干部的选派培训锻炼。选派干部参加培训锻炼工作采取主体培训与专题培训相结合、理论培训与挂职锻炼相结合、"请进来"与"走出去"相结合等方式,重点抓好各级党政干部、创新创业人才、公共服务领域人才三支队伍的培训,全面提高受援地干部促进发展、如期脱贫的能力水平。

3. 加大经济人才培训工作。苏州方面,立足增强铜仁市内生动力,依托苏州市企业和高层次人才创新创业基地,为铜仁市培养懂经营、善管理的企业家和企业高级管理人员队伍。结合民生需求培训公共服务等重点领域人才,通过技能培训、网络培训,以及支教、支医、支农等多种途径和方式,为铜仁市培养更多的科技、教育、医疗等领域的实用型人才。指导帮助铜仁市制定优惠政策,营造良好环境,改变当地人才外流的现状,并积极帮助从外地引进急需专业人才。

(二)全力实施"五个一百工程",提升专业人才帮扶的工作力度

根据两市协议,苏州市每年组织100名教师、100名医生、100名教授、100名艺术家、100家旅行社(导游)走进铜仁开展交流活动,进行"传帮带",铜仁市每年选派一批教育、卫生、科技、文化、社会人才到东部交流学习。

1. 进一步加大教育帮扶力度。根据苏州市教育局与铜仁市教育局对口帮扶合作协议和《苏州·铜仁中小学(幼儿园)教育对口帮扶合作实施方案》精神,两地持续推进对口帮扶系列工作。2017年,苏州教育开展对口支援铜仁项目45个,其中援助资金40万元,捐款捐物计63.78万元。2018年,新增结对帮扶学校10所,结对学校总数达到122所;苏州选派239名一线教育工作者到铜仁支教,铜仁组织392名教育人才赴苏培训交流。

2. 进一步加大卫生帮扶力度。建立对口支援关系,确保铜仁各县医院有一所苏州三级医院为对口帮扶医院,重点提升县级医院服务能力。在对口医院的全力帮扶下,铜仁各县医院医疗新技术,特别是神经外科、泌尿外科微创手术、介入治疗等取得突破性进展,急重症救治水平明显提升。石阡县人民医院在苏州大学附属第一医院的支持下,顺利通过三级医院评审,成为铜仁市第一所县级三级医院。

3. 进一步加大科技人才帮扶力度。开展"苏州百名教授专家铜仁行活动",由苏州市科协具体承担。建设帮扶专家库,共同组织开发建设"智缘

桥·山水情"网站和微信公众号,搭建两地人才长期交流平台,深入推进两地各有关部门和地区在技术、人才、项目等方面的交流合作,形成苏州教授专家服务铜仁各地各行业的常态化、长效化工作机制,推动两地科技人才交流,促进对口项目合作,实现资源共享互赢。通过项目化方式开展精准对接。

4. 进一步加大文化事业帮扶力度。研究制定《苏州对口帮扶铜仁"新三百工程"——百位艺术家帮扶铜仁工作方案(2017—2020 年)》,明确在此期间每年组织 3 次交流活动,3 年内组织百名艺术家、艺术工作者、群文工作者、工艺美术大师按专门门类分批次赴铜仁开展现场教学、专题培训、座谈讲座、研讨展示等形式多样的实地帮扶。通过实地帮扶、"结对子、种文化",以及送演出、送展览等系列活动的开展,苏州与铜仁进行了充分的、全方位的交流和学习,丰富铜仁当地市民的文化生活,推动文化艺术门类工作的创作和推广,拉动和促进两市乃至更大范围内文化工作的繁荣发展。

5. 进一步加大旅游帮扶力度。苏州各市(区)对铜仁对口县(区)开展旅游系列帮扶与交流活动。苏州百名导游与铜仁百名导游开展"一对一"业务交流活动,相互切磋业务知识,交流工作经验,提升导服技能,塑造文明形象。以"多彩贵州、桃源铜仁"为主题,组织开发面向苏州市民的精品旅游线路。铜仁市与同程旅游签订《2018 铜仁市旅游发展委员会·同程旅游"新旅游"战略合作框架协议》,在旅游产业投融资、平台搭建、产品宣传推广、产品研发等方面进行全面合作。苏州市邀请业内专家赴铜仁市分批举办旅游行业管理人员培训班,重点结合铜仁市旅游业发展实际,分享从业经验,积极为铜仁旅游转型升级出谋划策。指导并协助做好铜仁梵净山景区创 AAAAA 级景区工作。加强对铜仁旅游产品的宣传与推广,重点委托同程旅游开展"多彩贵州、桃源铜仁"精品线路产品的推广与宣传。

三、资金投入方面

(一)资金及时到位,财政资金投入翻倍

2013 年,国务院明确每个对口贵州的城市,年度对口帮扶资金不少于 3 000 万元,且每年递增 8%。苏州市 2013 年安排资金 3 000 万元,2014 年安排资金 3 240 万元,递增 8%;2015 年安排资金 3 499 万元,递增 8%;

2016年安排资金5 000万元,递增43%;2017年安排资金10 786万元,递增116%;2018年安排资金37 079万元,递增244%。如表3-2所示。

表3-2 苏州安排对口帮扶贵州资金情况

时间	苏州安排对口帮扶贵州资金/万元	比上年同期增加/%
2013	3 000	—
2014	3 240	8
2015	3 499	8
2016	5 000	43
2017	10 786	116
2018	37 079	244

(二)资金安排突出向深度贫困倾斜

江苏省根据中央关于对口扶贫协作的决策部署,决定自2016年起增加对铜仁市扶贫协作资金。据测算,5年合计为37 000万元,比原计划增加了14 831万元,坚持以铜仁各县(区、高新区、开发区)贫困村为重点,精准到户到人。以建档立卡贫困人口数为主要安排依据,结合《苏州对口帮扶铜仁工作五年规划(2016—2020年)》中已安排对口帮扶资金情况,兼顾县区间平衡,财政资金按照各县区贫困人口数量进行均衡分配,基本用于特困群众的生活和社会保障。2018年,根据2017年年底江苏省审计厅对2016—2017年实施的帮扶项目审计情况,完成问题整改。会同铜仁市扶贫办开展2018年拟实施项目评估和新增资金项目甄选,对资金使用效益低、与贫困户利益联结机制不明显的项目予以调整。当年度3.7亿元财政帮扶资金中,有3.14亿元用于县以下基层,当年使用比例达96.3%,共实施了美丽乡村、共建产业园区、农业产业化、教育医疗、人才培养、劳务协作等方面帮扶项目244个,有效带动6.95万名建档立卡贫困人口脱贫(其中,贫困残疾人脱贫4 160人)。

四、产业合作方面

苏州市位于江苏省东南部、长江三角洲中部,东临上海,南接浙江,西抱太湖,北依长江。下辖四市六区,全市面积8 657.32平方千米。2013

年实现地区生产总值 13 015.7 亿元。铜仁市位于贵州省东北部，武陵山区腹地，东临湖南省怀化市，北与重庆市接壤。下辖八县两区，全市面积 1.8 万平方千米。2013 年实现地区生产总值 535.22 亿元。

近年来，苏州市农业质量效益优化提升、工业经济不断增量提质、现代服务业快速发展、新兴动能产业持续壮大、供给侧结构性改革取得实效。出于完善产业规划、加快产业结构调整、培育产业发展新优势、构建现代产业体系等方面考量，苏州市将推动部分劳动密集型产业、资源密集型产业等不适合在当地发展或在苏州市场不再具备优势的产业加快产业调整或向外转移。这些产业或者出于减少劳动成本、扩大规模、开辟新市场等考虑，都成为苏州产业转移的主力军（图 3-1）。而铜仁市生态优质资源丰富、综合生产成本低、区位优势明显、政策红利持续释放（图 3-2）。这些比较优势都是推动铜仁市承接苏州产业转移的力量。

因此，自两地开展对口帮扶以来，就围绕产业转移和承接开展了一系列工作，推动一批产业园区建成，推动一批既符合东部转移需求，又符合铜仁产业发展规划的企业到铜投资。主要做法可总结为"六个坚持"。

图 3-1　苏州市行政区划及产业结构

图 3-2　铜仁市行政区划

坚持项目带动，精准帮扶取得新进展。2017 年年底，铜仁市共有 32.72 万建档立卡贫困人口，2018 年通过实施东西部扶贫协作项目 244 个，帮助 6.95 万建档立卡贫困人口脱贫，其中贫困残疾人脱贫 4 160 人。帮扶项目中，基础设施建设投入 4 569.3 万元，其中安全饮水 865.3 万元、贫困户住房 1 570 万元；教育医疗投入 5 937 万元，其中，乡镇（村）学校（含幼儿园）4 所，资助贫困学生 12 047 人，建贫困村卫生室、乡镇（村）养老院 10 所。

坚持园区建设，内生动力取得新发展。两地于 2015 年 5 月签订《铜仁市·苏州市共建产业园区框架合作协议》，挂牌成立铜仁·苏州产业园，规划面积 46 平方千米，现入驻企业 201 户，其中规模以上工业企业 87 家，初步形成了特色食品、医药用品、轻工用品、大数据产品四大支柱产业。国家开发银行苏州分行与昆山高新集团有限公司签订了《铜仁·苏州产业园区建设扶贫合作备忘录》，授信 20 亿元用于共建园区建设。2018 年，为加快推进园区共建全覆盖，积极争取苏黔两省政府支持，将铜仁·苏州产业园上升为省级层面战略合作共建园区。牵头制定《铜仁市人民政府关于支持铜仁·苏州产业园核心区建设的若干意见》，推动以碧江区和昆山市为主体，深入开展铜仁·苏州产业园共建（由昆山高新集团出资成立公司，承担铜仁·苏州产业园 6.2 平方千米核心区规划设计、开发建设和招商引资工作）。2018年实现共建产业园区12个，引进企业30家，完成投资额42.68亿元。

坚持精准招商，承接产业取得新成效。铜仁市抓住东部地区产业优化升级转移的历史机遇，先后出台《关于促进消费增长的实施意见》（铜府办〔2017〕21号）、《铜仁市创新农产品产销对接机制提高产业扶贫精准度和实效性实施方案》（铜府办〔2017〕157号）、《关于落实2017"贵有真情·感恩有你"〈多彩贵州风〉对口帮扶城市优惠政策的通知》（铜旅通〔2017〕14号）、《关于引进苏州等东部地区企业及关联企业来铜投资优惠政策》等多项优惠政策吸引东部产业转移，同时，苏州市积极组织企业来铜考察，菲力生物科技、正能电气设备生产、苗益健医药、鲥鱼养殖示范基地、沿河寻梦之旅绿色生态旅游等一批项目已落地。

坚持农业合作，铜货出山取得新成绩。一是建立农产品产销对接机制，出台《铜仁市创新农产品产销对接机制提高产业扶贫精准度和实效性实施方案》（铜府办〔2017〕157号），签订多个产销对接协议，在苏州建设"铜仁市优质农产品苏州推广中心"和"铜仁梵净山茶推广中心"。通过"梵净山珍"集中推介（铜仁农产品交易会）与日常宣传（苏州推广中心的促销推广），拉近苏州市民与铜仁农产品的距离，助推"梵净山珍·风行苏州"。二是创新铜仁"梵净山珍·健康养生"农产品推介工作和营销模式，与苏州农发集团合作建设"梵净山珍"精品馆，在苏州各市（区）设立铜仁农特产品展示中心或窗口，以苏州市场为目标市场，建立一批直销苏州的铜仁特色农产品生产基地，确保销售额年增长率在10%以上。

坚持旅游协作，乡村建设取得新成果。苏州方面，在2016年开展"百家旅行社进铜仁"活动的基础上，2017年开展"苏州—铜仁旅游'1123'对口帮扶系列活动"，即举办1届铜仁文化旅游推介会、开发1条"多彩贵州、桃源铜仁"旅游精品线路、开展"千人游梵净山""苏州—铜仁百名导游结对帮扶"2项活动和组织3轮旅游培训，为当地发展全域旅游起到很好的推进作用。铜仁方面，先后在苏州举办了"美丽梵净山·铜仁过大年"、"铜仁生态美，梵净天下灵"、铜仁·苏州文化旅游活动周等旅游资源及产品推介活动，与苏州多家旅游企业签订了战略合作协议，其中梵净山景区与苏州市拙政园景区开展了"联谊结盟"，在拙政园设立了铜仁文化旅游推广中心，有效助推两市文化旅游合作发展，为铜仁带来新的经济增长点。

坚持拓宽合作，金融发展取得新进步。2016年，东吴证券与铜仁市达成战略合作协议，为铜仁在资本市场发展方面提供全方位金融服务。2017

年,为铜仁市九龙地矿投资开发有限责任公司和水务投资有限责任公司分别发行10亿元绿色企业债券和10亿元债券融资,指导贵州铜仁玉安爆破工程股份有限公司在新三板挂牌。2018年,苏州金融租赁股份有限公司与贵州乌江投资发展有限责任公司签订了1.5亿元的融资租赁合作框架协议,助推沿河旅游业发展,资金已到位。

五、劳务协作方面

互设市县两级劳务协作工作站,2018年为铜仁5 107名贫困人员提供就业技能培训,14家苏州企业与铜仁职校开展校企合作,10 470名贫困人口实现就业脱贫。

建立健全劳务协作"四个机制"。包括政策保障机制、责任落实机制、互访对接机制、工作推进机制。苏州市出台《关于做好东西部扶贫协作劳务协作结对帮扶工作的通知》(苏人保就〔2017〕29号),作为全市各级人社部门推进扶贫协作劳务协作结对帮扶工作的指导性文件。结合人社部门工作特点,在劳务协作方面采用"两级对口、责任到县(市、区)"原则,既发挥了苏州市级层面在对口帮扶劳务协作工作中统筹协调的作用,又体现了各地人社部门在劳务协作方面的不同特点和优势。苏州各级人社部门将对口帮扶劳务协作工作纳入全年人社工作计划,市人社局成立主要领导任组长,分管领导任副组长,涉及的相关部门负责人为成员的对口帮扶劳务协作扶贫工作领导小组。明确各县(市、区)帮扶工作的责任和目标,结合当地地域特征、产业特点等,在对口劳务协作方面发挥其主观能动性,形成市、县(市、区)上下联动、合力推进的良好工作局面。

合作共建扶贫协作"三个平台"。包括人力资源市场平台、就业能力提升平台和劳务信息对接平台,努力精准施策。共建"苏州·铜仁人力资源市场",合力建设"苏州·铜仁人力资源能力提升中心",苏州市定期收集各类优质企业的就业岗位信息,并根据铜仁市劳动力资源的求职意愿、就业能力等特征,有针对性地进行筛选后推荐给铜仁,由其进行岗位发布,自发或有组织来苏就业,有效拓宽铜仁市贫困劳动力就业渠道。

扎实推进扶贫协作"四个计划"。包括就业帮扶计划、校企合作计划、服务支持计划、技能提升计划,突出实干导向。根据对口地区劳动力资源特征、求职意愿等,苏州市各级人社部门组织优质企业赴对口地区举办各类招聘专场。发挥特色地区优势,探索实施校企合作新模式。推动仁宝电子科技（昆山）有限公司、纬创资通（昆山）有限公司与铜仁职业技术学院等6所当地院校合作开办"昆山班"，开展定向培养，同时开设用工直招点，高效推进劳务协作。太仓市、吴江区、吴中区、相城区分别与对口地区签订劳务协作战略合作框架协议等，利用人力资源服务行业协会、产业园及技职院校、职业培训实训基地等资源优势，发挥其"造血"功能，把劳务输出与技能型人才储备结合起来，推动两地合作机构共谋发展，促进优秀技能人才反哺家乡。以交流提升对口帮扶地区劳务协作等就业工作效能为目的，有计划、有步骤地开展相关服务支持工作。强化与铜仁市的沟通联系，选派师资或者优质学校赴铜仁开展苏州·铜仁职业技能培训，建立两市劳务输出技能提升培训计划，按照实际需求培训铜仁劳动力并输入苏州就业。

结合两地实际，不断探索劳务协作路径。建立健全苏州铜仁劳务协作机制，搭建两地劳务供需交流平台，畅通两地劳务输出渠道，促进铜仁市贫困劳动力到苏州就业创业。一是建立就业岗位供需信息交流平台，及时交流苏州市企业就业岗位需求信息和铜仁市农村劳动力资源信息，实现劳动力资源信息共享，建立劳务协作对接长效机制。二是以"春风行动""高校毕业生就业援助月""民营企业招聘周"等就业专项服务活动为载体，每年争取苏州市组织优质企业来铜举办1~2场就业现场招聘会，为铜仁农村劳动力到苏州就业搭建面对面的交流平台。三是共建"苏州·铜仁创业孵化基地"和铜仁市人力资源市场，让有创业意愿人士得到全方位创业培训、创业指导、自主创业孵化服务，为城乡劳动力和企业搭建长期稳定的沟通平台。四是加强职业技能培训协作。依托两地现有培训资源，根据苏州企业的用工需求和铜仁产业发展的实际需要，加强订单、定向职业技能培训力度，为苏州企业用工和铜仁市产业发展定向、"订单式"培养一批具有一定专业技能水平的就业型技能人才。五是加强两地劳务市场化运作，积极推进两地人力资源市场、人力资源服务企业和人力资源中介服务机构间的交流与合作，将苏州逐步培育成为铜仁市农村劳动力转移就业的重要输出基地，不断促进铜仁市农村劳动力的长期性、有序化转移。

六、"携手奔小康"持续深化，结对帮扶有力

为贯彻落实中央扶贫开发工作会议和东西部扶贫协作座谈会精神，着力推动县与县精准对接，国务院扶贫办在2016年扶贫日活动期间正式启动

"携手奔小康"行动,明确苏州结对 13 个贫困县,是党中央、国务院安排给江苏、苏州的政治任务,是实施精准扶贫、精准脱贫的新举措,是深化细化东西部扶贫协作的新方式。苏、铜两市 1 001 批 11 870 人次互访,苏州市 96 个镇、240 个村、221 所学校、48 所医院与铜仁市 116 个乡镇、302 个贫困村(深度贫困村 270 个)、219 所学校和 48 所医院结对帮扶。

(一)苏州市实现县与县"一对一"全覆盖结对帮扶

苏州市所辖 10 个市(区),结对帮扶 13 个贫困县(市、区)(另外 3 个是陕西周至县、新疆阿图什市、西藏林周县),帮扶率 130%。苏州所辖各市区的主要负责同志到贫困县调研对接为 100%。调研对接围绕协调推进组织领导、人才支援、资金支持、产业合作、劳务协作、携手奔小康等各项工作,以及商定受援县、区脱贫攻坚需要援助方助力的事宜,协商解决工作中的难点和弱项,全面有效地推进县区结对帮扶工作;苏州市各板块的教育、卫生、文广新、旅游、科协等分别与受援县区进行对接,签订相应的扶贫协作的协议,并在工作中不断寻找合作的有效路径,助力贫困县的脱贫攻坚工作。

(二)政府发文明确乡镇结对任务,不断探索向深度贫困乡镇和村倾斜的路径

为贯彻落实中央扶贫开发工作会议和东西部扶贫协作座谈会精神,根据国务院扶贫开发领导小组印发《东西部扶贫协作考核办法(试行)》(国开发〔2017〕6 号)部署和省对口支援办公室印发《关于深化结对帮扶实施"携手奔小康"行动的通知》(苏对口支援办发〔2017〕26 号)要求,苏州市积极创新探索乡镇结对帮扶模式,所辖 10 个市(区)均安排乡镇与结对的 13 个贫困县(市、区)的乡镇开展乡镇结对帮扶工作。截至 2019 年 6 月,苏州市各县级市(区)所有乡镇(街道、开发区),以及 206 个村(社区、协会)、188 家企业,与铜仁市 116 个乡镇、423 个贫困村(其中深度贫困村 319 个)结成扶贫协作关系。

第四章 苏州市·铜仁市东西部对口帮扶的成功经验

苏州市对口帮扶铜仁市扶贫协作加快了贫困地区脱贫致富的步伐,促进了民族团结和社会进步,激发了铜仁市干部群众的思想观念的转变,实现了铜仁市教育、医疗、卫生、文化条件的转变,带动了铜仁市生产方式的转变。总的来说,形成了"九条经验"。

一、党委、政府主导是东西部扶贫协作健康发展的重要保证

扶贫工作是一项系统工程，非市场或者社会可以独立完成。党委、政府主导，担起"总设计师"身份，做好"舵手"，能更好指引经济巨轮前进方向，更充分发挥好政治制度优势。

苏铜党政领导高度重视并积极推进扶贫协作工作，两地坚持"政府推动、项目带动、产业互动、区域联动"的发展方针，多次开展互访，共商合作事宜，把苏州资本、技术、市场等优势和铜仁资源、生态、劳动力等优势相结合，全方位、宽领域、多层次推动两地园区共建与产业转移、农产品供销、旅游互动、人才交流培训、劳务协作、教育医疗等多方面合作，取得了积极成效。可见始终坚持党政推动对全力深化合作交流的重要意义。

打好打赢深度贫困地区脱贫攻坚战，必须始终坚持党对脱贫攻坚的领导，充分发挥中国特色社会主义政治制度的巨大优势，集中优势兵力打攻坚战。各级党委坚持把脱贫攻坚作为头等大事和第一民生工程。发挥检查督查制度的利器作用，实施最严格的考核评估制度。集中力量重点解决深度贫困地区的基础设施、公共服务及基本医疗保障的问题。坚持因地制宜，突出分类施策。对居住在自然条件特别恶劣地区的群众加大易地扶贫搬迁力度；对生态环境脆弱的禁止开发区和限制开发区群众增加护林员等公益岗位；对因病致贫群众加大医疗救助、临时救助、慈善救助等帮扶力度；对无法依靠产业扶持和就业帮助脱贫的家庭实行政策性保障兜底。强化驻村帮扶，加强基层组织建设，下大力气培育贫困村创业致富带头人。

二、因地制宜"突出重点、狠抓难点"是东西部扶贫协作的有效方法

铜仁市走了一条符合地方特色的路子。在扶贫攻坚中，铜仁市积极向上争取。2018 年获批省扶贫产业子基金项目 119 个、95.46 亿元，到位资金38.5 亿元，完成目标全省第一。同时，积极推动多个领域的改革发展，重点推进了乡镇房屋产权交易，土地流转、农村土地确权颁证和抵押贷款、农民资金互助合作社等试点，激活了农村生产要素；着力推进城乡统筹发展，创新行政区划管理、城市基层管理体制、公共服务社会化外包等改革；同时在人才引进、金融改革方面先行先试，大胆创新。加强跨区域协作，

则是铜仁扶贫攻坚取得效果的另一条成功经验。铜仁与湘西、怀化、渝东南等周边地区建立多边联席会议制度，协调区域内重点项目建设，取得了明显成效。面对脱贫攻坚工作存在困难和问题，铜仁通过争取项目落地、先行先试、跨区域合作等措施，加快扶贫攻坚。

一是始终坚持项目带动，全力落实精准帮扶。自2017年以来，共落实帮扶资金10.2亿元，帮助铜仁实施美丽乡村、教育扶持、园区共建、农业发展、劳务协作、人才培训等帮扶项目656个，通过与贫困群众建立利益联结机制，最大限度发挥了财政帮扶资金的撬动作用，带动了28.7万建档立卡贫困人口增收。

二是始终坚持产业互动，全力促进经贸合作。全力推进农业产业合作，积极开展苏州招商推介活动和产销对接洽谈会，双方签订了共建茶叶、山羊供销基地的协议，苏州聚鑫堂生物科技有限公司与贵州思南经济开发区签订了中药材加工项目，碧江区、松桃苗族自治县引进冠玉枇杷种植、鲟鱼养殖等现代农业项目。全力推进工业产业合作，重点抓好"铜仁·苏州产业园"建设，按照"项目支撑、资源共享、优势互补、互利共赢"的原则，推动了一批智能终端、医药健康、节能环保等新兴产业项目落户共建产业园区。全力推进文化旅游合作，两地旅游主管部门、旅游协会分别签署了合作框架协议，梳理了两地在宣传、客源互送等方面的合作方向，为两地旅游企业的深度合作创造良好的政策环境。全力推进金融帮扶合作，苏州市的东吴证券与铜仁市签署全面战略合作协议，充分利用其服务资源和产品优势，为铜仁市辖区内企业提供资产证券化、股权融资、债券融资、产业基金、并购重组、新三板挂牌等全方位的金融创新服务，东吴证券铜仁营业部于2017年6月23日开业。铜仁市扶贫办、国开行贵州分行与苏州市发改委、国开行苏州分行签订金融扶贫合作协议。

三是始终坚持多层联动，全力抓好结对帮扶。自东西部扶贫协作座谈会召开以来，两地的县（市、区）及相关职能部门来往频繁，有力促进了苏铜两地的政治、经济、社会的发展。组织开展了苏州市100名教师、100名医生、100名教授、100名艺术家、100家旅行社（100名导游）进铜仁活动，以讲座、论坛、采风、技术指导、专题培训、专家会诊、结对帮扶等方式，选派759位专业技术人才到铜仁开展专业技术人才支援帮扶，推动了铜仁教育、卫生、旅游、农业、工业等各行各业人才队伍建设。

三、开发式扶贫是东西部扶贫协作成功的重要基石

开发式扶贫是我国政府确立的推进扶贫开发事业不断前进的一项基本方针，其要义是鼓励与帮助贫困地区、贫困人口通过发展生产、增强自我发展能力解决生存和温饱问题，进而脱贫致富，核心理念是通过发展特别是自我发展解决贫困问题，促进共同富裕。

开发式扶贫，一是开发当地资源的"资源"，已不仅仅局限于贫困地区的自然资源，还包括人文资源和人力资源，尤其是人力资源开发在开发式扶贫中显得尤为重要；二是对自然资源的开发已不是传统意义上的最大限度开发，而是适度开发与合理利用，并特别强调资源的保护和永续利用，强调扶贫开发与生态建设、环境保护相结合；三是贫困农户发展商品生产、增加收入的渠道不断拓宽，已不仅仅局限于种植业、养殖业，还包括农村第二、第三产业（旅游服务业等），已不仅仅局限于本地开发，还包括易地开发、搬迁扶贫，以及进城务工经商、迁入小城镇定居就业等；四是开发式扶贫已不仅仅是从促进经济发展的角度来定义，推进贫困地区社会发展和基本公共服务均等化也成为应有之义，以加强扶贫对象能力建设的科技、教育、文化、卫生、人口素质、社区参与等社会事业，成为开发式扶贫的重要内容；五是扶贫开发与社会保障制度有效衔接战略思想的提出，标志着我国农村扶贫开发进入"两轮驱动"的新阶段。

开发式扶贫方针是我国扶贫开发实践创新、理论创新和制度创新的结晶，是改革开放以来我国扶贫开发成功实践充分证明了的、符合中国基本国情的一项基本方针，并得到国际社会和众多发展中国家的高度评价与赞誉。毫无疑问，开发式扶贫方针必将在不断充实和完善的基础上长期坚持下去。

四、搭建贫困地区的经济支柱是东西部扶贫协作的核心

要打赢脱贫攻坚战，让贫困人口和贫困地区同全国一道进入全面小康社会，就要使扶贫从"输血式"向"造血式"转变，从"分点式"向"区块式"转变。根据苏州·铜仁经验，以合理的产业链为基础进行集中式区块扶贫，进而进行产业扶贫、就业扶贫、商贸扶贫，通过区块式扶贫辐射影响周边区域，从根本上解决持续脱贫难的问题，是一条行之有效的路径。

铜仁市《政府工作报告》显示，2018年是实体经济加快发展、质量效益明显提升的一年。铜仁市坚持以供给侧结构性改革为主线，优化产业结构，经济发展质量不断提高。三次产业结构由22.2∶28.8∶49调整为21.6∶28.2∶50.2。深入实施实体经济三年攻坚和产业大招商突破年行动，新能源新材料、智能终端、大数据等战略性新兴产业加速发展，梵能移动产业园、智能终端产业园、中伟锂电产业园建设有序推进，大龙开发区列入国家新型工业化产业示范基地。实施"千企改造"企业197户，完成投资145亿元。铜仁卷烟厂建成投产。"千企引进"成效显著，招商引资到位资金1 500.7亿元，完成目标任务131.41%，全省推进产业大招商现场经验交流会在铜仁召开。全市市场主体突破23.9万户，民营经济占比达到63%。数字经济势头强劲，实施"五个一"工程，科大讯飞、神州数码等大数据企业落地铜仁，新增大数据企业62家，增长39.2%。成功打造省级融合标杆项目6个，以铜仁案例为重要内容的人和数据大数据服务精准扶贫入选联合国计划开发署2018年可持续发展的五星推荐经典案例，山久长青"智慧营养餐"大数据监管平台及校农合作模式获联合国世界粮食计划署肯定。大数据运营中心（一期）初步建成，政府数据共享交换平台上线运行。全市完成软件和信息服务业营业收入2.6亿元，增长84%；电信业务总量164亿元，增长160%。碧江区、玉屏县获"中国电商百佳县"称号。现代农业加快发展，新晋国家级重点龙头企业1家，新认定省级重点龙头企业57家，新增农民专业合作社1 104家；新增省级农业园区9个，新增数量全省第1，全省山地生态畜牧业发展现场推进会在铜仁市召开，印江县食用菌裂变式发展获贵州省委书记孙志刚肯定性批示。全域旅游不断深化，"一带双核"项目有序推进，石阡温泉、万山朱砂古镇国家级服务业标准化试点工作进展顺利，德江陶缘水乡获批国家AAAA级景区，沿河南庄通过国家AAAA级景区质量评审。全市游客数和旅游收入分别增长48.1%、36.3%。成功举办数博会铜仁分论坛、市第七届旅发大会、水博会、抹茶文化节等活动，铜仁知名度、美誉度持续提升。

五、提高贫困人口的综合素质是东西部扶贫协作的关键

实现区域协调发展，如期完成脱贫攻坚任务，根本在人。在实施脱贫攻坚的过程中，必须牢固树立"扶贫先扶志"的理念，将教育扶贫、技能培训、人才交流等工作纳入其中，多措蓄才、多元育才、多方引才，为决

胜脱贫攻坚、实现全面小康奠定人才基础。

苏州市始终对铜仁市加大人才智力帮扶力度，不断满足铜仁市经济社会发展对人才和智力支持的需求；不断巩固人才、教育、科技、文化、卫生、旅游相结合的工作格局，全面提升对口帮扶铜仁市工作成效，使苏州市对口帮扶铜仁市工作更加符合中央要求、贴近铜仁需要、体现苏州特色，力争走在全国前列。通过实施"人民素质提升行动"，把科学文化技术、现代文明知识的普及推广作为斩断穷根的治本之策抓紧抓好；通过加强教师队伍建设，在全市形成善待教师、厚待教师、宽待教师的良好风气；通过加快职业教育发展，加快推进职普一体化、县市一体化、校企一体化的办学模式；通过加强技能培训，分类制订和实施技能培训计划，全面开展城乡青年知识和技能培训；通过提升群众文明素质，在广大群众中树立勤劳致富、科技兴业的思想，养成精打细算、勤俭持家的良好习惯，形成健康的生活方式；通过积极推广普通话，广大农村群众能听会说普通话，满足社会交往需要；通过完善公共文化服务体系，人民群众享有健康丰富的精神文化生活。

六、资金投入保证是东西部扶贫协作的必要保障

扶贫攻坚战中，资金投入是撬开贫困闸口的最有力杠杆，资金精准投入，能有效促进产出。在苏州·铜仁模式中，由国务院明确年度帮扶资金，在此基础上，省对口支援办又做了相应追加，6年来，苏州·铜仁对口帮扶资金超过4.3亿元，并突出向深度贫困地区倾斜，有力保障和推动了各项扶贫工作开展。

七、东西部扶贫协作必须把政府行为、市场行为、社会行为有机结合

2001年，国务院印发《中国农村扶贫开发纲要（2001—2010年）》，2011年，中共中央、国务院印发《中国农村扶贫开发纲要（2011—2020年）》，将扶贫协作由经济领域全面向社会领域拓展，东西部地区企业合作、项目援助、人才交流全面开展，政府引导、企业支撑、社会参与的多层次、全方位协作体系基本形成，东西部地区扶贫协作作为国家战略的社会性更加显现。在实际操作中，要使政府、市场、社会三把手发挥好力、

掌握好度，苏州·铜仁模式给出了新解答，即"政府推动、项目带动、产业互动、区域联动"，把苏州资本、技术、市场等优势，与铜仁资源、生态、劳动力等优势相结合，全方位、宽领域、多层次推动两地园区共建和产业发展，以持续增强"造血"机能和内生动力为目标，全方位推进产业扶贫和经济合作，效果瞩目。

八、东西部扶贫协作必须以市场为导向大力抓好农业综合开发

实施精准扶贫脱贫战略，"政府之手"仍然要发挥核心主导作用，但同时也要用好"市场之手"，让市场在扶贫资源配置中发挥越来越重要的作用。用好"市场之手"，要求市场力量不只是在政府搭建的平台上"唱戏"，还要参与搭建精准扶贫的平台，在带动贫困地区脱贫中扮演不可替代的重要角色。

精准扶贫脱贫，产业是核心，市场是关键。以特色产业，尤其是贫困偏远地区的绿色农业带动贫困地区就业创业，是因地制宜的好法子。苏州·铜仁模式中，紧紧抓住了特色农产品这一优势产业，推动特色农产品"出山"。充分发掘利用好铜仁市茶叶、水果、农副产品、旅游休闲等利好优势，组织市内各类企业、商会、协会到苏州参与对接，参加各类展销会、推介会、发展论坛，推进企业联姻发展，实现合作共赢。借东西部协作的东风，仿照"沙县小吃"商业模式扎实开展"铜货出山"行动，让绿色、鲜活农产品在苏进机关食堂、进院校、进企业、进宾馆，延伸至东部沿海地区。更多地与当地农业龙头企业、农村电商、产业扶贫项目积极对接，建立合作联盟，努力实现经济效应和扶贫效应的"双保障"。

九、东西部扶贫协作必须创造一个良好的政策环境和社会氛围

打赢脱贫攻坚战，需要依靠政府，尤其是顶层设计自上而下的灌溉效能，但仅仅依靠政府也是不够的。必须高度重视社会扶贫在大扶贫格局中的重要作用，进一步动员社会各方面力量参与扶贫开发，充分释放社会扶贫潜力。在苏州·铜仁模式中，政府积极培育多元社会扶贫主体，将民营企业、社会公益组织、非政府部门、个人等带动起来，一同参与到扶贫的

队伍中。通过搭建各类社会扶贫平台，优化社会扶贫资源配置。不断完善社会扶贫激励体系，让参与社会扶贫的各类主体政治上有荣誉、事业上有发展、社会上受尊重。营造社会扶贫浓厚氛围。发扬中华民族扶危济困的优良传统。大力弘扬中华优秀传统文化，传承和弘扬崇德向善、乐善好施的美德。加强国家扶贫日宣传，注重抓典型，形成示范引领效应。创新宣传方式，正确引导社会舆论，在全社会形成"人人皆能为、人人皆愿为、人人皆可为"的良好扶贫氛围。

第五章　苏州市·铜仁市东西部对口帮扶的不足

苏州市对口铜仁市的扶贫协作，由于开展时间尚短，扶贫任务较艰巨，因此仍存在不足。市场化水平有待进一步提高、扶贫协作程度有待进一步深化、各参与主体的积极性与主动性有待进一步提高、对政府引导的依赖性过强、保障机制制度创新不足等。

一、现实困境

（一）农村贫困人口居高不下

2012年，铜仁全市共有70.11万贫困人口，占全国农村贫困人口的7%。拥有7个国家扶贫开发工作重点县（1个国家级贫困县，即沿河土家族自治县；6个省级贫困县，即松桃苗族自治县、印江土家族苗族自治县、思南县、江口县、石阡县、德江县），125个重点贫困乡镇，1 781个重点贫困村，分别占全国贫困县、乡、村总数的70%、74%和60.5%。贫困发生率为38.75%，是全国的3.8倍。

截至2018年年底，铜仁市尚有贫困人口16.07万人，占全国贫困人口（1 660万人）的0.97%，贫困发生率为4.4%，是全国（1.7%）的2.6倍。总体来说，贫困人口数量依然较多，脱贫减贫加速不够。

（二）贫困地区基础设施依然薄弱

铜仁市位于贵州省东北部、武陵山区腹地，东临湖南凤凰，北接重庆秀山，南连本省黔东南州，西接本省遵义市，历史上的铜仁曾因水而兴，但陆路兴起水运阻隔后，铜仁逐渐被边缘化。不仅如此，铜仁是贵州省内距离省会城市最远的市，与邻近省市的长沙和重庆距离都在400千米以上，区位明显处于劣势。基础设施的公共属性决定了政府必须对基础设施进行必要的财政支持和公共投资。铜仁市2013年城镇化率是38%，要达到当时全国城镇化建设的平均水平53.73%，据初步测算资金缺口约为800亿元。然而，铜仁市经济不发达，财税收入少，财政收支缺口大，2013年铜仁市财政总收入77.41亿元，全年财政总支出296.77亿元，财政正常运转大量依靠中央财政转移支付，基础设施项目资金投入显著不足。随着多年的发展，铜仁市在农村基础设施建设上已取得了一定成就，然而当前的基础设施水平对于铜仁要高效优质完成脱贫的目标来说依旧有待提升。

（三）基本公共服务水平偏低

近年来，铜仁市致力在义务教育、社会保障、基本公共卫生服务、城镇保障性安居工程、农村危房改造等方面提高城镇基本公共服务水平，但公共文化服务、就业服务等方面仍然不能满足群众需要，尤其是公共文化服务方面。从城乡看，公共文化服务体系发展不均衡的态势尚未根本改观，公共文化资源在城乡之间、区域之间、群体之间仍存在配置不均衡的问题。从群体看，针对农民工、残疾人、老年人、未成年人等社会群体的公共文化服务严重不足，针对弱势群体公共文化服务方面的政策措施还不完善，保障还不到位。此外，以农业为支柱性产业导致岗位需求少，就业形势严峻，成熟劳动力向外地一、二线大城市流出居多。

（四）贫困村缺乏产业支撑

绝大多数贫困村地处边远山区，自然条件差，交通不便，远离中心市场，信息闭塞，长期处在自给自足的自然经济状态当中。这些地方群众市场竞争意识不强，生产技术水平低，生产方式仍以传统的粗放和分散经营为主，经济结构简单，基本上仍以小规模的"种"（粮）"养"（猪或鸡、鸭）为主，加之生产技术落后，导致收入来源渠道单一，往往入不敷出，绝大多数农户缺乏扩大再生产的必要积累，自我发展能力极弱。同时，贫困村中的青壮年基本外出务工，导致农村劳动力短缺，留守的老年人和妇女只能维持小规模的简单再生产，严重制约着现代农业的发展。此外，由于乡村级道路建设滞后，农村需要的农资等大宗物品难以运进去，有些地方即便农产品形成一定规模的也运不出来。这些因素的综合作用，导致贫困村难以形成具有竞争力的扶贫产业，农民增收状况不容乐观。

二、政府主导型扶贫协作存在的主要问题

近20年来我国东西部扶贫协作已由刚起步时东部单帮扶西部，拓展为

在对口帮扶框架下东西部"双向互动、共同发展、实现共赢",初步形成了政府、企业、社会组织和贫困农户多元参与的格局,极大地推动了民族地区的扶贫开发。但从各参与主体功能发挥的视角来分析,当下东西部扶贫协作以政府主导为主的格局基本上没有改变。随着我国扶贫攻坚的深入推进,政府主导型扶贫协作制度安排的弊端已逐步显现出来,综合起来主要有以下几个方面。

(一)扶贫协作各主体尚缺乏可持续性内在动力

东西部扶贫协作缺乏科学的顶层设计,扶贫协作缺乏内在驱动力。第一,合作双方缺乏经济利益驱动。我国省际对口支援起步于20世纪70年代末期,形成于90年代中期,发展于21世纪之初,这一制度安排的理论基础主要是邓小平改革开放初期提出的关于"两个大局"的思想。实践证明,这一制度对加强少数民族地区建设、加快贫困地区经济社会发展和促进区域协调发展都起到了积极的作用,充分体现了我国社会主义制度的优越性。但这一利他行为的对口帮扶之所以得以实施,其行为动机主要是基于政治考量的合作。其一,"一方有难、八方支援"是中华文化的传统价值理念,省与省之间出于爱或团结目的的相互支援有其深厚的文化土壤。其二,我国是单一制的社会主义国家,对口支援得以顺利实施最重要的制度约束。可见,这种制度框架下合作双方缺乏经济利益的驱动。这种"只付出而没有或很少获利"的帮扶行为,在短期内是可行的,但从长远来说是缺乏内在动力的。在我国,这一制度之所以能够持续十几二十年,主要是上述政治动机作用的发挥。虽然如今的扶贫协作早已不再是当年单方面的付出模式,但发达地区付出多、贫困地区付出少依旧是制约扶贫协作长远发展的一个不可忽视的问题。由于贫困地区可提供的农产品、旅游、文化等资源可替代性高、可获得途径多,使得帮扶实际所得远小于实际支出,所以对于苏州及其他相关的东部发达地区来说,在这样"入不敷出"的情况下,如何保持高度的扶贫动力依旧是一道有待解决的难题。第二,援助行为缺乏规范要求,制度刚性不足。尽管不同时期国家对东西部对口扶贫协作提出了不少要求,但这些要求大多比较模糊,刚性约束不足。比如,就财政资金的援助来说,是根据援助对象人数的多少、贫困程度来测算,还是根据支援省自身财力来确定并未明确,由于缺乏必要的规范,援助效果主要取决于援助行为主体的自觉性、主动性,援助主体自觉性高、主动性强,其效果就会好,反之则相反。

（二）政府大包大揽导致扶贫协作的效益还不高

以往扶贫工作大多是政府唱主角，无论是在政策支持、对象选择，还是在项目安排、资金投放等方面，"政府之手"都发挥着核心主导作用，扶贫工作的进展和成效，也主要体现为政府责任和地方政绩。从现有运行机制来看，尽管社会帮扶比例已经大大提升，但实际上从对口帮扶计划的制订、援助资金的调配到援助项目和援助对象的选择等，绝大多数情况下依旧是由合作双方地方政府一手包办的，这有其必然性和必要性，但也带来了以下问题。其一，因信息不对称，导致援助计划"失灵"。从近年的实践操作层面来看，援助计划一般由援助省与受援省的政府主管部门制订，这本无可厚非。但由于贫困面大、贫困人口众多、各县市的区域差异较大、致贫原因各异等原因，哪些援助是"雪中送炭"，哪些是"锦上添花"，无论是援助方还是受援方，都因没有足够的信息支撑而难以确定。笔者在调研中发现，推进扶贫开发示范村建设项目，多数都选择在交通干线周边的村，通过项目的实施，这些受援村面貌焕然一新，这当然也是应该的。但相对而言更边远的村庄，其基础设施等基本公共服务更差，反而没有得到相应的支援，这使有限的援助资金没有用到刀刃上。其二，项目实施的程序复杂，导致运行成本大大增加。一个项目的确定，往往需要从村到镇、从镇到县、从县到市，最后到省依次逐级申报、审核、批复，既增加了时间成本，更增加了协调的难度。加之实施过程中的透明度不高，项目的确定往往取决于政府有关部门的自由裁量权，真正急需援助的对象，往往面对纷繁复杂的项目程序望而却步，导致本应援助的反而得不到援助。其三，监督机制不健全，致使扶贫援助资源"跑冒滴漏"现象的发生。尽管近年来各级政府采取了项目公示制等强有力措施，加大对扶贫资源使用和管理的监督力度，但由于扶贫资金来源广、名目繁多，加之政府相关部门对扶贫资源的垄断地位一时难以改变，扶贫资源被挪用，乃至贪污等各种寻租行为在各地仍时有发生。而随着近年来社会帮扶的逐步兴起，社会爱心机构的扶贫收入与支出如何监管也成为新的问题。

（三）贫困农民主体性发挥不足，不同程度存在"援助依赖"现象

一些农村的贫困治理在不同程度上陷入了过度依赖外源性扶贫资源、内生发展动力不足的困境。而一些实现脱贫的农民也面临着一旦失去外源性支持就可能会返贫的情况。因而，如何重建贫困农民在贫困治理中的主体性，是当前"精准扶贫"战略下的农村贫困治理必须关注和解决的问题。

外部援助只有与提升内部贫困主体的能力相结合，才能发挥其最大效

益。从 20 世纪 80 年代初开始，我国就提出了扶贫开发要从"输血式"扶贫向"造血式"扶贫开发转变的要求，大力倡导参与式扶贫理念，动员广大贫困农民积极投身于我国扶贫开发的实践活动，极大调动了他们的积极性。然而，由于外部援助资源通过单一的渠道逐级向下配置现象的存在，贫困主体的自我需要（即他们对援助资源的自我选择和对项目的接纳程度）往往被忽视，导致外部援助力量难以通过内在动力转化为现实应有的帮扶效应，从而助长了"等靠要"等"援助依赖"现象的产生，形成上级给的项目不要白不要，至于项目是否成功他们并不太关心，有的地方还出现项目实施过程中不积极、不配合的状况。

（四）社会力量的作用没有得到有效发挥和利用

东部地区不仅有政府资源，还有大量的企业资源、社会组织资源，很多个人也希望去献爱心、做慈善，但是找不到对接点。帮扶省市要鼓励支持本行政区域内民营企业、社会组织、公民个人积极参与东西部扶贫协作和对口支援。充分利用全国扶贫日、中国社会扶贫网等平台，组织社会各界到西部地区开展捐资助学、慈善公益医疗救助、支医支教、社会工作、志愿服务等扶贫活动。实施社会工作专业人才服务贫困地区计划和扶贫志愿者行动计划，支持东部地区社会工作机构、志愿服务组织、社会工作者和志愿者结对帮扶西部贫困地区，为西部地区提供专业人才和服务保障。注重发挥军队和武警部队在西部贫困地区脱贫攻坚中的优势与积极作用，因地制宜做好帮扶工作。积极组织民营企业参与"万企帮万村"精准扶贫行动，与被帮扶地区贫困村开展结对帮扶。

第六章　苏州市·铜仁市东西部对口帮扶的对策建议

解决问题的关键在于改进东西部扶贫协作推进机制，建立科学的、符合新时期要求的东西部扶贫协作机制体系。具体为"三个关键、六条路径"。

一、东西部扶贫协作要做到"三个关键"

加强顶层设计。坚持各级党委、政府的总揽领导作用，将东西部协作工作纳入重要议事日程，科学编制年度工作计划，建立完善工作机制，强化被帮扶方的主体责任，为东西部协作有效推进提供政治保障。通过实施

"三个一"工作体系(建立一个完备的组织领导体系、构建一种多元的交流对接途径、健全一套科学的落实管理制度),有效推动东西部扶贫协作快速启动和稳步推进。成立对口帮扶工作领导小组,确立双方定期沟通对接和联席会议机制,形成领导层有压力、骨干层有实力、落实层有动力的组织体系;坚持党政主要领导互访抓对接、分管领导结合项目抓对接、职能部门分线合作抓对接,形成领导、部门、乡村、企业、科研机构、教育医疗单位"六位一体"的多元沟通交流体系;推进干部交流学习,制定相关规定,选派有经济工作经验、懂开放开发政策的干部到两地进行挂职交流学习。同时,建立项目资金规范使用制度,制定项目资金管理办法,明确项目谋划、报批、实施、管理、验收、资金拨付等环节需求,确保项目实现科学管理、安全运行、带动脱贫。

创新运作模式。一是创新园区共建模式。按照"项目支撑、资源共享、优势互补、互利共赢"的原则,搭建产业园产业转移平台,积极推动一批智能终端、医药健康、节能环保等新兴产业项目落户共建产业园区,初步构建以食品产业、医药用品产业、轻工用品产业、大数据产业为代表的产业体系,有力推动两地发展的"双赢"局面。二是创新劳务协作模式。两地人社部门按照建立一个机制(经常性对接互动机制)、共建两大平台(人力资源市场,就业信息交流发布平台)、实施三项计划(人才交流培养计划,就业技能提升计划,劳务输出计划)、联办一项活动(两地扶贫协作劳动力招聘会)的"1231"模式,着力推动两地劳务协作。三是创新合作办学模式。探索采取中职教育"2+1""1+2"合作办学新模式(在欠发达一方就读1年或2年,次年或第三年整体转入较发达一方就读),帮助贫困家庭子女掌握技能,实现毕业与就业的无缝对接,有效带动了贫困家庭脱贫致富。四是创新结对帮扶模式。探索两地在市县、乡镇、村村、村企、园区五个层面全面结对,开展全方位合作,落实"五位一体"全面结对帮扶新模式。五是创新旅游合作模式。推出旅游年卡,划定优惠景区,通过这种年卡带动方式,刺激两地旅游消费,拓展双方旅游市场,实现两地游客及景区企业双双"共赢",带动旅游经济的发展,促进脱贫攻坚。六是创新金融扶贫模式。发挥较发达一方金融优势,积极投身到扶贫协作工作中来,为欠发达一方在资本市场发展方面提供全方位金融服务。支持和鼓励东吴证券等苏州地方金融机构为铜仁地方政府、企事业单位提供金融产品与服务;引导驻苏州其他金融机构围绕产业转移、农业产业化、旅游文化、民生领域等方面在扶贫项目投融资上给予铜仁市重点支持,探索银政合作推进东西部扶贫协作新路径。

增加内生动力。真金白银只能解一时之急，一旦输血中断，就容易出现返贫现象。因此，在东西部扶贫协作的过程中，要从"输血式"扶贫向"造血式"扶贫转变。一是要提升产业发展能力。通过共建产业园区、做实产业帮扶，因村因户施策，到户到人帮扶，增强对口县域经济"造血功能"，集中力量发展深度产业合作，大力支持特色产业发展，更扎实、长效地推进受援地的经济社会发展，实现双方转型与发展的"双赢"。积极探索"互联网+"扶贫模式，帮助对口县域优质农产品拓展销路、助推精准扶贫。二是要强化干部能力培养。充分利用较发达一方在干部教育培训方面的优势，运用"集中培训+跟班锻炼+调研总结"的干部培训锻炼模式，每年选派青年优秀干部前来培训锻炼，进一步深刻领会当地的先进发展理念，近距离观察当地干部的工作作风和效能，充分认识当地经济社会发展的规律性，不断开阔对方年轻干部的视野，提升其理论业务素质。三是要做好青年教育。通过创新联合教育模式，增强贫困家庭子女个人素质和工作技能，提升其就业能力和创业能力，从而有效带动贫困家庭脱贫致富。

二、东西部扶贫协作要完善"六条路径"

优化产业结构，推动经济发展。抓好东西部扶贫协作机遇，深入研究对口帮扶双方城市在区位特征、资源禀赋、产业结构、市场互补、科技人才、政策支持等方面的优势和特点，围绕较发达一方产业发展现状、优势行业和企业发展形势，产业结构调整的重点企业、行业，以及需转移行业、企业的短板弱项及其需要的配套服务和产品，根据欠发达一方承接产业转移的优势和面临的困难，开展精准对接、精准招商，深化产业园区共建，着力打造布局合理、功能完备的东西部合作高端装备制造业基地，积极推动各结对区县之间探索合作共建产业园区或"区中园"，加快提升产业园区发展水平，提高自我"造血"能力。

强化公共支出，优化收入分配。保障好资金投入，加大厂房、道路等公共支出，不断完善基础设施建设，为经济发展提供硬件保障。强化资金支出的监督检查和绩效考核制度，确保公共支出的每一笔钱用在刀刃上，坚决杜绝贪污腐败等问题；确保每项支出都落地可见，用出实效。实施"精扶贷"项目，使贫困户通过入股园区保障性住房、基础设施等项目获得租金分红和工作岗位，帮助贫困户增收脱贫。

夯实基础设施，推进城镇化进程。要按照建设创新型城市的要求，突出规划特色，高标准设计城市，把自然山水、民族特色、地方特色和城市建设结合起来，以项目建设为抓手夯实跨越发展基础。要明确城市功能定位，优化城镇产业布局，盘活城镇土地资源，拓展城镇空间，提高城镇的产业容纳能力、就业吸纳能力、人口承载能力和综合竞争能力，坚决防止出现"城市贫民窟"现象。深入实施城镇化带动战略。对土地利用进行总体规划调整，实施棚户区改造、商品房去库存等，推动城市道路交通提升工程。加快完善交通体系、水利设施、能源保障、通信基础，扎实推进"千企改造"工程，推动高速公路、城际铁路、高铁、机场、水库、核电、天然气管道、光纤宽带等项目建设。

借力区域合作，融入对外开放。要借国家政策调整的东风，积极融入城市圈和经济带建设。通过构建现代立体综合交通体系，加快城市基础和服务设施建设，缩短各县区之间、欠发达地区与目标经济带主要城市群和城市圈之间的交通距离，也为欠发达地区大宗产品"走出去"提供先决条件。以优势自然资源为重点，加快产业升级和承接。特别要重视发挥矿产在工业发展中的重要作用，充分利用资源优势，延长产业链，加大与位于主要经济带上的钢铁企业的联系，深化合作。依托良好生态，积极发展特色产业。积极融入城市圈建设，积极参与目标经济带分工，主要参与城市群建设，抓住结构调整主方向，主动对接产业转移，筛选一批发展前景好、科技含量高、财税贡献大的项目落户园区延长产业链条。建立共同市场，通过市场机制的自发作用不断推动区域合作协作和产业对接，实现互利共赢，促进人员、资金、物流的互通有无和充分聚集，实现抱团式跨越发展。

加大教育帮扶力度，促进人力资源开发。签订教育对口帮扶合作协议，加强与对口帮扶合作单位、部门的工作衔接，组织干部进行挂职、跟岗学习、交流培训，提升欠发达一方教育工作者教学、教研专业水平，采取"集中培训+跟班锻炼+调研总结"干部培养模式，加强对培训锻炼人员的管理和考核。加大对农村致富带头人及基层干部的培训力度。同时，积极组织教育、卫生、科技、农业、旅游、文化等行业领域人才到较发达一方开展培训。以网络平台为载体，探索构建两地专家、高层次人才供需信息互通机制，推进就业平台建设，推动两地人才资源合理配置，促进两地人才智力科技合作不断深化，并定时举办两地招聘活动。

推进体制机制创新，提升市场化程度。坚持以市场为导向，因地制宜，走农业产业化的发展路子,是实现农业新跨越的必由之路。全区的种植业和养殖业,无论是生态畜牧业,还是生态茶、优质粮油、果蔬、中药材等特色种植业,都应该按照农业产业化模式来发展,有龙头企业进行深加工,有规模基地作为支撑,有经济组织作为纽带,产业链条完善,服务体系健全,市场占有率稳定。特别要发展人无我有、人有我优的特色农产品,打造一批具有竞争力的特色农产品品牌。

典型案例 1

张家港市、沿河土家族自治县智力帮扶推进东西部扶贫协作
——精准对接助脱贫　智志帮扶显成效

自 2017 年 3 月江苏省张家港市与贵州省沿河土家族自治县正式建立东西部扶贫协作对口帮扶关系以来，张、沿两地抢抓东西部扶贫协作重大机遇，广泛开展干部人才挂职、交流、培训，健康帮扶、教育帮扶、就业帮扶、人才帮扶工作都取得了明显成效。

做优"组团式"健康扶贫，提高医疗保障水平。一是完善帮扶机制，实现医疗结对帮扶全覆盖。张家港市卫健委与沿河土家族自治县卫健局签订"组团式"结对帮扶协议，沿河土家族自治县人民医院等 24 家基层医疗卫生单位与张家港市 11 家医疗卫生单位，通过"一对一""一对多""多对一"方式开展帮扶，在全国县域卫生健康系统率先实现县级医院、乡镇卫生院、公共卫生单位"三个全覆盖"结对帮扶。二是压紧压实责任，做亮"组团式"特色帮扶。以张家港市第一人民医院为牵头单位，重点帮扶沿河土家族自治县人民医院。选派一名主任医师担任沿河土家族自治县人民医院副院长，帮助沿河土家族自治县人民医院"解决一项医疗急需、突破一个薄弱环节、带出一支技术团队、新增一个服务项目"，确保对口帮扶工作落到实处。三是加强挂职交流，全方位扩大帮扶成果。到目前，张家港市卫健委先后选派了 8 批次共 38 人涉及心内科、影像科等 10 多个专业的医疗骨干赴沿河开展驻地医疗帮扶，开展心脏起搏器置入、胃肠镜下息肉摘除等新技术新项目 37 项。

做强"交互式"教育扶贫，提升教育事业水平。一是完善帮扶机制，率先实现教育帮扶全覆盖。两地教育局签订"对口帮扶合作协议"，确定由沿河土家族自治县 88 所中小学校、幼儿园与张家港市 62 所中小学校、幼儿园学校结成一对一帮扶学校，在全国县域教育系统率先实现各个乡镇、各类学校、各个学段"三个全覆盖"结对帮扶。明确以江苏省张家港中等专业学校为牵头单位对沿河中等职业学校开展"组团式"帮扶。二是积极推进支教工作，充分发挥示范引领作用。张家港已选派各学段教学骨干、教

育系统中青年干部共计50名骨干教师来沿河开展送教送培活动，有效提升了当地教师的教学技能和专业素养。三是精准帮扶职业教育，着力促进职教健康发展。建立中职联合办学机制，在张家港市建立中职学校实训基地。加强校企对接，在沿河职校设立张家港"东渡纺织班"。沙洲职业工学院在沿河开展"3个1"（招收1名学生、推荐1名学生家长在张家港就业、带动1户贫困户家庭脱贫）招生，正式录取沿河籍考生214名（其中建档立卡贫困家庭学生102名），贵州其他地区考生6名。2018年、2019年共设立500万元专项资助金，减轻学生就学负担。2020年，沙洲职业工学院申请在贵州省投放招生计划从300人增加至400人。

做精"订单式"就业扶贫，实现劳务协作无缝对接。一是精准建立劳务协作对接机制。两地人社局签订对口劳务合作协议，共同成立了全国县级首家东西部劳务协作服务站。结对帮扶以来，张家港与沿河进行了12次对接互访，为精准扶贫打下坚实基础。二是精准组织"订单式"招聘。两地人社局在全县范围内为张家港企业精心组织"订单式"招聘。两年来到张家港就业务工铜仁籍人员共681人（建档立卡人员208人），其中沿河籍人员379人（建档立卡人员174人）。三是精准开启"订单式"培训。精准组织校企合作，促成东渡纺织集团、张家港市高级技工学校等4家企业（学校）与沿河中等职业学校签订合作协议。2018年，沿河中等职业学校首批103名学生，已经结束在东渡纺织集团的实习，有9人留张就业，2019年的实习正在组织中。张家港市人社局还通过"以工引工"的形式，吸引沿河籍务工人员来张就业，2019年已有40人主动到张家港就业。

做深"立体式"人才扶贫，促进干部人才培养交流。一是创新推进干部双向挂职培训。张家港、沿河两地签订《干部人才交流培训及就业保障百千万工作协议》，加大人才的交流培养。沿河共已组织59名干部到张家港挂职学习，张家港组织400余名干部在沿河党建、行政、教育、医疗等领域以挂职锻炼的方式对沿河开展帮扶。结对以来，张家港已帮助沿河培训党政干部、技术型人才等各类人才1 649人。张、沿两地干部双向挂职培训交流力度在全国东西部扶贫协作县（市）中居于领先地位。二是全面开展贫困村致富带头人创业培训。张家港善港农村干部学院组织开展了苏州·铜仁贫困村创业致富带头人培训班，铜仁市共有1 134人参加了培训，其中，沿河土家族自治县共有336名致富带头人培育班学员学成结业。目前已有部分致富带头人成功创业，其中新景镇姚溪村全村15位致富带头人组建"沿河姚溪志飞茶叶农民专业合作社"，种植茶叶共7 000多亩。三是不断加大专业技术人才交流。在教育方面，除教师支教交流外，张家港市教师发展中心组织12名职业学校骨干教师赴沿河中等职业学校开展送培活动；沿河土家族自治县教育局安排20名骨干教师、基础教育管理干部、财务人员等赴张家港交流学习。在医疗方面，张家港市红十字会为沿河土家族自治县红十字会开展应急救护培训，先后派员帮助沿河开展10场应急救护培训，共培训1 000人，开沿河土家族自治县应急救护培训之先河。沿河土家族自治县人民医院安排94人到张家港市进修1~6个月。在农业技术方面，张家港市蔬菜办、林业站、畜牧兽医站派出相关6名7人次行业专家开展技术帮扶，为沿河土家族自治县50名贫困劳动力开展了现场培训。两地农业、科技部门共同在沿河土家族自治县中界镇高峰村挂牌成立"张家港·沿河农业科技示范基地"。

典型案例 2

张家港市杨舍镇善港村对口帮扶
沿河土家族自治县中界镇高峰村
——率先在全国实践"整村推进结对帮扶"新模式

贵州省铜仁市沿河土家族自治县中界镇高峰村是国家级一类贫困村，是全省 50 个深度贫困村之一，共 147 户 561 人，其中建档立卡贫困户有 50 户 195 人，贫困发生率为 34.76%。2014—2018 年共脱贫 24 户 100 人，现有未脱贫户 26 户 95 人，贫困发生率为 16.93%，2019 年计划脱贫 21 户 88 人，贫困发生率降到 1.42%，计划 2019 年出列。

按照中央精准扶贫和东西部扶贫协作工作要求，在全国东西部扶贫协作"携手奔小康"行动中，江苏省张家港市杨舍镇善港村与高峰村签订"整村推进帮扶"协议书，率先探索实践村村结对的"整村推进结对帮扶"新模式，全面对标乡村振兴战略布局要求，在脱贫攻坚战中精准发力，以高质量脱贫攻坚助力实现乡村全面振兴，推动形成可推广、可复制的深度贫困村精准脱贫的善港高峰村村结对的"善登高峰"范例。自 2018 年 4 月以来，善港村已派出驻高峰村精准扶贫工作队 6 批共 90 余人次，脱贫攻坚工作取得显著成效。

新思想引领新作为，提高政治站位把准正确方向。善港村驻村工作队把党的建设作为做好脱贫攻坚事业的前提和基础来抓。一是思想引领。扶贫必须先"扶心"，驻村工作队以习近平新时代中国特色社会主义思想为引领，深入学习贯彻落实党的十九大精神和习近平脱贫攻坚重要指示精神，坚持入户送思想、田地送政策，让党的先进思想理论全覆盖、高收效，让新思想内化于心、外化于行，让人民在各项事业中始终听党话、跟党走。二是支部引领。善港村驻村工作队临时党支部与高峰村党支部开展"支部联建"，规范组织生活，"两学一做"学习教育制度化常态化，打造"党员之家"，通过"重温誓词""共唱红歌""书记宣讲""党员交流"等多种形式，唤起党员初心，切实提升高峰村党支部凝聚力战斗力。三是党员引领。党员是党的事业的核心力量，善港村驻村工作队千方百计调动党员积极性，让党员冲锋在脱贫攻坚和乡村振兴一线。发挥党员中心户作用，以"小家"聚"大家"；发展培育了罗绪辉、罗时高等一批创业致富带头人，他们放弃在外优厚收入，带领家乡人民创业致富；党员干部主动"让出一亩三分地"，在政府没有给付任何补偿的情况下顺利完成了主干道修建土地征收任务。

新文化焕发新面貌，加强教育引领筑牢思想根基。文化是脱贫攻坚和乡村振兴的重要支撑力量。一是探索建立首个新时代文明实践站。在全县率先探索建设村级文明实践站，为百姓提供理论宣讲、教育、文化、科技科普、健身体育五大类服务，启动新建高峰村党群服务中心，融合办公、教育培训、休闲娱乐、医疗卫生、乡特产品展卖等功能于一体，把服务送到百姓家门口。二是深入挖掘土家族文化。以罗氏族谱等历史文化为切入点，广泛开展好家风好家训宣传，有效引导群众讲礼仪，知廉耻，规范言行。成立金钱杆土家舞蹈队，保护土家族原始建筑，尊重土家族风俗，提升群众文化认同感、接受度。三是创新文化服务。从留守儿童入手，开设周末辅导班、假期兴趣培育班，成立儿童演出队，自2018年3月至今共开展辅导班88期、兴趣培育班4期，开展各类文体活动30余场。充分关爱老年人群体，开展共度新年等人文关怀活动10余次。

新风尚彰显新气象，坚持乡村治理营造良好环境。充分利用善港村在探索村民自治工作上取得成效的优势，深入推进高峰村村民自治工作。一是实施精准惠民工程。借鉴善港经验，成立了"善扶康"医疗互助项目，组织注册贵州善登高峰公益基金，启动资金10万元。为高峰村老百姓提供第二医保，有效减轻贫困群众医疗负担。二是深入推进环境整治。广泛宣传"绿水青山就是金山银山"等发展理念，善港村驻村工作队和高峰村"两委"划分责任区，带头搞集中环境整治，带动村民主动配合、主动参与。全村配备了环保设施设备，垃圾定时清运处理，现在干净整洁已经成为高峰村常态。三是持续推进移风易俗。深入整治农村婚丧嫁娶大操大办、结婚大要彩礼、喝酒赌博成风的落后风气，利用广场舞、观看主旋律电影等新活动引导群众摒弃不良习惯和风俗。同时，为群众提供技能培训机会和务工岗位，让老百姓的"冬闲"变"冬忙"。开展文明家庭、党员示范户评选活动，形成争先比先的好风气。四是深化群众共商共建。以前的高峰村群众是"各人自扫门前雪"。善港村驻村工作队充分调动群众参与村务管理、建言献策积极性，村"两委"全年收到群众意见建议上百条，有机产业园建设、党群服务中心建设等村内大事大项都充分吸收采纳了群众建议。

新产业孕育新希望，注重长短结合助农增收致富。把产业作为脱贫攻坚和乡村振兴的重头戏来抓。一是现代化建设。善港村驻村工作队邀请著名农业专家、善港现代农业首席顾问赵亚夫等农业专家和南京农业大学、湖南大学等科研院所，规划建设高峰村"一水一场两园三业"产业布局，高峰有机产业园计划总投资500万元、一期二期已经完成建设投产，生态茶叶公园计划总投资650万元，并且已开工建设，引进种植日本红美人橘子、阳光玫瑰葡萄等高端品种20余个。建设生态养殖基地，项目计划投资220万元。二是专业化运营。村集体探索注册农业公司，厘清村"两委"与集体企业关系，聘用专业人员负责管理。建成后的有机农业产业园、茶叶公园和生态养殖场项目均交由农业公司负责运营。在这种模式下，公司以市场需求为导向，确定发展灵芝、果树、优质蔬菜等高端产业项目。三是体系化管理。在善港村的大力扶持下，公司主要专业技术人员和管理人员均由善港村农业公司选派，无偿提供技术支持，最大限度降低经营风险，最大程度提升管理水平。现有5名农业技术人员中2人具有研究生学历，2人具有10年以上工作经验。在高峰村农业公司务工的均为高峰村村民，月最高收入超过2 000元，已成功培育出高峰村创业致富带头人8名，预计年可带动增收30万元以上。四是品牌化销售。品牌就是附加值。善港村驻村工作队为高峰村农业注册产品商标，紧抓供给侧结构改革机遇，实现优质优价并扩大销售范围。有机农业产业园均为有机种植和养殖，正在筹备申请有机认证，争取在两年内建设成为知名度高的扶贫品牌。例如，2018年有机农业产业园试种的有机黄瓜以每斤高于市场价1元销售，有机草莓以最高价100元、平均价40元采摘销售，深受消费者欢迎，供不应求。

长江有情，张家港和沿河手挽手，肩并肩，传递信任和友谊；乌江有爱，善港村和高峰村同呼吸，共命运，播撒成功与希望。面对高峰村的困境，善港村正将善作善成、善登高峰的"善为文化"与高峰村的脱贫目标有机结合，凝结成"善登高峰"的精神，共同谱写东西扶贫协作新篇章。

典型案例 3

铜仁·苏州"三机制" 打造苏铜协作示范园区

自苏铜扶贫协作以来，苏州市和铜仁市抢抓对口帮扶契机，以产业为纽带，深化结对帮扶内涵，与铜仁共建铜仁·苏州产业园，不断创新务实合作、发展经营和利益均衡机制，走出了一条多方共赢的发展新路。

创新合作机制建设园区。一是建立多边协调机构。实行联合协调理事会、双边工作委员会、园区管委会三级管理模式。联合协调理事会为园区最高决策协调机构，由两市党政主要领导共同主持，负责协调解决有关开发建设方向、目标、政策等方面的重大问题；双边工作委员会由两市分管副市长牵头，昆山市和碧江区主要领导主抓，负责研究解决园区建设的重大问题，审议各项决策的落实和执行情况；园区管委会主要负责征地拆迁、公共基础设施配套、社会管理等工作，苏州有关方主要负责策划、规划、建设，园区股份开发公司负责投资。二是搭建双边协作平台。出台《铜仁·苏州产业园体制改革方案》，明确共建园区干部管理、事权范围、行政审批、融资主导等事项。两地企业由铜仁市纬源投资发展有限公司和苏州苏高新集团有限公司共同出资组建铜仁·苏州产业园投融资平台，负责园区火车货运站、燃气管网、自来水厂、污水管网、土地开发等相关项目投资、开发和运营。三是夯实共同制度基石。在市级层面，铜仁出台多个制度方案，签订多项帮扶合作框架协议，明确对口帮扶重点和方向。在区级层面，出台《铜仁·苏州产业园合作共建工作实施细则》《碧江经济开发区（铜仁·苏州产业园）体制机制改革方案》，把共建园区的合作内容固化为制度，促进园区规范化、集约化、长效化发展。

创新服务机制激活园区。一是合力招商引企业。成立铜仁·苏州产业园开发建设办公室，负责协调长三角经济区招商引资、乡镇联络、产业转移等工作；成立碧江驻昆山联络办公室及铜仁·苏州产业园招商集团，负责招商项目联络、协调和帮办工作。建立定期走访和招商引资定期交流制度，两地分管领导亲自对接重点招商引资项目。二是政策优惠待企业。出台《铜仁·苏州产业园招商引资优惠政策》，对苏州市转移到共建园区的产业、企业给予政策优惠；建立领导带头招商，包干服务重点项目、重点企业模式；成立碧江经济开发区政务服务代办中心，提供"一站式"代办服务，促进企业快速落地投产；出台企业招工优惠政策，强化园区工人子女入学、住房保障、户籍管理等系统保障。成立"贵园信贷通"中小企业融资担保平台，帮助园区中小企业担保融资。此外，为园区企业提供产业帮扶子基金，获批贵州省首批清洁生产示范园区。三是厚实载体助企业。打造铜仁·苏州产业转移示范园、广东园中园、智慧产业园等园中园，推动产业集群发展；收回闲置项目土地开发权，双方合力投资40亿元打造武陵山（铜仁·苏州）国际汽车城，整合城区汽车零售、服务产业；大力开发工业文化旅游业，举办汽车国际赛事、汽车博览会，打造汽车文化品牌。串联园区工业旅游观光点与九龙洞风景名胜区、灯塔百花渡等景区，打造精品旅游线路，合作推出昆山·碧江旅游年卡项目。

创新分享机制惠及园区。一是政府收税金。通过优化共建园区发展环境，提升管理服务水平，促进企业蓬勃发展。2018年1—11月，铜仁·苏州产业园完成工业产值98.56亿元，完成工业增加值30.03亿元，实现税收10.5亿元，同比增长15.5%，带动269名建档立卡贫困户就业。预计1—12月可完成工业产值105亿元，完成工业增加值32.5亿元，实现税收11.3亿元。二是群众获薪金。结合两地发展需求，积极开展就业培训、职业介绍和自主创业扶持，引导外出务工人员返乡就业创业。目前，共建园区提供就业岗位近4万个，2.3万余人实现就近就业，入园工人平均年薪4万余元。三是两市享红金。双方共建园区开发投资公司，前5年收益全部用于共建园区滚动发展，5年后按照股份比例进行分红；在共建园区中划定2平方千米土地作为合作共建示范园，由昆山高新区统一规划、投资、招商、运营，投资收益除缴纳碧江区征地拆迁和土地费用外，其余按照年收益20%留存园区滚动发展。几年来，双方股份投资潜力看好，累计投资达60亿元，该园区被纳入"全省100个产业园区成长工程""贵州省30个重点产业园区"。

典型案例 4

苏州构建"三位一体"教育扶贫新模式

　　教育对口帮扶是深入贯彻习近平总书记扶贫重要论述精神、落实国家东西部对口扶贫协作要求的一项重大政治任务。教育扶贫关乎后代、关乎长远、关乎未来，是最根本的扶贫。苏州市与贵州省铜仁市等地建立健全教育对口帮扶合作机制，发展完善"财智结合、标本整合、互补融合"的"三位一体"教育扶贫新模式，坚决拔掉穷根，促进自我造血，下活教育扶贫一盘棋，让贫困地区的孩子同样拥有人生出彩的机会。

　　财力投入和智力帮扶双管齐下。将援财和援智作为教育扶贫的重要突破口。编制教育对口支援专项工作经费，2018年苏州帮扶铜仁、周至实施教育项目11个，落实帮扶资金5 321.5万元，援建8所学校，建成校舍面积24 587.28平方米，资助贫困学生680人次，大力推动对口支援地区学校改善办学条件。同时加大智力帮扶力度，推进"新三百工程"，选派122名教师赴铜仁各区、县挂职交流，300余人次教育专家、骨干教师到铜仁、周至开展送培支教活动。承接铜仁17批次1 827人次的各类培训，接待铜仁200名校长教师为期1个月的挂职、跟岗实习。以财智结合催生对口支援地区教育改革发展的新思想、新理念。

　　短期见效与长远发展齐头并进。以信息化手段促进教育扶贫迅速落地见效，在最短时间内提高对口地区的教育获得感、效益感。通过开展慕课、微课、翻转课堂等新型教学模式和新型载体的示范应用试点，使苏州名师课程资源即时即刻传递至对口地区，助力两地优质教育资源共享。2018年，帮助铜仁市建成了中国西南教育大数据应用中心。同时，探索建立长远帮扶机制，双方签订《苏州·铜仁教育对口帮扶合作协议（2016—2020年）》，明确两市教育合作帮扶长远规划，每年两地定期共商落实资金援助、人员培训、挂职交流、考察学习等方面的具体实施方案。

　　从单向支援到优势互补实现共赢。对口援建是扶贫攻坚的具体形式，更是两地互利共赢、携手小康的重要过程。苏州建立了各板块教育部门"一对一"对口帮扶工作责任，苏州与铜仁结对学校共计221家。同时，充分发挥两地产教融合资源优势互补，苏州职业教育考察团赴铜仁深入开展交流合作，召开座谈会17次，签订合作协议14份，明确帮扶项目70多项，举办讲座5场次。苏州12所职业学校与铜仁13所中职学校紧密对接，开展联合办学、专业建设和教师培训，从办学、培养、实习到就业实现了职教扶贫工作优势互补、共进共赢。

在对口帮扶下，铜仁市教育发展水平有序提升，各级各类教育质量不断提高，连续数年普通高考本科录取率和职业教育技能大赛获奖数持续提高。2018年5月，铜仁市碧江区中等职业学校在全国技能大赛中荣获服装设计与工艺项目二等奖。名师队伍不断壮大，25人荣获"省级乡村名师"、4人获得"乡村教育家培养对象"、21人获得"特级教师"荣誉称号。两地职业教育联合培养规模、层次和质量显著提高，有力推进了铜仁高素质技术技能人才培养、实习就业和富民增收工作。

苏州教育帮扶模式，是部门结对帮扶的一个缩影，苏州市的卫生、农业、文化、科协和旅游部门均开展了组织式帮扶工作，必将为铜仁的经济社会发展注入强大动力，为当地的脱贫攻坚贡献社会力量。

典型案例 5

创新全社会帮扶模式
——常熟市发动社会帮扶工作经验

常熟市社会帮扶助力思南决胜脱贫攻坚工作在全市具有示范引领作用。全民共享的小康必是全民参与的小康,在全面小康路上,常熟市社会各界踊跃参与对口帮扶思南的扶贫工作,全年累计为思南县引导各类爱心捐款合计1 759.85万元,各类物资捐赠合计216.12万元。

"一达标"背后的常熟支撑

通过壮大村集体经济收入发展扶贫产业带动贫困户就业分红增收脱贫,常熟市社会力量盯住"达标"脱贫迅速形成了这样扶贫路径的共识。一年来,常熟市坞坵村、常熟市浦江商会、奇瑞捷豹路虎汽车有限公司、常熟市总工会等28个经济强村、爱心企业、行业协会积极参与对口帮扶深入基层一线,广泛组织资源助力贫困村发展。第一桶金有了,发展的引擎就可以启动了,摆脱贫困迈向小康的步伐也就加快了。仅此一年,思南县126个拟出列贫困村就被常熟力量包了28个,受赠集体经济脱贫基金106万元。

"两不愁"目标的常熟助力

常熟市第二批挂职干部进驻思南后盯准了贫困群众吃水的难点问题,积极对接苏州立升净水科技有限公司引导捐赠价值35万元净水设备用于提升鹦鹉溪镇石阶水村饮用水安全,为3 000余名村民解决了饮水难题。常熟是著名的服装之城,在得知还有贫困群众因穿而愁的时候,常熟的服装老板按捺不住了。常熟市碧优特服饰有限公司捐赠1.2万件羊毛衫(折款60万元),常熟市昌盛经编织造有限公司捐赠1 000条毛毯等物资,一件件棉衣、一条条毛毯,助力的不仅是整县的脱贫目标,更是一个个家庭的温暖小康梦。

"三保障"路上的常熟关怀

常熟社会力量秉持"全面参与、全面帮扶"的原则。面对医疗保障，常熟市的苏州艾美医疗用品有限公司率先带头，向思南县捐赠了 210 袋医用高分子夹板、288 卷全棉自粘绷带，间接降低了困难群众就诊支出。面对贫困群众的住房保障，常熟市慈善基金会募集了 10 万元捐赠思南县凉水井镇的 5 个村用于贫困家庭的危房改造，助力他们不断增强生活的信心。面对就学保障，常熟市波司登集团携手江苏省三级慈善总会捐赠 1 100 万元改扩建思南县波司登长坝中心小学。此外，苏州映山红助学联合会、常思爱心会、丽瀑光能等爱心组织和企业分批次走进思南结对帮扶 700 余名困难学生，让更多的贫困孩子实现了书包翻身的梦想。常熟全社会参与帮扶，是苏州市多年来倾情开展全社会帮扶的缩影。

典型案例 6

"1+8+1"苏州高新区与铜仁市万山区
全方位、多领域、深层次携手共奔小康成果显著

苏州高新区（虎丘区）是全国首批国家级高新区。铜仁市万山区，因朱砂储量名列亚洲第一、世界第三，被誉为"丹砂王国"。

自苏州高新区与铜仁市万山区结对帮扶以来，从单一的资金帮扶向组织领导、人才交流、资金支持、产业合作、劳务协作、社会帮扶等不断深化，形成了"1+8+1"全方位、多渠道、多层次的结对帮扶模式，助推万山区在2018年以优异成绩顺利通过国家第三方评估，实现脱贫摘帽。2018年11月，两区"携手奔小康行动开展情况"在全国携手奔小康行动培训班上做书面典型经验交流。

一份协议体现两区深化全面协作的政治责任。2017年，两区签订了更全面的对口帮扶框架协议，一份协议就是一份军令状，标志着两区的帮扶由单一的资金帮扶向组织领导、人才交流、资金支持、产业合作、劳务协作、社会帮扶、携手奔小康方面全面深化。结对帮扶以来，一是互访对接结对帮扶成果显著。两区各级互访120余批次，达成协议项目50余项，推动了一系列扶贫举措和项目的落实。二是资金支持产业脱贫成效显著。支持万山区发展的各类帮扶资金近1亿元，落实项目130余个，带动建档立卡贫困人口脱贫3 000余人。三是项目落地产业合作成果显著。苏州高新区国资公司投资的项目3个共计4.5亿元，同时引进2家苏州私企投资2.5亿元。四是线上线下消费扶贫效果显著。以万山区电商生态城为平台，先后打通了与高新区食行生鲜合作的线上销售渠道和与苏州市南环桥批发市场、各大农产品企业合作的线下销售渠道，现已实现销往苏州等东部地区的各类铜仁农产品金额近2 000万元，间接受益贫困人口1 500余人。五是交流培训智力扶贫成效显著。两区通过开展教育、医疗等"组团式"帮扶，互派教育、医疗、农业等专业技术人才近420人次。通过联合举办招聘、技能培训、政策补助、双向搭建劳务工作站等一系列举措，帮助万山区近100名贫困劳动力在苏州稳定就业。

八个方面深入结对保障东西协作取得实效。通过深入调研、广泛宣传、深挖潜力，促成了各领域全方位的深入结对共建，东西协作携手奔小康成效明显。一是工作组主动"三个一"结对。江苏省对口帮扶贵州省铜仁市工作队万山区工作组两名成员，分别主动结对一个村、一个项目和一户贫困户。为结对的瓦田村、龙田村争取各类帮扶资金500余万元，建设技能人才培训基地、文化活动中心，发展农业产业等，助推贫困户增收脱贫。二是部门结对广覆盖。万山区组织部、宣传部等12个部门已与苏州高新区对口部门建立结对帮扶关系，搭建了刺绣艺术培训交流、"新青年 新岗位"青年就业创业、残疾人创业就业共建等多个交流平台。其中，2019年苏州市民族管弦乐团为铜仁市送来2场演出，让铜仁群众感受到了苏万两地手挽手的真诚、心与心的交织；两区园区自共建以来，加强在园区规划、管理、人才引进、企业招商等方面的合作，现已引入苏州育龙科教设备等企业投资4亿元。三是乡镇（街道）结对全覆盖。万山区11个乡镇（街道）与苏州高新区7个乡镇（街道）、4家国企建立结对帮扶关系，实现乡级层面双向结对全覆盖。苏州高新区每年给予结对乡镇（街道）资金不低于10万元，用于支持农业产业发展和基础设施建设。通过深入调研沟通，苏州高新区狮山横塘街道帮扶敖寨乡100万元财政资金用于支持发展清水河鱼项目，利益联结106户382名贫困户。苏州新区高新技术产业股份有限公司利用谢桥街道牙溪村独特的自然资源优势，投资1亿元建设牙溪村泰迪旅游综合体项目，计划于2019年年底前完工，打造西南首家泰迪农庄、铜仁旅游"新地标"，建成将直接带动当地农户就业致富。四是贫困村结对全覆盖。万山区共有37个贫困村（其中3个深度贫困村）与苏州高新区经济强村、企业、部门建立结对帮扶关系，实现了万山区所有贫困村结对全覆盖。苏州高新区的结对帮扶单位每年至少支持资金3万~5万元，用于贫困村的农业产业和基础设施。如绿叶科技集团、苏州中设建设集团等主动要求参与结对贫困村，形成了社会力量广泛参与帮扶的浓厚氛围。五是未脱贫贫困户结对全覆盖。两区首创开展文明共建，苏州高新区各文明单位与万山区未脱贫贫困户建立一对多的帮扶关系，结对帮扶贫困户的单位通过开展各类走访慰问、技能培训、医疗卫生、文化生活等活动帮助贫困户脱贫。已组织开展各类捐款，募集的首批资金63.9万元已用于支持639户贫困户的日常生活。发起"文明高新，情暖万山"大型志愿服务活动。苏州工业园区汤妈妈公益慈善中心为296名未脱贫贫困学生和清塘村小学、铁门村小学募集各类物资共计12余万元，组织志愿者看望就读的小朋友，给予小朋友们关怀。六是医疗机构结对全覆盖。万山区4所区级医疗机构和9所乡镇（街道）医疗机构先后与苏州高新区对应的4所区级医疗机构和9所乡镇（街道）医疗机构建立了一对一结对帮扶关系，实现两区乡镇以上医疗机构结对帮扶双向全覆盖。苏州科技城医院每年选派10名医疗专家来万山区人民医院开展医疗"组团式"帮扶，先后开展业务培训12场，送医下乡3次，开展手术300余例。七是中小学、幼儿园结对全覆盖。万山区31所中小学、幼儿园与苏州高新区31所中小学、幼儿园建立了一对一结对帮扶关系，实现了两区乡镇以上中小学、幼儿园结对全覆盖。铜仁市第六中学与苏州高新区实验初级中学创新联合开办2018级课改"智贤班"，招收6个班300名学生。贵州健康职业学院、铜仁市交通学校充分利用东西部扶贫协作契机，加强对接苏州等江苏企业，联合开办对贫困学生倾斜的"订单班"，采取产教融合"2+1"人才培养模式，开办了中药学、高铁乘务、厨师等6个专业13个班，共招收学生483人，其中贫困学生191人。八是社会帮扶广覆盖。两区首创设立"苏州高新区慈善基金会铜仁市万山区扶贫基金"。该基金在"十三五"期间募集资金不少于1 000万元，用于支持铜仁市万山区扶贫事业发展。该基金现已筹集500余万元，其中500万元参照财政帮扶资金模式已全部用于支持万山区10个乡镇（街道）发展蔬菜大棚产业，与未脱贫贫困户建立利益联结关系，同时，苏州高新区社会各界广泛参与，通过东西部协作渠道向万山区捐赠各类款物折合人民币达540余万元，助推万山区2018年实现剩余贫困人口脱贫清零。

试点打造一个社区共建样板促城市升级。大胆探索万山区搬迁示范社区冲广坪社区与苏州高新区动迁示范社区龙惠社区建立结对共建关系，按照"资源共享、人才共有、活动共办、共同发展"的共建模式，取长补短、形成合力，实现双方在党建引领、文化共融、社区共治等方面全面共建，达到经验互鉴、成果共享的社区共建局面。龙惠社区采取"组团式"帮扶模式，每年分4批每批选派不少于2名社区管理人员到冲广坪社区开展为期3个月的挂职工作。现已从共建计划拟订、社会组织介入、工作方案实施等方面陆续开展工作，举办了"挥毫泼墨送春联·龙飞凤舞迎新春"党员写春联送春联等一系列活动，致力把冲广坪社区打造成易地搬迁小区可复制可推广的社区治理模式。

结 语

当前,苏州·铜仁东西部扶贫协作模式已基本成形,并在不断深化中。它的出现,是我国东西部扶贫协作顺应时代发展的产物,也是苏州、铜仁两市勠力同心、精准扶贫的成果。未来,苏州·铜仁将进一步增强扶贫协作工作的精准性和实效性,以习近平新时代中国特色社会主义思想和党的十九大精神为指导,坚决贯彻习近平总书记主持召开并发表重要讲话的"银川"东西部扶贫协作座谈会、"太原"深度贫困地区脱贫攻坚座谈会和"成都"打好精准脱贫攻坚座谈会精神,切实承担帮扶任务,努力拓展帮扶范围,不断加大帮扶力度,不断提高脱贫质量,打好打赢扶贫攻坚战。同时,将进一步加大舆论宣传力度,大力宣传党中央、国务院扶贫开发重大决策部署和方针政策,积极宣传苏州、铜仁两市扶贫协作的重大举措、实际成效、典型事例,扩大社会影响,凝聚各方力量,广泛动员企业、社会组织和爱心人士加入对口帮扶工作,营造全社会参与的良好氛围。

到2020年,我国现行标准下农村贫困人口必将如期全部脱贫,贫困县也将全部摘帽,绝对贫困消除。但贫困仍将是未来相当一段时间内中国需关注和着力解决的关键问题之一。不同之处在于,跨越绝对贫困门槛后,我国扶贫工作将面临新的目标、新的要求、新的对象等一系列新问题,更多复杂性也叠加进来,逐渐走向质量提升和现代化发展的新时代,急需采取新的战略以应对多维贫困时代的新挑战,提早制定多维反贫困的新目标和新使命。

[本课题系2018年度江苏省社科应用研究精品工程市县专项(立项)课题(立项批准号:18SSL-15,结项证书号:2019SL15)。课题部分成果2020年获国务院扶贫办中国扶贫发展中心、全国扶贫宣传教育中心联合评审表彰的习近平关于扶贫工作重要论述学习研究优秀成果奖;部分成果"苏州·铜仁东西部扶贫协作机制研究"作为2018年度苏州市社会科学基金项目(应用对策类)立项项目(序号:Y2018LX128,结项号:Y2018YB53),并于2019年获第四届苏州市社科应用研究精品工程优秀成果三等奖;部分成果"苏州·铜仁东西部扶贫协作模式研究"作为2018年铜仁市人文社科研究课题(编号:TRWSK201805),并于2020年获铜仁市第四次(总第九次)哲学社会科学优秀成果奖三等奖]

新时代东西部协作文化扶贫研究与实践[1]

前言

东西部地区扶贫协作作为国家反贫困战略和政策体系的重要组成部分,其主要目的是充分发挥东部地区的优势,通过对西部地区的援助促进该地区的脱贫和发展,从而逐渐缩小东西差距,促进经济社会全面发展,最终实现各地区的共同发展和共同富裕。[2] 该举措从起步实施至今已近20年,多年的实践表明,东西部地区扶贫协作是逐步缩小东西部地区经济差距,实现共同富裕的必然要求;是促进西部欠发达地区和少数民族地区发展,实现中国经济由非均衡走向均衡发展的重要举措;是深入贯彻落实科学发展观,确保全体人民共享改革发展成果,构建社会主义和谐社会的内在要求,是社会主义制度优越性的具体体现。因此,东西部地区扶贫协作必须长期坚持下去。为此,本文以促进东西部地区扶贫协作发展为目的,从文化扶贫与新时代文明实践建设之间的关系出发,对张家港市·沿河土家族自治县东西部扶贫协作机制进行深入系统的研究,对扶贫协作的实践做法、问题等进行了深入系统的研究,并以此为基础探讨了新时期我国东西部地区扶贫协作的改进对策和未来发展方向。

一、相关概念

(一)文化扶贫内涵及意义

全面建成小康社会,打赢脱贫攻坚战已经到了关键时期。解决好如何

---

[1] 作者陈世海,系政协张家港市委员会党组成员、市委宣传部副部长、市文化广电和旅游局党委书记;中共沿河土家族自治县委常委、县人民政府党组成员、副县长(挂职),江苏省对口帮扶贵州省铜仁市工作队沿河土家族自治县工作组组长,江苏省张家港市对口帮扶贵州省沿河土家族自治县工作组党支部书记。作者缪建新,系张家港市图书馆研究馆员。作者李倩,系张家港市图书馆馆员。作者谢琦,系张家港市图书馆助理馆员。

[2] 张莉. 中国东西部地区扶贫协作发展研究 [D]. 天津:天津大学,2015.

帮扶贫困地区的问题是实现脱贫的关键措施。1993年12月，文化部成立了全国文化扶贫委员会，全面统筹我国文化扶贫的开展。文化扶贫是指通过发挥文化资源、产品和服务，以及文化平台、文化人才等因子的作用，以"文"化人，为处于国家级或省级贫困线以下的贫困群众，通过提供"扶志"服务，以提振其精神，愉悦其身心，引导其正确面对自身处境，促进贫困地区和谐；同时发挥"扶智"的作用，提升其知识技能，自食其力为社会创造财富，阻断贫困代际传递，激发脱贫内生动力，以实现贫困群众精神和物质双脱贫。文化扶贫是从文化层面解决贫困区域民众思想观念的问题，对提升其文化素养和科学知识，从根本上打赢脱贫攻坚战具有重要意义。

文化精准扶贫是指针对不同文化环境的贫困地区，依据其文化缺失的具体情况，运用科学有效的方法对文化帮扶对象实施精准识别、文化对接、阅读推广、精准管理的文化扶贫方式。[1] 通过精准实施各种面向对象和需要的项目，切实增强贫困地区人民文化水平，达到文化精准扶贫的根本目的。加大力度进行文化精准扶贫，能够切中文化发展滞后的要害，这将进一步提升贫困地区的公共文化服务水平，加快这些地区的公共文化服务体系的建设速度，从根本上改变贫困地区的落后状态，最终实现全面小康的总目标。[2]

(二) 新时代文明实践建设的内涵及意义

新时代文明实践建设是以习近平同志为核心的党中央做出的一个重大决策部署，是党中央重视和加强基层思想政治的战略部署，是打通宣传群众、教育群众、关心群众、服务群众"最后一公里"的重要举措。它以"传思想、传政策、传道德、传文化、传技能"为宗旨，主要内容就是学习科学实践理论，宣传宣讲党的政策，培育践行主流价值，丰富活跃文化生活，持续推进移风易俗。开展新时代文明实践活动是推动新时代中国特色社会主义思想深入人心，进一步加强改进农村基层宣传思想文化工作和精神文明建设；是创新农村基层宣传思想文化工作，深化农村精神文明建设，适应新时代人民群众对精神文化生活新期待的新载体，有助于不断深化社会主义核心价值观的践行培育，不断提升人民思想觉悟、道德水准、文明素养和全社会文明程度；有助于乡村振兴发展，发挥文明实践思想政治引领、

---

[1] 杜玉霞. 文化精准扶贫视角下农家书屋建设与运行策略：以盐都区为例 [J]. 图书馆学刊, 2019, 41 (4): 35-41.

[2] 李婧. 习近平提"精准扶贫"的内涵和意义是什么 [EB/OL]. (2015-08-04) [2020-10-20]. http://politics.people.com.cn/n/2015/0804/c70731-27408438.html.

传播党的声音、传承优秀传统文化、培育文明风尚、提供惠民服务，用中国特色社会主义文化、社会主义思想道德牢牢占领农村思想文化阵地，有效提升农民精神风貌和乡村社会文明程度，更好推动农民全面发展，农村全面进步；有助于精准对接群众需求，进一步满足农民精神文化生活新期待。

（三）文化扶贫与新时代文明实践建设之间的关系

从建设内涵、服务内容和建设目的来看，新时代文明实践建设和文化精准扶贫两者统一于习近平新时代中国特色社会主义伟大实践中，在推动新时代中国特色社会主义建设中都发挥着重要的作用。新时代文明实践建设为文化精准扶贫提供了强大的智力支持，文化精准扶贫要充分发挥文化在扶贫中的思想引领性和观念引导性，在育民和惠民上做好文章。一方面要不断提升贫困地区人民的文化素养，传播新的文化、知识和价值观念，增强群众的文化自信与脱贫信心；另一方面要加强公共文化服务建设，增强公共文化供给，通过组织输送文化惠民演出、文化活动、全民阅读、公共文化设施等，不断满足贫困地区群众精神文化需求。而新时代文明实践建设中"举旗帜、聚民心、育新人、兴文化、展形象"等使命任务，都是对文化育民、文化惠民的有力补给。

新时代文明实践建设为文化精准扶贫提供了强有力的组织保障。文化精准扶贫需要弄清楚谁来扶这个重大课题。文化扶贫，除了依靠外界的帮扶、支持外，最重要的还是要靠自身，需要提高贫困人口的文化自觉意识和自我发展能力，形成内生动力，说到底还是要依靠当地的文化工作者。新时代文明实践建设以志愿服务为主要形式，以文化志愿者为主体力量，依托大量文化工作者的优势，深入开展各项文化志愿服务活动，这对文化精准扶贫提供了良好的丰富的人才支援。

新时代文明实践建设进一步深化文化精准扶贫内容。新时代文明实践建设强调团结群众、引导群众，以文化人、成风化俗，强调精准对接群众需求，精准开展各项活动，这有助于进一步深化文化精准扶贫内容，更好地通过指引和劝导贫困人口，结合各方力量，利用各种资源，创新方式、方法，用中国特色社会主义文化、社会主义思想道德牢牢占领农村思想文化阵地，切实增强贫困地区人民文化水平，达到文化精准扶贫的根本目的，并发动广大贫困地区群众为社会主义现代化建设献出自己的一份力。[1]

---

[1] 习近平.更好推进精准扶贫精准脱贫　确保如期实现脱贫攻坚目标[N].人民日报，2017-02-23（01）.

二、东西部文化扶贫方式、方法

西部地区以贵州省为代表。贵州省是全国文化扶贫的主战地之一,在文化扶贫上也采取了一系列有益措施。

(1) 充分认识文化扶贫的重要性,建立健全扶贫机制。贫困是一个相对概念,随着人民生活水平的提高,贫困标准也会随之变化,而文化扶贫更注重的是贫困对象的精神生活,因此,文化扶贫也是个长期性问题,要不断对贫困群众进行思想教育,让他们的观念由"我被扶贫"转变为"我要脱贫"。同时,贵州地区动员社会力量,合力推进文化扶贫。充分发挥对口支援的作用,在文化扶贫援助、科学技术合作、人才交流等方面展开多层次、全方位的协作,实现社会帮扶资源和文化精准扶贫有效对接。再者,引导文化扶贫重心下移,进行结对帮扶。明确建立了精准的扶贫机制。

(2) 因地制宜地推进文化扶贫措施。扶贫要因地制宜。一是因地制宜发展文化产业。丹寨、松桃苗绣生产基地、正安吉他产业园的建成,都是通过充分调研,实事求是地制订出的文化扶贫方案,只有这样才能取得良好效果。二是充分彰显各地的特色和优势。丹寨万达小镇是以"非遗"文化和民族特色项目为核心的旅游小镇;松桃苗绣生产基地通过苗绣打造旅游产品实现文化扶贫;正安县利用吉他生产的人才优势打造吉他产业取得了良好的扶贫效果。三是精准扶贫效果明显。丹寨松桃苗绣生产基地、正安吉他产业园在农户家门口创造了上万个就业岗位,其中有许多贫困群众,直接带动贫困户脱贫。四是带动全县经济发展。丹寨、松桃、正安由于游客数量的增加,带动全县种养殖、餐饮、住宿、手工等行业的发展。

(3) 探索"造血式"的文化扶贫模式。一是激发内生动力。贫困地区,特别是少数民族地区有许多非物质文化遗产传承人,有根植于那片土地的传统表演艺术、传统手工技艺等许多非物质文化遗产,只需充分挖掘,搭建好平台,他们的主体作用就可以得到激发。二是文化扶贫注重人的能力培养。为提升丹寨贫困群众就业创业能力,贵州万达职业技术学院第一年招收学生405人,对贫困户开展有针对性的技能培训。无论是松桃苗绣生产基地还是正安吉他产业园,都在提升产业可持续发展能力的同时培养专业人才。丹寨、松桃、正安通过文化扶贫引导、激活了当地贫困群众的内生动力,增强了自我"造血"功能,促进了当地老百姓观念的转变、环境的改善和文化的传承与保护;将"文化+"扶贫模式运用到本地的扶贫攻坚过程中，推动了当地经济社会的发展。丹寨、松桃、正安文化扶贫的做法，对贵州实现2019年"中央一号文件""到2020年确保现行标准下农村贫困人口实现脱贫、贫困县全部摘帽、解决区域性整体贫困"的目标具有可借鉴意义。

东部地区以福建省为代表，在文化扶贫上采取的有益措施包括以下几个方面。

（1）加大文化遗产的保护与开发力度，提高扶贫的精准度。福建省在文化遗产的保护与开发上加大力度，解决了文化扶贫中供需不协调的问题，提高乡村文化扶贫的精准度，满足民众和时代的需求。首先，保护和挖掘地方特色文化遗产。对贫困地区的文化遗产进行全面普查，整理文化古籍和重要文献，尤其加大对乡土特色文化的挖掘和抢救。其次，针对群众文化需求推出菜单式的文化服务，地方政府从供给侧入手，建立群众文化需求征询的长效机制，将文化扶贫和保障百姓的基本文化权益结合起来，创造出人民喜闻乐见的文化作品，推出"菜单式"文化服务。[1]

（2）积极培育乡村文化扶贫的人才队伍。政府加大力度培育本土文化传承人。首先，挖掘、整合乡土文化能人及少数民族民间文化继承人，依托国家级、省级、市级的音乐、舞蹈、戏剧、美术、技艺、民俗等类别的"非遗"项目平台，培育"非遗"传承人。其次，扶持民间文艺团体的发展和文化骨干的培训。依托乡村文化场所，组织成立各类文化活动团体和组织，不断扩大数量、提升质量。再次，加强文化扶贫的志愿者队伍建设。建立健全文化志愿者的选拔、管理及激励机制。

（3）文化事业和文化产业协同并进。文化事业和文化产业的协同发展是文化扶贫的两个支柱，必须推动文化事业和文化产业的协同并进。首先，推动公共文化扶贫以实现文化铸魂。在健全文化设施的同时保障图书、报刊及其他文化物资的常态化供应和管理。举办各类能满足贫困群众基本文化需求的活动。其次，将乡村特色文化资源融入相关产业以实现富民。依托福建地方特色文化资源，打造一批特点鲜明、优势突出的文化产业基地、园区或者特色文化示范乡镇、示范村。借助电子商务平台的开发和运用，形成并推广一批融合当地元素、顺应消费市场、具有较强影响力的系列文化产品。文化融入相关产业既可以实现对地方特色文化的传承与保护，还

---

[1] 刘淑兰，连文. 协调发展理念下乡村文化扶贫的现实困境及路径选择：以福建省为例[J]. 中共福建省委党校学报，2019（3）：127-134.

能拓宽脱贫致富门路，让贫困群众切实感受到文化也是一种生产力。

（4）建立健全长效的保障机制和考核机制。福建地处沿海，人才和经济优势相对明显，构建长效的文化扶贫保障机制和考核机制以实现山海协调发展。首先，开发文化扶贫互利共赢帮扶模式。深入挖掘文化资源，针对文化资源差异，加强山区的红色文化、民族民间文化资源与海洋文化的整合，实现优势互补。推动山海之间的文化基础设施、文化产品服务、文化产业园区等方面的共建，打响红绿蓝文化品牌。其次，建立健全文化扶贫长效保障机制和考核机制。形成省、市、县、乡镇四级联动，跨地区跨部门协同协作、分工负责、权责明确的工作机制，保证文化扶贫活动有序长期开展。健全文化扶贫资金投入长效机制，加强公共文化设施和公共文化数据库建设，整合各类文化资源，建立一套行之有效的运行机制满足贫困群众的精神文化需求。建立健全科学的考核机制和严格的奖惩机制，考核文化建设的投入、活动及设备情况，及时给予奖惩，确保文化扶贫精准到位。

三、新时代文明实践建设中张家港市对口沿河土家族自治县文化扶贫的实践做法及经验

2017年3月，小康路上"先行一步"的江苏省张家港市，与贵州省14个深度贫困县之一的沿河土家族自治县正式建立协作对口帮扶关系。由此，长江尾的张家港与乌江畔的沿河开启了全方位、宽领域的扶贫协作新模式。张家港市与沿河土家族自治县的合作共建可圈可点、亮点纷呈，党建引领、文明共建、劳务协作等一系列合作稳步推进，两地率先创立了"三个全覆盖"［协作机制、合作领域、帮扶要素全覆盖，目前已对沿河22个乡镇（街道）、50个深度贫困村实现了全覆盖结对帮扶］，以及"整村推进结对帮扶"的新模式（善港村、高峰村），真正体现了"优势互补、长期合作、精准聚焦、共建共赢"的工作思路。

文化是一种最根本的精神力量，能在脱贫攻坚的征程中有效转化为物质力量。近年来，张家港市通过"文化走亲"的形式，在推动文明实践、文艺下乡、文化交流上创新尝试，有力助推张家港和沿河两地特色文化碰撞交融，让东西部文化帮扶越走越近、越走越亲。张家港在文化扶贫中，聚焦困难群体，精准对接其精神文化需求，通过惠民、育民等一系列措施，为沿河打赢脱贫攻坚战注入强大的文化力量，在沿河全市上下营造浓郁的

氛围。

（一）紧扣文化交流，积极开展文化惠民演出，港城"吴歌"唱响靓丽沿河

张家港市通过举办"长江水·乌江情"文化交流周活动，以文艺轻骑兵的形式弘扬先进文化，激发贫困人群自我发展的内生动力。2018年、2019年连续两年举办以"东西协作　文化扶贫"为主题的"长江水·乌江情"张家港—沿河土家族自治县文化交流周活动，由张家港精品舞台节目和贵州沿河特色民族文艺节目组成的演出随即上演，通过歌舞、戏曲、曲艺、小品等节目展现两地民俗风情和城市风采，促进艺术交流，增进两地感情，共筑美好梦想。活动旨在用优秀的文学艺术作品向沿河展示厚重的历史文化和发展理念，促使东西部进一步以文化为纽带，深化双向交流协作，共同谱写出一曲嘹亮的东西部扶贫协作历史赞歌。在文化交流周期间，张家港市围绕东西部扶贫组织的锡剧《一盅缘》专场演出、张家港评弹艺术专场演出、沙龙剧《港城梦工厂》专场演出、张家港美术作品沿河展、精品文艺走进平原村及艺术采风、"传承文化根脉　共创精彩生活"张家港市—沿河土家族自治县非遗文化交流活动、"同饮一江水　共唱新时代"张家港市文化志愿者走进沿河活动、"携手逐梦"两地文化工作者交流座谈会等活动也相继开展，为沿河人民带去形式多样、内容丰富的文化盛宴。谱写了一曲张家港市与沿河土家族自治县两地人民团结一心、共建和谐的动人乐章。

（二）聚焦困难人群，积极开展文化赠建活动，港城"书香"飘进土家书房

精准扶贫贵在"精准"，"扶贫先扶志，扶贫必扶智"，文化扶贫必须聚焦困难人群，紧扣这类人群的文化需求，从"扶智"入手，通过提供精神文化食粮，转变其思想观念，提高扶贫的针对性。2018年，张家港市通过赠建24小时土家书房助推文化扶贫深入实施，通过提供主题丰富、内容多样的图书，为当地人民尤其是贫困人群提供知识援助，满足他们日益增长的精神文化需求。土家书房由张家港市人民政府赠建，张家港市文化广电新闻出版局、张家港市图书馆设计承建，建筑面积26.25平方米，藏书3 000册，总投资60万元，是张家港市和沿河土家族自治县结对帮扶、扶贫先扶智、实现精准脱贫的重要举措，是弘扬"团结拼搏、负重奋进、自加压力、敢于争先"的张家港精神、提振沿河市民精气神、凝心聚力促发展的生动实践。土家书房在全国开创了24小时主题自助图书馆的先河。以土

家文化为特色，建筑主体采用坚固耐用、移动方便的集装箱箱体，两侧设计成"马头墙""高翘檐角"的造型，外部色调以近似原木色的土黄色为主，屋檐借鉴土家古建筑的灰黑色屋檐，内部空间以干净自然的白色和原木色进行搭配，智能区用黑色予以点缀，既有现代建筑气息，又有传统的土家民居风格。内设土家族文献专柜、土家族文献数据库等，是学习、研究、展示土家文化的新窗口。土家书房在全国首创人脸识别智能管理系统。将人脸采集与身份证、手机号、微信绑定，读者可以通过人脸识别、身份证、微信三种途径入室借阅，智能管理系统会自动采集面部特征，自动区分刷卡与未刷卡读者并做相关提示。同时还具有自助借还、自助办证、语音提示、自动照明、智能空调、远程监控、消防报警、故障自检、应急响应、数据分析等各种功能，是新一代无人值守智能图书馆。土家书房在全国 24 小时自助图书馆中，率先引入了儿童优先的阅读理念。专设少儿阅读区，设计了符合少儿读者阅读心理的台阶式阅览座位；增加少儿图书比重，少儿图书数量达到了馆藏总数的三分之一；在纸质和数字阅读的基础上，布设了阅读成长测量尺，推动婴幼儿早期阅读。强化内部空间休闲性，书架分置内墙两侧，长桌阅读区靠开窗一侧，中间为可坐可阅的多功能书柜，打破了箱体建筑方正呆板的格局，给读者更加丰富的阅读体验，是"书香沿河"建设的新载体。土家书房为全国贫困地区建设 24 小时自助图书馆提供了范例。沿河为国家级深度贫困县，经济基础比较薄弱，文化设施相对落后，县域图书馆总分馆体系尚未建立，图书馆专业人才相对缺乏。该书房自带服务器，导入县图书馆书目数据，能开展图书的远程加工等业务活动。业务建设与县图书馆现有基础相适应，与全县图书馆事业发展目标相衔接。网络采用更符合贫困县实际的 ADSL（Asymmetric Digital Subscriber Line，非对称数字用户环路），远在千里之外的张家港市图书馆能为其提供远程技术支持。内置的自助售卖机和户外电子显示屏可以增加部分收入，弥补书房日常运行经费开支。同时，户外电子显示屏还定期播放知识讲座、就业信息、农产品市场行情等，成为扶贫攻坚的助推器。[1] "24 小时土家书房"的建成启用，彻底改变了沿河市民阅读权利保障不足、科技信息服务不够等现状，标志着沿河的全民阅读和"书香沿河"建设进入了崭新的发展阶段，为沿河打好脱贫攻坚战提供强大的精神动力和智力支持。

---

[1] 刘安荣. 刷脸就能进！读书不打烊！全国首家 24 小时主题自助图书馆来啦！[J]. 贵图学苑，2018（3）：30.

（三）突出精准对接，积极深化文化赠建项目，港城"驿站"点亮文明实践

为进一步深化东西部帮扶协作，丰富扶贫协作内容，拓展帮扶协作领域，丰富沿河新时代文明实践建设内涵，助力文化精准扶贫，2019年，在已赠建24小时土家书房的基础上，张家港市又为沿河量身打造、赠建了两个24小时新时代文明实践驿站，突出新时代文明实践"举旗帜、聚民心、育人心、兴文化、展形象"的使命任务，提供24小时自助开放、自我学习、图书阅览、图书外借、志愿服务、亲子阅读、分享交流等功能，使其成为沿河打通宣传群众、教育群众、关心群众、服务群众"最后一公里"的文化阵地，为沿河开展全民阅读、推动乡村全面振兴提供精神文化保障。

新时代文明实践驿站是推动新思想学习落地生根的重要举措。作为宣传习近平新时代中国特色社会主义思想的重要载体，新时代文明实践驿站内专设了习近平总书记新思想学习专区，提供新思想理论读物，及时把习近平新时代中国特色社会主义思想传递到千家万户。[1] 同时，室内提供理论宣讲活动阵地，通过这种接地气的方式，把新思想以春风化雨、喜闻乐见的方式传递到基层。新时代文明实践驿站是倡导移风易俗和家庭教育的主题宣传教育阵地。乡风文明是乡村振兴战略的重要内容，倡导移风易俗，树立新时代文明新风尚。位于民族风情街的新时代文明实践驿站，突出文化宣传、知识普及的功能定位，在氛围布置上重点围绕移风易俗和家庭教育进行主题宣传，有利于充分发挥中华民族传统美德和优秀文化的感召力，积极引导广大群众参与其中，推动社会良好风气的养成。

新时代文明实践驿站是张家港深化东西部扶贫协作的又一创新举措，是继为该县赠建土家书房之后，送给沿河市民的又一重量级"文化大礼"，张家港市为沿河构筑完善的书香体系又添了一份力。

（四）加强舆论引导，积极扩大影响，港城"声音"共话美好未来

2018年，张家港市广播电视台积极发挥媒体职责，大力宣传张家港和沿河两地的东西部协作，营造良好的舆论氛围。4月启动"立下愚公移山志 打赢扶贫攻坚战"公益广告项目，7月23日，主创人员一行四人奔赴贵州省沿河土家族自治县高峰村进行为期一周的实地拍摄，目前正在进行紧张的后期剪辑工作。广播推出系列报道《张家港—沿河一家亲》，先后采访播出了《张家港、沿河"亲家"会面 共商对口帮扶合作大计》等20多

---

[1] 雒树刚. 探索新时代文明实践中心建设"湖湘经验"[J]. 新湘评论，2019（6）：5-6.

篇报道；电视共播出了《对口帮扶"授人以渔" 沿河91人来港就业》等10多条新闻；"无线张家港"新闻客户端开设专栏《张家港—沿河一家亲》，刊发张家港市开展扶贫协作的各类资讯，介绍美丽沿河的秀丽风光。加强对外宣传，多篇稿件被中央人民广播电台、江苏省广播电视总台录用。通过全面总结、及时报送张家港市援建工作的做法和取得的积极成效，及时反映领导批示、工作进展、主要成效、具体做法，有力促进了工作开展。

（五）开展对口帮扶课题工作，积极调查研究，港城"智慧"助力精准脱贫

集体课题《东西部扶贫协作机制研究——以江苏省对口帮扶贵州省铜仁市为例》入选2018年度"江苏省社科应用研究精品工程"［市（县）专项课题］、2018年度贵州省铜仁市人文社科课题，获评第四届"苏州市社科应用研究精品工程"优秀成果奖三等奖。集体课题《新时代文明实践中的文化精准扶贫研究——以贵州沿河土家族自治县新时代文明实践驿站建设为例》入选2019年度苏州市社会科学基金（应用对策类）项目。

除面向沿河的帮扶工作外，2019年度，张家港市文体广电和旅游局积极响应号召，继续开展消费扶贫（认购三峡扶贫脐橙）、援疆扶贫（"1+1帮1"结对帮扶）等工作，确保各项帮扶工作稳步协调推进。

四、文化扶贫中存在的问题

（一）公共文化服务体系薄弱

一方面，文化发展的硬件设施和软件管理水平不能满足群众的文化需求。受经济发展水平的制约，贫困地区的文化建设水平较低、文化发展环境较差，没有足够的条件去关注贫困个体的文化需求。这就必然导致贫困个体的文化需求不能得到满足，出现公共文化服务供需错位的现象。[1] 许多文化惠民项目无法落到实处，农村放的公益电影基本没有观众，农家书屋的书籍尘土堆积却无人问津，文化扶贫陷入进退两难的境地。另一方面，文化扶贫经费有限，多种矛盾制约了文化产品的有效供给。政府的财政投入毕竟是有限的，社会零散的援助并不能解决贫困地区的文化贫困问题。我国许多贫困地区属于多民族聚集地和多种文化的结合部，原有的生产生活方式，以及人口的受教育结构、信息获取结构与形式，严重制约了公共

---

[1] 王雪梅．新时代中国贫困地区文化扶贫问题研究［D］．兰州：兰州理工大学，2019.

文化产品和服务的有效需求与供给。

（二）基层文化队伍素质不高

由于经济发展水平的落后及人才保留策略的缺失，贫困地区普遍缺乏专业的文化设施管理人员。当前贫困地区基层公共文化机构的专职人员严重不足、队伍的稳定性不高，大多数人员是兼职人员，服务能力有限，制约了公共文化服务的整体质量。受地区发展能力、工作环境等因素的影响，贫困地区的文化部门工作人员的综合素质较低，工作积极性不够。这类问题主要体现在两个方面：其一，从事文化工作的人员整体素质不高，很多地区的管理者只是按部就班地完成工作，不能发挥主观能动性，这导致文化服务质量不高，人们不能轻易获取到自己需要的资源；其二，文化从业人员数量上的不足也是影响服务质量的一大因素，由于这个原因，乡镇图书室及农村书屋的管理者常由基层干部和热心人士兼职担任，参与者常常身兼数职，不能全身心地投入文化工作中，文化扶贫项目难以取得成效。对于农家书屋等以知识服务为核心的文化设施，管理人才是其服务开展的依托，如果没有服务型人才参与到文化工作过程中，文化扶贫事业就很难实现精准化。因此，如何吸引相关领域人才进驻贫困地区，是目前文化精准扶贫工作急需解决的问题。

（三）文化供给精准度有待提高

党和国家高度重视贫困地区的文化扶贫工作，在政策、资金等方面给予了大力支持，各地也在探索适合自身实际的文化扶贫之路。虽然国家在公共文化供给、丰富群众文化生活方面给予的支持逐年增加，但是文化扶贫的效果不尽如人意。主要表现在以下几个方面。

第一，政府部门在文化扶贫事务上出现互相扯皮、推诿的情况。许多事务究竟是扶贫办的职责，还是文化和旅游部、科技部的职责，没有明确的区分，各部门之间的沟通和交流较少，工作协调能力不足，工作缺乏连贯性。

第二，技能培训的效果有待加强。对贫困人口的技能培训和职业教育是改善贫困人口生活状况的有效形式，但是在文化扶贫的实际中，部分文化扶贫政策不注重长期持续的贯彻落实。针对贫困人口的劳务技能培训往往都是轰轰烈烈地开始，一段时间之后就被搁浅了。由于政府部门的宣传和动员工作没有做到位，很多贫困群众不知道政府组织了劳务技能培训活动。另外，培训的内容与贫困人口的需要脱节，实用性不强的技能培训难以真正提高群众的技能，造成了资源的严重浪费。

（四）文化扶贫的持续性难以有效保障

文化扶贫是一项长期性的工程，贫困人口特殊的行为方式、价值观念增加了文化扶贫的难度，在历史和现实的交织中，形成了文化扶贫独有的特征：历史性、亲民性、公益性。文化扶贫的目的是从根源上解决贫困问题。为了巩固文化扶贫的成果，必须建立完善的文化扶贫长效机制。但由于贫困地区的文化扶贫未能走向制度化、规范化，因此缺乏保障文化扶贫成果的长效机制。

第一，系统的管理机制尚未建立。从1993年"文化扶贫委员会"成立开始，文化扶贫工作一直由文化部的下属部门"文化扶贫委员会"主管，它主要针对贫困人口的精神文化层面扶贫。[1] 但是，要完成"扶志扶智"任务，光靠文化部门的力量根本不可能，需要联合教育、劳动、科技等部门，建立一个统一的组织保障文化扶贫的成效，以克服多头管理模式的弊端。

第二，扶贫周期与脱贫预期不协调。文化扶贫重在"扶文""扶智"，而其见效慢、复杂程度高的特点，决定了其投入大、收益少。这也是贫困地区出现文化扶贫资金、资源挪为他用，政府部门文化扶贫责任不明，贫困群众参与积极性不高等现象的重要原因。而目前贫困人口的脱贫任务比较紧迫，不管是政府还是贫困户自身，都希望能够尽快脱贫。这种犯"急躁症"的脱贫预期，与文化扶贫的周期性形成了明显的冲突。

第三，缺乏文化扶贫的监督和评价机制。制度化管理、程序化运作，是文化扶贫工作顺利开展的前提。由于我国目前没有建立文化扶贫的监督、评价机制，贫困地区的文化扶贫成效无法量化。因此，在文化扶贫过程中，走过场、开天窗、名不副实的现象就频频出现。

五、改进方向

贵州沿河土家族自治县文化扶贫需在新时代文明实践建设推进中，按照习近平精准扶贫相关论述的要求，根据沿河自身的市情、民情，进行理论和实践探索，实施文化精准扶贫是沿河土家族自治县打赢脱贫攻坚战的必然要求，是新时代实现全面建成小康社会不可或缺的重要组成。

（一）构建文化扶贫长效机制

---

[1] 孙佳琦.广东山区农村文化扶贫的问题研究[D].广州：仲恺农业工程学院，2017.

文化扶贫涉及人们的思维习惯、价值观念、生活方式、传统习俗等方面，是一个文化创新和改造的系统性工程，具有经常性、长期性、复杂性的特征，需要一系列政策机制的保障和全社会的广泛参与，构建文化扶贫的长效机制，从体制机制上保障文化扶贫的有序推进。

（1）健全文化扶贫的资金保障机制。资金是文化扶贫得以运作的基础，要加大对贫困地区文化扶贫资金的投入力度，坚决杜绝文化建设资金被占用和挪用的现象。要把健全文化扶贫资金的长效投入机制作为重点工作来抓，加大贫困地区文化扶贫资金的转移和支付力度，一般性转移支付资金、各类涉及民生的专项转移支付资金和中央预算内投资要进一步向贫困地区、贫困人口倾斜。[1]各级政府要加大对文化扶贫的资金投入力度、保障文化扶贫工作的经费。同时要引导社会团体、慈善机构、企业、个人等民间资本参与到文化扶贫工作中来，构建文化扶贫的多元筹资机制，加大对贫困地区公共基础设施、公共信息设施的建设力度，提供充足的公共文化产品，提高农民的文化生活，满足贫困群众的文化需求。还要大力发展教育资源，保障贫困地区儿童接受良好教育、获得平等发展机会。确保政府扶贫投入力度与文化扶贫的需求相适应，保障文化扶贫的需求。

（2）建立组织运行的长效机制。基层党委和政府要充分认识文化扶贫的重要意义，将文化扶贫发展纳入政府工作的总体规划中，不断完善贫困地区文化组织构建。要结合当地实际，制订符合实际的文化扶贫计划，明确文化扶贫的目标、意义、方法，实现贫困人口文化活动的有序化、完善化。在文化服务形式上，要贴近群众的需求和实际，建立贫困地区文化队伍，充分调动贫困群众参与的积极性，引导贫困地区贫困群众发扬和创新传统文化、当地特色文化，充分激发当地文化内在活力。建立文化扶贫日常工作机制，建立基层文化领导小组，强化县、乡两级领导责任，确保文化扶贫工作职责清晰、分工明确、责任到人、考核到位，把各项措施落到实处。

（3）完善文化扶贫的人才保障机制。实现农村文化建设，人才是关键，要打造一支高文化素质的人才队伍。从制度入手打造农村文化干部队伍，鼓励德才兼备、有创业激情的大学生和干部去农村任职挂职，负责抓农村文化工作并将其制度化、常态化。建立扶贫干部培训制度，引导干部树立

---

[1] 李如文. 实施精准扶贫战略 实现"十三五"规划目标[J]. 学理论，2017（7）：29-31.

正确的政绩观，避免在扶贫工作中出现官僚主义、形式主义等不正之风，积极开展与高等院校、科研机构等相关部门的合作，加强对基层文化工作人员的培训，不断提高他们的文化素质和业务水平。建立健全扶贫队伍考核标准，完善基层干部文化工作考评体系，将文化扶贫工作水平纳入绩效考核。着力改善农村文化人才待遇水平，切实解决编制不足、待遇不高等问题，保障他们在待遇水平、职称评定、荣誉奖励等方面的正当权益。推进文化志愿服务，习近平总书记指出："在实践中，我们形成了不少有益经验，概括起来主要是加强领导是根本、把握精准是要义、增加投入是保障、各方参与是合力、群众参与是基础。"[1] 应该充分发挥大学生村官、文化单位、志愿者团队的作用，动员各方志愿力量参与到文化扶贫工作的进程中来，建立结对帮扶清单，有针对性地"结对子"实施精准帮扶，充实文化扶贫人才队伍，集中各方智慧和力量，拓展文化志愿服务的内容，提高文化扶贫的效能。

（4）完善文化扶贫的监督考核机制。各级党委和政府要签订文化脱贫责任书，明确各地区各部门在文化扶贫工作中承担的责任，将文化扶贫纳入精准扶贫的考核体系中，建立文化扶贫督察和考核制度，实施督察问责机制，对文化扶贫工作推进不力的部门和地区严格追责。完善文化扶贫绩效考核评估机制，对文化扶贫落实情况进行科学考核，不仅要考核基层文化扶贫资金的使用状况、文化设施、文化演出、文化设备的投入建设情况，还要实地考察文化扶贫对贫困人口生活状况的改变，确保文化扶贫落实到位。建立完善的民主监督机制和奖惩机制，通过建立扶贫网络信息库、公告公示、民主评议、农民申请等方式，公开文化扶贫的资金安排和项目建设情况，充分尊重贫困地区群众的意愿，让贫困地区群众参与文化项目建设的全过程，实现文化扶贫全流程的公开化、透明化。建立完善的文化扶贫评估机制，对文化扶贫推进工作完成好的地区、单位和个人要予以奖励，对完成能力差、弄虚作假、占用与挪用文化资源的地区、单位和个人予以重罚并追究相关责任。开展民主监督，充分发挥社会监督的作用，确保文化扶贫各项工作责任到位、任务到位、落实到位。

（二）加强供需对接，提高公共文化供给精准度和群众满意度

贫困地区文化项目建设起点低、底子薄，不能满足基层群众的基本需求，阻碍文化扶贫工作的顺利开展，是文化扶贫急需解决的问题。中共中

---

[1] 庞好月. 新时代背景下农村文化扶贫问题探究[J]. 山西农经，2018（13）：32-34.

央办公厅、国务院办公厅《关于加强公共文化服务体系建设的若干意见》中提出"提高对公共文化服务体系建设重要性的认识,加快建立覆盖全社会的公共文化服务体系,是维护好、实现好、发展好人民群众基本文化权益的主要途径,反映了广大人民群众的意愿,体现了社会主义制度的优越性,对于促进人的全面发展、提高全民族的思想道德和科学文化素质、建设富强民主文明和谐的社会主义现代化国家,具有重要意义"。要认真贯彻落实文件精神,不断提升贫困地区文化基础项目建设力度和水平,改变当前文化基本项目建设现状。

(1) 加快文化基础设施建设,解决文化服务"最后一公里"问题。从贫困地区的实际出发,整合基层文化资源,在现有文化基础设施的基础上,通过调整置换、盘活存量,将基层综合性文化服务大院、文化阅览室、科技培训班、党员活动室等服务设施建设在一起,这样投资少,效率高,能快速形成一种新型的农村文化形态,文化大院承担着文化知识教育、科学技术普及、信息技能传播等多种职能,通过这一平台提高广大农民的知识水平,开阔他们的视野,提升他们的生产技术水平,从而促进农村经济的发展。

(2) 实施公共文化服务工程,进一步提高公共文化服务能力。通过政府购买、补贴等方法,鼓励文化团体、文化组织为贫困地区提供文化服务等多种方式,为贫困地区提供公益性文化演出、电影放映、话剧演出、文艺汇演等多种形式的公共文化服务,促进公共文化服务的均等化。建立贫困乡村基层综合服务中心,作为文化扶贫的重要任务,积极开展流动文化配送,进一步实现电视网络服务全覆盖,充分发挥服务中心的作用,将服务中心建成文化固定服务点,让贫困群众有书看、有报读、有广播听、有电视看,进一步丰富公共文化产品供给,提升公共文化服务水平,使服务中心真正成为贫困群众的文化田园、精神家园、幸福乐园。

(3) 大力促进地方特色文化的开发与利用。通过支持贫困地区根据当地特色文化资源兴办小微企业、个人工作室等形式来发展特色手工业、旅游业,提升贫困地区的文化建设能力,鼓励发展贫困地区的艺术生产、加工和创作,使贫困人口成为文化的生产者、消费者。

(4) 拓宽群众文化需求征集和意见反馈渠道。要摸清群众的旅游、健身、时尚、情调、交往、安全等软性需求,可以通过走访了解,发放问卷调查表,也可设置意见箱,让群众把自己的文化需求通过写信的方式反馈出来。新媒体时代,开设服务热线,开通微博文化窗口、微信文化反馈窗口等平台,及时发布文化建设政策及特色文化活动的举办通知和举办新闻,及时宣传、适时掌握群众的文化需求情况。

(5) 对贫困群众参与公共文化的数据和信息进行及时研判。建立各村文化扶贫信息台账,建立信息公开平台,把各项文化扶贫政策、涉农文化政策及落实情况信息全部收入,便于群众用智能手机查询、监督。引进专业的技术团队,对收集到的数据进行处理,分析得出群众的文化意愿、倾向和需求。

(三) 完善主体建设,动员社会各界力量参与文化扶贫建设

国内扶贫实践经历表明,目前我国政府采取的是自上而下的扶贫模式并且负有主要责任,这不仅加大政府行政负担也降低文化扶贫效率,因此,需要外界力量的辅助。以社会组织、企业、高校及乡村文化人才为主的社会多元力量为支撑,积极发挥农民主体性。企业、文化类社会组织、文化志愿者队伍、文化类研究者,这些群体对公共文化建设有一定程度的了解,甚至有些人长期深入贫困群众生活中,对群众的文化需求有较深入的了解。[1] 让这些群体参与进来,听取他们的意见,可以使贫困地区的公共文化服务从前期规划、中期执行到后期考核都能体现群众的意愿。

企业具有经济资源,也是在乡村文化扶贫中实现农民主体性不可忽视的一股重要力量。从邓小平选择市场经济、江泽民坚持市场经济、胡锦涛改造市场经济再到如今习近平完善市场经济,可以看出中国共产党对社会主义市场经济主体——企业的支持和发展。一方面,企业可以满足农民群众个性化、多样性和高层次的文化需求,弥补政府及其附属机构对乡村文化产品和服务供给不足、改善文化产品和服务单一状况等,在农民自身文化需求能得到极大满足之后,可以有效地激发农民参与乡村文化建设的热情;另一方面,企业还可以通过对公益性文化服务的投入树立企业形象、增加社会效益、扩大企业影响力。所以,既要加强对企业的合理监管,防止其以扶贫名义为企业推销商品,又要发挥政府购买公共文化的制度作用,引导企业参与文化扶贫。

高校作为区域性乃至全国性的智力库,具有十分丰富的人力资源,通过不同学科的视角开展文化扶贫的研究,以多种方式促进乡村文化发展。不同类别的高校对文化扶贫能起到不同的作用,如师范类院校通过教育资

---

[1] 李江.乡村文化扶贫中农民主体性及实现路径研究[D].成都:中共四川省委党校,2019.

源供给向农村地区传播思想、观念和价值观，提升农民文化水平；科技类院校通过发挥技术优势，向农民提供技术支撑；艺术类院校从文化载体上丰富农民文化活动。高校要发挥自己独有的人力资源、技术资源优势，相互取长补短，倾听农民群众的实际心声，使其顺畅表达自己的心愿。只有在农民主体地位得到尊重以后，才能进一步提升农民主体性。

（四）利用"互联网+"技术，创新文化扶贫的载体和途径

依托"互联网+文化""互联网+扶贫"的形式，大力推进贫困地区农村信息网络化，构建信息资源共享和利用体系，有效解决扶贫对象分散造成的文化产品供给和需求之间不平衡的矛盾，实施文化惠民、信息惠民、数字惠民等工程[1]，通过信息技术的应用，建立文化需求与供给、监督与管理、结果反馈等精准扶贫数据库，大幅提高文化扶贫的精准性。

（1）建立文化需求与供给的动态数据库。运用信息技术对文化需求进行精准识别，建档立卡并建立问题清单，根据贫困户的文化需求迅速匹配、指定相应的文化扶贫的机构、方式、渠道、手段。通过需求和供给数据库的有效连接，实现文化扶贫供给与需求的完整科学对接，对提出需求的个体进行精准帮扶。建立文化扶贫供给档案库，引导社会力量积极参与。

（2）建立文化扶贫监督管理数据库，通过对相关信息的动态监督，建立扶贫成效评估机制，对帮扶效果、帮扶过程、帮扶手段等进行动态的监督，及时发现并反馈其中存在的问题，以便针对存在的问题提出进一步的改进措施，增强帮扶成效。

（3）建立文化扶贫结果反馈数据库，通过对文化扶贫过程中大数据的总结，归纳出不同地区、不同年龄、不同受教育程度的贫困人口所面临文化方面最突出的问题和需求，为政府下一步进行资金投入、文化项目建设等具体工作提供科学参考。

（4）充分利用当前"媒体融合"的发展趋势，尤其发挥好县域媒体融合对文化扶贫的积极作用，打通媒体传播的"最后一公里"，充分利用广播、电视、报纸、网络等多个媒体介质加大扶贫政策宣传力度，畅通扶贫政策、农产品销售和农业信息宣传咨询渠道，实现扶贫工作的无时差、零距离。

（五）挖掘地方文化优势，实施青少年教育扶贫

---

[1] 丁士军，王妙. 新时期文化扶贫的有效路径探析[J]. 学习与实践，2017（10）：122-126.

在全面建成小康社会的决胜阶段，在实现中华民族伟大复兴中国梦的过程中，创造性地开发利用贵州沿河土家族地方文献信息资源，发挥地方文献资源在推动青少年思想道德建设中的作用。

地方文献全方位立体地反映了区域政治、经济、军事及社会生活发生发展的过程。通过发挥地方文献的优势，通过有效的途径做好青少年思想道德教育，使地方文献在青少年思想道德建设中发挥应有的作用。

（1）挖掘地方文献的精神内涵，构建思想道德建设载体。地方文献的立体性、历史性、思想性和教育性融合统一，有丰富的文化精神内涵。一个个地方名人，一个个生动感人的故事，折射出伟大的人格魅力和风范，是非常宝贵的文化精神财富，更是开展青少年思想道德教育的生动教材。按照贴近生活、贴近青少年的原则，开发利用好地方文献资源，调动青少年参与的积极性，打造核心价值精神品牌，培养青少年良好的思想道德品质。帮助广大青少年树立建设国家、发展家乡的梦想，树立正确的世界观、人生观和价值观，使他们成为中国特色社会主义事业的合格建设者和可靠接班人。

（2）馆校联合开展创建活动，创新思想道德建设形式。地方文献中的优秀作品和思想文化精髓在这里渗透传承，人类发展进步的新知识、新技术在这里汇聚传递。加强馆校联合，开展创建活动，让地方文献成为学校德育强有力的拓展和延伸。通过开展多种多样内容鲜活、形式新颖、适合青少年的道德实践活动，实现馆校互动。通过送教上门，联合开展主题活动，分小组合作探究地方文献的精髓。为青少年思想道德建设注入活力，推动德育工作向前发展。

（3）整合辅导员队伍资源，完善思想道德建设服务体系。为了充分利用地方文献，除了陈列在图书馆的图片、史料外，还应进一步拓宽社会资源，建立一支以老专家、图书馆宣教人员为主的高素质的青少年思想道德教育校外辅导员队伍。[1] 以访谈的形式，请学生和宣讲人员讲革命故事，让光辉的形象鼓舞人；请老英雄讲历史、谈人生，与青少年共同探讨在新时代，应该如何栽种理想，让美好的憧憬激励人；通过游戏互动，明辨是非，互相评价，用真切的体验指引人。延伸青少年思想道德教育的广度和深度，增强思想道德教育的参与性和启发性，在活动中体验，在体验中思

---

[1] 蒋筠.弘扬红色精神　加强德育教育：在新形势下革命纪念馆如何加强未成年人思想道德建设[J].改革与开放，2014（5）：84-86.

考，在思考中领悟，在领悟中践行。

（4）优化评估体系，实现思想道德建设价值最大化。从地方文献开发建设的深度、加工整理的精度、创新利用的高度、价值评估的维度四个方面，结合青少年思想道德建设开展活动，使地方文献服务社会的价值得到最大限度的彰显，实现青少年思想道德建设价值最大化。我们成立评估小组，对思想道德建设的成效进行评估。以"悟、行、鉴"的图卡理念，在体验中"悟"，在生活中"行"，在群体中"鉴"。青少年思想道德教育由单一的灌输改为双向多元的心灵沟通和身体力行，从而切实提高青少年思想道德教育的成效。图卡作为青少年思想道德教育的载体，变被动为主动，变抽象为生动可感，体现了青少年思想道德品质提升的心路历程，有利于进行价值评估。

六、案例介绍

（一）全国首家"24小时土家书房"案例

2018年8月3日上午，"24小时土家书房"启用仪式在贵州省沿河土家族自治县民族文化广场举行。该书房由张家港市人民政府赠建，张家港市文化广电新闻出版局、张家港市图书馆设计承建，建筑面积26.25平方米，藏书3 000册，总投资60万元，是张家港市和沿河土家族自治县结对帮扶、扶贫先扶智、实现精准脱贫的重要举措，是弘扬"团结拼搏、负重奋进、自加压力、敢于争先"的张家港精神、提振沿河市民精气神、凝心聚力促发展的生动实践。

土家书房在全国开创了24小时主题自助图书馆的先河。以土家文化为特色，建筑主体采用坚固耐用、移动方便的集装箱箱体，两侧设计成"马头墙""高翘檐角"的造型，外部色调以近似原木色的土黄色为主，屋檐借鉴土家古建筑的灰黑色屋檐，内部空间以干净自然的白色和原木色进行搭配，智能区用黑色予以点缀，既有现代建筑气息，又有传统的土家民居风格。内设土家族文献专柜、土家族文献数据库等，是学习、研究、展示土家文化的新窗口。

土家书房在全国首创人脸识别智能管理系统。将人脸采集与身份证、手机号、微信绑定，读者可以通过人脸识别、身份证、微信三种途径入室借阅，智能管理系统会自动采集面部特征，自动区分刷卡与未刷卡读者并做相关提示。同时还具有自助借还、自助办证、语音提示、自动照明、智能空调、远程监控、消防报警、故障自检、应急响应、数据分析等各种功能，是新一代无人值守智能图书馆。

土家书房在全国24小时自助图书馆中，率先引入了儿童优先的阅读理念。专设少儿阅读区，设计了符合少儿读者阅读心理的台阶式阅览座位；增加少儿图书比重，少儿图书数量达到了馆藏总数的三分之一；在纸质和数字阅读的基础上，布设了阅读成长测量尺，推动婴幼儿早期阅读。强化内部空间休闲性，书架分置内墙两侧，长桌阅读区靠开窗一侧，中间为可坐可阅的多功能书柜，打破了箱体建筑方正呆板的格局，给读者更加丰富的阅读体验，是"书香沿河"建设的新载体。

土家书房为全国贫困地区建设24小时自助图书馆提供了范例。沿河为国家级深度贫困县，经济基础比较薄弱，文化设施相对落后，县域图书馆总分馆体系尚未建立，图书馆专业人才相对缺乏。该书房自带服务器，导入县图书馆书目数据，能开展图书的远程加工等业务活动。业务建设与县图书馆现有基础相适应，与全县图书馆事业发展目标相衔接。网络采用更符合贫困县实际的ADSL，远在千里之外的张家港市图书馆能为之提供远程技术支持。内置的自助售卖机和户外电子显示屏可以增加部分收入，弥补书房日常运行经费开支。同时，户外电子显示屏还定期播放知识讲座、就业信息、农产品市场行情等，成为扶贫攻坚的助推器。

"24小时土家书房"的建成启用，彻底改变了沿河市民阅读权利保障不足、科技信息服务不够等现状，标志着沿河的全民阅读和"书香沿河"建设进入了崭新的发展阶段，必将为沿河打好脱贫攻坚战提供强大的精神动力和智力支持。

（二）沿河土家族自治县24小时新时代文明实践驿站案例

沿河土家族自治县24小时新时代文明驿站是东西部文化扶贫协助的文化惠民工程，是全国首创集文明实践、志愿服务、阅读推广、分享交流、家庭教育等多功能于一体的公共学习空间，是打通宣传群众、教育群众、关心群众、服务群众的"最后一公里"的基层创新载体。该项目由江苏省张家港市人民政府赠建，2019年11月正式投入使用。

1. 项目建设背景意义

新时代文明实践建设是以习近平同志为核心的党中央做出的一个重大决策部署，是党中央重视和加强基层思想政治的战略部署，是打通宣传群众、教育群众、关心群众、服务群众"最后一公里"的重要举措。它以"传思想、传政策、传道德、传文化、传技能"为宗旨，主要内容就是学习科学实践理论，宣传宣讲党的政策，培育践行主流价值，丰富活跃文化生活，持续推进移风易俗。

开展新时代文明实践活动是推动新时代中国特色社会主义思想深入人心，进一步加强改进农村基层宣传思想文化工作和精神文明建设；是创新农村基层宣传思想文化工作，深化农村精神文明建设，适应新时代人民群众对精神文化生活新期待的新载体，有助于不断深化社会主义核心价值观的践行培育，不断提升人民思想觉悟、道德水准、文明素养和全社会文明程度；有助于乡村振兴发展，发挥文明实践思想政治引领、传播党的声音、传承优秀传统文化、培育文明风尚、提供惠民服务，用中国特色社会主义文化、社会主义思想道德牢牢占领农村思想文化阵地，有效提升农民精神风貌和乡村社会文明程度，更好推动农民全面发展、农村全面进步；有助于精准对接群众需求，进一步满足农民精神文化生活新期待。

沿河新时代文明实践驿站为文化精准扶贫提供了强大的智力支持，通过文化灌溉，不断提升贫困地区人民的文化素养，传播新的文化、知识和价值观念，增强群众的文化自信与脱贫信心，不断满足贫困地区群众精神文化需求；新时代文明实践驿站为文化精准扶贫提供了强有力的组织保障，它以志愿服务为主要形式，以文化志愿者为主体力量，依托大量文化工作者的优势，深入开展各项文化志愿服务活动，这为文化精准扶贫提供了良好的丰富的人才支援。

2. 24小时新时代文明实践驿站介绍

目前，沿河土家族自治县共有两家24小时新时代文明实践驿站。位于县人民政府广场的24小时新时代文明实践驿站建筑面积60平方米，藏书4 100册。位于民族风情街的24小时新时代文明实践驿站建筑面积40平方米，藏书3 100册，都采用了智能管理24小时开放方式，市民通过"刷脸"、刷身份证或微信都可以随时入室免费借阅。

3. 24小时新时代文明实践驿站的特点和功能

一是文化传播的连心桥。新时代文明实践驿站采用智能管理并且24小时开放，市民通过"刷脸"、刷身份证或者微信，可以随时入室免费借阅。驿站依托土家书房，以图书为载体，以阅读为媒介，以志愿服务为纽带，为易地扶贫搬迁至县域居住的居民提供方便、周到的阅读服务，打通宣传群众、教育群众、关心群众、服务群众的"最后一公里"，引领文明实践，推动文化传播。

二是思想引领的引航站。驿站内设有新思想学习区、亲子阅读区、科普阅读区、文艺阅读区、数字阅读区，通过开展学习实践科学理论、宣传宣讲党的政策、培育践行主流价值、持续深入移风易俗等阅读活动，推动习近平新时代中国特色社会主义思想"飞入寻常百姓家"，充分发挥了政策理论宣传、淳朴民风引导、良好家风培育、移风易俗等服务功能。

三是志愿服务的根据地。驿站内设有文化志愿服务区，建立了供需对接、志愿服务和服务评价3项机制，依托"新时代文明实践服务队""亲子阅读启蒙教育队""脱贫攻坚政策宣讲队"3支文化志愿服务队伍，开展文化志愿者招募，了解并向县文明实践中心反馈市民需求，承接或组织开展形式多样、内容丰富的文明实践志愿服务活动等，成为志愿服务者集聚交流、开展服务的家园和阵地。

4. 社会成效

24小时新时代文明实践驿站自2019年5月31日建成试开放以来，已经初见成效，2019年已招募文化志愿者30人，开展文化志愿服务126人次、服务时长442小时；收集到市民需求27条，设计并实施文化志愿服务项目3个，惠及市民1 400人次；接待读者28 833人次，新注册读者1 206人，包括2018年建成的土家书房在内，注册读者总数达到了3 684人，其中建档立卡贫困户213人。

（三）西部地区首个县级志愿服务网——"志愿沿河"网

2020年5月21日，西部地区首个县级志愿服务网——"志愿沿河"网在贵州省沿河土家族自治县启用。同步启用的还有2个24小时新时代文明实践驿站和1个新时代文明实践志愿服务指导中心。这是张家港市继2018年赠建首个土家书房、2019年赠建2个24小时新时代文明实践驿站之后，送给沿河广大市民的又一"文化大礼"。

据介绍，这次启用的2个24小时新时代文明实践驿站、1个新时代文明实践志愿服务指导中心和"志愿沿河"网，分别由张家港市人民政府和张家港市委宣传部（文明办）赠建。

2个24小时新时代文明实践驿站分别位于官舟镇和舟社区和思州B区黄板社区，面积分别为95平方米、130平方米，藏书各5 000册，都采用智能管理24小时开放。"志愿沿河"网采用"互联网+"技术，具有网上登记注册、志愿服务需求项目和志愿服务项目发布、志愿服务成功对接、报名参加活动、自动定位并计算志愿服务时长、自动积分、实时显示志愿服务动态、自助积分礼品兑换、志愿服务宣传培训等功能。

在黄板社区24小时新时代文明实践驿站东侧还赠建了1个新时代文明

实践志愿服务指导中心，面积45平方米，具有接待、志愿者管理、志愿活动审核发布、志愿服务成效展示等功能，是全县志愿者的注册、管理、指导中心。同时帮助沿河修订完善了注册登记、志愿礼遇等一系列志愿服务管理制度。

易地扶贫搬迁是习近平总书记精准扶贫精准脱贫"五个一批"工程的重要举措。此次启用的2个24小时新时代文明实践驿站和1个新时代文明实践志愿服务指导中心所在的和舟社区、黄板社区都是易地扶贫搬迁安置点。两个安置点共有易地扶贫搬迁人口10 229人，其中建档立卡贫困人口6 956人；共有3~16周岁学生2 875人，其中建档立卡贫困学生1 817人。两个安置点周边共有5所学校，学生8 923人，其中建档立卡贫困学生2 759人。安置点学生在周边学校就读的有963人。24小时新时代文明实践驿站和新时代文明实践志愿服务指导中心同时也是校外教育基地，在为安置点居民服务的同时，重点为安置点周边学校学生提供服务。

地处武陵山集中连片特困地区的革命老区县沿河土家族自治县，是贵州省14个深度贫困县之一，铜仁市唯一的深度贫困县。自2017年3月张家港市与沿河土家族自治县正式建立东西部扶贫协作对口帮扶关系以来，张家港市始终坚持以促进人的全面发展理念指导扶贫开发，把扶贫与扶志、扶智相结合，以实施"长江水·乌江情——党建引领促脱贫"和"长江水·乌江情——文明引领助脱贫"两大工程为抓手，着力推动文明共建，激发贫困群众脱贫思进、崇德向善的内生动力。

自2018年开始，张家港每年向沿河赠建"24小时新时代文明实践驿站"。目前为止已赠建"24小时新时代文明实践驿站"5家、新时代文明实践志愿服务指导中心1家，总面积396.25平方米，总投资430万元。其中，第1家"24小时土家书房"位于民族文化广场，于2018年8月3日启用，建筑面积26.25平方米，藏书3 000册。第2家、第3家于2019年11月7日启用，开始采用新名称"24小时新时代文明实践驿站"，位于县人民政府广场的"24小时新时代文明实践驿站"建筑面积60平方米，藏书4 100册；位于民族风情街的"24小时新时代文明实践驿站"建筑面积40平方米，藏书3 100册。2019年又投入张家港市级财政对口帮扶资金200万元，在易地扶贫搬迁安置点和舟社区、黄板社区配套建设2个24小时新时代文明实践驿站、1个新时代文明实践志愿服务指导中心，4月底建成。此次正式启用，标志着沿河的新时代文明实践驿站体系、新时代文明实践志愿服务体系、图书馆总分馆服务体系框架在贵州省率先构建完成。

自 2018 年 8 月第 1 家书房建成开放以来，到 2020 年 4 月 30 日为止，已经正式运行的 3 家驿站新增文化志愿者 41 人，设计并实施文化志愿服务项目 5 个，收集市民需求 82 条，参加文化志愿服务 450 余人次，服务总时长 5 436 小时，惠及市民 1 800 人次；注册读者总数 4 836 人，其中建档立卡贫困户 351 人，接待读者 96 157 人次，沿河城区共有常住人口 17 万余人，相当于人均利用驿站 0.56 次；外借图书 18 048 册次，总藏书 10 200 册，平均每册图书外借近 2 次，24 小时新时代文明实践驿站取得了明显成效。

江苏省对口帮扶贵州省铜仁市工作队沿河土家族自治县工作组组长、张家港市政协副主席，挂职任沿河土家族自治县委常委、副县长的陈世海表示，对口帮扶不是包揽包办，要用好外力更要激发内力。在深度贫困地区赠建新时代文明实践驿站，完善公共文化服务，好比是播下文化扶贫的种子，让这颗种子生根发芽，逐步解决内生动力不足的问题，解决意识和观念的问题，潜移默化带动贫困群众脱贫奋进、崇德向善，同创共建美丽新家园。

在张家港、沿河两地干部群众的共同努力下，截至 2019 年年底，沿河土家族自治县建档立卡贫困人口从 2016 年年底的 24 430 户 80 487 人减少到 6 612 户 20 239 人，贫困发生率从 13.13%下降到 3.3%，230 个贫困村（其中 50 个深度贫困村）还剩 22 个贫困村（其中 10 个深度贫困村）未出列。

2020 年是决战决胜脱贫攻坚收官之年。沿河作为国务院扶贫开发领导小组挂牌督战的全国 52 个未摘帽贫困县之一、贵州省 9 个未摘帽的深度贫困县之一，也是铜仁市脱贫攻坚的最后一个战场。"志愿沿河"网暨 24 小时新时代文明实践驿站的启用，必将进一步凝聚起更加积极向上的力量，共同攻克深度贫困最后"堡垒"，助力沿河顺利摘帽、精彩出列。

（本文系 2019 年度"江苏社科应用研究精品工程"市县专项课题立项项目的总研究报告）

新时代文明实践中的文化精准扶贫研究

——以贵州沿河土家族自治县文明实践驿站建设为例[1]

2018年9月21日至22日，习近平总书记曾在全国宣传思想工作会议上强调："要大力弘扬时代新风，加强思想道德建设，深入实施公民道德建设工程，加强和改进思想政治工作，推进新时代文明实践中心建设，不断提升人民思想觉悟、道德水准、文明素养和全社会文明程度。"建设新时代文明实践中心，是推动习近平新时代中国特色社会主义思想深入人心、落地生根的重大举措，是推动乡村全面振兴、满足农民精神文化生活新期待的战略之举。由此可以看出，新时代文明实践建设是推动乡村振兴战略和精准扶贫工作的重要抓手，为全面助力精准扶贫攻坚战和乡村振兴战略，决胜全面建成小康社会提供坚实基础。

一、建设背景及意义

新时代文明实践建设是以习近平同志为核心的党中央做出的一个重大决策部署，是党中央重视和加强基层思想政治的战略部署，是打通宣传群众、教育群众、关心群众、服务群众"最后一公里"的重要举措。它以"传思想、传政策、传道德、传文化、传技能"为宗旨，主要内容就是学习科学实践理论，宣传宣讲党的政策，培育践行主流价值，丰富活跃文化生活，持续推进移风易俗。开展新时代文明实践活动是推动新时代中国特色社会主义思想深入人心，进一步加强改进农村基层宣传思想文化工作和精神文明建设；是创新农村基层宣传思想文化工作，深化农村精神文明建设，

---

[1] 作者陈世海，系政协张家港市委员会党组成员、市委宣传部副部长、市文体广电和旅游局党委书记；中共沿河土家族自治县委常委、县人民政府党组成员、副县长（挂职），江苏省对口帮扶贵州省铜仁市工作队沿河土家族自治县工作组组长，江苏省张家港市对口帮扶贵州省沿河土家族自治县工作组党支部书记。作者缪建新，系张家港市图书馆研究馆员。作者李倩，系张家港市图书馆馆员。作者谢琦，系张家港市图书馆助理馆员。

适应新时代人民群众对精神文化生活新期待的新载体，有助于不断深化社会主义核心价值观的践行培育，不断提升人民思想觉悟、道德水准、文明素养和全社会文明程度；有助于乡村振兴发展，发挥文明实践思想政治引领、传播党的声音、传承优秀传统文化、培育文明风尚、提供惠民服务，用中国特色社会主义文化、社会主义思想道德牢牢占领农村思想文化阵地，有效提升农民精神风貌和乡村社会文明程度，更好推动农民全面发展，农村全面进步；有助于精准对接群众需求，进一步满足农民精神文化生活新期待。

文化精准扶贫是指针对不同文化环境的贫困地区，依据其文化缺失的具体情况，运用科学有效的方法对文化帮扶对象实施精准识别、文化对接、阅读推广、精准管理的文化扶贫方式。通过精准实施各种面向对象和需要的项目，切实增强贫困地区人民文化水平，达到文化精准扶贫的根本目的。加大力度进行文化精准扶贫，能够切中文化发展滞后的要害，这将进一步提升贫困地区的公共文化服务水平，加快这些地区的公共文化服务体系的建设速度，从根本上改变贫困地区的落后状态，最终实现全面小康的总目标。

从建设内涵、服务内容和建设目的来看，新时代文明实践建设和文化精准扶贫两者统一于习近平新时代中国特色社会主义伟大实践中，在推动新时代中国特色社会主义建设中都发挥着重要的作用。新时代文明实践建设为文化精准扶贫提供了强大的智力支持，文化精准扶贫要充分发挥文化在扶贫中的思想引领性和观念引导性，在育民和惠民上做好文章。一方面要不断提升贫困地区人民的文化素养，传播新的文化、知识和价值观念，增强群众的文化自信与脱贫信心；另一方面要加强公共文化服务建设，增强公共文化供给，通过组织输送文化惠民演出、文化活动、全民阅读、公共文化设施等，不断满足贫困地区群众的精神文化需求。而新时代文明实践建设中"举旗帜、聚民心、育新人、兴文化、展形象"等使命任务，都是对文化育民、文化惠民的有力补给。

新时代文明实践建设为文化精准扶贫提供了强有力的组织保障。文化精准扶贫需要弄清楚谁来扶这个重大课题。文化扶贫，除了依靠外界的帮扶、支持外，最重要的还是要靠自身，需要提高贫困人口的文化自觉意识和自我发展能力，形成内生动力，说到底还是要依靠当地的文化工作者。新时代文明实践建设以志愿服务为主要形式，以文化志愿者为主体力量，依托大量文化工作者的优势，深入开展各项文化志愿服务活动，这为文精准扶贫提供了良好的丰富的人才支援。

新时代文明实践建设进一步深化文化精准扶贫内容。新时代文明实践建设强调团结群众、引导群众，以文化人、成风化俗，强调精准对接群众需求，精准开展各项活动，这有助于进一步深化文化精准扶贫内容，更好地通过指引和劝导贫困人口，结合各方力量，利用各种资源，创新方式、方法，用中国特色社会主义文化、社会主义思想道德牢牢占领农村思想文化阵地，切实增强贫困地区人民文化水平，达到文化精准扶贫的根本目的，并发动广大贫困地区群众为社会主义现代化建设献出自己的一分力。

二、张家港市在贵州沿河土家族自治县文化扶贫中的具体做法

2017年3月，小康路上"先行一步"的江苏省张家港市，与贵州省14个深度贫困县之一的沿河土家族自治县正式建立协作对口帮扶关系。由此，长江尾的张家港与乌江畔的沿河开启了全方位、宽领域的扶贫协作新模式。文化是一种最根本的精神力量，能在脱贫攻坚的征程中有效转化为物质力量。近年来，张家港市通过"文化走亲"的形式，在推动文明实践、文艺下乡、文化交流上创新尝试，有力助推张家港和沿河两地特色文化碰撞交融，让东西部文化帮扶越走越近、越走越亲。张家港在文化扶贫中，聚焦困难群体，精准对接其精神文化需求，通过惠民、育民等一系列措施，为沿河打赢脱贫攻坚战注入强大的文化力量，在沿河全市上下营造浓郁的氛围。

（一）紧扣文化交流，积极开展文化惠民演出，港城"吴歌"唱响靓丽沿河

张家港市通过举办"长江水·乌江情"文化交流周活动，以文艺轻骑兵的形式弘扬先进文化，激发贫困人群自我发展的内生动力。2018年、2019年连续两年举办以"东西协作　文化扶贫"为主题的"长江水·乌江情"张家港市—沿河土家族自治县文化交流周活动，由张家港精品舞台节目和贵州沿河特色民族文艺节目组成的演出随即上演，通过歌舞、戏曲、曲艺、小品等节目展现两地民俗风情和城市风采，促进艺术交流，增进两地感情，共筑美好梦想。活动旨在用优秀的文学艺术作品向沿河展示厚重的历史文化和发展理念，促使东西部进一步以文化为纽带，深化双向交流协作，共同谱写出一曲嘹亮的东西部扶贫协作历史赞歌。在文化交流周期间，张家港市围绕东西部扶贫组织的锡剧《一盅缘》专场演出、张家港评

弹艺术专场演出、沙龙剧《港城梦工厂》专场演出、张家港美术作品沿河展、精品文艺走进平原村及艺术采风、"传承文化根脉 共创精彩生活"张家港市—沿河土家族自治县非遗文化交流活动、"同饮一江水 共唱新时代"张家港市文化志愿者走进沿河活动、"携手逐梦"两地文化工作者交流座谈会等活动也相继开展，为沿河人民带去形式多样、内容丰富的文化盛宴，谱写了一曲张家港市与沿河土家族自治县两地人民团结一心、共建和谐的动人乐章。

（二）聚焦困难人群，积极开展文化赠建工程，港城"书香"飘进土家书房

精准扶贫贵在"精准"，"扶贫先扶志，扶贫必扶智"，文化扶贫必须聚焦困难人群，紧扣这类人群的文化需求，从"扶智"入手，通过提供精神文化食粮，转变其思想观念、提高扶贫的针对性。2018年，张家港市通过赠建24小时土家书房助推文化扶贫深入实施，通过提供主题丰富、内容多样的图书，为当地人民尤其是贫困人群提供知识援助，满足他们日益增长的精神文化需求。土家书房由张家港市人民政府赠建，张家港市文化广电新闻出版局、张家港市图书馆设计承建，建筑面积26.25平方米，藏书3 000册，总投资60万元，是张家港市和沿河土家族自治县结对帮扶、扶贫先扶智、实现精准脱贫的重要举措，是弘扬"团结拼搏、负重奋进、自加压力、敢于争先"的张家港精神、提振沿河市民精气神、凝心聚力促发展的生动实践。土家书房在全国开创了24小时主题自助图书馆的先河。以土家文化为特色，建筑主体采用坚固耐用、移动方便的集装箱箱体，两侧设计成"马头墙""高翘檐角"的造型，外部色调以近似原木色的土黄色为主，屋檐借鉴土家古建筑的灰黑色屋檐，内部空间以干净自然的白色和原木色进行搭配，智能区用黑色予以点缀，既有现代建筑气息，又有传统的土家民居风格。内设土家族文献专柜、土家族文献数据库等，是学习、研究、展示土家文化的新窗口。土家书房在全国首创人脸识别智能管理系统。将人脸采集与身份证、手机号、微信绑定，读者可以通过人脸识别、身份证、微信三种途径入室借阅，智能管理系统会自动采集面部特征，自动区分刷卡与未刷卡读者并做相关提示。同时还具有自助借还、自助办证、语音提示、自动照明、智能空调、远程监控、消防报警、故障自检、应急响应、数据分析等各种功能，是新一代无人值守智能图书馆。土家书房在全国24小时自助图书馆中，率先引入了儿童优先的阅读理念。专设少儿阅读区，设计了符合少儿读者阅读心理的台阶式阅览座位；增加少儿图书比重，

少儿图书数量达到了馆藏总数的三分之一；在纸质和数字阅读的基础上，布设了阅读成长测量尺，推动婴幼儿早期阅读。强化内部空间休闲性，书架分置内墙两侧，长桌阅读区靠开窗一侧，中间为可坐可阅的多功能书柜，打破了箱体建筑方正呆板的格局，给读者更加丰富的阅读体验，是"书香沿河"建设的新载体。土家书房为全国贫困地区建设24小时自助图书馆提供了范例。沿河为国家级深度贫困县，经济基础比较薄弱，文化设施相对落后，县域图书馆总分馆体系尚未建立，图书馆专业人才相对缺乏。该书房自带服务器，导入县图书馆书目数据，能开展图书的远程加工等业务活动。业务建设与县图书馆现有基础相适应，与全县图书馆事业发展目标相衔接。网络采用更符合贫困县实际的ADSL，远在千里之外的张家港市图书馆能为其提供远程技术支持。内置的自助售卖机和户外电子显示屏可以增加部分收入，弥补书房日常运行经费开支。同时，户外电子显示屏还定期播放知识讲座、就业信息、农产品市场行情等，成为扶贫攻坚的助推器。"24小时土家书房"的建成启用，彻底改变了沿河市民阅读权利保障不足、科技信息服务不够等现状，标志着沿河的全民阅读和"书香沿河"建设进入了崭新的发展阶段，为沿河打好脱贫攻坚战提供强大的精神动力和智力支持。

（三）突出精准对接，积极深化文化赠建项目，港城"驿站"点亮文明实践

为进一步深化东西部帮扶协作，丰富扶贫协作内容，拓展帮扶协作领域，丰富沿河新时代文明实践建设内涵，助力文化精准扶贫，2019年，在已赠建24小时土家书房的基础上，张家港市又为沿河量身打造、赠建了两个24小时新时代文明实践驿站，突出新时代文明实践"举旗帜、聚民心、育人心、兴文化、展形象"的使命任务，提供24小时自助开放、自我学习、图书阅览、图书外借、志愿服务、亲子阅读、分享交流等功能，使其成为沿河打通宣传群众、教育群众、关心群众、服务群众"最后一公里"的文化阵地，为沿河开展全民阅读、推动乡村全面振兴提供精神文化保障。

新时代文明实践驿站是推动新思想学习落地生根的重要举措。作为宣传习近平新时代中国特色社会主义思想的重要载体，新时代文明实践驿站内专设了习近平总书记新思想学习专区，提供新思想理论读物，及时把习近平新时代中国特色社会主义思想传递到千家万户。同时，室内提供理论宣讲活动阵地，通过这种接地气的方式，把新思想以春风化雨、喜闻乐见的方式传递到基层。新时代文明实践驿站是倡导移风易俗和家庭教育的主题宣传教育阵地。乡风文明是乡村振兴战略的重要内容，倡导移风易俗，

树立新时代文明新风尚。位于民族风情街的新时代文明实践驿站，突出文化宣传、知识普及的功能定位，在氛围布置上重点围绕移风易俗和家庭教育进行主题宣传，有利于充分发挥中华民族传统美德和优秀文化的感召力，积极引导广大群众参与其中，推动社会良好风气的养成。

新时代文明实践驿站是张家港深化东西部扶贫协作的又一创新举措，是继为该县赠建土家书房之后，送给沿河市民的又一重量级"文化大礼"，张家港市为沿河土家族自治县构筑完善的书香体系又添了一份力。

三、贵州沿河土家族自治县新时代文明实践驿站的建设意义

贵州沿河土家族自治县有很多村落都与交通要道距离较远，甚至与外界都来往较少，但他们的民族文化保存得相对较好，由于交通不方便，这里的物质条件非常落后，群众生活十分艰难，大山两边的孩子读书的机会更是少之又少。沿河作为国家级深度贫困县，经济基础比较薄弱，文化设施相对落后，县域图书馆总分馆体系也尚未建立，图书馆专业人才相对缺乏。贵州沿河土家族新时代文明实践驿站的建设是张家港深化东西部扶贫协作的一项创新举措，它的建成满足了社会公众的文化需求，延长了图书馆的服务时间、拓展了图书馆的服务空间，打通了城市阅读的"最后一公里"，真正体现了全民阅读的公益性、基本性、均等性和便利性，能够进一步推动沿河全民阅读和"书香沿河"建设，为打好沿河脱贫攻坚战提供强大的知识支撑和智力支持。

（一）有助于消除贫困人群的负面思想

相关调查指出，处在贫困地区的群众文化素质普遍不高，他们缺少获取信息的途径，也比较容易受到不良风气的影响。某些贫困地方的群众甚至盲目组织封建迷信活动，沉迷于聚众赌钱，获取知识的能力较弱，并且没有主动脱离贫困的想法。因此，贵州沿河土家族自治县新时代文明实践驿站作为文化传播的渠道，不但是当地群众汲取知识的殿堂，还是消灭愚昧无知的力量。在文化精准扶贫工作中，贵州沿河土家族新时代文明实践驿站潜移默化地使贫困地区的群众转变保守的思维方式，提升他们获取先进文化知识的技能，让他们体会到知识对自身发展的影响，为他们创造崇尚知识的良好氛围，帮助他们从根上消除负面思想。

（二）有助于打破城乡数字信息鸿沟

随着我国科技的迅速发展，人们渐渐意识到信息的重要性，不同人群

对信息的占有与使用情况也是不同的,而这样的差异在经济发达的城市与贫困的乡村之间变得格外明显。经济越是不发达的地方,它的文化建设水平也相对越落后,当地群众对信息的使用率也越低,导致了巨大的数字信息鸿沟,这就成了动摇社会稳定发展的一个因素。贵州沿河土家族新时代文明实践驿站在建设时,自带服务器,导入了县图书馆书目数据,并由张家港市图书馆提供远程技术支持,能够提升当地群众获取信息的能力,户外电子显示屏定期播放知识讲座、就业信息、农产品行情等,采取多种多样、不间断的信息传播方式,让他们体会到信息资源的价值,逐步减少城市与乡村之间的信息差距。这不但能够使信息资源有效传播,突显出驿站建设的意义,还能够唤醒当地贫困群众自主获取知识的意识,从而提升他们自主"造血"的能力。

(三)有助于有效推动文化精准扶贫工作

新时代文明实践驿站作为文化服务场所,积极加入文化精准扶贫工作之中,不仅使文化服务的受益面更广了,还能体现其均等化的服务理念,切合文化事业"接地气"的发展规律。在我国倡导建设文化惠民工程的背景下,为人们创造阅读条件,也体现了其文化激励与文化导向的作用。当前,贵州沿河土家族新时代文明实践驿站运用先进的信息技术采集数字化资源,构建数字化资源传播体系,建立数字化资源数据库,为贵州沿河的文化建设提供了高质量的文化资源,实现文化资源的精准传播。通过设立新时代文明实践驿站,真正发现其在该贫困区域中取得的效果与存在的问题,根据问题对症下药,而后总结经验教训,以贵州沿河土家族新时代文明实践驿站为标准,推动其他新时代文明实践驿站的建设,有效推动文化精准扶贫,推动乡村建设。

四、贵州沿河土家族自治县新时代文明实践驿站的建设现状

24小时新时代文明实践驿站的建成启用,有效缓解了沿河土家族自治县文化设施相对落后、县域公共文化服务体系欠缺等带来的文化贫瘠问题,改变沿河市民阅读权利保障不足、科技信息服务不够等现状,是张家港市和贵州沿河土家族自治县结对帮扶、扶贫先扶智、实现文化精准脱贫的创举。该项目自试运行以来,深受市民喜爱,并获得了良好的社会效益。

(一)选址科学合理,精准贴近百姓需求

一家新时代文明实践驿站位于沿河土家族自治县团结街道乌江广场

（县人民政府广场），坐南朝北，位于广场中央。属于燎原社区，周边单位、商铺较多，距五完小、六完小、四中直线距离均不到 1 千米，私立幼儿园较多。另一家新时代文明实践驿站位于沿河土家族自治县和平街道花花桥社区民族风情街，临江而建（滨江大道旁，周边有大型农贸市场、大华超市），居民较多，距 1 个完小和 3 个幼儿园直线距离不到 1 千米。总体而言，新时代文明实践驿站最终选址都设在人流量相对密集的广场、街区，方便市民借阅的地方。

（二）智能化设施将图书馆开放时间延长

众所周知，公共图书馆作为公益性事业单位，有固定的开放时间，贵州沿河土家族自治县的图书馆一周的开放时间如表 3-3 所示，为 69 小时。

表 3-3　贵州沿河土家族自治县图书馆开放时间

周一至周五	8:00—13:00	13:00—18:00	小计：10 小时×5 天=50 小时	合计：69 小时
周六、周日	8:30—13:00	13:30—18:30	小计：9.5 小时×2 天=19 小时	

从图 3-3 可以看出，人们进驿站的高峰时段为 18:00 到 20:00，20:00 到 24:00 所占的比例居第二位，这两个时间段恰是县图书馆的关闭时间，是由一些读者工作时间与图书馆开放时间相冲突造成的，而贵州沿河土家族自治县新时代文明实践驿站提供 24 小时全天候开放服务，该驿站在全国开创了 24 小时自助图书馆的先河，24 小时服务作为时间消费的标志，读者可以随时进入图书馆进行自主借阅，借还书不受时间限制，从根本上解决了读者的时间问题，真正实现时间、空间与流程的开放式服务，使读者有更多机会与时间阅读，获得无障碍阅读体验。

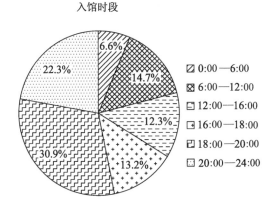

图 3-3　入馆时段饼状图

（三）馆藏丰富、重点突出，为市民提供丰富阅读资源

从表3-4可以看出，新时代文明实践驿站藏书量都比较多，都有数据库资源，并且占地面积很小。与大众化的农村书屋不同的是，该县作为全省首批9个新时代文明实践中心建设试点之一，新时代文明实践要做思想引领，所以驿站内的图书在涵盖成人读物、少儿读物、地方文献等多个类别之后，位于沿河土家族自治县人民政府广场的新时代文明实践驿站特别突出了与党建主题相关的图书，位于民族风情街的新时代文明实践驿站突出了以家庭教育为主题的图书。贵州沿河土家族自治县新时代文明实践驿站还注重特色文化资源的保护与利用，它以土家文化为特色，内设土家族文献专柜，并且数据库资源也与之相关，建设了土家族文献数据库，不仅能保证精准文化扶贫顺利完成，还能助推当地经济文化的发展。

表3-4 贵州沿河土家族自治县新时代文明实践驿站馆藏情况

地点	建筑面积/平方米	藏书/册	是否有数据库
县人民政府广场	60	4 100	是
民族风情街	40	3 100	是

（四）市民利用率稳步上升，社会效益初步呈现

据了解，贵州沿河土家族自治县新时代文明实践驿站从2018年6月试运行至今，借阅图书达12 200册，而贵州沿河土家族自治县图书馆在2018年借阅图书仅为3 142册。如表3-5所示，借书需求量最大的是从2018年9月到2019年1月，这5个月，每个月借书的总量都超过了1 000册，相当于仅3个月就超过了县图书馆1年的借阅量。据后台数据显示，在这些利用人群中，不少是登记在册的贫困人口，这一方面说明了贵州土家族自治县人民有旺盛的阅读需求，另一方面也显示了新时代文明实践驿站在满足人民精神文化需求、开展全民阅读方面发挥着重要的作用。

表3-5 贵州沿河土家族自治县新时代文明实践驿站借书情况

时间	借书总量/册
2018-06	285
2018-07	450
2018-08	935
2018-09	1 135

续表

时间	借书总量/册
2018-10	1 341
2018-11	1 489
2018-12	1 175
2019-01	1 022
2019-02	543
2019-03	664
2019-04	635
2019-05	711
2019-06	723
2019-07	558
2019-08	395
2019-09	139
合计	12 200

表 3-6 为驿站内流通次数前 20 的图书，从中可以看出，流通次数较多的是儿童文学类型的图书，并且在借阅者中，学生和儿童占了大部分，说明学生和儿童对驿站的需求也比较大，该驿站还率先引入了儿童优先的阅读理念，因此，驿站的建设不仅为儿童课余生活提供了场所，而且为儿童阅读推广服务提供了便利，能够给儿童带来不少好处。虽然在借阅人群中学生和儿童的人数较多，但很多中青年读者也在这样的情况下回归到阅读之中。所以，新时代文明实践驿站影响的不只是一小部分人，而是贵州沿河土家族自治县的每一个人，可以说是一项利国利民的工程。

表 3-6 贵州沿河土家族自治县新时代文明实践驿站图书流通排行榜

流通次数	书名	索引号
50	隐匿的巫女面具	J228.2/148：2
42	隐匿的巫女面具	J228.2/148：1
41	三毛流浪记	J228.2/122
41	怪物大师	I287.45/167：17

续表

流通次数	书名	索引号
40	怪物大师	I287.45/167：2
39	米小圈上学记	I287.45/63：3
38	怪物大师	I287.45/167：8
38	米小圈上学记	I287.45/63：2
36	让女孩着迷的世界公主故事集	I18/297：2
36	爸爸的时光机	I287.7/177
36	米小圈上学记	I287.45/63：4
36	湖南寻宝记	J228.2/135
35	小王子	I565.88/15
35	米小圈上学记	I287.45/63：7
35	海底总动员2 多莉去哪儿	J238.2/25
35	米小圈上学记	I287.45/63：5
35	爱听老舍	I216.2/28：3
35	米小圈上学记	I287.45/63：9
35	怪物大师	I287.45/167：10
34	米小圈上学记	I287.45/63：8

五、贵州沿河土家族自治县新时代文明实践驿站建设存在的问题

（一）群众自身接受意识淡薄，素质有待提升

扶贫实践中发现，贫困人口除因客观情况如环境、病残等致贫外，还有相当一部分贫困人口是因为个人思想觉悟不够而无法摆脱贫困，甚至脱贫后又返贫。通常表现为安于现状，不思进取，靠扶贫资金来维持生活而不是将其用于发展生产，是政府"要我脱贫"而不是"我要脱贫"。因此，要把这类贫困人口的思想从被动脱贫转化为主动脱贫，这样才能从根上脱贫。

贵州沿河的群众会由于其普遍教育水平低下，理解能力有限，无法深

入体会阅读对脱贫的重要意义；由于缺乏文化教育而存在文化自卑感，其思维模式进入恶性循环，进而远离文化场所；还有部分群众工作之余喜欢通过看电视、打游戏等活动打发时间。这些人都是因为自身思想问题而不愿意花时间和精力去看书，长此以往新时代文明实践驿站形同虚设，无人问津。

还有一个现实的问题就是人们由于受教育程度低，素质有待提高，经驿站内设置的 24 小时监控摄像发现，盗书、窃书的事情时有发生，室内的设施也出现了不同程度的损坏，如抠下墙上的文字图案、在桌椅上乱刻乱画等，还出现书籍借阅之后被撕页、遭破坏的情况，甚至有借无还。倘若不能改变这种现状，新时代文明实践驿站的发展就会受到阻碍。

（二）文献资源精准度有待提升

总体而言，2 家新时代文明实践驿站藏书量比较多，并且涵盖了成人读物、少儿读物、地方文献、党建读物等多个类别，驿站内重点设置了与党建主题相关的图书借阅区，但经调查发现，驿站内借阅次数较多的图书是与儿童文学、农业相关的书籍，与党建主题相关的图书借阅量比较少，说明配置到新时代文明实践驿站的书籍不完全符合贵州沿河土家族自治县群众的信息需求，因此，一定要在实用性上下功夫，深入挖掘贵州沿河土家族自治县人口的需求。由此看来，新时代文明实践驿站的书籍仍需进一步补充，在精准补充文献的力度上还有发展空间。

（三）管理有待加强，专业人才缺失

贵州沿河土家族自治县新时代文明实践驿站中绝大多数的管理人员为志愿者，或者兼职人员，他们没有经过系统的培训，对新时代文明实践驿站作用的认识度不高，专业知识欠缺、实践经验少，主动服务意识淡薄，难有强烈的事业心与责任感从事驿站管理工作，从而导致驿站内部分图书损坏、设施破坏等情况。

贵州沿河土家族自治县新时代文明实践驿站是以 24 小时自助的形式开放，自助服务是以读者为中心，满足读者需求的一种读者自我服务的形式，而这种形式对读者素质的要求比较高，新时代文明实践驿站的有效运行，依靠的是读者自助服务的能力。驿站贴有各项机器操作步骤，读者可以根据操作步骤进行操作；驿站也有相应的规章制度，如不许在驿站内抽烟、禁止大声吵闹等，读者要有一定素质；有些机器服务是和县级图书馆相关联的，读者要有获取信息的素质，才能便捷地享受驿站的服务，这些都需要驿站配备专门的人员进行管理与指导。

为了让驿站发挥最大的作用，需要让更多人利用驿站进行阅读，而现阶段阅读推广宣传力度不够，没有充分发挥媒体和公众平台的影响力，缺乏对图书的宣传，不利于图书功能的挖掘，致使文化精准扶贫的脚步迟缓，这也需要专业人才对驿站做一些阅读推广活动。

（四）缺乏有效的反馈机制

对贵州沿河土家族自治县新时代文明实践驿站的管理缺乏有效的反馈机制，缺乏与贫困地区扶贫工作领导小组的信息沟通，就不能及时发现和解决文化精准扶贫工作中出现的新情况、新问题，不定期对贵州沿河文化扶贫工作进展情况进行综合评价与分析，就不能调整文化精准扶贫工作的方式、方法。新时代文明实践驿站在建设过程中需要不断地总结和借鉴经验教训，不断地改进其发展形式、发展路径，提升服务效率，因此，反馈机制的建立，有利于进一步优化人力、物力、财力等资源的配置，提升资源利用率和服务精准度。通过准确地反馈文化精准扶贫所取得的经验、获得的成绩与遇到的障碍，还能够为其他文化精准扶贫工作的有效进行起到借鉴与参考的作用。

六、贵州沿河土家族自治县新时代文明实践驿站建设的改进策略

（一）进行思想教育，提升素质

新时代文明实践驿站可以利用馆藏资源和切实的教育服务引导贫困人口形成正确的人生观、世界观和价值观，对于仍没有脱贫意识的人群，要面对面帮助其树立起摆脱困境的斗志和勇气。一是加大力度宣传国家政策，尤其要重点突出扶贫政策，使贫困群众真切感受到党和国家对脱贫的高度重视，激发其脱贫意愿。二是传播先进文化，提升素质。把先进文化引进贵州沿河土家族自治县，使贫困群众意识到落后的文明素质会阻碍个人的发展，是脱贫道路上的障碍，要改变和发展必须得接受新思想新观念。三是通过树立典型，强化脱贫理念。邀请成功脱贫致富的个人典型讲述脱贫经历，增强贫困群众要脱贫的决心和信心。鉴于贫困人口的文化水平和接受能力不高，新时代文明实践驿站在举办这些活动时，可通过专题展板、视频电影、报告会等较为直观的方式进行。

（二）精准识别用户需求，进行信息资源推送

新时代文明实践驿站在建设过程中，要准确弄清楚该地区群众真正的

阅读需求，了解所缺乏的文化资源的种类，要"因地制宜""对症下药"，可以借助新媒体工具，与传统媒体相比，它授予信息传播者和信息接收者一样的地位，可为读者提供个性化信息服务，进而实现信息传播者和信息接收者之间的平等交流。新时代文明实践驿站倘若将新媒体工具运用在数字阅读、品牌宣传等业务上，将最大化地改变传统服务的流程，而读者可以使用智能手机获取信息、进行评论与反馈建议，用户将会得到不一样的服务体验。在进行文化精准扶贫时，新时代文明实践驿站可与当地人民政府或文化部门合作，弄清贵州沿河土家族贫困人群拥有智能手机的情况，并开讲座或进行相关培训，教他们如何通过手机获取信息。驿站还可以借助微信、微博等创建不同主题的群聊，使他们在线沟通、搜索信息更加便利，并创建贫困群众文化需求档案，通过文化需求的精准识别，提升文化扶贫的针对性。针对不一样的人群，提供不一样的服务，如针对农民工群体，应为他们提供相应的劳动就业指引服务；针对年纪较大的人群，可以提供相应的文娱服务或电子资源培训服务。

新时代文明实践驿站主动改变文化推送的形式与内容，创建多种类型的文献数据库，能够提升文化信息传递的针对性。在推送方面，可以运用微博、微信等社交软件，同时推送文件容量相对不大的内容，如小视频、图书简介、图书评论等，使贫困读者能够进行"碎片化阅读"。同时也可以引导用户进行自主搜索、下载所需的资源，如讲座视频、电视剧、电影等，满足他们的深层次阅读需求，从而充分利用资源。

（三）培养专业人员进行管理

在文化精准扶贫的背景下，对驿站管理员知识水平和服务能力提出了更高的要求。为此，新时代文明实践驿站需要培养选派图书管理经验丰富且有阅读推广经验的专业人才到驿站进行管理，所以要公开选拔新时代文明实践驿站管理员，提高管理员的管理水平和服务层次。同时应该对驿站管理员加强业务培训，并对相关数字资源的使用进行培训，使他们掌握驿站的基础业务流程，更好地满足群众的需求。在此基础上，根据不同贫困人群的具体需求，定时开展培训工作，有针对性地对驿站管理员进行一些业务强化，提升他们的业务水准和知识水平。必要时则应开展更高水平的教育和培训，在通晓和拥有图书馆专业技能的情况下，进一步提升驿站管理员的能力，从而满足群众学科化、专业化、定制化的服务需求，实现文化精准扶贫的目标。同时，可以制定一套激励机制，如精神嘉奖和物质奖励，使驿站的工作人员更有热情投身于工作之中，并不定期地进行检查评比，提高驿站管理员的服务能力，使其能够更高效地发挥作用，实现新时代文明实践驿站应有的价值，从而更好地为群众提供服务。

（四）建立长期有效的反馈机制

新时代文明实践驿站建设有待处理的问题是如何实现其可持续发展。现如今新时代文明实践驿站在国家文化精准扶贫的战略中占有一席之地，然而，新时代文明实践驿站要想发挥更重要的作用，就要不断总结和借鉴经验教训，转变新时代文明实践驿站的发展模式、发展路径，创建以人民需求为导向的精准反馈机制，以提高服务效能。

首先，要建立周密、科学的评估指标体系。和其他图书馆一样，"读者第一、服务至上"是新时代文明实践驿站建设的宗旨，因此，人民群众的满意度作为最重要的评估指标是没有异议的。满意度的调查可以用线下和线上两个方式来实现。线下途径是通过设置意见反馈簿收集读者的意见，或通过定期召开座谈会、交流会等方式来获得反馈意见建议；线上途径则是根据已有的各类公共数字文化服务平台，建立针对读者需要的集信息发布、需求征集、意见反馈、在线互动为一体的信息管理体系，使基层读者的文化需求尤其是对新时代文明实践驿站建设的需求可以实时地反映出来。

其次，要根据评估指标进行持续跟踪。从文化精准扶贫视角来讲，还要注意一下该地区贫困人群其他指标的变化情况，如他们是否接收了新的文化知识、他们的精神状态是否有所改变、他们是否有了自主脱贫的想法、他们的脱贫措施是否得到了落实、他们在脱贫方面是否取得了一些成效等。

最后，在示范性引导下持续改进。应以县为单位，遵循政府及发达地区图书馆示范性引导意见，借助优秀试点示范，不断进行总结，并可以将驿站建设的经验进行推广，逐步推动其他新时代文明实践驿站的建设。服务效果的精准反馈与完善的绩效评价机制，可以促进新时代文明实践驿站的持续改进，以实现"精准扶贫—服务反馈—改进调整—精准扶贫"的循环发展，更好地为用户服务，这是我们共同期待的美好愿景。

结　语

经济相对落后的根本原因在于文化水平低，因此，文化精准扶贫是我国现阶段发展的一项重大扶贫战略。文化精准脱贫是新时代文明实践驿站不可推卸的责任，应当把其作用发挥到最大，积极主动地按照文化精准扶贫要求建设与运行。要逐步提升贫困人群的文化知识水平，增强贫困人群脱贫的信心，改善当地文化贫困的状态，阻断贫困代际传递，根除贫困症结，实现城市乡村公共文化服务的普遍均等，并在可持续发展的长期进程中，不断探索新的路径。

［本文系2019年度苏州市社会科学基金项目（应用对策类）立项项目（序号：Y2019LX150，结项号：Y2019YB50），是2019年度"江苏社科应用研究精品工程"市县专项课题立项项目的分报告］

"后帮扶时代"东西部扶贫协作模式研究

——基于苏州·铜仁东西部扶贫协作实践的思考[1]

前 言

脱贫攻坚与乡村振兴作为当前中国社会的两大国家战略行动，是我国为实现"两个一百年"奋斗目标而做出的重要战略部署。东西部扶贫协作作为脱贫攻坚的一项重要内容，是推动区域协调发展、协同发展、共同发展的重大战略，是实现先富帮后富、最终实现共同富裕目标的重大举措。

2013年2月，国务院办公厅发布《关于开展对口帮扶贵州工作的指导意见》，确定了东部6个省（直辖市）的8个城市与贵州省8个市（州）的"一对一"结对帮扶关系，其中江苏省苏州市对口帮扶贵州省铜仁市。2016年7月，习近平总书记在银川召开东西部扶贫协作座谈会后，苏州市对口帮扶铜仁市工作上升到全国东西部扶贫协作范畴，江苏省对口帮扶贵州省铜仁市工作由苏州市具体负责，并由苏州市选派干部组建工作队赴铜仁市开展扶贫协作工作。2017年4月和10月，江苏省对口帮扶贵州省铜仁市工作队首批23名队员分批抵达铜仁，苏铜扶贫协作工作正式开启。3年多来，苏铜两市围绕到2020年全面建成小康社会目标，坚持扬长避短、协作共赢，全方位、多层次、宽领域开展东西部扶贫协作，取得了积极成效。

2020年是决胜全面小康、决战脱贫攻坚收官之年。2020年3月6日，习近平总书记在决战决胜脱贫攻坚座谈会上强调，"接续推进全面脱贫与乡村振兴有效衔接。脱贫摘帽不是终点，而是新生活、新奋斗的起点。要针对主要矛盾的变化，理清工作思路，推动减贫战略和工作体系平稳转型，

---

[1] 作者陈世海，系政协张家港市委员会党组成员，市委宣传部副部长、市文体广电和旅游局党委书记；中共沿河土家族自治县县委常委、县人民政府党组成员、副县长（挂职），江苏省对口帮扶贵州省铜仁市工作队沿河土家族自治县工作组组长，江苏省张家港市对口帮扶贵州省沿河土家族自治县工作组党支部书记。作者赵中华，系张家港市政府办党组成员、副主任；沿河土家族自治县政府办党组成员、副主任，县扶贫办党组成员、副主任（挂职）。作者黄丹，系张家港市文体广电和旅游局办公室科员。

统筹纳入乡村振兴战略,建立长短结合、标本兼治的体制机制"。10 月 17 日,在第七个国家扶贫日到来之际,习近平总书记又做出重要指示,强调"各地区各部门要总结脱贫攻坚经验,发挥脱贫攻坚体制机制作用,接续推进巩固拓展攻坚成果同乡村振兴有效衔接,保持脱贫攻坚政策总体稳定,多措并举巩固脱贫成果"。持续推进全面脱贫与乡村振兴有效衔接,是脱贫攻坚与乡村振兴交会和过渡时期的一项重大战略任务。做好两者的有机衔接和协同推进,既有利于巩固脱贫攻坚成果,形成长效脱贫机制,也有利于促进农业农村优先发展,推动乡村全面振兴。

反贫困是一个长期而艰巨的任务,打赢脱贫攻坚战消灭绝对贫困并不意味着反贫困的终结。随着超常规的脱贫攻坚战的结束,贫困问题将转变为相对贫困和多维贫困问题,统筹解决城乡贫困问题开始提上议程。站在推进全面小康社会与全面现代化"两个一百年"目标的历史交会期,探索脱贫攻坚与乡村振兴有效衔接这个重要的时代命题,实际上就是在考虑消除绝对贫困后,精准脱贫如何平稳过渡到乡村振兴的问题。本课题即以此为研究背景,在苏州·铜仁东西部扶贫协作取得的阶段性成效基础上,探索后帮扶时代脱贫攻坚与乡村振兴的衔接模式。

第一章 后帮扶时代脱贫攻坚与乡村振兴有效衔接的若干理论问题

打赢脱贫攻坚战和决胜全面建成小康社会的关键时期,同时也是推进乡村振兴战略实施的关键时期,必须准确分析脱贫攻坚与乡村振兴两者之间的逻辑关系,理解其丰富内涵,把握好准确方向。

一、后帮扶时代的界定

党的十九大明确把精准脱贫作为决胜全面建成小康社会必须打好的三大攻坚战之一。2018 年 6 月,中共中央、国务院印发《关于打赢脱贫攻坚战三年行动的指导意见》,其指导思想即确保到 2020 年贫困地区和贫困群众同全国一道进入全面小康社会,为实施乡村振兴战略打好基础;其任务目标即通过 2018 年到 2020 年的努力,确保到 2020 年我国现行标准下农村贫困人口实现脱贫,贫困县全部摘帽,解决区域性整体贫困。

同年 9 月,中共中央、国务院又印发《乡村振兴战略规划(2018—

2022年）》。根据该规划，近期目标：到2020年，乡村振兴的制度框架和政策体系基本形成，全面建成小康社会的目标如期实现；到2022年，乡村振兴的制度框架和政策体系初步健全。远景规划：到2035年，乡村振兴取得决定性进展，农业农村现代化基本实现；到2050年，乡村全面振兴，农业强、农村美、农民富全面实现。其中，2018年至2022年，既要在农村实现全面小康，又要为基本实现农业农村现代化开好局、起好步、打好基础。

由此可见，脱贫攻坚与乡村振兴两大战略行动与"两个一百年"目标高度契合，同时两大战略行动之间也存在一致性。从"两个一百年"目标和两大战略行动的时间表来看，集中交会于2020年和2050年，特别是2020年，可以说是承前启后的关键节点（图3-4）。2020年之前，是以脱贫攻坚夯实乡村振兴基础，把"产业兴旺、生态宜居、乡风文明、治理有效、生活富裕"的乡村振兴总体要求融入具体的脱贫攻坚行动；2020年以后，则是在脱贫攻坚任务完成、全面建成小康社会目标实现的基础上，以乡村振兴引领扶贫工作，巩固提升脱贫攻坚成果，不断提升全面小康水平，促进区域协调发展，推进全面现代化进程，从而实现"第二个一百年"目标。

图3-4 脱贫攻坚三年行动、乡村振兴战略规划与"两个一百年"目标及时间轴

基于此，我们将"后帮扶时代"的时间范畴界定为2020年脱贫攻坚任务完成、全面建成小康社会之后到2035年乡村振兴取得决定性进展、农业

农村现代化基本实现这一阶段，时间跨度为 15 年，其中 2021 年到 2022 年这两年，不妨将其作为后帮扶时代的起步阶段[1]。本课题主要以后帮扶时代起步阶段为重点进行研究与探讨。

二、后帮扶时代脱贫攻坚与乡村振兴的逻辑关系

脱贫攻坚和乡村振兴都是为实现"两个一百年"奋斗目标、都是围绕"三农"问题提出的国家战略决策，作为关系我国改革发展尤其是广大农村发展的两大重要战略部署，两者之间既存在紧密联系，又存在内在差异。

（一）脱贫攻坚与乡村振兴之间的紧密联系

1. 战略目标上的支撑与递进关系

如上文所述，脱贫攻坚与乡村振兴两大战略都紧扣"两个一百年"奋斗目标，都围绕"三农"问题，力求实现农业农村现代化。其根本目标都是建成社会主义现代化强国、实现中国人民共同富裕、实现中华民族伟大复兴。2018 年 9 月 21 日，习近平总书记在主持中共中央政治局第八次集体学习时明确指出，"打好脱贫攻坚战是实施乡村振兴战略的优先任务"。打赢脱贫攻坚战是全面建成小康社会"第一个百年"目标的核心和底线任务，没有脱贫攻坚，就没有乡村振兴；同时，乡村振兴作为"第二个百年"奋斗目标的核心和新时代"三农"工作的总抓手，只有实现乡村振兴才能从根本上解决农村的贫困问题，才能巩固和保持脱贫攻坚成效。换言之，脱贫攻坚是乡村振兴的基础和前提，乡村振兴是脱贫攻坚成果的巩固和保障。

2. 实施内容上的交叉与重合关系

脱贫攻坚在实施内容上涉及产业、文化、教育、医疗、党建、生态等诸多内容，其重要组成部分——东西部扶贫协作也涵盖组织领导、资金支持、产业合作、人才交流、劳务协作、携手奔小康六大方面若干领域。乡

---

[1] 关于 2020 年脱贫攻坚任务完成、全面建成小康社会之后这一时期，也有研究者将其称为"后脱贫时代""后扶贫时代""后减贫时代""后脱贫攻坚时代""后精准扶贫时代""新减贫时代"等，我们认为，脱贫攻坚任务已完成的情况下，不宜使用"脱贫"概念，鉴于贫困现象特别是相对贫困仍将存在，从宏观角度来讲，"减贫"相对合理。但考虑东西部扶贫协作是对口帮扶关系，本课题使用"后帮扶时代"这一说法。此外，我们认为，"后帮扶时代"的时间界定也不宜太长，到 2022 年显然不符合当前形势，到 2050 年实现乡村全面振兴也有失合理，故以到 2035 年"乡村振兴取得决定性进展、农业农村现代化基本实现"较为合适。

村振兴战略在"产业兴旺、生态宜居、乡风文明、治理有效、生活富裕"的总体要求下,包括农村一二三产业融合发展、小农户与现代农业发展有机衔接、繁荣乡村文化、提升乡村治理水平、提高农村民生保障水平等。两者之间在内容上存在高度的一致性,特别是在2018年到2020年期间,脱贫攻坚很多具体工作也是乡村振兴战略的实施内容,两者是同步进行的。[1]

3. 体制机制上的承接与延续关系

脱贫攻坚的体制机制是经过持续多年的攻坚战不断总结、不断完善而形成的,其中一些经过脱贫攻坚实践被证明是行之有效的,比如党政主官为第一责任人的指挥体系、"五级书记"抓落实的工作机制等,必将会被充分运用到乡村振兴战略实施过程中,或者为后者所借鉴、吸收和转化从而进一步发展、完善,共同成为乡村振兴体制机制的基础。特别是在后帮扶时代的起步阶段,部分体制机制将会直接延续下去,支撑乡村振兴战略走过脱贫攻坚任务完成后的一段过渡期。同时,脱贫攻坚阶段实施的一些产业、就业、教育、医疗、人才等方面的扶持政策,也为乡村振兴战略实施积累了丰富经验,奠定了良好基础。

(二)脱贫攻坚与乡村振兴之间的内在差异

1. 目标任务上的差异:绝对性与相对性

脱贫攻坚紧扣现行标准下农村贫困人口的"两不愁三保障"问题精准发力,重点解决吃、穿、住、学、医五个方面的基本需求,确保到2020年我国现行标准下农村贫困人口实现脱贫,贫困县全部摘帽,解决区域性整体贫困,目的是在相对短的时间内消除绝对贫困问题,为全面建成小康社会托底,更注重的是生存性问题。而乡村振兴战略着眼于"产业兴旺、生态宜居、乡风文明、治理有效、生活富裕"总体目标,从根本上解决"三农"问题,加快推进农业农村现代化,实现农业全面升级和农村全面发展,让农业成为有奔头的产业,让农民成为有吸引力的职业,让农村成为安居乐业的美丽家园,旨在解决发展不平衡问题,治理相对贫困,更注重的是发展性问题。

2. 对象指向上的差异:局部性与整体性

脱贫攻坚基于消除绝对贫困的目标导向,在"精准扶贫、精准脱贫"

---

[1] 从这个意义上说,脱贫攻坚与乡村振兴的衔接从2018年就开始了,只不过2020年作为脱贫攻坚任务完成、全面建成小康社会第一个百年目标实现的时间节点,具有更加特殊的意义。

基本方略的指导下，要求精准识别、精准帮扶、精准退出，其对象限定于贫困县、贫困村、贫困人口，易地搬迁、产业扶贫、教育扶贫、医疗扶贫、金融扶贫等各项扶贫政策和帮扶措施在落实过程中存在建档立卡贫困人口与非贫困人口、贫困村与非贫困村、贫困县与非贫困县的明显界限，具有针对性、局部性、福利性的特点。而乡村振兴则强调乡村发展的整体性，在脱贫攻坚解决区域性整体贫困的基础上，重点解决"三农"整体问题，不再是部分贫困县、贫困村、贫困户的针对性问题，政策的覆盖面因而也更加广泛，不仅涵盖了所有的乡村区域和乡村人口，而且涵盖了城乡统筹发展，具有综合性、整体性、普惠性的特点。

3. 实施节奏上的差异：突击性与持久性

脱贫攻坚消除绝对贫困、实现共同富裕、全面建成小康，是中国特色社会主义的本质要求，更是中国共产党的初心和使命。决战决胜脱贫攻坚是一场"没有硝烟"的硬仗，时间紧、任务重、难度大，需要采取超常规举措，通过大规模资金、物资、人力等扶贫资源的集中投入，进行集中战、突击战、攻坚战，有效解决贫困人口的基本生存问题，全面消除绝对贫困现象。其力度、广度、深度和精准度前所未有，具有紧迫性和突击性的特点。唯有如此才能取得令人瞩目的减贫成效。而乡村振兴战略则是一项更加复杂庞大的系统工程，要实现农业全面升级、农村全面进步、农民全面发展，周期更长、涉及面更广，需要长远规划和持久发力，需要根据近期目标和远景规划制定明确的时间表、路线图、作战书，分步实施、有序推进，具有渐进性和持久性的特点。

三、后帮扶时代脱贫攻坚与乡村振兴有效衔接的基本思路和重点

（一）脱贫攻坚与乡村振兴有效衔接的基本思路

脱贫攻坚与乡村振兴两大战略有效衔接是一个渐进的接续过程，必然涉及既有思想认识、战略规划、领导体制、工作机制、政策体系等方方面面的衔接，需要在系统总结盘点脱贫攻坚中成熟的理论成果、实践经验基础上，结合具体实践，进行一系列相应的调整和转化。

1. 思想观念上的衔接

脱贫攻坚是乡村振兴的前提和基础，乡村振兴是摆脱贫困后农业农村现代化发展的路径与目标。高质量完成脱贫攻坚目标任务，才能高起点推

动乡村振兴，而乡村振兴的建设成效，也决定了贫困人口脱贫之后能否持续增收致富。为此，必须深刻领会习近平总书记关于扶贫工作的重要论述和乡村振兴战略的精神实质，在观念上切实强化脱贫攻坚与乡村振兴有效衔接的意识，准确把握其内在联系和实质差异，将两者有机结合起来，统筹协调、融合推进。特别是在当前打赢脱贫攻坚歼灭战的最后关键时期，更要集中精力，确保高质量打好收官战，为乡村振兴战略的实施奠定坚实基础。

2. 战略规划上的衔接

根据乡村振兴战略规划，结合地方实际，制定清晰可行的近期、中期、远期规划，特别是后帮扶时代起步阶段（2020—2022年）的短期规划，为脱贫攻坚与乡村振兴有效衔接提供过渡期的规划指导。后续在遵循乡村发展规律的前提下，进一步编制好中长期规划，并统筹衔接好城市总体规划、产业发展规划、土地利用总体规划等专项规划，做到"多规融合"，为推动乡村振兴提供规划指引。

3. 体制机制上的衔接

2020年以来，习近平总书记多次就构建"以国内大循环为主体、国内国际双循环相互促进"的新发展格局做出部署，为我国未来发展指明了前进方向。农村市场腹地巨大，蕴藏着三产融合、产业升级的巨大空间，乡村振兴不仅关系农村农业工作，更直接关系国内大循环的形成和良性运行。因此，要充分借鉴脱贫攻坚过程中形成的较为成熟的领导体制和工作机制，逐步建立健全包括指挥协调、责任落实、监督管理、考核评估、组织保障、社会动员等一系列制度体系，不断丰富和完善乡村振兴体制机制，形成防止返贫和新生贫困的长效工作机制，为脱贫攻坚和乡村振兴有效衔接提供坚强保障，为国内大循环打好坚实基础。

4. 政策体系上的衔接

脱贫攻坚任务的完成意味着治理相对贫困将成为2020年后的工作重点，并与乡村振兴相互交融。因此，虽然脱贫攻坚行动过程中采取了一些超常规的举措，但部分政策和机制仍然可以而且有必要吸纳到乡村振兴战略的实施中来，以确保政策的延续性，避免出现"政策断崖"，也避免"另起炉灶"浪费既有资源。当务之急是对照乡村振兴目标，结合脱贫攻坚与乡村振兴两大战略之间的内在差异，对现有扶贫政策按照取缔、延续、完善等类别进行梳理整合。[1] 同时，努力推动临时性、应急性、阶段性、特惠性政策向常态性、常规性、长效性、普惠性政策转变，通过合理调整政策内容和实施方式，促进脱贫攻坚和乡村振兴有效衔接。

（二）脱贫攻坚与乡村振兴有效衔接的重点

2018年7月，习近平总书记对实施乡村振兴战略做出重要指示："要坚持乡村全面振兴，抓重点、补短板、强弱项，实现乡村产业振兴、人才振兴、文化振兴、生态振兴、组织振兴，推动农业全面升级、农村全面进步、农民全面发展。"总书记的"五个振兴"为探索脱贫攻坚与乡村振兴有效衔接指明了方向。下一步，要以脱贫攻坚取得的成效为基础，稳步推进脱贫攻坚与乡村振兴在产业兴旺、生态宜居、乡风文明、治理有效、生活富裕五个方面的有效衔接，全面实现乡村振兴。

1. 推进产业衔接，变产业扶贫为产业振兴

在乡村振兴的目标设置中，产业兴旺被放在首位，充分说明其在乡村振兴中的重要地位。产业振兴是建立解决相对贫困长效机制的根本之策，为人才振兴、文化振兴、生态振兴、组织振兴奠定经济基础。促进产业升级、实现产业兴旺是实现脱贫攻坚与乡村振兴有效衔接的必然要求。在脱贫攻坚过程中，出于消除绝对贫困的需要，往往倾向于选择一些短平快的产业带动增收脱贫。下一步，要尽快转变发展思路，将乡村振兴战略的思想和原则融入产业发展中，在乡村振兴总体规划指引下，综合考虑农业产业革命"八要素（产业选择、培训农民、技术服务、资金筹措、组织形式、产销对接、利益联结、基层党建）"，将产业兴旺与农业现代化、工业化和城镇化紧密结合，培养发展具有地方特色的主导产业和优势产业，推动三产融合发展，延长拉伸农业产业链、价值链。同时，加快培育新型农业经营主体，加大龙头企业引进和培育力度，发展多种形式适度规模经营，提升小农生产经营组织化程度，推动小农生产走上现代农业发展轨道。

---

[1] 有研究者建议将脱贫攻坚政策区分为常量政策、增量政策、变量政策，对教育、医疗、住房、饮水、社会保障等涉及民生领域、实践证明行之有效的扶贫政策，作为常量政策实行下去，确保巩固脱贫成果；对乡村基础设施建设、农村人居环境治理、生态建设保护等方面的支持政策，随着经济社会发展水平的提高，作为增量政策，加大政策的实行力度，及时满足贫困地区人民群众的需要；对产业扶贫及涉及基础性工作的扶贫政策，作为变量政策，根据形势的变化进行适时调整，增强政策的针对性、科学性。同时，加强对各地区推进脱贫攻坚与乡村振兴衔接的经验总结，将成效明显、具有普遍性的改革创新经验上升为制度，为推进脱贫攻坚与乡村振兴有机衔接提供制度支撑。我们认为这一观点较为合理。详见陈文胜. 脱贫攻坚与乡村振兴有效衔接的实现途径 [J]. 贵州社会科学，2020（1）：12-13.

2. 推进人才衔接，变智力帮扶为人才振兴

近几年，脱贫攻坚取得决定性成就的一个重要原因，就是通过派驻工作队、第一书记等驻村帮扶力量，为农村从基础设施到文明风尚的各项基本建设提供了持久的外部支持力量。实践证明，这是一条重要的成功经验。脱贫攻坚收官后，要"内育"与"外引"相结合，形成"本乡、返乡和下乡"人才共同支撑农业现代化发展的新局面，为乡村振兴提供坚实的人才支撑和智力保障。"内育"方面：继续发挥现有扶贫队伍懂农业、爱农村、帮农民的积极作用，通过加强教育培训，将其培养为新时代的乡土人才，使其成为乡村振兴的"领头雁"；实施新型职业农民培育工程，强化农民职业技能培训，培养更多的"土专家""田秀才"。"外引"方面：着力引进懂科技、懂管理、懂市场、懂法律的现代化人才，同时积极引导更多专家学者、各类企业、社会组织等力量关注、支持和参与乡村振兴；大力支持农民工、大学生和退伍军人返乡创业，鼓励各类人才回乡下乡创新创业，为乡村振兴注入新的活力和动力。

3. 推进文化衔接，变文化扶贫为文化振兴

脱贫攻坚坚持"扶贫先扶智""智志双扶"，文化脱贫发挥了重要作用，有效激发了贫困主体的内生动力。由脱贫攻坚向乡村振兴过渡，必须继续发挥文化的引领作用，使文化振兴成为乡村振兴的动力源泉。重点把培育和践行社会主义核心价值观的根本要求贯穿乡村振兴的始终，通过教育引导、舆论宣传、文化熏陶和道德教化，形成良好的家风、民风、村风，实现乡风文明。着力强化移风易俗，充分发挥党员干部、道德模范、乡贤群体等"关键少数"的示范带动作用，利用各种文化活动阵地，开展农村法治、农业技术、村规民约、土地承包、婚姻家庭等各类教育培训，逐步提升村民崇尚科学、反对愚昧的文化内涵和素养，增强村民独立自主、勤劳致富的本领，提高村民懂法守法、依法致富的能力。结合乡村实际努力开发富有特色的乡村文化，做好"文化+旅游""文化+市场""文化+产品"等产业，实现乡村文化产业化，提升乡村文化的生命力和创造力。

4. 推进生态衔接，变生态扶贫为生态振兴

推进脱贫攻坚过程中始终坚持"绿水青山就是金山银山"理念，严格遵循绿色发展思想，走实、走严、走稳绿色产业发展之路，实现了脱贫攻坚与生态保护双赢。在与乡村振兴的衔接过程中，要继续坚持"生态优先、绿色发展"，以绿色发展引领乡村振兴，不断提高人民生活水平、改善人民生活质量、提升人民幸福健康指数。以更大力度强化生态修复和生态保护，

建立健全山水林田湖休养生息和修复保护长效机制，建立健全生态保护补偿机制，促进贫困地区全面实现生态振兴。持续强化农村人居环境综合治理，通过开展农村生活垃圾和生活污水治理、推进"厕所革命"、强化饮用水源保护、加强村庄规划管理等措施，提升村容村貌整体水平和生态宜居水平。因地制宜发展生态循环农业、生态旅游、生态康养、特色餐饮等新产业新业态，构建更具竞争力的生态产业体系。

5. 推进组织衔接，变组织建设为组织振兴

基层党组织是"不走的工作队"，脱贫攻坚巨大成就的取得，强大的组织动员保障起了决定性作用。同样，组织振兴也是乡村振兴的根本保证。乡村治理体系是国家治理体系的重要组成部分，实现乡村振兴治理有效，必须充分发挥农村基层党组织在乡村治理中的核心领导作用。要继续强化基层党组织建设，利用基层党组织的组织优势，把广大基层党员和群众的思想、行动、力量、智慧凝聚起来，齐心协力投身乡村经济社会建设，奠定乡村振兴战略的组织基础。着力健全农村干部队伍的保障、激励机制，培养好、使用好、保护好脱贫攻坚工作中锻炼成长起来的农村干部，让他们在乡村振兴中继续发挥重要作用。健全自治、法治、德治相结合的乡村治理体系，发挥村民主体作用，激发村民参与乡村自治的热情，不断提高村民自治能力，形成基层高效自治新格局；坚持法治为本的观念，树立依法治理的意识，构建和完善乡村治理的法治体系；弘扬社会主义核心价值观，培育符合时代发展要求的道德规范，营造新的乡村德治氛围。

第二章 以苏州·铜仁东西部扶贫协作成效为基础稳步推进后帮扶时代乡村振兴

在巩固拓展脱贫成果的基础上，推进脱贫攻坚与乡村振兴有效衔接，必须全面深入总结脱贫攻坚成效和经验做法，研究分析当前脱贫攻坚特别是东西部扶贫协作中存在的问题和不足，有针对性地统筹推进乡村振兴战略实施。

一、苏州·铜仁东西部扶贫协作的阶段性成果[1]

苏州市对口帮扶铜仁市的目标是帮助铜仁市实现到2020年现行标准下

---

[1] 本部分内容根据江苏省对口帮扶贵州省铜仁市工作队提供资料整理。

贫困人口全部脱贫、贫困县全部摘帽、解决区域性整体贫困。2017年对口帮扶以来，苏铜两地始终坚持以习近平总书记关于脱贫攻坚和东西部扶贫协作重要论述为指引，按照"精准扶贫、精准脱贫"基本要求，聚焦铜仁深度贫困县、深度贫困乡镇、极贫村、建档立卡贫困人口四大群体精准扶贫，在组织领导、人才交流、项目帮扶、产业合作、劳务协作、携手奔小康六个方面全面精准发力，取得了明显成效。2013年至2019年年底，铜仁市累计105.5万名建档立卡贫困人口成功脱贫，贫困发生率从2013年年底的30.72%降到2019年年底的1.16%；其中2017年至2019年累计41.29万名建档立卡贫困人口成功脱贫（表3-7）。铜仁市辖10个国家级贫困县（区）中，9个区（县）顺利摘帽，唯一的深度贫困县沿河土家族自治县在2020年6月底贫困人口基本清零，已符合摘帽的标准和条件，10月份通过市级审查评估，11月初实施省级评估，再履行相关规定程序，脱贫出列胜利在望。

表3-7 铜仁市贫困情况统计表

时间	贫困县/个	贫困村/个	建档立卡贫困人口/万名	贫困发生率/%
2013年年底	10	—	149.33	30.72
2014年年底	10	—	93.27	24.78
2015年年底	10	1 620	60.92	15.45
2016年年底	10	1 461	45.66	11.46
2017年年底	10	942	32.72	8.41
2018年年底	6	389	16.56	4.40
2019年年底	1	22	4.37	1.16

特别是2017年以来，在苏黔两省党委、政府的高度重视下，苏铜两市坚持"战疫""战贫"两手抓，统筹打好打赢"疫情防控阻击战"和"脱贫攻坚歼灭战"两大硬仗，互动交流日益升温，对口帮扶形成了特色模式，也取得了显著成果。主要体现在六个方面。

（一）组织领导持续加强，重点工作统筹推进

苏铜两市建立健全领导互访机制，明确两市及下辖结对县级市（区、县）党委或政府主要领导每年互访一次，并召开联席会议，协商制定当年度扶贫协作工作重点，研究解决工作中遇到的困难和问题，部署推动扶贫协作工作。自2017年以来（至2019年9月30日），苏黔两省主要领导互访

考察5次，苏铜两市主要领导互访16次，召开高层联席会议12次。根据中央和苏黔两省有关东西部扶贫协作会议、联席会议精神和双方实际，苏铜两市不断加强并持续优化扶贫协作工作顶层设计，出台了一系列中、长期扶贫协作政策和工作规划、计划，逐年制定扶贫协作工作要点，有力、有序、有效地推动了苏铜扶贫协作工作落实落地落细。

（二）资金支持持续加强，帮扶项目高效实施

自2017年以来，江苏省和苏州市累计落实财政帮扶资金16.8亿元，按照精准扶贫、精准脱贫要求，聚焦"两不愁三保障"，抓产业就业重点，补住房饮水短板，强教育医疗弱项，重点向深度贫困县、极贫乡镇、深度贫困村倾斜，向易地扶贫搬迁安置点学校、医院、扶贫车间等配套设施建设倾斜，加大对深度贫困地区产业发展、就业帮扶的扶持力度，共实施美丽乡村、农业产业化、教育医疗、人才培养、劳务协作等方面帮扶项目1 185个，覆盖铜仁70余万贫困人口，有效提升了铜仁自我"造血"功能和民生事业发展水平。此外，苏州社会各界积极向铜仁捐赠扶贫物款达2亿元，惠及铜仁694个贫困村困难群众近10万人（次）。

（三）人才交流持续加强，扶贫扶智（志）紧密结合

自2017年以来，苏州市累计选派432名党政干部到铜仁挂职帮扶（含短期挂职），1 885名专业技术人才到铜仁开展支教、支医、支农等专项帮扶，在铜仁联手打造教育、医疗"组团式"帮扶试点21个；发挥苏州培训资源丰富的优势，帮助铜仁培训党政干部5 718人次，专业技术人才18 276人次。铜仁市累计选派277名党政干部到苏州挂职，1 123名医生、教师等专业技术人才到苏州结对医院、学校跟岗锻炼。苏铜两地组织部门积极创新优秀年轻干部培养模式，自2017年起，采取"集中培训+跟班锻炼+调研总结"方式，每年分两批选派100名铜仁优秀年轻干部赴苏州跟班锻炼培训5个月，着力提升铜仁年轻后备干部的综合能力和水平，已累计有300名干部参训。此外，从2018年起，依托张家港善港农村干部学院，苏铜两市合作举办了19期、2 103人参加的铜仁贫困村创业致富带头人培训班，现已成功创业684人，带动贫困户就业7 439人。值得一提的是，2019年11月，经苏州市科协、铜仁市文体广电旅游局和江口县联合申报，国际天文学联合会小行星命名委员会将中科院南京紫金山天文台发现的一颗国际编号为"215210"号的小行星，永久命名为"梵净山星"，成为苏铜两地真情帮扶的永恒见证。

（四）产业协作持续加强，消费扶贫亮点频出

在铜仁推广苏州开发区建设经验，苏铜两市各结对县级市（区、县）合作共建10个工业园区、9个现代农业园区，铜仁各类省级产业园区建设水平和产业承载能力明显提高。铜仁·苏州产业园成为国家级双创示范基地，2019年完成工业总产值110亿元、税收12亿元，分别比2018年增长4.8%和15%。加强招商引资合作，引导苏州等东部地区向外转移的产业向铜仁集聚，自2017年以来，招引239家东部企业到铜投资，实际完成投资额226.8亿元，带动10 679名贫困人口增收。全力推动"沿货出山""铜货入苏"，苏铜两市分别从生产、销售、物流、消费等层面制定消费扶贫优惠政策，帮助铜仁建成主要销往苏州的绿色农产品直供基地32 220亩。在苏设立铜仁"梵净山珍"（苏州）展示中心、铜仁"梵净山茶"苏州推广中心、铜仁优质农产品（苏州）推广中心等线上线下农产品展销中心（旗舰店、专柜）37个，自2017年以来，实现"铜货入苏"销售额17.7亿元，惠及贫困人口7万余人。

（五）劳务协作持续加强，就业扶贫有效提升

苏铜两市将劳务协作作为建档立卡贫困户增收脱贫的重要措施，分别制定出台了涵盖职业中介补贴、免费技能培训、就业保障服务等方面的一系列优惠政策，鼓励铜仁劳动力尤其是贫困劳动力到苏就业，并互设劳务协作工作站11个，对在苏就业贫困劳动力实行"一人一档"服务。帮助铜仁建成铜仁·苏州人力资源市场，启用"苏州·铜仁就业创业培训远程课堂""苏州·铜仁远程视频招聘平台""苏州·铜仁人才科技培训远程课堂"三个网络就业、培训平台；实施职业技能人才千人培养计划，引导苏州技师学院等职业培训学校和35家重点用人企业与铜仁中高职院校开展校校合作、校企合作，通过"1+2""2+1""1.5+1.5"等"订单式"技能人才培养模式，开设订单班28个，817名铜仁籍学生到江苏（苏州）就读职业学校，并成功打造"1+1+1"读书助贫帮扶品牌（1名建档立卡贫困学生来苏就读+1名学生家长来苏就业+1户贫困家庭实现长期脱贫）。自2017年以来，双方合作举办贫困劳动力职业技能免费培训班423期，培训贫困劳动力16 536人，帮助5 354名贫困劳动力在苏就业，26 579名贫困劳动力实现就近就业，5 583名贫困劳动力在其他地区实现就业。

（六）携手小康持续加强，全面结对助力脱贫

自2017年以来，苏铜两地各结对市（区、县）、有关市级机关和区（县）部门、国有企业、乡镇（街道、开发区）、村（社区）、民营企业、

社会组织等累计互访考察2 468批、28 174人次。频繁的交流交往，使两地间各县级市（区、县）"一对一"结对帮扶关系更加密切，有力推动了"携手奔小康"行动不断往深里走、往实里走。截至2020年9月底，苏州市102个镇（街道、开发区）、406个村（社区、协会、商会、企业）、450所学校、118所医院与铜仁市119个贫困乡镇、421个贫困村、558所学校、204所医院（疾控中心、妇幼保健院等医疗机构）结对帮扶，实现了对铜仁319个深度贫困村及乡镇以上学校、医院结对帮扶全覆盖。

尽管苏铜两地东西部扶贫协作工作取得了积极成效，但是对照脱贫攻坚与乡村振兴有效衔接的要求，仍然存在一些差距和不足。主要表现在，一是组织领导方面需要进一步强化。与市县两级党委、政府相比，乡镇（街道）层面抓扶贫协作工作的机遇意识还不够强，协作机制还不够完善，调研对接的积极性、主动性还不够高。二是结对帮扶方面需要进一步强化。虽然逐步形成了携手奔小康行动全覆盖的工作格局，但是结对双方之间在协作的层次上还不够深，大多局限于送钱送物，帮扶形式相对单一；个别结对帮扶双方签订结对帮扶合作协议后未实质性开展帮扶活动，帮扶停留于纸面。三是产业合作方面需要进一步强化。产业项目主要集中在种养殖业等短平快项目，可持续发展的长效项目较少；受地域、交通、政策、产业链、配套设施等因素影响，招商引资转移企业落地难度大，加之产业发展周期较长，带贫成效还不够显著；运用市场化手段鼓励引导东部企业到铜仁投资兴业的新举措、新办法不够多，针对性、实效性有待进一步增强。四是社会帮扶方面需要进一步强化。社会动员的广度和深度还不够，市民参与的渠道还不多；组织引导、宣传推介力度还不够大，为帮扶城市搭建党政和社会各界参与东西部扶贫协作的平台及服务保障上还有一定差距。今后在与乡村振兴的有效衔接过程中，必须对上述问题逐步加以解决。

二、后帮扶时代苏州·铜仁协作助推乡村振兴的路径

对照"产业兴旺、生态宜居、乡风文明、治理有效、生活富裕"五个方面的总要求和"产业振兴、人才振兴、文化振兴、生态振兴、组织振兴"的重点方向，下一步，要以苏铜两地东西部扶贫协作取得的阶段性成效为基础，进一步推动要素配置、资金投入、公共服务等向农业农村倾斜，不断深化"江苏企业+铜仁资源""江苏市场+铜仁产品""江苏总部+铜仁基地""江苏研发+铜仁制造"等协作模式，稳步推进脱贫攻坚与乡村振兴有

效衔接，为全面实现乡村振兴提供助力。

（一）聚焦产业协作，携手构建现代化产业体系

强化农业产业合作。以苏铜两地农产品产销对接为切入点，通过在苏州开展铜仁农特优质产品推介会、展销会，以及设立"专柜、专馆、专区"等措施，加大铜仁农特产品在苏展销推广力度，着力提升铜仁"梵净山珍·健康养生"等公共品牌在苏州市场的知名度、美誉度，进一步推动"铜货入苏"。充分发挥苏州市农发集团、铜仁市扶投公司等国企及苏州食行生鲜等民企的龙头带动作用，加快完善从产地到消费终端的产销渠道，建立完善农产品质量保障与溯源体系，提升消费扶贫的规模化、标准化、品牌化、市场化和组织化水平。着力构建全方位农业合作机制，以绿色化、优质化、特色化、品牌化、市场化为导向，以标准化、集群化为目标，围绕铜仁农林优势特色产业，积极推动江苏农业生产企业、物流企业、电商销售企业特别是农产品加工企业到铜仁开展农业全产业链合作，将铜仁打造成苏州的优质绿色有机农产品直供基地。

推动农旅融合发展。坚守发展与生态两大底线，按照"农业园区化、园区景区化、农旅一体化"的发展思路，充分挖掘与利用铜仁市各区县区位资源、人文资源、生态资源等优势，着力开发乡村旅游，不断推进农业与旅游的深度融合发展，使乡村游成为旅游业增长的新方向。在现有的美丽乡村、休闲农业示范点等基础上，以打造集观光、休闲、康养、体验、科普等为一体的田园综合体为重点，推动农业园区景区化，实现"生产、生活、生态"与"园区、景区、社区"有机结合，形成农业农村与旅游产业融合的发展格局。

深化产业园区建设。加强结对帮扶地区的招商合作，结合铜仁产业发展规划，充分利用苏州产业转型升级的机遇，着力引进苏州向外转移产业，推动全产业链发展，增强铜仁自我"造血"功能。完善产业发展政策措施，提升土地、金融、用工、物流等生产要素配套能力和配置水平，促进苏州资金、人才、技术、管理等要素向共建园区集聚，不断提升共建产业园区承接产业、吸引人才、科技创新等能力。加强苏州·铜仁产业园核心区建设，将其打造为承接苏州产业转移的桥头堡、体制机制改革先行先试的试验田和产城融合的示范区。同时，加快推进铜仁市各大开发区和各区县共建产业园区等载体建设，健全配套设施，完善扶持政策，提升承载能力。

（二）聚焦人才协作，携手培育高素质人才队伍

强化干部人才培训。充分利用苏州培训资源优势，通过"走出去"和

"请进来"相结合等方式，不断加大党政干部和专业技术人才培训力度，着力组织铜仁干部到苏州进行挂职锻炼培训，积极选派教育、医疗、农业、文化、旅游、金融、科技等领域专业技术人才到苏州学习交流，拓宽干部人才视野，提高铜仁干部人才队伍业务能力和综合素质。整合苏州在铜支医、支教等专家资源，面向铜仁全市提供人才支持和智力服务。

拓宽人才引进渠道。深化"引才入铜"计划，梳理铜仁市紧缺人才需求，充分利用东西部扶贫协作对口帮扶结对单位之间形成的紧密关系，努力争取苏州市教育、卫生、农业农村、科技、人社等部门支持，开展好柔性引才工作，着力拓宽金融、规划、科技等紧缺人才引进渠道。同时，不断优化人才环境，吸引各方人才投入铜仁乡村振兴中，鼓励支持青壮劳动力回乡创业，激活农村"一池春水"。

加快培育产业人才。强化与苏州人社部门、人力资源服务机构、职教集团、高职院校、中职院校在联合办学、专业设置、师资培训、毕业生就业等方面的全面协作，深入推进"校校""校企"合作，培养更多职业技能型人才，为产业振兴奠定人才基础。加快培养合作经济组织带头人、创业致富带头人、种养大户等乡村人才队伍，强化农民职业技能教育培训，为农业产业化提供人才支持。

（三）聚焦文化协作，携手引领新时代文化风尚

推动文明乡风建设。充分发挥苏州在文明创建方面的领先优势，坚持以社会主义核心价值观为引领，进一步深化文明共建，着力加强农村思想道德建设和公共文化建设，深入挖掘优秀传统农耕文化蕴含的思想观念、人文精神、道德规范，弘扬主旋律和社会正气，培育文明乡风、良好家风、淳朴民风，改善农民精神风貌，提高乡村社会文明程度，焕发乡村文明新气象，使践行文明乡风真正成为农民群众的行为规范和自觉行动。

推进文化开发保护。依托中国箫笛之乡（玉屏）、傩戏之乡（德江）、花灯戏之乡（思南）、书法之乡（印江）、土家山歌之乡（沿河）、滚龙艺术之乡（松桃）等一批民族文化品牌，依托农村青山绿水、田园风光、乡土文化等资源，帮助铜仁大力发展休闲度假、旅游观光、创意农业、农耕体验、乡村手工艺等特色产业，逐步形成"以文促旅、以旅兴文"的良好格局。依托民间传统手工业等非遗文化资源，广泛开展各类民族文化遗产保护传承活动，选择土家族、苗族、侗族等少数民族聚居地，结合特色村寨建设、"美丽乡村"建设、新农村建设等，加快打造一批具有民族特色的非遗文化村寨。

深化文化旅游合作。全面系统挖掘、梳理、展示和开发利用铜仁文化资源,合力打造一批具有浓郁地域特色、能够探寻文明足迹、触摸历史真实、留得住青山绿水、记得住乡愁乡情的乡村文化景观和精神家园,提升乡土文化内涵,形成"乡愁文化"品牌。以梵净山景区等为重点,全力开发苏州—铜仁旅游精品线路,鼓励苏州同程旅游等知名旅游企业帮助丰富铜仁精品旅游线路。将旅游宣传推介与招商引资工作相结合,加大铜仁在苏旅游推介和交流工作力度,加强苏铜两地旅行社对接协作和客源互送,打响"天堂苏州·桃源铜仁"品牌。支持苏州丝绸刺绣行业工艺研究、创意设计、生产贸易等方面的企事业单位与铜仁苗绣产业、企业在基地建设、技术研究、设施设备等方面开展深层次合作。

(四)聚焦生态协作,携手共建更宜居人居环境

联手推动生态治理。广泛动员江苏省内生态环境治理等领域企业、社会组织积极参与铜仁生态修复和生态保护,统筹推进山水林田湖草系统治理,对废弃矿山、尾矿库等进行修复和治理,恢复生态脆弱区生态平衡,筑牢绿色屏障,形成"边治理,边发展"的良性循环。扎实推进农村人居环境治理,完善水电路网等基础设施配套,一体化推进垃圾分类、污水治理、农村改厕"三大革命",全力打造"有颜值"的新乡村。

合作开发生态旅游。结合铜仁得天独厚的山水资源生态优势,充分借助苏州资本、技术力量,合作发展有机生态循环农业和生态旅游,开发绿色生态产品,推动"生态产业化、产业生态化、发展绿色化"三化并进,将农村生态优势转化为农村生态经济优势,为国内国际市场提供更多的绿色生态精品,形成产品、生态、经济的良性循环。遵循乡村自身发展规律,以留住乡土味道为重点,全方位发掘乡村个性与特色,结合自然环境,突出乡村风貌,注入生态文化、历史文化、民俗文化等元素,努力留住乡村的根,守住乡村的魂,建设"有乡愁"的新乡村。

探索盘活生态资源。探索开展产权制度改革,畅通工商资本进入渠道,加大财政资金整合力度,发挥市场作用,充分撬动苏州社会资本、金融资本参与,形成多元化、可持续的投入机制,推动资源、资产、资金"三资融合",加快盘活绿水青山,激活农村沉睡资源,实现"空间变资源、资源变资产、资产变股金、村民变股东",带动资本流进来、资源活起来、农民富起来。积极开发生态碳汇项目,努力争取参与区域碳交易,创新以森林

植被碳储量为切入点的市场化生态保护补偿机制。[1] 充分用好城乡建设用地增减挂钩结余指标跨省域调剂政策，推动指标跨省流转，争取更多资金支持。

（五）聚焦组织协作，携手打造强有力组织保障

强化基层党建合作。把苏州党建"海棠花红"先锋阵地群建设与铜仁"民心党建"工作有机结合起来，在基层党组织生活、党组织活动、新党员发展、阵地建设等方面加强合作，建立党支部、企业、合作社紧密联合体，形成"支部引领，企业、合作社推动，党员带头，群众参与"的党建与乡村振兴工作同频共振、互动双赢的良好格局，有效发挥基层党组织的战斗堡垒作用和党员的先锋模范作用，为乡村振兴战略实施提供可靠的组织保障和政治保障。

健全基层组织建设。充分借鉴吸收苏州先进经验，着力健全农村基层党组织、村民自治组织和村级集体经济组织三个农村最重要的基层组织，特别是高度重视农村基层党组织建设，全力强化农村基层党组织对农村各领域社会基层组织的政治领导，通过政治领导牢牢把握乡村振兴的政治方向。进一步推动农村基层党组织力量下沉到村民组或自然村，把农村基层党组织有效嵌入农村各类社会基层组织，把党的组织体系和工作触角延伸到乡村振兴战略的各个环节，实现党的基层组织对农村工作的全面覆盖。

提升村民自治能力。着力完善农村基层党组织领导下的村民自治组织和集体经济组织运行机制，推动帮扶重点从贫困户个体转向乡村合作机制建设，帮助农户建立规范的合作组织，引导帮扶主体、社会资本以入股合作的方式与农户建立稳定的利益联结，支持多元化农民合作组织发展，以组织化程度和集体行动能力的提高为重要支撑，提升农村基层治理能力，广泛运用协商民主，创新基层融合治理模式，破除农村依靠能人强人和资本主导村治的路径依赖，全面促进乡村振兴。

---

[1] 2011年，国家发展改革委在北京、天津、上海、重庆、深圳、广东和湖北7省、市启动碳交易试点，此后福建省加入，形成8个地区试点的现有格局。全国碳交易市场建设在2017年启动，据预测，可形成一个覆盖30亿吨至40亿吨碳配额的市场，交易市值总规模1 200亿元。据了解，目前陕西省正在争取纳入全国第9个碳排放权交易市场试点。

第三章 后帮扶时代脱贫攻坚与乡村振兴有效衔接需要关注的几个问题

一、关于持续性的问题

结合脱贫攻坚特别是东西部扶贫协作对口帮扶实践来看，我们认为，持续性问题主要体现在两个方面：一个是帮扶对象的自觉性问题；一个是外部帮扶力量的自愿性问题。脱贫攻坚阶段，政府强力主导下投入大量财力、物力、人力等外部资源，旨在如期实现既定目标，但是也带来了一定程度的"等靠要"依赖现象。同时，脱贫攻坚作为重大国家战略，包括东西部扶贫协作作为一项重要的制度性安排，这一利他性的对口帮扶更主要是基于政治因素的考量，在一定程度上说是"不得不"的被动付出，甚至一些行政命令式的硬性要求引起帮扶一方的抵触情绪。脱贫攻坚任务完成后，尽管有"四个不摘（摘帽不摘责任、摘帽不摘帮扶、摘帽不摘政策、摘帽不摘监管）"的要求，外部帮扶仍将在一定时期内持续，但长期大规模、大力度不太可能，在外源性支持弱化甚至消失的情况下，可能会出现返贫现象。脱贫攻坚向乡村振兴过渡是从被动式的政府扶持转为主动自愿式的自发运动。脱贫攻坚阶段尚且反复强调"扶贫先扶智"，倡导"智志双扶"，激发内生动力，步入乡村振兴阶段后，更要积极探索在新的历史条件下把农民组织起来的途径，高度关注发挥好农民的主体作用，持续激发乡村社会的主动性积极性创造性，使乡村振兴获得源源不断的内生动力。此外，后帮扶时代，乡村振兴战略是一个长期的、常态性的实施过程，要推动外部帮扶力量自愿自发继续给予帮扶支持，需要在互利共赢机制上进行更多的研究与探索。囿于研究视野的局限性，对此我们不做深入探讨。

二、关于导向性的问题

脱贫攻坚的阶段性决战，必然要求政府以行政力量在短期内集聚大量资源投入贫困地区，强力推进以进行必要的"输血"，"政府之手"在脱贫攻坚整个进程中始终发挥着核心主导作用。但是，随着脱贫攻坚任务的完成，必须加快政府职能归位，找准有为政府与有效市场的结合点，把不该管的"放"给市场，充分发挥市场配置资源的决定性作用，实现行政配置资源"输血"与市场配置资源"造血"相衔接。政府着力优化制度供给、政策供给和服务供给，让市场更加敏锐、精准、快速地捕捉、回应和满足乡村振兴过程中农业、农村、农民的自我发展需求，推动发展方式从生产导向向市场导向转变，形成政府引导下市场驱动为主的良性发展机制。同时，要注意改变脱贫攻坚政府主导下的短期性、突击性行为，特别是必须从根本上转变产业发展的短期化偏向，在以市场化方式导入更多供应链资源基础上，更加注重全产业链建设，实现生产、加工、运储、营销等各个环节的相互连接、衔接配套，着力构建可持续的产业发展长效机制，为产业振兴注入持久动力。此外，围绕激活农村沉睡资产资源，集成推进农村土地制度、集体产权制度等综合改革，在进一步推进农村承包地"三权分置"改革基础上，加快推进农村宅基地、集体经营性建设用地入市改革，加快完成贫困地区清产核资、成员界定、股份量化等改革任务，通过改革突破深层次体制机制障碍，为乡村振兴战略有效实施释放活力，转换发展动能。

三、关于均衡性的问题

前面述及，出于打赢脱贫攻坚战所需，以贫困户为对象采取超常规的帮扶举措确保实现"一达标两不愁三保障"，精准高效地解决了绝对贫困问题。这些精准帮扶措施具有针对性、局部性、福利性的特点。但是，精准扶贫对贫困村、贫困户高度集中的政策帮扶和资源投入，也引发了部分非贫困村、非贫困户特别是临界贫困户的不满情绪，造成了一定的不平衡。我们在参与对口帮扶工作过程中发现，一些非贫困村在办公条件、基础设施、人居环境等方面，已经落后于贫困村；有些非贫困村存在的短板问题亟待解决却缺乏外力，几乎处于被遗忘的境地，而贫困村得到来自方方面面的资源和支持，导致部分非贫困村与贫困村之间、非贫困户与贫困户之间、非贫困户与基层组织之间甚至非贫困户与帮扶干部之间出现矛盾、出现隔阂。这很可能会削弱基层党组织的领导力和凝聚力，削弱部分乡村内部的集体动员能力和集体行动能力，使乡村发展面临局部的合作困境，同时，也会对乡村社会互助共济、守望相助的优良传统产生一定冲击，不利于文明乡风养成。而乡村振兴恰恰强调乡村发展的整体性，需要通过有效方式将分散的农民个体组织起来建立较为紧密的合作关系，以解决其在现代市场经济条件下面临的障碍和风险。如何合理兼顾不同群体的利益诉求，推进贫困区域实现整体性发展，成为必须考虑的重要问题。我们建议，将"精准式"济困帮扶与"普惠式"共享发展有机结合，一方面，在政策上要逐渐转向普惠性，适度扩大帮扶政策覆盖面，淡化非贫困村与贫困村界限，根据乡村实际情况以需求为导向统筹安排帮扶资源。在对低收入群体继续采取兜底措施的同时，重点在乡村基础设施建设、公共服务等方面强化普惠性供给，不断改善区域整体发展条件。另一方面，在非贫困村与贫困村、非贫困户（脱贫户）与贫困户之间建立合作机制，推动非贫困村与贫困村协同发展产业，促进农户之间资源互补、利益共享，形成紧密联系的利益共同体，为乡村振兴凝聚合力。

四、关于差异性的问题

尽管脱贫攻坚成效显著，但贫困地区经济社会发展水平各异，贫困程度与贫困原因不一，在自然禀赋、经济社会发展基础等方面存在差距，脱贫攻坚的进度和质量也各不相同。特别是深度贫困地区的贫困由来已久，比如贵州省铜仁市下辖的沿河土家族自治县，该县地处武陵山集中连片特困地区腹地，是国家新阶段扶贫开发重点县，贵州省 14 个深度贫困县之一，铜仁市唯一的深度贫困县，贫困面很广，贫困程度很深，原本就是脱贫攻坚的重中之重、难中之难。[1] 经过持续多年艰苦卓绝的脱贫攻坚，作为 2020 年国务院扶贫开发领导小组挂牌督战的全国 52 个未摘帽贫困县之一，目前沿河土家族自治县仍是全国四个单一土家族自治县中唯一未摘帽县、武陵山集中连片特困地区唯一未摘帽片区县、贵州省 9 个未脱贫摘帽的深度贫困县之一、铜仁市唯一的未摘帽贫困县，同时也是江苏省对口帮扶支援地区中唯一未摘帽的贫困县，现在正处于打赢打好脱贫攻坚战最后冲刺的关键时刻。加之脱贫攻坚与乡村振兴在战略目标、对象指向、实施节奏上存在明显差异，因此，脱贫攻坚与乡村振兴的有效衔接必须充分考虑各区

---

[1] 2014 年沿河全县共有建档立卡贫困人口 41 932 户 173 304 人，贫困村 250 个（其中深度贫困村 50 个），贫困发生率为 28.28%。对口帮扶前的 2016 年年底，全县仍有建档立卡贫困人口 24 430 户 80 487 人，贫困村 230 个（其中 50 个深度贫困村），贫困发生率为 13.13%。2017 年江苏省张家港市与贵州省沿河土家族自治县建立东西部扶贫协作对口帮扶关系以来，至 2019 年年底，累计减少贫困人口 17 818 户 60 248 人，出列贫困村 208 个（其中深度贫困村 40 个），贫困发生率下降到 3.3%，剩余 22 个贫困村未出列、6 612 户 20 239 人未脱贫。

域在发展阶段、发展程度、发展形态等方面存在的差异，坚持分地区逐步推进、逐步实现。[1] 对于已脱贫摘帽的贫困县来说，应当进一步稳固脱贫攻坚成果，构建防止返贫机制，逐步向乡村振兴过渡，不断缩小收入差距，实现基本公共服务的均等化，确保已脱贫的人口不返贫，生活质量不断改善，发展能力不断提高；对于沿河土家族自治县这种尚未脱贫摘帽的深度贫困县来说，首要任务还是打赢脱贫攻坚战，不宜过早追逐乡村振兴目标。

结　语

自党的十八大以来，我国反贫困工作取得了举世瞩目的成就。2020年，我们迎来了脱贫攻坚的决战决胜时刻，将在中华民族历史上第一次消除绝对贫困现象。在消除绝对贫困后，为防止返贫、解决相对贫困，以习近平同志为核心的党中央给出了"接续推进全面脱贫与乡村振兴有效衔接"的解题方向。要实现脱贫攻坚与乡村振兴的有机衔接，需要把脱贫攻坚的成功经验带入乡村振兴布局的各项安排，统筹扶贫与发展，强化工作机制和人才智力保障，更要在实际工作中应对更为复杂多变的矛盾问题。后帮扶时代，苏铜两地必将进一步强化市场化发展导向，通过"江苏企业+铜仁资源""江苏市场+铜仁产品""江苏总部+铜仁基地""江苏研发+铜仁制造"等协作模式，在更宽领域、更深层次、更高水平上深化协作，合作共赢，以创新发展的生动实践交好脱贫攻坚与乡村振兴有效衔接的历史答卷。

---

[1] 有研究者建议，全面建成小康社会后的乡村振兴、城乡融合发展按照不同的经济社会发展水平分类推进，工业化水平、城镇化程度较高的区域作为"先行区"，经济发展水平一般的区域尤其是传统农业区域作为"推进区"，已经脱贫摘帽而原来属于贫困地区特别是深度贫困区域的作为"巩固区"。详见陈文胜.脱贫攻坚与乡村振兴有效衔接的实现途径[J].贵州社会科学，2020(1)：11-14.

典型案例 1

产业合作助推苏州铜仁扶贫协作高质量发展
——苏州市·铜仁市产业扶贫协作经验[1]

产业是区域经济发展的"发动机",产业兴则经济兴。2013年,按照中央统一部署,自江苏省苏州市与贵州省铜仁市结成对口帮扶城市以来,苏州以帮扶铜仁增强自身"造血"功能为己任,将自身在资本、技术、市场等方面的优势与铜仁在资源、生态、劳动力等方面的优势充分结合,开展了全方位、多层次、宽领域的产业合作,取得了积极成效,有效提高了铜仁市经济发展水平。尤其是2016年"银川会议"后,江苏苏州对口帮扶贵州铜仁上升到全国东西部扶贫协作层面,3年多来,苏铜两地扶贫协作工作力度持续加大,落实16.8亿元财政帮扶资金,实施农业发展、"沿货入苏"、美丽乡村、教育医疗扶持、园区共建、劳务协作、人才培育等帮扶项目1 185个;引进以江苏企业为主的东部企业239家,完成投资226.8亿元;实现"铜货入苏"销售额17.7亿元,惠及贫困人口超7万人;两市间4 017名党政干部和教育、卫生、农业方面专技人才开展双向挂职和交流,2.4万名铜仁党政干部、专技人才、贫困村创业致富带头人在苏培训;苏州102个镇(街道、开发区)、406个村(社区、协会、商会、企业)、450所学校、118所医院与铜仁市119个贫困乡镇、421个贫困村、558所学校、204所医院(疾控中心、妇幼保健院等医疗机构)结对帮扶,实现了对铜仁319个深度贫困村,以及乡镇以上学校、医院结对帮扶全覆盖。在江苏省和苏州市的倾情帮扶下,铜仁市脱贫攻坚连战连捷。三年多来,铜仁市累计有41.29万名建档立卡贫困人口成功脱贫,贫困发生率从2017年年初的11.46%下降到2019年年底的1.16%;市辖10个国家级贫困县(区)中,9个县(区)顺利摘帽,深度贫困县沿河土家族自治县在2020年6月底贫困人口基本清零,已符合摘帽的标准和条件,待年底通过考核后再宣布脱贫出列。

---

[1] 本文根据江苏省对口帮扶贵州省铜仁市工作队提供资料整理,文中数据截至2020年9月30日。

一、聚焦产业载体，携手做大共建园区

开发区是苏州经济发展的重要支撑，园区共建是苏州开发区建设模式、经验输出的重要途径。截至 2020 年 9 月，苏铜两市各结对县级市（区、县）已合作共建产业园区 19 个（其中工业园区 10 个、农业园区 9 个），有效提高了铜仁市各区（县）经济开发区的产业承载能力和管理服务水平。特别是由苏州昆山高新区与铜仁市碧江经开区合作共建的铜仁·苏州产业园，在苏黔两省主要领导支持下，成为省层面战略合作共建园区。2018 年下半年，双方结合铜仁·苏州产业园发展实际，以"政府推动、企业为主"模式开发 6.2 平方千米核心区，并成功争取到国开行苏州分行 20 亿元融资服务，由昆山高新集团出资成立独资公司进行一级开发，实行封闭建设、运营和管理。为此，铜仁市政府专门出台《关于支持铜仁·苏州产业园核心区建设若干意见》，在行政审批、土地保供、财政支持等方面提供了政策优惠。2018 年，在贵州全省 93 个产业园区综合考核中，铜仁·苏州产业园排名第 16 位，被纳入贵州"全省 100 个产业园区成长工程""全省 30 个重点产业园区"。2019 年，铜仁·苏州产业园完成工业总产值 110 亿元、税收 12 亿元，分别比上年增长 4.8%和 15%。

二、聚焦产业项目，携手做强"造血"功能

一是用好苏州财政帮扶资金。按照精准扶贫、精准脱贫要求，将帮扶资金向深度贫困地区倾斜，重点投向能够有效带动贫困人口脱贫增收的产业项目，并建立健全与贫困户的利益联结机制，充分调动贫困户加入产业扶贫项目的积极性。2017 年至 2020 年，苏州拨付铜仁的 16.8 亿元财政帮扶资金中有超过四分之一的资金用于深度贫困地区发展产业项目，有效带动了 30 余万名建档立卡贫困人口脱贫。二是引导东部地区转移产业向铜仁集聚。以依托铜仁自然资源、市场面向西南地区、能提升铜仁经济运行质态的新能源、装备制造、大健康、农特产品加工、水产业、新型建材、大数据、文化旅游经济、节能环保类企业为重点，有的放矢开展针对性招商。同时，创新招商模式，打破行政区划限制，根据项目需求与地方资源供给的匹配程度，允许落户企业在铜仁全市范围选择最合适的地区落户。自 2017 年以来，铜仁市已先后引进清陶能源、同仁之光节能科技、苏州双阳

鹿业等一批苏州企业落户（苏州双阳鹿业于2018年从姑苏区外迁并落户铜仁，现已投入2 000余万元在江口县桃映镇小屯村建厂养殖梅花鹿412头。按照"龙头企业+村集体经济+农户"的模式，该公司通过收购当地种植的青储饲料、入股分红、劳务就业等方式，每年可为当地集体经济增收8万元，贫困户户均增收950元。此外，得益于江口县当地自然生态环境良好的优势，苏州市双阳鹿业有限公司还将在江口县投资5 000万元，建设鲟鱼养殖基地）。三是注重落户项目带贫效益。支持落户企业在厂房基建、生产用工等环节就近聘用建档立卡贫困户，并就地采购原材料，充分发挥企业带贫作用。2020年，通过东西部扶贫协作平台，铜仁市累计引进以苏州企业为主的东部企业76家，实际完成投资67.8亿元，带动3 000多名贫困人口就业；新建扶贫车间37个，累计建成103个，吸纳当地8 012人就业，其中建档立卡贫困人口3 086人（如位于铜仁·苏州产业园的同德药业，该公司以"政府+公司+专业合作社+农户"的运行模式，在铜仁市石阡县、松桃县、德江县等地建立了2万余亩中药材种植基地，带动了当地5 000余户20 000多名建档立卡贫困人口种植中药材20多万亩。2019年，同德药业共加工生产中药饮片1 000余吨，85%产品销往南京市场，销售收入超过1亿元，较2015年增长近10倍，在企业快速发展的同时，也使中药材产业成为铜仁贫困群众脱贫增收的一条重要渠道）。

三、聚焦产业工人，携手做优劳务协作

高素质的产业工人是产业高质量发展不可或缺的因素。针对铜仁市劳动力资源丰富但劳动力素质普遍不高的现状，苏铜两市人社部门分别出台一系列劳务协作优惠政策。一方面，从苏州企业中筛选一批技能要求相对较低但用工量大的岗位，到铜仁开展劳务招聘，解决一部分无技能但有劳动能力和就业意愿贫困户的就业问题。另一方面，在铜仁合作开展"千人工匠""职业教育千人培养计划"，组织苏州中职技校和用工企业与铜仁中高职院校以"2+1"分段式教学、"订单班"模式等开展校企合作，以铜仁籍低学历贫困劳动力和贫困学生为主，帮助他们掌握一定职业技能，进而到苏州务工或就地就近就业。自2017年以来，苏铜两市已累计合作举办423期就业技能、职业技能培训，1.7万名贫困人口参加培训，1.6万人通过就业实现脱贫。引导并促成35家苏州企业与铜仁中高职院校合作开展"2+1"形式的"订单式"技能人才培养，累计开设校校合作、校企合作试

点班 28 个，招收铜仁籍学生 817 名，其中建档立卡贫困户家庭学生超过 500 人。

四、聚焦产业市场，携手做大消费扶贫

着力推动"沿货出山""铜货入苏"。积极协助铜仁到苏举办或参加农特产品展销会、推介会等活动，动员引导一批有实力的苏州农产品批发市场、农业龙头企业、物流企业、电商企业到铜仁考察投资，不断拓宽铜仁农特产品外销渠道（如由苏州高新区国有企业苏高新集团在铜仁万山区投资运营的苏高新农产品供应链示范基地，总投资 1.5 亿元，打造集生产、检测、加工、冷藏、物流为一体的"全产业链"经营模式。2020 年 4 月建成投用后，该中心已入驻苏州食行生鲜电子商务有限公司、苏州鸿海食品有限公司和铜仁市万山区亿创电子商务经营管理有限责任公司 3 家企业，整合铜仁全市乃至贵州全省的农特产品资源，向长三角地区供应铜仁农特产品，2020 年 1—9 月，该基地已完成销售额超过 1 亿元）。2020 年 1—9 月，通过东西部扶贫协作平台，铜仁先后到苏举办或参加农特产品展销推介活动 12 次，通过在苏设立的 37 个铜仁农特产品展示销售点、窗口，实现农特产品销售额 6.6 亿元，累计带动贫困人口 35 927 人。

东西部扶贫协作是党中央推动区域协调发展、协同发展、共同发展的大战略，是加强区域合作、优化产业布局、拓展对内对外开放新空间的大布局，是实现先富帮后富、最终实现共同富裕目标的大举措。苏州将一如既往携手铜仁，始终坚持以习近平新时代中国特色社会主义思想为指导，认真贯彻落实全国、苏黔两省和苏铜两市有关东西部扶贫协作系列会议精神，坚持发挥政府作用与激发市场和社会力量相结合，对口帮扶与双向协作相结合，外部"输血"与自身"造血"相结合，扶贫与扶志扶智相结合，狠抓当前与着眼长远相结合，更大力度推进苏铜扶贫协作工作，为铜仁脱贫攻坚贡献苏州力量、做出苏州贡献。

典型案例2

"三聚焦三全力"攻克深度贫困最后堡垒[1]

2017年3月，江苏省张家港市与沿河土家族自治县正式建立携手奔小康对口帮扶关系以来，始终以习近平总书记东西部扶贫协作重要论述为指引，坚持精准扶贫、精准脱贫基本方略，多层次、宽领域、全方位开展东西部扶贫协作，取得了阶段性成效。2017—2019年，助力沿河累计减少贫困人口17 818户60 248人，出列贫困村208个（其中深度贫困村40个）。

一、聚焦机制创新，全力构建全域结对帮扶

自2017年以来，在全国县域东西部扶贫协作中率先探索实践"三个全覆盖"结对帮扶新模式，即张家港与沿河两地扶贫协作结对帮扶机制"五位一体（市县、乡镇、园区、村村、村企五个层面）"全覆盖，结对帮扶领域（教育、卫生、文化、旅游、产业等）全覆盖，结对帮扶要素（人才、资金、技术、土地、市场等）全覆盖，成功构建起立体式的全域结对帮扶新机制。依托该机制，累计投入张家港市级财政以上江苏对口帮扶资金3.6亿元支持沿河，实施产业发展、基础设施、医疗、教育等项目275个，县域东西部扶贫协作对口帮扶财政资金总量位居全国前列。乡镇结对帮扶资金累计780万元；社会各界累计捐赠沿河款物2 385万元，其中资金1 936万元。2020年又进一步完善全域结对帮扶机制，继续向纵深推进。

一是帮扶范围拓展化。在率先实现乡镇结对双向全覆盖和50个深度贫困村结对帮扶全覆盖基础上，重点围绕沿河22个未出列贫困村精准发力。对其中除10个已结对深度贫困村外的12个未出列贫困村，组织推动沙钢集团等12家重点民营企业（商会）进行结对，在全国县域率先实现未出列贫

---

[1] 本文由江苏省对口帮扶贵州省铜仁市工作队沿河土家族自治县工作组提供。发表于《贵州日报》2020年6月24日第11版，作者陈世海系张家港市政协副主席，江苏省对口帮扶贵州省铜仁市工作队沿河土家族自治县工作组组长，挂任沿河土家族自治县委常委、副县长。文中数据系发表时数据。

困村结对帮扶全覆盖。

二是帮扶力量复合化。对10个未出列深度贫困村中由行政村结对的4个深度贫困村，促成英格玛集团等6家企业进行强化帮扶，在原有"一对一"帮扶基础上实现了"2+1""3+1"结对帮扶，助力深度贫困村脱贫攻坚。张家港保税区等对由行政村结对帮扶的沿河相关结对村，增配行政村进行强化帮扶，采取"N+1"复合化方式进行"多对一"帮扶。

三是帮扶形式多样化。在捐赠帮扶资金基础上，进一步丰富帮扶形式。率先实现所有结对乡镇稳定就业劳务协作协议全覆盖，助推结对乡镇劳动力转移就业稳岗；张家港经济技术开发区（杨舍镇）与结对帮扶的沿河3个乡镇（街道）分别签订消费扶贫协议，年内采购3个乡镇共50万元农特产品。签订贵州省内首批村级消费扶贫协议，专项采购结对村农特产品；签订贵州省内首批村级认领微实事项目协议，出资帮助结对村补齐民生"短板"；设立贵州省内首个村级东西部扶贫协作"就业服务站"，实现就业服务"零距离"。

二、聚焦智志双扶，全力激发脱贫内生动能

一是党建引领振奋精神。坚持以党建引领扶贫协作，在全国县域东西部扶贫协作中率先实施"长江水·乌江情——党建引领促脱贫"工程，采取干部双向挂职、定向派驻、支部共建、设立"党员干部初心历练基地"等方式，全面实施跨区域党建联建，潜移默化带动群众脱贫奋进。自2017年以来，张家港累计选派265名党政干部到沿河挂职帮扶，在张家港举办沿河党政干部培训班30期、培训571人次。

二是文明共建浸润心灵。实施"长江水·乌江情——文明共建助脱贫"工程，帮助提升贫困群众文化素质和文明素养。在沿河易地扶贫搬迁安置点等累计赠建24小时新时代文明实践驿站5家、新时代文明实践志愿服务指导中心1家，推动沿河在全国县域率先建立新时代文明实践驿站体系，在贵州省内率先构建县域新时代文明实践志愿服务体系、图书馆总分馆服务体系，"志愿沿河"网成为全国西部地区首个县级志愿服务网。

三是人才支持提升能力。坚持"鱼渔双授"，结合沿河所需和张家港所能，着力帮助和指导贫困群众提升脱贫致富的综合素质和能力。累计向沿河选派支农、支教、支医人才113人次进行1个月以上帮扶，举办专技人才培训班28期、培训250人次，为沿河培训创业致富带头人356人次。重点

帮助贫困人口子女接受教育特别是职业教育，阻断贫困代际传递。张家港62所中小学、幼儿园与沿河88所中小学、幼儿园结对帮扶，在全国县域教育系统率先实现各个乡镇、各类学校、各个学段"三个全覆盖"结对帮扶，并由江苏省张家港中等专业学校牵头对沿河中等职业学校实施"组团式"帮扶。依托沙洲职业工学院着力打造"1+1+1"教育扶贫项目（招收1名贫困学生到学校就读、推荐1名家长在张家港就业、带动1户贫困家庭脱贫），累计招录沿河籍学子511人（其中贫困生240人），学生毕业后张家港企业优先录用。推动沿河中等职业学校与江苏省张家港中等专业学校合作开展"2+1"分段式培养，与东渡纺织集团合作开设"东渡纺织班"进行"订单式"培养。张家港11家医疗卫生单位与沿河24家医疗卫生单位通过"一对一""一对多""多对一"方式开展帮扶，在全国县域卫生健康系统率先实现县级医院、乡镇卫生院、公共卫生单位"三个全覆盖"结对帮扶。

三、聚焦精准协作，全力夯实持续增收基础

一是产业发展协作带脱贫。将扶贫开发和乡村振兴有机结合，在实施一批"吹糠见米"、短平快项目的同时，着力培育特色产业，谋划实施一批稳定增收长期见效的项目。三年共计安排对口帮扶财政资金6 316万元用于产业发展，覆盖沿河生态茶、生态果蔬、生态畜牧业、生态中药材四大主导产业。2020年又将对口帮扶资金1.49亿元，用于发展黑木耳、辣椒、生态鸡、生态猪等24个产业项目，其中黑木耳产业投入对口帮扶资金1亿元。

二是劳务就业协作促脱贫。把促进转移就业作为重点，着力推动沿河贫困劳动力到东部就业。自2017年以来，累计安排对口帮扶资金840万元用于就业扶贫协作，举办劳务协作就业技能培训班53期、培训贫困劳动力1 657人次。全国首创东西部扶贫协作劳务协作驿站——"两江家园"，入选贵州省2019年度优秀劳务协作工作站。2020年新冠肺炎疫情期间，创新实施"送雁行动"，一季度"点对点"免费输送8批372名沿河劳动力到张家港务工，其中贫困劳动力269人。张家港市环宇职业培训学校在沿河开设装载机、挖掘机驾驶技能"订单式"培训班，首期对50名贫困学员培训1个月，其中36名学员到张家港沙钢集团等企业务工就业。全县429个行政村"劳务经纪网格服务站"实现全覆盖。

三是消费扶贫协作助脱贫。成立消费扶贫助力脱贫攻坚工作专班，制定《关于深入开展消费扶贫行动助力打赢脱贫攻坚战的实施方案》（沿扶领

〔2020〕78号），积极开展扶贫产品认定等工作，实施同城待遇、销售奖励等多项政策措施，着力打造"洲州茶""幸福李"等扶贫协作共创品牌，依托贵州沿河洲州茶业有限责任公司等平台着力提升消费扶贫组织化程度，全力推动"沿货出山"，自2017年以来，累计采购、销售沿河农特产品2 318万元。

典型案例 3

精准产业扶贫　助力持续发展[1]

2016年7月，习近平总书记在东西部扶贫协作座谈会上强调："要加大产业带动扶贫工作力度，着力增强贫困地区自我发展能力。"江苏省张家港市自2017年3月与贵州省深度贫困县沿河土家族自治县正式建立携手奔小康对口帮扶关系以来，始终把产业发展作为东西部扶贫协作重点和脱贫治本之策，持续推动扶贫协作由"输血式"向"造血式"转变，助力沿河高质量打赢打好深度贫困歼灭战。

一、做法与成效

项目引领，资金投入催开产业之花。张家港始终聚焦沿河深度贫困脱贫摘帽目标，牢牢抓住项目建设"牛鼻子"，对口帮扶资金着力支持贫困村发展产业。自2017年以来，累计争取投入张家港市级财政以上江苏对口帮扶资金3.68亿元，实施产业发展等各类项目274个（其中2020年2.5亿元，实施产业发展等各类项目89个），县域东西部扶贫协作对口帮扶财政资金总量位居贵州省第一、全国前列。对口帮扶资金超半数共计2.07亿元用于产业发展，实施产业项目97个。其中，2020年投入产业发展的对口帮扶资金高达1.5亿元，实施包括食用菌（黑木耳）、辣椒、生猪代养、生态鸡等产业在内的24个产业项目（其中黑木耳产业投入对口帮扶资金1亿元），覆盖建档立卡贫困人口3.5万人次。

牵线搭桥，招商引资夯实发展基础。在张家港设立沿河土家族自治县驻长三角招商引资办事处，围绕精品果蔬、中药材、畜牧养殖和农特产品加工、服装生产等产业，坚持每季度到张家港等东部城市开展招商引资宣传推介活动，并对东部城市来沿投资企业在金融、土地、税收等方面给予

---

[1] 本文由江苏省对口帮扶贵州省铜仁市工作队沿河土家族自治县工作组提供。2020年8月22—23日，国务院扶贫办在云南省怒江州、保山市举办全国东西部扶贫协作培训班，本文作为该培训班交流材料入选《全国东西部扶贫协作培训班案例选编》。文中数据系入选时数据。

支持。自 2017 年以来，累计招商引进苏黔农业产业开发、天露园茶业、大一安全环保科技等 17 个项目，到位资金 22.26 亿元，吸纳贫困劳动力 378 人就业。累计援建恒泰源服装有限公司、全鲜电子加工厂、沿丰贝制衣厂等 10 个，吸纳就业 927 人，其中建档立卡贫困人口 354 人。

倾力合作，园区共建打造示范样本。张、沿两地在沿河中界镇共建高峰有机农业产业园，全力打造园区共建示范样本。自 2017 年以来，累计投入对口帮扶财政资金等共计 1 972 万元，建成有机农业产业园、生态养殖场、茶叶公园 3 个有机循环农业产业项目，初步形成"一场两园三业（生态养殖场，有机农业产业园、茶叶公园，种植业、养殖业、旅游业）"的产业形态。其中，占地 200 亩的有机农业产业园累计投资 535 万元，规划了经果林、设施农业区、瓜蒌种植区、美国金瓜种植区和稻鸭共作区五个板块，设施农业区已建成高标准大棚 2 万平方米。今年两地农业部门又在高峰有机农业产业园挂牌成立东西部农技协作基地。两地农业部门实施东西部扶贫协作官舟食用菌产业园区共建。目前，投入东西部扶贫协作财政资金 1 亿元的官舟镇马脑村黑木耳种植示范基地一期 107 亩已排棒 50 万棒，日产 6 万吨智能化菌棒加工厂项目已竣工投产。

授人以渔，人才支持传授致富真经。张家港农业部门在沿河建立农业技术服务平台，设立蔬菜、果品、畜牧兽医、植保、农机等"专家门诊"，为种养殖户常年提供专业技术指导，为沿河农业发展提供技术保障。自 2017 年以来，张家港累计派出支农人才 25 人次到沿河挂职 1 个月以上进行技术帮扶，举办农作物病虫害、蔬果种植、林地养鸡等农业技术培训，共同开展非洲猪瘟防控等工作。积极培育致富带头人并对其创业给予政策扶持，示范带动贫困群众脱贫致富。截至 2019 年年底，累计为沿河培训致富带头人 354 人次，其中 124 人创业成功，带动贫困人口 2 012 人脱贫。2020 年继续安排 100 名致富带头人到张家港培训。

多方参与，消费扶贫助力"沿货出山"。张家港始终坚持政府引导、社会参与、市场运作，积极动员和引导社会力量广泛参与东西部消费扶贫协作，形成了东西互动、上下联动、点线结合、连点成网的消费扶贫强大合力，"线上""线下"相结合，全力助推"沿货出山"。强化市场导向，着力发展市场有需求、本地有优势的特色产业，建设以茶叶、白山羊、食用菌、辣椒等为主导产业的农特产品供应基地，提高农产品供给的规模化组织化水平。重点打造"洲州茶""幸福李"两地公共联创品牌，全面提升沿河农产品的知名度和影响力。2017 年至 2020 年 7 月底，累计采购、销售沿河农特产品 4 133.87 万元，带动贫困人口 3 447 人。

二、案例启示

产业扶贫是稳定脱贫的根本之策。江苏省张家港市对口帮扶工作牢牢抓住这个根本，以项目带动为引领，以招商引资为抓手，以园区共建为载体，以人才支持为后盾，以消费扶贫为支撑，持续发力产业扶贫，不断提升沿河深度贫困县自身"造血"功能，推动可持续发展，为攻克沿河深度贫困最后"堡垒"提供了有力支持，也为沿河全面脱贫后实现乡村振兴奠定了良好的产业基础。

典型案例 4

打造东西部劳务协作就业扶贫示范样本[1]

受经济下行、新冠肺炎疫情和地质灾害叠加影响，2020 年就业形势较往年更为严峻。全力以赴做好贫困群众的就业工作，是在复杂多变环境中夺取脱贫攻坚全面胜利的必然举措。上半年以来，张家港市和结对帮扶的贵州省沿河土家族自治县在做好疫情防控的同时，携手聚焦劳务协作就业扶贫，创新推出一系列劳务协作举措，推动贫困劳动力转移就业增收脱贫，累计组织 8 批 372 名沿河籍务工人员到张家港务工就业，其中建档立卡贫困劳动力 269 人，助力深度贫困县沿河按时高质量打赢脱贫攻坚战，让贫困群众用自己的双手托起"稳稳的幸福"。

一、打通"肠梗阻"，就业扶贫"有力度"

以建档立卡贫困劳动力为重点，精准匹配人岗需求，多措并举动员沿河贫困劳动力到张家港务工。张家港线上推送用工需求，由沿河落实网上招聘，上半年共向沿河提供岗位信息 19 期，共计 8 202 个岗位。充分利用脱贫攻坚驻村干部和疫情防控宣传工作人员，走村入户宣传发动。在沿河官舟镇爱新村设立贵州省内首家村级东西部扶贫协作"就业服务站"，全县 429 个行政村全覆盖建立"劳务经纪网格服务站——外出务工报名点"，每个服务站选拔 1 名劳务经纪人作为站长，构建和完善全县劳务输转市场化运作体系，提高劳务输转的市场化、规范化、组织化程度，实现了就业服务"零距离"。

---

[1] 本文由江苏省对口帮扶贵州省铜仁市工作队沿河土家族自治县工作组提供。发表于《新华日报》2020 年 8 月 18 日第 15 版。作者陈世海系张家港市政协副主席，江苏省对口帮扶贵州省铜仁市工作队沿河土家族自治县工作组组长，挂任沿河土家族自治县委常委、副县长。文中数据系发表时数据。

二、实施"订单化",就业扶贫"有深度"

根据每个贫困劳动力的基本情况和就业意愿,提供免费的职业指导、就业援助等公共就业服务,并提供免费的首次职业培训。发挥张家港网络平台优势,为沿河劳动力提供网络技能培训课程,让沿河务工人员在疫情期间也能不断提升自己的就业技能。指导300多名沿河籍务工人员免费在手机平台参加防疫培训和就业指导培训、职业技能理论知识培训。上半年累计举办4期劳务协作培训班,培训建档立卡贫困劳动力187人次。依托张家港市环宇职业培训学校,在沿河联合开展以"培训、就业、服务"三位一体为导向的挖掘机、装载机驾驶技能"订单式"培训班,分2批对100名沿河贫困劳动力进行培训。首期对50名沿河学员培训1个月,经技能理论、实操考试合格后,有36人到张家港企业沙钢集团等就业,其中建档立卡贫困劳动力35人。

三、打好"组合拳",就业扶贫"有温度"

对到张家港务工的沿河籍务工人员提供"人性化"务工保障和关心关爱,确保他们稳得住、留得下。开辟交通绿色通道,对经认定的复工企业组织的招工返工运输开辟绿色通道,创新实施"送雁行动",形成"点对点"全程输送方式,组织沿河籍务工人员免费乘坐返岗复工专列或大巴包车到张家港。精准匹配岗位需求,在张家港设立了全国首创的东西部扶贫协作劳务协作驿站,由沿河土家族自治县人社局指派专人负责运行,有效解决了沿河籍务工人员到张家港就业空档期间无技能、无单位、无住处等问题。两地人社局签订铜仁市首个县域东西部劳务协作稳就业协议;张家港保税区(金港镇)与结对帮扶的沿河沙子街道、中寨镇、晓景乡签订贵州省内首批乡镇层面的东西部劳务协作稳就业协议,上半年率先在全省实现东西部就业扶贫协作乡镇层面稳就业协议签订全覆盖。组织部分沿河籍务工人员开展"两江一家亲、携手看港城、共话致富路"主题活动,帮助他们全面深入了解张家港城市基本情况,在港安心工作、开心生活。

四、就业扶贫拔"穷根",幸福饭碗"端得稳"

针对市场经营主体,采取多项扶持政策,充分推动贫困劳动力转移就业。给予组织输送补贴、一次性跟踪服务补贴。对人力资源服务机构、劳务公司、劳务经纪人等市场主体开展有组织输出贫困劳动力到张家港稳定就业 3 个月以上的,按 500 元/人的标准给予组织输送补贴;对输出的建档立卡贫困劳动力稳定就业 6 个月以上且提供跟踪服务的,按 500 元/人的标准给予一次性跟踪服务补贴。疫情防控期间,对人力资源服务机构,包括非张家港人力资源服务机构,成功介绍沿河籍建档立卡贫困劳动力到张家港企业就业、签订劳动合同并缴纳社会保险满 2 个月的,按 1 500 元/人标准给予人力资源服务机构职业介绍补贴。对人力资源服务机构、劳务公司等市场主体有组织输出建档立卡贫困劳动力到张家港就业的,组织输送费按 1 000 元/人标准包干落实。对实地跟踪服务促进建档立卡贫困劳动力实现稳定就业 3 个月以上的,稳岗跟踪服务费按 300 元/(月·人)标准落实,最长不超过 6 个月。对项目合作的经营性合作机构输送到张家港市企业稳定就业 3 个月,完成 50 人以上的,奖励补助 6 万元;完成 100 人以上的,奖励补助 12 万元。

典型案例 5

新时代文明实践扶贫协作助力沿河决胜深度贫困歼灭战[1]

习近平总书记强调:"扶贫既要富口袋,也要富脑袋。要坚持以促进人的全面发展的理念指导扶贫开发,丰富贫困地区文化活动,加强贫困地区社会建设,提升贫困群众教育、文化、健康水平和综合素质,振奋贫困地区和贫困群众精神风貌。"江苏省张家港市自 2017 年 3 月与地处武陵山集中连片特困地区的革命老区县、贵州省深度贫困县沿河土家族自治县建立东西部扶贫协作对口帮扶关系以来,充分发挥张家港首个县级全国文明城市溢出效应,坚持物质文明扶贫协作和精神文明扶贫协作"两手抓、两手硬",以新时代文明实践扶贫协作助力沿河决战决胜脱贫攻坚。

一、结对引领,架起文明共建"连心桥"

在全国县域东西部扶贫协作中率先实施"长江水·乌江情——文明共建助脱贫"工程,以文明共建为抓手,通过文明引领助力"精神扶贫",补齐脱贫"精神短板"。对口帮扶之初,张家港市 3 个全国文明镇塘桥镇、锦丰镇、金港镇就与沿河土家族自治县 8 个乡镇(街道)建立了"1+N"结对帮扶关系。2018 年,张家港市南丰镇永联村、张家港保税区(金港镇)长江村、张家港经济技术开发区(杨舍镇)农联村 3 个全国文明村,以及张家港市文体广电和旅游局、市财政局、市水政监察大队等 6 个全国文明单位又分别与沿河土家族自治县 9 个深度贫困村建立"1+1"结对帮扶关系。

张家港市各全国文明镇、村、单位大力开展"文明港城沿河行"活动,积极传播张家港文明理念,深入开展形式多样的文明共建结对帮扶引领活动,有力助推了结对单位的精神文明建设。农联村自 2018 年以来连续三年

---

[1] 本文由江苏省对口帮扶贵州省铜仁市工作队沿河土家族自治县工作组提供。发表于《红旗文稿》2020 年第 13 期,第 36-38 页。作者杨芳系中共苏州市委宣传部副部长、苏州市政府新闻办主任,陈世海系张家港市政协副主席,江苏省对口帮扶贵州省铜仁市工作队沿河土家族自治县工作组组长,挂任沿河土家族自治县委常委、副县长。文中数据系发表时数据。

每年派出 10 名干部到结对的泉坝镇黄池村进行为期 1 个月的挂职帮扶，从整治人居环境脏乱差着手，提高村民文明素质，并帮助建设黄池村党支部活动室、乡村大舞台、图书室等活动阵地，营造浓厚的精神文明建设氛围；张家港市文体广电和旅游局 2019 年派出 12 名年轻干部到结对的黄土镇平原村和沿河土家族自治县文体广电旅游局进行为期 1 个月的挂职帮扶，开展"小书包·大梦想"爱心活动，帮助完成黔东特区革命委员会旧址全国爱国主义教育基地的申报，共同创作文艺作品，并在体育、旅游、执法等方面开展帮扶指导。在文明典型结对引领、文明共建扶贫协作的带动下，2019 年沿河土家族自治县被命名为"国家卫生县城"，现正全力创建"全省文明城市"。

二、载体共建，开辟文明实践"根据地"

紧紧围绕习近平新时代中国特色社会主义思想这个核心，全面推动文明实践载体共建，在沿河土家族自治县首创全国 24 小时新时代文明实践驿站，以点带面推动新时代文明实践体系建设，助力脱贫攻坚。2018 年，张家港市为沿河土家族自治县赠建全国首家 24 小时土家书房，在全国图书馆中首创人脸识别智能管理系统，率先引入儿童优先的阅读理念，为贫困地区建设 24 小时自助图书馆提供了范例。此后每年赠建融公共图书馆和志愿服务工作站于一体的 24 小时新时代文明实践驿站。目前已累计赠建 24 小时新时代文明实践驿站 5 个，总面积 396.25 平方米，总投资 430 万元。驿站以图书为载体，以阅读为媒介，以志愿服务为纽带，具备政策理论宣传、淳朴民风引导、良好家风培育、移风易俗等服务功能，打通宣传群众、教育群众、关心群众、服务群众的"最后一公里"，成为激励广大群众尤其是建档立卡贫困户自立自强、同创共建美丽新家园的文明实践新平台。特别是 2020 年为沿河土家族自治县的易地扶贫搬迁安置点官舟镇和舟社区、团结街道黄板社区配套建设的 2 个 24 小时新时代文明实践驿站，还同时作为校外教育基地，为安置点易地扶贫搬迁人口 10 229 人（其中建档立卡贫困人口 6 956 人）和周边 5 所学校 8 923 名学生（其中建档立卡贫困学生 2 759 人）提供服务。

自首家驿站启用以来，至 2020 年 5 月底，沿河 24 小时文明实践驿站新增文化志愿者 41 人，设计并实施文化志愿服务项目 5 个，收集市民需求 82 条，参加文化志愿服务 450 余人次，服务总时长 5 436 小时，惠及市民 1 800 人次；注册读者总数 4 836 人，其中建档立卡贫困人口 351 人，接待读者 111 844 人次；外借图书 20 040 册次，总藏书 9 000 余册，平均每册图书外借 2.2 次。在 24 小时新时代文明实践驿站带动下，沿河新时代文明实践中心、所、站建设全面推开，在全国县域率先构建新时代文明实践驿站体系，在贵州省率先形成新时代文明实践志愿服务体系和图书馆总分馆服务体系，在公共阅读服务和"互联网+"志愿者工作方面实现了与东部发达地区齐头并进。

三、志愿服务，凝聚崇德向善"正能量"

结合沿河土家族自治县实际，在群众关切的文化服务、科普科技、健康医疗、扶贫济困、文明风尚等方面，积极开展双向志愿服务行动，推动形成积极向上、崇德向善的精神风貌。组织张家港市 8 个专业社会组织走进沿河，实施公益志愿项目 15 个，覆盖儿童之家建设、爱心助学、禁毒防艾、个案辅导、心理辅导等领域。帮助沿河土家族自治县建立和完善志愿服务运行机制、志愿者权益保障和激励机制，修订完善注册登记、志愿礼遇等一系列志愿服务管理制度。赠建沿河土家族自治县新时代文明实践志愿服务指导中心和全国西部地区首个县级志愿服务网——"志愿沿河"。新时代文明实践志愿服务指导中心具有接待、志愿者管理、志愿活动审核发布、志愿服务成效展示等功能。"志愿沿河"采用"互联网+"技术，具有网上登记注册、志愿服务需求申报、志愿服务项目发布、志愿服务成功对接、报名参加活动、自动定位并计算志愿服务时长、实时显示志愿服务动态、自动积分及礼品兑换、志愿服务宣传培训等功能。

完善志愿项目库建设，帮助设计"先锋知音""彩虹桥""法惠万家""美家美户""情满三农""微孝"等一批接地气、聚人气的志愿服务项目，打造"善行沿河·和美土家"志愿服务品牌。组建理论宣讲、党建服务等 8 个志愿服务支队 26 个志愿服务小队，建立志愿服务骨干学习交流制度，强化志愿服务培训工作，落实志愿服务供需对接，推动志愿服务规范化、专业化。张家港市支教老师带动和指导沿河中等职业学校组建 7 支志愿服务队，1 780 多名师生注册为贵州志愿者，近 200 人在张家港"友爱港城"网上注册，其中 20 人荣获张家港市志愿者协会颁发的星级志愿者证书；已开展支农扶贫、文明交通、创卫环保、大型会务赛事服务、关爱老人儿童、技能培训六大类常态化活动 200 多个，累计服务时长达 10 000 多小时，志愿服务活动范围覆盖全县 22 个乡镇（街道），宣传和服务群众逾万人次，沿河职校志愿服务成为沿河志愿服务的"当家花旦"。

四、文化走亲，奏响脱贫攻坚"交响乐"

把文化扶贫作为扶志、扶智的重要方式，深入推动张、沿两地文化交流合作，激发脱贫内生动力。2018年、2019年连续举办"长江水·乌江情"张家港市—沿河土家族自治县文化交流周活动，举办长江主题美术作品展览、锡剧《一盅缘》、沙龙剧《港城梦工厂》、经典评弹折子书和原创评弹作品展演及文艺小分队走进深度贫困村巡演，展示两地民俗风情和城市风采，促进艺术交流，增进两地感情，提振追梦信心。2019年举办"携手逐梦"两地文化工作者专题培训，张家港的专家老师对沿河相关从业人员进行了群众文化、全民阅读、文化志愿服务等方面的业务培训，帮助沿河健全公共文化服务体系；举办"传承文化根脉·共创精彩生活"张家港市—沿河土家族自治县非物质文化遗产交流、"同饮一江水·共唱新时代"张家港市文化志愿者走进沿河等活动，为沿河人民送上形式多样、内容丰富的文化大餐。连续两年特邀沿河中小学生赴张家港参加第21届、第22届全国"贝贝杯"青少年足球赛，为山里娃提供走出大山参加国家级赛事的机会，让他们开阔视野，增长见识。

深入开展艺术生产合作，共同推出器乐合奏《对话》、表演唱《更好的日子还在后头》等作品，《更好的日子还在后头》获评第三届苏州市群众文化"繁星奖"金奖和2020年度苏州市优秀群众文艺创作扶持立项作品，正参评第十四届江苏省"五星工程奖"；帮助创排土家歌舞节目摆手舞《摆摆摆》、苏州评弹元素与土家族花灯元素融合的歌舞《苏州来的三姐妹》、具有浓郁贵州傩戏韵味的歌舞《大话傩戏》、扶贫小品《铁树开花》《二叔快跑》《扶起来》等作品，引导各村寨群众奋进新时代、提振精气神，为携手打赢脱贫攻坚战提供文化支撑。

2018年2月12日，习近平总书记在打好精准脱贫攻坚座谈会上指出："贫困群众既是脱贫攻坚的对象，更是脱贫致富的主体。要加强扶贫同扶志、扶智相结合，激发贫困群众积极性和主动性，激励和引导他们靠自己的努力改变命运，使脱贫具有可持续的内生动力。"2020年是决战决胜脱贫攻坚收官之年。张家港市正按照习近平总书记的指示和要求，紧盯沿河2020年脱贫摘帽目标，在加大资金支持和产业就业消费扶贫的同时，坚持彰显首批全国文明城市结对帮扶工作特色，着力深化新时代文明实践扶贫协作工作，传递崇德向善的文明力量，激发脱贫攻坚的内在动能，携手沿河向深度贫困最后堡垒发起总攻，坚决打赢打好深度贫困歼灭战。

典型案例6

常思协作手牵手　共治贫困奔小康[1]

2020年是全面建成小康社会的收官之年，脱贫攻坚已到决战决胜之时。如期实现脱贫攻坚目标，是全面建成小康社会必须完成的硬任务。贵州省铜仁市思南县地处贵州东北部贫困山区，长期以来受地理和自然条件制约，贫困程度较深。2017年4月，该县与常熟市正式结为东西部扶贫协作携手奔小康县（市）。常熟把发展符合思南县自然条件、有利于贫困群众就业增收的特色产业放到突出位置，推动扶贫由注重"输血"向强化"造血"转变，实现产业发展和脱贫致富的共同推进。在常熟的帮扶下，越来越多的思南百姓摘掉"贫困帽"，走上致富的康庄大道。思南县贫困发生率从2017年年初的11.68%下降到2019年年底的1.3%，贫困人口数从2017年年初的2.1万户7.2万人下降到2019年年底的3 585户8 034人。2020年3月，贵州省正式宣布思南县脱贫摘帽。

一、"所需"与"所能"协同配合，展开两地"合作路"

立足"思南所需、常熟所能"，带着责任、带着真情，精准开展对口帮扶工作，努力实现帮到点上拔掉穷根、扶到根上摘掉穷帽的目标。

一是互动交流持续深化。两地党政领导高度重视，成立以两地党政主要领导任双组长的东西部扶贫协作工作领导小组，思南县扶贫办和常熟市发改委分别设立东西部扶贫协作工作专班和协作办公室，三年多来两地县级以上领导互动交流175人次，带动社会互动交流452批次5 043人次。建立扶贫协作联席会议制度，累计召开联席会议7次，县委常委会议、政府常务会议12次、专题会议15次，围绕园区共建、产业发展、劳务协作等达成共识，签署了一批协议、推动了一批项目，持续强化督促检查落实，形成

---

[1] 本文由江苏省对口帮扶贵州省铜仁市工作队思南县工作组提供。发表于《群众（思想理论版）》2020年第19期，第38-39页。作者王晓东系常熟市尚湖镇党委书记，江苏省对口帮扶贵州省铜仁市工作队思南县工作组组长，挂任思南县委常委、副县长。文中数据系发表时数据。

了"党委政府牵头抓总、主管部门统筹协调、思南工作组实施落实"的对口帮扶机制。

二是结对帮扶全面覆盖。实现乡镇双向结对、部门对口结对、贫困村广泛结对、学校医院全面结对"四个全覆盖",扎实开展组团式帮扶。常熟帮助思南争取各类财政性帮扶资金1.72亿元,惠及贫困群众10万余人。建立双向挂职制度,常熟共选派131名挂职干部、技术专家到思南帮扶,帮助思南培训党政干部16期732人次、农民专业合作社负责人等300余名;思南选派500余名青年教师、医务人员和农技人员到常熟挂职学习,跟读培训。

三是资金项目投向精准。严格执行项目申报、立项、审批等各项规定,保证资金使用精准高效。争取的各类财政性帮扶资金聚焦59个深度贫困村,聚焦建档立卡贫困户,聚焦易地搬迁安置点扶贫,实施了教育医疗设施建设、扶贫产业发展等民生项目近200个。投入380万元提升思南深度贫困村农户饮水安全;投入2 000万元用于思南28个乡镇农村住房和危房改造;投入800万元新建易地扶贫搬迁安置点幼儿园项目;投入220万元修建3个移民安置点卫生院,新建贫困村卫生室11个,修缮贫困村卫生室20个。

四是携手小康成效明显。扎实开展"千企帮千村""携手奔小康""助学圆梦"等行动,常熟连续三年为结对的乡镇每年提供帮扶资金15万元,为结对的贫困村每年提供帮扶资金3万元。自2017年以来,常熟社会各界捐资捐物累计达4 000多万元,长期结对帮扶贫困学生超过1 200人,留下了常熟大道、碧溪路、虞山桥、常福楼、和美广场等一批"常熟元素"的协作印记。波司登公益基金会、江苏省(市、县)三级慈善总会捐资1 100万元建成思南县长坝波司登中心小学,学校占地面积40多亩,有效解决15个行政村1 119户贫困家庭的650名适龄儿童的上学难题,成为东西部扶贫协作的典范工程。

二、"输血"与"造血"互补并重,吹响发展"集结号"

依托思南的自然条件和资源优势,利用东部发达地区的理念、资金、技术及市场,因地制宜、精准嫁接,坚持真扶贫、扶真贫,增强思南发展的内生动力,着力打造产业扶贫、项目带动、企业合作、发展致富的"常思协作模式"。

一是打造产业硬核,园区共建树典范。在规划建设上,累计投入5 000

万元扶贫资金，整合各类资源，共建常思农业产业示范园区。在项目引进上，引进贵州品界农业发展有限公司、贵州思常农业科技发展有限公司、贵州常思食品有限公司等企业入驻，积极培育思南农特产品出山渠道。建成7个扶贫车间，完成实际投资3亿元。在开发模式上，完善"龙头企业+合作社+农户"的利益联结机制，村民既有土地流转租金，又有务工就业薪金，还有参与分红股金。

二是推动"思货出山"，消费帮扶助富民。坚持政府引导、市场运作、社会参与的理念助力"思货出山"，动员王四食品、常客隆等常熟企业加入"沿货出山"阵营，在常熟设立产品展销点、体验店、推广中心共12个，举办思南农产品展销活动5次，发动常熟各乡镇、企事业单位积极采购思南扶贫产品，形成人人参与消费扶贫的良好格局。自2020年以来又积极发动35家思南企业积极申报扶贫产品商家认证，上报产品60余个。

三是拓展稳岗路径，劳务协作促就业。三年多来，探索出了一条"政府宣传引导+人力资源机构输送安置+政府服务保障"劳务协作路径，累计输送400余名思南籍务工人员到常熟务工。强化对思南籍务工人员的服务保障，依托常熟人力资源企业成立劳务协作工作站，设立"铜仁在常务工人员之家""劳务协作直通车常熟对接站""思南籍务工人员稳岗就业基地"，采取"线上+线下"招聘模式，陆续推出19场专项招聘活动，常熟241家企业提供近2万个就业岗位，吸引5 000多人报名。2020年克服新冠肺炎疫情影响，加大人员输送力度，上半年输送9批次200余名思南籍务工人员赴常熟务工，输送人数是前两年的总和。

三、"扶志"与"扶智"双轮驱动，架起常思"连心桥"

常熟与思南自结为对口帮扶关系以来，两地人才交流一直保持高频次、高热度，合作越来越紧密，感情越来越深厚，留下了许多"扶贫路上，勠力同心"的常熟故事。

一是教育组团帮扶全覆盖。自2017年以来，常熟累计选派4批42名教师到思南开展教育"组团式"帮扶，支教内容从学前教育和中小学教育延伸到职业教育、特殊教育、高中教育，实现县域教育帮扶领域全覆盖，思南县本科上线率由2017年的49.9%提升到2019年的61.8%。在职业教育方面，积极探索"3+1+X"校企合作模式，思南职校与波司登集团、江苏山水江南酒店管理有限公司等常熟企业签署战略合作协议，累计向苏南地区输送实习生 200 余名。在思南设立电商创业和人才培养基地，采取"2+1"分段培养模式合作办学，44 名电子商务学生输送到苏州高等职业学校就读，建立了良好的职业教育就业机制，实现了"职教一人、就业一人、脱贫一家"。

二是医疗组团帮扶不断线。围绕帮助思南结对医院建立现代医院管理制度、提升医疗技术和管理水平，三年多来常熟共派出 5 批 55 名医生到思南开展组团式帮扶，推进两地 8 家医院建设 3 个医共体。探索医教跨界融合新路径，今年 64 名思南职校护理专业学生到常熟医院实习，有效提高了护理技能水平。投入 50 万元为思南 526 个村卫生室配备急救箱，建立"援思医疗专家智库"，累计帮助规范医疗管理流程 150 多个，引进医疗新技术 100 余项，成功实施危重病患手术 500 余台次，填补当地医疗技术"空白" 42 项，创下当地医疗技术"首例" 38 项，实行"远程诊疗" 40 多例，留下了一支"带不走"的医疗队。

三是协作行动支部展风采。充分发挥党建引领作用，在铜仁市首创扶贫协作"行动支部"工作法，援医队成立"初心黔行"行动支部，支教队成立"常思育人"行动支部，助农队成立"情系三农"行动支部，采用"贫困村点题+支部选派专家+精准解决问题"模式，累计开展行动支部"周周行"活动 30 余次，深入 9 个乡镇、22 个贫困村、300 余户贫困户"点对点"解决难题。同时，抓好东西部扶贫协作宣传工作，及时提炼挖掘工作中的好做法、好经验，精心布置了常思协作交流馆，开通"常熟思南"微信公众号，推出"常思在线平台"，累计发布微信 165 期 948 篇次，在省级以上媒体宣传报道 90 多篇，不断提高两地干部群众的认同感和参与度，探索对口帮扶与乡村振兴相衔接的新路子，为思南实现全面小康做出不懈努力。

典型案例 7

万山区"三化"助推"黔货出山"[1]

近年来,铜仁市万山区以东西部扶贫协作为契机,与苏州高新区携手建成苏高新农产品供应链示范基地,提高农产品标准化、规模化、品牌化"三化"水平,不断增强市场竞争力、影响力。"苏州高新区与铜仁万山区'黔货进苏'助推消费扶贫"案例分别于2019年11月、2020年8月两次被收录进由国务院扶贫办主编的《全国东西部扶贫协作案例选编》。

一、产业标准化

一是建立生产标准。坚持以优质、安全、绿色为导向,制定《万山区大棚蔬菜生产技术及质量标准》《万山区荪灵竹荪种植技术及操作规范》《万山区金兰香柚种植技术及管理规范》《万山区农产品深加工操作规范》等10余项农特产品企业标准和生产(加工)技术规范,明确农特产品产前、产中、产后等各个环节标准,与国家标准、行业标准、地方标准有效衔接,从生产环节着手为农特产品质量提供保障。二是严把质量标准。全区11个乡镇(街道)实现农产品农药残留速测站全覆盖,加强农产品农药残留量检验。建立《万山区农产品质量安全检测操作规范》《万山区农特产品质量安全溯源制度》,强化农产品生产、收购、储存、加工、运输等各个环节质量安全追溯管理,保障农特产品供应链各个环节及其相关信息真实有效。区直相关部门每月至少开展1次农产品质量安全检查,实现农特产品生产、加工、流通等环节全程可追溯,严把农产品质量安全关。三是紧盯认证标准。按照"两品一标"("两品"即有机农产品、绿色食品,"一标"即农产品地理标志)认证要求,该区通过产业政策扶持,积极鼓励和引导符合条件的规模农特产品生产主体(企业和合作社)开展绿色食品、有机

---

[1] 本文由江苏省对口帮扶贵州省铜仁市工作队万山区工作组提供,刊登于中共贵州省委全面深化改革委员会办公室内部刊物《贵州改革情况交流》2020年第121期,系贵州省委改革办根据万山区委改革办材料整理。文中数据系刊登时数据。

食品、地理标志农产品认证。目前，全区共有规模农特产品生产主体25家，其中24家获得无公害产地证书，认证面积15.4万亩，通过无公害农产品产品认证13个，畜产品、水产品产地产品共认证25个，有机产品认证9个，正在申请绿色食品认证3项。

二、产销规模化

一是生产规模化。重点围绕500亩以上坝区，将荒山、撂荒地、烂泥田等土地资源串联起来，建设相对集中连片的农产品生产基地，大规模推进产业结构调整。目前，该区已建成500亩以上坝区12个，建成蔬菜基地79个种植面积2.5万亩，食用菌基地12个年产量7 000万棒，精品水果种植6万余亩。二是加工规模化。通过东西部扶贫协作，引进苏高新集团投资1.5亿元，集中打造占地70余亩的苏高新农产品供应链示范基地，并引进一批食品生产加工、冷链运输、市场销售等知名企业入驻，建成集收购、分拣、检测、包装、加工、冷链物流等功能于一体的农产品全产业链，成为万山区甚至武陵山片区"沿货出山"的重要基地。目前，该基地入驻企业——苏州食行生鲜电子商务有限公司投入1 000万元建成了干货食用菌标准生产车间和牛羊肉加工标准生产车间；苏州鸿海食品有限公司投入3 500万元完成农特产品前道加工车间、配送中心车间及农特产品深加工车间建设，并将投入2 000万元建设40 000立方米智能冷链中心。三是市场规模化。瞄准本地、周边及东部三大市场，引进培育了铜仁万山九丰现代农业科技有限公司、铜仁万山翠丰农业有限责任公司和铜仁市万山区亿创电子商务经营管理有限公司三大农特产品销售企业，推动农特产品精准销售，扩大市场占有率。目前，在本地市场，建成3万平方米的农特产品集散中心，与周边县区学校、医院、机关、监狱等90多家单位食堂和120多家超市、酒店建立长期稳定的供销关系，在全市范围内形成3小时农产品配送圈。在东部市场，按照"东部市场+万山资源"理念，在苏浙沪等东部地区设立"沿货出山"万山批发部，开设32家品牌直营店，在苏州143家连锁商超设有销售专柜。自2020年以来，该区通过"沿货出山"共销售农特产品3 901吨，销售额达1.013亿元，其中铜仁万山九丰现代农业科技有限公司在上海等地开设蔬菜直营店达200家，向上海直供蔬菜2 000吨，销售额达1 186万元。

三、产品品牌化

一是打造本地品牌。坚持品牌化发展思路争夺市场,成功打造"万山翠丰""荪灵竹荪""金兰香柚""跑山牛""刘姐薯片""德元豆豉"等一批本地知名度高、美誉度好、竞争力强、影响力大的优质品牌,有效提升万山农产品价值和市场竞争力。其中,"荪灵竹荪"成为第 28 届莫斯科国际食品展贵州特色商品和文化旅游推介会重点推介产品。二是融入公共品牌。依托铜仁市"梵净山珍·健康养生"农产品公共品牌,亿创电子商务有限公司所有产品以"梵净山珍·健康养生"品牌进行宣传、推介和包装销售,有效解决全区农业基地普遍面临的农特产品"三无"问题,增强了市场竞争力。自 2020 年以来,亿创电子商务有限公司借助"梵净山珍·健康养生"农产品公共品牌效应,实现农特产品销售额达 4 247 万元,成为江苏省机关食堂消费扶贫对接会、江苏省国资系统消费扶贫行动大会的参展单位。三是借力东部品牌。按照"东部研发+万山制造"理念,利用东部企业研发优势和品牌优势,发挥万山苏高新农产品供应链示范基地制造优势和原产品优势,创新研发农特产品深加工产品,融入东部企业优势品牌中去。如苏州鸿海食品有限公司在万山优质农特原产品基础上,利用苏州总部技术研发农家蛋卷、地瓜干、酥香茄盒、白菜肉卷等深加工农特产品,并借助"鸿海苏州"品牌进行销售。

典型案例 8

聚焦"三就"助脱贫　携手共赢奔小康[1]

石阡县易地扶贫搬迁（罗家寨）安置点平阳社区，是石阡县 2018 年县城易地扶贫搬迁安置点，隶属于汤山街道。该安置点占地 100 多亩，新建住房 37 栋共安置来自 18 个乡、镇、街道的 1 687 户 7 360 名群众，于 2019 年 1 月搬迁入住。立足石阡易地搬迁安置点平阳社区的后续发展需求，江苏省对口帮扶贵州省铜仁市工作队石阡县工作组聚焦安置点就学、就医、就业的"三就"难题，科学制订帮扶计划、精准谋划帮扶项目、精准安排帮扶资金、强势推进项目建设，助力石阡县易地扶贫搬迁，2019—2020 年共投入帮扶资金 1 750 万元，实施项目 5 个，有力巩固了脱贫攻坚成果。

一是聚焦就学，援建教育配套设施。百年大计，教育为本，扶贫要与扶志、扶智相结合。石阡县委、县政府为解决易地扶贫搬迁初中学生就近就学需求，规划建设下屯中学。工作组实地调研，平阳社区安置点共有适龄初中学生 400 名。为加快学校建设，工作组建议县委、县政府安排 2019 年东西部扶贫协作资金 302 万元、2020 年东西部扶贫协作资金 1 000 万元，用于建设下屯中学教学综合楼和学生宿舍楼，目前项目建设顺利推进，2019 年综合楼项目已竣工，2020 年学生宿舍楼项目于 9 月建成。石阡县易地搬迁安置点学校（下屯中学）2020 年 9 月投入使用，计划招收 9 个班级 450 名学生，可确保平阳社区安置点学生有学上、有书读。此外，为解决平阳社区幼儿园教学、生活设施不足的难题，工作组建议安排东西部扶贫协作资金 98 万元，用于安置点幼儿园采购教学设施、食堂设备等。安置点幼儿园于 2019 年 9 月顺利开学。目前，该园有 5 个班级，188 名学生。2020 年秋季学期开设 9 个教学班。

二是聚焦就医，援建医疗配套设施。易地搬迁安置点距离县城较远，群众看病难。工作组把解决安置点群众就近就医难题看在眼里，记在心里，落实在行动上。主动与县卫健局对接，规划建设了平阳社区卫生服务站，

---

[1] 本文由江苏省对口帮扶贵州省铜仁市工作队石阡县工作组提供，数据截至 2020 年 9 月 30 日。

解决平阳社区群众日常就医需求。工作组建议安排投入 260 万元东西部扶贫协作资金，用于该卫生服务站装修装饰、购置医疗设备和仪器等项目。卫生服务站已于 2019 年 2 月正式启用。目前，370 平方米的平阳社区卫生服务站已经完全实现标准化建设及运作，拥有 B 超设备、输液设施等，6 名医生轮流坐诊，日诊疗量 50 人次左右，基本满足群众医疗需求。家门口的"医院"极大地方便了群众就近就医，切实减轻了群众的就医负担。

三是聚焦就业，援建就业平台设施。为推动易地搬迁安置点贫困家庭实现"就业一人脱贫一家"的目标，工作组与县人社局一起出点子、想办法，解决安置点群众就业难题。一方面援助本地企业建设扶贫车间，吸纳更多贫困人口就近就业；另一方面建设贫困劳动力资源市场，搭建就业平台，及时公布东部企业岗位信息与安置点贫困户需求信息，畅通劳动力转移渠道，积极组织外出务工。援建宏信服饰扶贫车间，安排东西部扶贫协作资金 30 万元，用于购买 100 台缝纫机帮助企业扩大生产规模和技能培训、企业文化素质提升。目前宏信服饰吸纳石阡 19 个乡镇（街道）的 560 名建档立卡贫困户劳动力就业，其中平阳社区安置点有 155 人（含 10 名残疾人），每人月工资稳定在 3 000 元以上，易地搬迁安置点群众在家门口就"有活干、有钱赚"，实现了赚钱持家两不误。2020 年又投入 60 万元东西部扶贫协作资金，在平阳社区安置点建设贫困劳动力资源市场，搭建企业和劳动力供需对接服务平台，促进劳动力输出地与输入地积极对接，精准统筹引导开展针对性的就业，推动贫困劳动力实现多渠道就业和增收致富。目前，在江苏稳定就业 110 人，其中在苏州市相城区稳定就业 55 人，有效巩固了易地搬迁脱贫成果。

石阡县工作组将继续根据中央、省、市东西部扶贫协作精神，按照"搬得出、稳得住、能致富、不反弹"的要求，以"和谐社区、活力社区"建设为抓手，继续助力易地扶贫搬迁安置点的基层党建、社区管理、文化传承、素质提升等方面公共配套和服务建设，进一步巩固石阡县脱贫攻坚成果，为实现"心手相阡·共赢小康"目标再立新功，再创辉煌。

[本课题系 2020 年度苏州市社会科学基金项目（应用对策类）立项项目（序号：Y2020LX150，结项号：Y2020YB57）、2020 年度贵州省铜仁市人文社科课题（编号：TRWSK202009），并获 2020 年度铜仁市人文社科课题优秀课题]

第四编：经验交流

打好精准脱贫攻坚战是我们共同的奋斗目标[1]

2018年春节前夕，中共中央总书记、国家主席、中央军委主席习近平来到四川凉山等地，深入村镇、企业、社区，考察脱贫攻坚和经济社会发展工作，并发表了一系列重要讲话。作为一名奋战在脱贫攻坚一线的党员干部，习近平总书记的重要讲话，再次点燃了我们做好挂职扶贫工作的激情和斗志，为打好精准脱贫攻坚战指明了方向。

自2017年3月张家港市与沿河土家族自治县正式建立东西部扶贫协作对口帮扶关系以来，我们认真贯彻落实中央在银川召开的东西部扶贫协作座谈会，特别是习近平总书记在山西太原主持召开的深度贫困地区脱贫攻坚座谈会重要讲话精神，坚决落实"真情实意、真金白银、真抓实干"要求，带着使命、带着感情、带着责任扎实开展东西部扶贫协作工作。

一、探索"五位一体"，开启帮扶新模式

围绕"发展新常态、扶贫新路径"目标，主动谋划、主动作为，在全国率先探索出了"五位一体""携手奔小康"东西部扶贫协作全面结对帮扶新模式，实现了两地市县、乡镇、村村、村企、园区五个层面全面结对，大力实施精准扶贫、精准脱贫，对口扶贫协作不断取得新突破。一是市县对接"零距离"。以强化组织保障为中心，推动张、沿双方高层互动往来，建立完善东西部扶贫协作工作领导机构，落实东西部扶贫协作专职人员，2018年2月在张家港挂牌成立了全国首个东西部扶贫协作办事处——沿河驻张家港扶贫协作办事处。张、沿两地通过建立高层联席会议常态化机制，签订了合作框架协议，从组织领导、产业合作、文化交流、人才培训、劳

---

[1] 作者陈世海，系政协张家港市委员会党组成员、市委宣传部副部长、市文体广电和旅游局党委书记，张家港市美术馆馆长，江苏有线网络发展有限责任公司监事；中共沿河土家族自治县委常委、县人民政府党组成员、副县长（挂职），江苏省对口帮扶贵州省铜仁市工作队沿河土家族自治县工作组组长。

务协作、旅游发展、教育卫生等方面开展全方位合作。二是乡镇对接全覆盖。张家港市辖区内10个镇（区）与沿河土家族自治县22个乡镇（街道）开展了结对帮扶，在东西部扶贫协作中率先实现乡镇结对"全覆盖"。三是村级对接帮扶实。张家港市8个行政村与沿河土家族自治县8个深度贫困村建立了结对帮扶关系，力争用本村多年发展所积累的经验和做法助推帮扶村脱贫出列。四是村企对接帮扶深。张家港市4家国资企业与沿河土家族自治县4个深度贫困村分别结对，2家民企也与贫困村建立对接关系。五是园区对接起点高。张家港保税区、张家港经济技术开发区2家国家级开发区和省级开发园区江苏扬子江国际冶金工业园，一起参与省级贵州沿河经济开发区的共建工作，签订扶贫协作园区共建协议，设立"招商联络处"，推动产业转移，促进优势互补、互利共赢；两地农业部门签订东西部扶贫协作农业产业园区共建框架协议，共同组建农业产业园区工作专班，共同推进农业产业园区的项目引进和人才交流。"五位一体""携手奔小康"的全面结对帮扶，推进了张家港与沿河全方位、立体化、深层次的扶贫协作，为推动沿河的精准脱贫提供宽领域的支持，实现了"帮眼前"与"扶长远"的有机结合。

二、突出"两类人才培养"，注重基础打造

甩掉穷帽子，过上好日子，要靠社会各方面的外力帮扶，更要靠贫困主体的内生动力。在凉山三河村，习近平总书记强调，发展特色产业、长期稳定致富，都需要人才，要培养本地人才，通过辛勤劳动脱贫致富。一是突出党政人才培养。签订了《张家港市与沿河土家族自治县干部人才交流培训及就业保障百千万工作协定》，着力加强干部人才的政治素质、专业技术、工作作风和能力素质方面的培养锻炼。2018年组织500名沿河土家族自治县党政干部、中层骨干赴张家港学习培训。张家港市青年干部培训班将在沿河土家族自治县举办，并互派机关部门干部挂职。组织张家港市区镇与沿河土家族自治县结对乡镇选派干部互相挂职，2月12日，张家港经济技术开发区（杨舍镇）已派出首批30名年轻干部和后备干部到沿河3个结对乡镇挂职。二是突出专业技能人才培养。通过资源下沉与跟岗学习、现场帮带与远程帮扶、定期派驻与现场指导相结合的方式开展帮扶，三年内对10 000名种养殖大户、专业合作社负责人、非公企业组织负责人、农村致富带头人及中职、高职院校毕业生开展技能培训。

三、打好"三张牌",力求输造结合

引导有能力的自主创业致富,能力较弱的提升劳动技能后组织劳务输出,鼓励群众用自己的双手劳动致富。一是打好"劳务经济牌"。帮助建设沿河土家族自治县人力资源市场(人力资源供需交流平台)及乡镇人力资源站,设置电子屏,滚动播出张家港市宣传片及两地用工需求和人力资源信息;采取校企合作、校校合作、定向培训等方式,按照张家港市就业技能需求,积极开展就业前培训,提高沿河土家族自治县贫困人口劳动技能水平;鼓励张家港市的江苏东渡纺织集团、新东旭集团等劳动密集型企业,采取市场化手段,在沿河开展技能培训,合格者直接上岗。通过劳务输出,精准脱贫,做实做好沿河土家族自治县劳务经济这篇文章。二是打好"社会力量牌"。广泛动员社会力量参与,积极开展民营企业"万企帮万村"行动。整合社会资源和力量,设立扶贫协作爱心基金,有针对性地探索开展各类慈善基金会、商会协会、群众团体等抱团开展"滴灌式"精准扶贫行动,即一个商会协会等组织帮扶沿河土家族自治县一个深度贫困村,其中一个成员单位(一个企业)联系帮助该村一个贫困户,实现与沿河土家族自治县深度贫困村结对全覆盖。三是打好"展示展销牌"。2017年,张、沿双方在张家港市举办了沿河农产品展销活动,在青草巷批发市场设立了农产品专铺,助推沿货出山。2018年将在张家港建设集东西部协作展示中心、招商中心、旅游推广中心、农产品展销中心为一体的"沿河土家族自治县形象展示厅",进一步加强对沿河土家族自治县的宣传。

四、做到"四个加强",助推精准脱贫

一是加强教育扶贫。在苏、黔两省教育厅的大力支持下,全国第一所县办大学张家港市的沙洲职业工学院2018年计划招收武陵山贵州地区200名学生,以后视情增加招生名额,对沿河的建档立卡贫困户子女就读予以政策资助,引导其毕业后在张家港就业。帮助沿河中等职业学校提升实训基地装备设施水平,提高教学水平,鼓励江苏省张家港中等专业学校与沿河中等职业学校探索合作"1+2""2+1"培训机制,从张家港市产业发展及企业用工需求出发,及时调整沿河中等职业学校专业设置,设立张家港"东渡纺织班"等,促进沿河职校生到张家港精准就业,帮助贫困家庭脱

贫。选派 10 名以上教师赴沿河土家族自治县开展支教活动。二是加强医疗扶贫。从张家港市第一人民医院、张家港市中医医院等选派 10 名医疗专家到沿河开展医疗帮扶，重点帮助沿河土家族自治县人民医院加强专业学科建设和提升医院管理水平。三是加强农技扶贫。在张家港经济技术开发区（杨舍镇）善港村设立全国第 3 家"国务院扶贫办贫困村创业致富带头人培训基地"，派出 10 名以上农技专家团队，带动沿河土家族自治县贫困村创业人才创业致富。四是加强文化扶贫。分别在两地举行文化交流周，在张家港展示沿河土家文化，在沿河开展"长江水·乌江情"张家港文化周活动，在沿河土家族自治县县城捐建设立 24 小时土家书房，选派优秀文化广电人才赴沿河土家族自治县对口帮扶，组织开展沿河文化人员培训，帮助其提高舞蹈、新闻采编等专业水平。

10 年前，江苏省委确定由苏南的苏州市与苏北欠发达地区的宿迁市进行南北挂钩帮扶，我受命去张家港市对口帮扶的宿迁市宿豫区挂任区委副书记，在那里度过了三年零一个月的共建张家港宿豫工业园、开展乡镇结对支援和文化教育项目建设等一系列的南北挂钩帮扶工作岁月。10 年后，51 岁的我又踏上了东西部扶贫协作到沿河土家族自治县 4 年挂职扶贫的新征程。

长江水，乌江情，两江汇流入东海。精准扶贫、精准脱贫攻坚的任务是艰巨的，决胜打好脱贫攻坚战，是张家港市与沿河土家族自治县共同的奋斗目标。我们相信，以习近平新时代中国特色社会主义思想和党的十九大精神为指引，深刻领会"深度贫困完全可以战胜"这一制度自信，大力弘扬"团结拼搏、负重奋进、自加压力、敢于争先"的张家港精神，以及"团结奋进、拼搏创新、苦干实干、后发赶超"的新时代贵州精神，不忘初心、牢记嘱托、感恩奋进，精准瞄准深度贫困村和建档立卡贫困户，广泛动员张家港各方面力量，聚焦贫困人口脱贫、决战脱贫攻坚、决胜同步小康，沿河人民有信心、有决心打好脱贫攻坚战，坚持做到脱真贫、真脱贫，实现"小康路上一个都不能掉队"的目标，确保到 2020 年与全国同步实现全面小康。

（本文系 2018 年 3 月 24 日陈世海在第六届中国贵州人才博览会东西部扶贫协作人才交流年工作恳谈会上所做的经验交流）

深化"五位一体"携手奔小康全面结对帮扶模式全方位整体推进携手决胜深度贫困脱贫攻坚战[1]

自2017年3月贵州省的深度贫困县沿河土家族自治县与江苏省张家港市正式建立东西部扶贫协作对口帮扶关系以来,两地在全国率先实践探索"五位一体"东西部扶贫协作携手奔小康全面结对帮扶和深度贫困村全覆盖结对帮扶,形成了多层次、宽领域、全方位的东西部扶贫协作新模式,各项扶贫协作工作取得了明显成效。

一、强化组织领导机制,促进两地互动交流

一是健全组织领导机构,明确扶贫协作工作主体。沿河土家族自治县与张家港市两地党委、政府,均成立"东西部扶贫协作领导小组",明确由县扶贫办和市发改委具体负责牵头组织协调东西部扶贫协作对口帮扶工作。沿河土家族自治县在张家港市成立了全国首个东西部扶贫协作办事处——沿河土家族自治县驻张家港市东西部扶贫协作办事处,选派了4名干部作为工作人员,常驻开展对接联络工作。

二是完善考核实施细则,全面落实扶贫协作责任。沿河土家族自治县制定了东西部扶贫协作工作要点、考核办法、工作制度;张家港市制定了东西部扶贫协作考核实施细则、工作职责实施细则,编制了对口帮扶"十三五"规划。两地在组织领导、人才支援、资金支援、产业合作、劳务协作、携手奔小康等方面,细化了考核指标,明确了考核方式。

三是建立联席会议制度,扶贫协作人员互访密切。沿河土家族自治县与张家港市建立了高层联席会议和对口协商协作机制,双方党政主要领导

---

[1] 作者陈世海,系政协张家港市委员会党组成员、市委宣传部副部长、市文体广电和旅游局党委书记,张家港市美术馆馆长,江苏有线网络发展有限责任公司监事;中共沿河土家族自治县委常委、县人民政府党组成员、副县长(挂职),江苏省对口帮扶贵州省铜仁市工作队沿河土家族自治县工作组组长。

定期开展交流互访和召开座谈会议，全面部署落实东西部扶贫协作各项工作。两地四家（套）班子领导和机关部门、乡镇、村全面开展对接交流，2018 年，沿河土家族自治县赴张家港对口部门、区镇考察 45 批次 765 人次，张家港市有 126 批次 1 342 人次来沿河调研对接。双方组织召开了高层联席会议 2 次，县（市）部门工作集中对接会议 2 次。

二、深化全覆盖结对帮扶，深入实施携手奔小康行动

一是在全国率先探索实践"五位一体"东西部扶贫协作全面结对帮扶新模式。市县层面，两地签订《张家港市—沿河土家族自治县东西部扶贫协作对口帮扶合作框架协议》，沿河 12 个部门与张家港对口职能部门签订了 12 个合作框架协议。镇级层面，沿河全县 22 个乡镇（街道）与张家港全市 10 个镇（区）结对帮扶。村级层面，沿河土家族自治县 18 个深度贫困村与张家港市 18 个行政村建立结对帮扶关系。村企层面，沿河土家族自治县 6 个深度贫困村与张家港市 6 个国资企业分别结对；10 个深度贫困村和 2 个贫困村与 12 家民企也建立了对接关系。园区层面，张家港市 2 家国家级开发区和 1 家省级开发园区一起参与省级贵州沿河经济开发区的共建工作。

二是在全国县域率先实现深度贫困村结对帮扶全覆盖。在 2017 年 11 月率先在全国东西部扶贫协作实施"五位一体"全面结对帮扶的基础上，2018 年 5 月，沿河土家族自治县剩余的 38 个深度贫困村与张家港市进行全覆盖结对帮扶，实现了 50 个深度贫困村全覆盖结对帮扶。全覆盖结对帮扶涵盖了文明引领结对帮扶、社会组织结对帮扶、对口扶贫协作领导小组成员结对帮扶、经济强村结对帮扶、规模企业结对帮扶、国资企业结对帮扶六类结对帮扶模式。

三是在全国县域教育系统率先实现"三个全覆盖"结对帮扶。沿河土家族自治县教育局与张家港市教育局签订了对口帮扶协议，沿河土家族自治县 12 所县直学校与张家港市 11 所直属学校结对，沿河土家族自治县 22 个乡镇（街道）63 所中心园校与张家港市 10 个乡镇 51 所学校组成一对一帮扶学校，在全国县域教育系统东西部扶贫协作中，率先实现了各个乡镇、各类学校、各个学段"三个全覆盖"的一对一帮扶机制，有力助推沿河学校教育质量的提升。

三、全面推进人才挂职交流培训，加大扶志扶智力度

一是创新推进干部双向挂职培训。张、沿两地围绕"长江水·乌江情——党建引领促脱贫"主题，多层次、多形式地开展两地干部人才交流，沿河土家族自治县已成为张家港市年轻干部"不忘初心、牢记使命"的红色教育基地，通过大力弘扬和实践新时代"贵州精神"和"张家港精神"，在他们人生中的"梁家河"牢记服务群众的初心。2018年，沿河土家族自治县组织了31名干部到张家港挂职学习，安排3期167名干部到张家港现场培训学习；张家港市委组织部组织了两期82名年轻干部赴沿河开展党性锤炼体验式培训，各区镇共安排141名年轻干部到沿河结对帮扶乡镇挂职锻炼。

二是全面开展贫困村致富带头人创业培训。张家港善港农村干部学院组织开展了苏州—铜仁贫困村创业致富带头人培育班，沿河贫困村186名创业致富带头人积极参加培训。共计103名致富带头人成功创业，其中新景镇姚溪村全村15位致富带头人组建"沿河姚溪志飞茶叶农民专业合作社"，种植茶叶共7 000多亩。中界镇高峰村还与张家港经济技术开发区（杨舍镇）善港村签订《善港村-高峰村"整村推进帮扶"协议书》，在全国东西部扶贫协作携手奔小康行动中，率先探索实践村村结对的"整村推进结对帮扶"新模式，从党组织建设、文化建设、乡村治理、产业发展4个方面着手，整村推进结对帮扶，力争形成可推广、可复制的深度贫困村扶贫、脱贫的善港高峰村村结对的"善登高峰"范例。张家港市10个区镇还将在沿河各选择一个结对深度贫困村，开展整村推进结对帮扶工作。

三是着力推进专业技术人才交流。教育方面，沿河土家族自治县教育局安排甘溪镇中心完全小学校长等17人到张家港市学校跟班学习；张家港市教育局安排34名有丰富教学经验的骨干教师到沿河土家族自治县支教。卫生方面，沿河土家族自治县人民医院安排12人到张家港市进修3~6个月，安排80人到张家港市第一人民医院接受短期培训；张家港先后组织了25名医生到沿河医院坐班接诊。农业技术方面，由张家港市蔬菜办、林业站、畜牧兽医站相关7名行业专家到沿河土家族自治县开展技术帮扶，沿河全县50名贫困劳动力积极参加了现场培训。

四、突出帮扶项目规范运作，扩大贫困人口受益覆盖面

一是党政主导帮扶项目成效显现。江苏省、苏州市、张家港市及其区镇共四级财政，2018年度已落实帮扶沿河资金4 645万元，实施思渠镇一口刀精品水果、土地坳镇铁皮石斛、官舟镇甘溪镇白及中药材、全国首家24小时土家书房、沿河中等职业学校实训基地建设等38个项目，带动贫困人口9 777人脱贫。在国务院扶贫办及开发指导司的关心下，"白叶一号"落地沿河土家族自治县中寨镇，张家港市对口帮扶工作组协助沿河抢抓机遇，与浙江省安吉县黄杜村签订1 200亩360万株茶苗捐赠协议，"白叶一号"项目覆盖建档立卡贫困人口366户1 530人，每户受捐茶苗9 836株，折资4 918元/户，持股1份，产业投产见效后，按股分红，目前已种植750亩，计划11月10日前完成所有种植任务。

二是部门结对帮扶项目内涵丰富。张、沿两地人社部门大力深化劳务协作，共同成立东西部劳务协作服务站，共享企业招工、用工信息，沿河籍建档立卡贫困人员赴张家港市工作53人。两地文广新部门联合举办"长江水·乌江情"文化交流周活动，以文艺轻骑兵的形式，潜移默化地调动沿河贫困群众人心思进、勤劳致富的积极性和主动性，激发自我发展的内生动力。两地旅游部门共同开展旅游推介活动，探索打造符合沿河的旅游精品线路。在两地教育部门的共同努力下，沿河籍214名学生被沙洲职业工学院录取就读，在充分享受国家、省、市及学校各种助学政策的基础上，张家港市还给予137名建档立卡贫困家庭学生每年1万元的资助。两地供销合作总社在张家港市共同设立的沿货出山店铺已开业，并与张家港市新百信超市连锁经营有限公司达成销售协议，每年输送农产品红苕50 000千克，黄花10 000千克，竹笋10 000千克，豆腐干25 000千克，红苕粉25 000千克，干萝卜25 000千克，牛肉干25 000千克。两地商务部门对电商平台予以优化，助推"沿货出山"。

三是社会力量结对帮扶项目形式多样。积极引导社会各界力量参与沿河土家族自治县扶贫脱贫工作。自2018年以来，苏州银行、浦项（张家港）不锈钢股份有限公司、张家港市阳光助学服务中心等企业和社会组织向沿河土家族自治县捐赠各类资金、物资305万余元。张家港市的苏州嘉雄文化传播有限公司帮助沿河打造"洲州茶"茶叶公共品牌，解决沿河茶市场狭窄的问题；张家港市红十字会先后两次派员帮助沿河开展7场应急救护

培训，共培训 600 人；苏州玉龙景展网络科技有限公司自费为沿河土家族自治县拍摄 VR 全景城市宣传片《魅力沿河——VR 全景》；苏州永联天天鲜配送股份有限公司和张家港市新百信超市连锁经营有限公司主动到沿河土家族自治县对接，助推"沿货出山"；张家港市金茂投资发展有限公司投资近 100 万元帮助结对深度贫困村晓景乡暗塘村发展特色李 100 亩，带动 35 户贫困户、120 人持续增收。

在沿河土家族自治县干部群众和东西部扶贫协作对口帮扶机制的共同努力下，贵州省 14 个深度贫困县之一的沿河土家族自治县 250 个贫困村已脱贫出列 76 个，50 个深度贫困村已脱贫出列 3 个，贫困发生率下降到了 11.8%，减少贫困人口 9.83 万人，其中 2017 年度减少贫困人口 1.64 万人。沿河土家族自治县将进一步深入学习贯彻习近平总书记关于扶贫开发的重要论述，全面贯彻落实 7 月 4 日召开的全国东西部扶贫协作工作推进会精神，坚持精准扶贫、精准脱贫基本方略，坚持决胜脱贫攻坚与乡村振兴战略相结合，坚持扶贫与扶志扶智相结合，坚持实施立竿见影的项目与规划谋略长远的产业相结合，精准聚焦深度贫困扶贫脱贫，全面打造东西部扶贫协作升级版，全方位整体推进携手决胜深度贫困脱贫攻坚战。

（本文系 2018 年 11 月 6 日陈世海在全国"携手奔小康"行动培训班上的经验交流）

张家港市·沿河土家族自治县"三个全覆盖"率先探索"携手奔小康"东西部扶贫协作新模式[1]

沿河土家族自治县是国家新阶段扶贫开发工作重点县、武陵山集中连片特困地区片区县和革命老区县，是贵州省14个深度贫困县之一，共有贫困村250个（其中深度贫困村50个），建档立卡之初贫困人口43 527户17.3万人，贫困发生率为28.28%。按照党中央、国务院东西部扶贫协作战略部署，江苏省张家港市对口帮扶贵州省沿河土家族自治县。自2017年3月张、沿扶贫协作正式结对启动以来，两地抢抓机遇、主动对接，围绕"优势互补、长期合作、精准聚焦、共建共赢"的思路，探索建立"五位一体"全方位结对帮扶机制，在协作机制、合作领域、帮扶要素上实现了"三个全覆盖"，各项扶贫协作工作取得一定成效。"沿河土家族自治县·张家港市'四个三'探索东西部扶贫协作新路径"项目获铜仁市2018年度全面深化改革创新奖单项改革创新奖；沿河土家族自治县在国务院扶贫办举办的全国携手奔小康培训班上作为贵州省和江苏省唯一代表做先进经验交流发言；国务院扶贫办《扶贫信息》推出专刊，全面肯定张、沿两地探索实践的多层次、宽领域、全方位的东西部扶贫协作新模式；中央、省级主流新闻媒体也进行了广泛报道。截至2018年年底，全县共减少贫困人口126 460人、出列贫困村154个（其中深度贫困村出列13个），目前剩余96个贫困村（其中深度贫困村37个），贫困人口13 087户45 264人，贫困发生率下降到7.39%。

---

[1] 作者陈世海，系政协张家港市委员会党组成员、市委宣传部副部长、市文体广电和旅游局党委书记，张家港市美术馆馆长，江苏有线网络发展有限责任公司监事；中共沿河土家族自治县委常委、县人民政府党组成员、副县长（挂职），江苏省对口帮扶贵州省铜仁市工作队沿河土家族自治县工作组组长，江苏省张家港市对口帮扶贵州省沿河土家族自治县工作组党支部书记。

一、多层级互动，在协作机制上实现全覆盖

一是建立市县协作机制。两地签订对口帮扶合作框架协议，制定《沿河土家族自治县·张家港市扶贫协作工作方案》，设立全国首家东西部扶贫协作办事处——沿河土家族自治县驻张家港市东西部扶贫协作办事处。两地均成立结对帮扶工作领导小组及其办公室，负责具体扶贫协作业务。建立互动交流与联席会议机制，明确党政主要领导每年互访考察交流1次以上、对口协作部门每季度对接洽谈1次以上。2018年，张家港市有146批次1 682人次来沿河调研对接，主动推进工作；沿河赴张家港对口部门、乡镇考察50批次896人次。二是建立区镇结对机制。张家港辖区内10个镇（区）与沿河土家族自治县22个乡镇（街道）实现结对帮扶"全覆盖"，在全国东西部扶贫协作县（市）中率先实现乡镇结对双向全覆盖。张家港市各区镇还派出年轻干部定期驻沿河帮扶乡镇开展帮扶工作。三是建立村村结对机制。强化村村结对机制，张家港18个行政村与沿河18个深度贫困村建立结对帮扶关系，村与村之间通过互访考察对接，有针对性地开展各项帮扶工作。比如张家港经济技术开发区（杨舍镇）善港村和沿河土家族自治县中界镇高峰村2018年3月结对后，双方签订《善港村-高峰村"整村推进帮扶"协议书》，在全国东西部扶贫协作"携手奔小康"行动中，率先探索实践村村结对的"整村推进结对帮扶"新模式，重点围绕党组织建设、文化建设、乡村治理、产业发展等内容开展帮扶。目前正在推动张家港其他乡镇开展"整村推进结对帮扶"。四是建立企业帮村机制。张家港积极组织和动员企业与行业协会参与脱贫攻坚工作。张家港市18家国企和民企与沿河18个深度贫困村结成帮扶对子，比如张家港市金茂投资发展有限公司投资近100万元帮助沿河土家族自治县晓景乡暗塘村发展特色李100亩，将带动35户贫困户持续增收。在社会力量结对帮扶方面，2018年，苏州银行、苏州弘化社慈善基金会等企业和社会组织向沿河土家族自治县捐赠各类资金、物资603万余元（其中资金508.7万元）。通过村村结对、企业、行业协会、机关部门挂钩帮扶等形式，张家港市在2018年5月完成对沿河50个深度贫困村的全面结对帮扶，在全国县域率先实现深度贫困村结对帮扶全覆盖。五是建立园区共建机制。张家港2个国家级开发区和1个省级开发园区一同参与贵州沿河经济开发区建设。两地农业部门签订合作框架协议，共建现代农业产业园区。张家港市对沿河土家族自治县企业实行同城

同待遇，支持沿河土家族自治县企业到张家港市开展电商 B2C（Business to Customer）、线下零售，并给予相应补贴。同时，沿河土家族自治县也相应制定系列优惠政策，争取更多张家港市企业和东部沿海发达地区企业落户沿河。

二、多方位合作，在协作领域上实现全覆盖

一是加强教育领域协作。2018 年 10 月，张家港市 62 所中小学、幼儿园与沿河 87 所中小学、幼儿园"一对一"结对帮扶，张家港市已安排 50 名有丰富教学经验的骨干教师到沿河支教，沿河安排 17 名骨干教师到张家港市学校跟班学习，在全国县域教育系统东西部扶贫协作中，率先实现各个乡镇、各类学校、各个学段"三个全覆盖"帮扶。2019 年，又明确以江苏省张家港中等专业学校为牵头单位对沿河中等职业学校开展"组团式"帮扶。同时，建立中职联合办学机制，探索中职教育"2+1"（沿河 2 年+张家港 1 年）、"1.5+1.5"（沿河 1.5 年+张家港 1.5 年）合作办学模式。在张家港市建立中职学校实训基地，加强校企对接，以张家港的江苏东渡纺织集团用工需求为导向，在沿河土家族自治县职校设立 2 个张家港"东渡纺织班"，促进学生精准就业。张家港共资助教育资金 400 万元用于购置学校实训器材和贫困劳动力技能培训、设立贫困大学生和中职生助学基金。二是加强医疗领域协作。在全国县域卫生健康系统率先实现县级医院、乡镇卫生院、公共卫生单位"三个全覆盖"结对帮扶，张家港市 11 家医疗卫生单位与沿河土家族自治县人民医院、妇保院、22 个乡镇（街道）卫生院（社区卫生服务中心）共 24 家基层医疗卫生单位，通过"一对一""一对多""多对一"方式开展帮扶，以张家港市第一人民医院为牵头单位对沿河土家族自治县人民医院开展"组团式"帮扶。2018 年，两地互派医务人员交流学习 118 人。张家港卫健委与沿河卫健局建立两地医疗卫生"组团式"对口帮扶机制，帮扶至今，已为沿河土家族自治县人民医院开展电子肠镜、肱骨外科颈骨折等 37 项新技术。2019 年，两地互派 67 名医务人员开展帮扶和交流学习正在实施。三是加强旅游领域协作。建立张家港·沿河旅游协作长效机制，由两地共同组建旅游开发公司，深度开发沿河文化旅游资源，提升沿河旅游景区景点品味品级。出台奖励支持政策，鼓励张家港等地旅游企业和媒体参与沿河旅游宣传推介、旅游产品开发等，鼓励旅行社组织游客到沿河旅游、考察、投资。苏州银行来沿开展金融对口帮扶工作，

苏州金融租赁股份有限公司与贵州乌江投资发展有限责任公司签订了1.5亿元的融资租赁合作框架协议，助推沿河旅游业发展，2018年10月资金已到位，开苏铜金融扶贫之先河。四是加强精神文明领域协作。张、沿两地党委宣传部门共同实施"长江水·乌江情——文明共建助脱贫"工程，做到扶贫同扶志扶智相结合，让脱贫具有可持续的内生动力。两地连续两年联合举办"长江水·乌江情"张家港市—沿河土家族自治县文化交流周活动。张家港市出资在沿河土家族自治县民族文化广场建设全国首家24小时土家书房，打造"书香沿河"，24小时土家书房的接待读者数、借阅量和注册办卡人数均超过了沿河土家族自治县图书馆。2019年，为沿河量身定制的两家全国首创的"24小时新时代文明实践驿站"已建成并试开放，文明实践驿站以图书为载体，以阅读为媒介，以志愿服务为纽带，打通宣传群众、关心群众、服务群众的"最后一公里"，推动沿河新时代文明实践活动深入开展。五是加强产业领域协作。坚持产业合作项目化运作，高点定位、因地制宜、精准布局，形成可持续发展动力，带动沿河实现产业脱贫。自2017年以来，累计投入对口帮扶资金4 250多万元用于帮扶产业发展。围绕沿河生态茶、生态果蔬、生态畜牧、生态中药材、生态旅游五大主导产业先后实施高峰有机农业产业园一期现场项目、思渠镇一口刀精品水果项目、淇滩镇铜鼓村肉牛养殖项目等29个，2019年产业发展项目正在实施中。

三、多点面激活，在协作要素上实现全覆盖

一是激活人才要素。两地党委组织部门共同实施"长江水·乌江情——党建引领促脱贫"工程，加强党建引领东西部协作，合力助推脱贫攻坚，力求打造东西部协作党建引领示范样本。签订《张家港市与沿河土家族自治县干部人才交流培训及就业保障百千万工作协议》，采取双向挂职、两地培训、定向派驻等方式，加大党政干部、教育医疗卫生和农村致富人才的交流培养。沿河共已组织59名干部到张家港挂职学习，张家港组织400余名干部在沿河党建、行政、教育、医疗等领域以挂职锻炼的方式对沿河开展帮扶。结对以来，张家港市已帮助沿河培训党政干部、技术型人才等各类人才1 649人。张家港善港农村干部学院（国务院扶贫办贫困村创业致富带头人培训基地）组织开展了苏州—铜仁贫困村创业致富带头人培育班，铜仁市共有1 134人参加了培训，其中，沿河土家族自治县共有286名致富带头人培育班学员学成结业，目前已有部分致富带头人成功创业，

其中新景镇姚溪村全村15位致富带头人组建"沿河姚溪志飞茶叶农民专业合作社",种植茶叶共7 000多亩。出台《沿河土家族自治县精准扶贫劳务输出工作实施方案》,两年来到张家港就业务工的铜仁籍人员共681人(建档立卡人员208人),其中沿河籍人员379人(建档立卡人员174人)。2018年,沙洲职业工学院在沿河开展"3个1"(招收1名学生、推荐1名学生家长在张家港就业、带动1户贫困户家庭脱贫)招生,正式录取沿河籍考生214名(其中建档立卡贫困家庭学生102名),贵州其他地区考生6名。张家港市为就读沙工的沿河籍学生专门设立了专项资助金,2018年150万元,2019年350万元,学生毕业后,张家港用工企业将优先予以录用,实现沿河籍学生在张家港稳定就业。2019年,沙洲职业工学院申请在贵州省投放招生计划从300人增加至400人。二是激活资金要素。争取江苏省、苏州市及张家港市2018年度落实帮扶资金5 794.14万元,比2017年度的800万元增加了4 994.14万元,支持沿河产业发展、基础设施建设、教育医疗、危房改造、劳务协作、文化交流等方面共66个项目,通过项目实施,助力2018年沿河土家族自治县9 223名贫困人口脱贫,其中333人为贫困残疾人。2019年已争取江苏省、苏州市及张家港市资金4 000万元用于对口帮扶沿河土家族自治县,已编制实施方案。出台《沿河土家族自治县东西部扶贫协作资金项目管理办法(试行)》,优化项目资金投向、运作方式,严格立项审批和资金拨付流程。三是激活土地要素。在沿河成立用地指标增减挂钩跨省流转工作领导小组,利用国家支持深度贫困地区脱贫攻坚政策,积极争取城乡建设用地增减挂钩指标跨省流转,既破解沿河土地撂荒问题,增加沿河财政收入,又缓解张家港城乡建设用地指标不足压力。产生收益全部返还拆旧地,用于保障沿河贫困地区安置补偿、公共服务和基础设施建设。2018年完成跨省交易指标1 183亩,实现财政收益达3.7亿元。四是激活技术要素。张家港市农业委员会在沿河土家族自治县成立了张家港—沿河农业科技对口帮扶办公室,搭建起农业技术服务平台,为沿河土家族自治县50名贫困劳动力开展了现场培训。同时,围绕沿河空心李、千年古茶、中药材(铁皮石斛)、白山羊等优势产业,以"公司+合作社+基地+农户"的合作形式,利用张家港市企业专业技术和市场开拓能力,精心包装沿河优质农特产品,打造绿色、环保、有机品牌形象,提升产品附加值。目前,张、沿双方合作共建的"洲州茶"公共联创品牌茶叶已畅销张家港。五是激活市场要素。签订优质农特产品产销定向合作框架协议,根据张家港市农产品市场需求,由双方共同明确农产品种类、种植面积、上市时间、产量预测等，按需制订收购、运输、储藏和营销计划。出台"沿货出山"奖励办法，在张家港市部分超市、农贸市场设沿河农特产品专柜和体验店。2018年，沿河空心李在张家港市场销售10万余斤、实现销售收入100万元。同时以沿河白山羊、黄牛、中药材、千年古茶等农特产品为重点，合力打造农特产品"淘品牌"，借助张家港电商产业园平台，推动农产品网销。

我们将继续深入学习贯彻习近平总书记关于扶贫开发和东西部扶贫协作的重要论述，在2019年全国两会关于脱贫攻坚的重要讲话精神及在重庆主持召开的解决"两不愁三保障"突出问题座谈会的重要讲话精神，全面贯彻落实2019年3月29日召开的全国东西部扶贫协作和中央单位定点扶贫工作推进会精神，继续深入推进东西部扶贫协作和中央单位定点扶贫，结合中央脱贫攻坚专项巡视和考核发现问题抓好整改，不折不扣完成协议书和责任书任务，提高帮扶工作的针对性、实效性和可持续性，为打赢精准脱贫攻坚战、全面建成小康社会做出更大贡献。

（本文系2019年6月22日陈世海在江苏省东西部扶贫协作培训班上的经验交流）

以习近平总书记关于扶贫工作重要论述指引苏铜东西部扶贫协作创新实践[1]

我是江苏省对口帮扶贵州省铜仁市工作队沿河土家族自治县工作组组长陈世海，2017年10月经组织选派，到贵州省14个深度贫困县之一、铜仁市唯一的深度贫困县——革命老区县沿河土家族自治县，挂职任县委常委、副县长，开展为期两轮4年的东西部扶贫协作对口帮扶工作。此前，还曾于2007年4月至2010年5月作为首批苏州援宿干部赴苏北欠发达地区宿迁市宿豫区挂任区委副书记，从事南北挂钩合作对口帮扶工作。从江苏省内的南北挂钩合作到全国的东西部扶贫协作，有幸两次投身脱贫攻坚这项伟大事业，特别是正在亲身参与打赢打好脱贫攻坚最后的收官战，这些都为课题项目研究积累了丰富实践素材。我策划承担完成了扶贫协作领域的省市级社科研究课题和社科基金项目8项（其中省级2项），有6个扶贫协作案例入选全国典型案例。

这次我申报的课题成果《东西部扶贫协作机制研究：以江苏省对口帮扶贵州铜仁市为例》获奖，我受邀参加今天的研讨会并做发言，感到十分高兴，同时也非常感谢今天活动的主办方国务院扶贫办中国扶贫发展中心、全国扶贫宣传教育中心和西安交通大学。下面，围绕我获奖的课题成果简要交流汇报在习近平总书记关于扶贫工作和东西部扶贫协作重要论述指引下，苏铜两地东西部扶贫协作的创新实践，恳请各位领导、各位专家多提宝贵意见。

2016年7月，习近平总书记在银川主持召开东西部扶贫协作座谈会，强调："东西部扶贫协作和对口支援，是推动区域协调发展、协同发展、共同发展的大战略，是加强区域合作、优化产业布局、拓展对内对外开放新空间的大布局，是实现先富帮后富、最终实现共同富裕目标的大举措，

---

[1] 作者陈世海，系政协张家港市委员会党组成员、副主席；中共沿河土家族自治县委常委、县人民政府党组成员、副县长（挂职），江苏省对口帮扶贵州省铜仁市工作队沿河土家族自治县工作组组长，江苏省张家港市对口帮扶贵州省沿河土家族自治县工作组党支部书记。

必须认清形势、聚焦精准、深化帮扶、确保实效，切实提高工作水平，全面打赢脱贫攻坚战。"江苏省明确，江苏省对口帮扶贵州省铜仁市工作由苏州市具体负责，并由苏州市选派干部组建工作队赴铜仁市开展扶贫协作工作。江苏省苏州市与贵州省铜仁市自 2017 年正式建立东西部扶贫协作对口帮扶关系以来，始终坚持以习近平总书记关于扶贫工作特别是东西部扶贫协作工作的重要论述为指引，围绕到 2020 年建成全面小康社会目标，坚持扬长补短、协作共赢、聚焦精准、务实推进，全方位、多层次、宽领域开展东西部扶贫协作，取得了积极成效。铜仁市辖 10 个国家级贫困县（区）中，除深度贫困县沿河土家族自治县计划 2020 年脱贫出列外，其余 9 个区（县）顺利摘帽，贫困发生率从 2016 年年底的 11.46% 下降到 2019 年年底的 1.16%，41.9 万名建档立卡贫困人口脱贫。其中，沿河累计减少贫困人口 17 818 户 60 248 人，出列贫困村 208 个（包括 40 个深度贫困村），贫困发生率从 2016 年年底的 13.13% 下降到 2019 年年底的 3.3%。

一、探索实践一项机制，全面结对凝聚脱贫攻坚合力

2016 年 7 月 20 日，习近平总书记在银川主持召开东西部扶贫协作座谈会时强调："实施'携手奔小康'行动，着力推动县与县精准对接，还可以探索乡镇、行政村之间结对帮扶。要动员东部地区各级党政机关、人民团体、企事业单位、社会组织、各界人士等积极参与脱贫攻坚工作。"自 2017 年以来，苏铜两市建立健全自上而下的全面结对帮扶机制。市级层面，建立领导互访机制，明确两市及下辖结对县级市（区、县）党委或政府主要领导每年互访一次，并召开联席会议，协商制定当年度扶贫协作工作重点，部署推动扶贫协作工作。截至 8 月底，苏黔两省主要领导互访考察 6 次，苏铜两市主要领导互访 12 次，召开高层联席会议 11 次。县（市、区）及以下层面，苏州市 102 个镇（街道、开发区）、395 个村（社区、协会、商会、企业）、450 所学校、118 所医院与铜仁市 119 个贫困乡镇、422 个贫困村、558 所学校、204 所医疗卫生机构结对帮扶。苏铜两市各结对县级市（区、县）、有关市（区、县）级机关、国有企业、镇（乡、街道、开发区）、村（社区）之间累计互访考察 2 280 批、26 050 人次，有力推动了"携手奔小康"行动不断往深里走、往实里走。在结对帮扶机制方面，张、沿两地始终走在全国县域东西部扶贫协作前列：率先探索实践

"三个全覆盖"结对帮扶新模式,即张家港与沿河两地扶贫协作结对帮扶机制"五位一体(市县、乡镇、园区、村村、村企五个层面)"全覆盖,结对帮扶领域(教育、卫生、文化、旅游、产业等)全覆盖,结对帮扶要素(人才、资金、技术、土地、市场等)全覆盖,率先实现乡镇结对双向全覆盖和深度贫困村结对全覆盖,率先实现各个乡镇、各类学校、各个学段"三个全覆盖"结对帮扶,率先实现县级医院、乡镇卫生院、公共卫生单位"三个全覆盖"结对帮扶,率先实现未出列贫困村结对帮扶全覆盖,成功构建起立体式的全域结对帮扶新机制。推动张家港 304 批 3 295 人次到沿河开展帮扶活动,沿河 131 批 3 064 人次到张家港对接交流(其中党政主要领导互访考察 8 次)。

二、始终坚持志智双扶,立足根本激发脱贫内生动力

2016 年 7 月 20 日,习近平总书记在东西部扶贫协作座谈会上指出:"摆脱贫困首要并不是摆脱物质的贫困,而是摆脱意识和思路的贫困。"自 2017 年以来,苏州市累计选派 430 名党政干部到铜仁挂职帮扶(含短期挂职),1 788 名专业技术人才到铜仁开展支教、支医、支农等专项帮扶,在铜仁联手打造教育、医疗"组团式"帮扶试点 21 个;帮助铜仁培训党政干部 6 128 人次、专技人才 15 804 人次。铜仁市累计选派 277 名党政干部到苏州挂职,987 名医生、教师等专技人才到苏州结对医院、学校跟岗锻炼。苏铜两地组织部门自 2017 年起采取"集中培训+跟班锻炼+调研总结"方式,每年分两批选派 100 名铜仁优秀年轻干部赴苏州跟班锻炼培训 5 个月,已有 300 名干部参训。依托国务院扶贫办贫困村创业致富带头人(善港)培训基地(张家港善港农村干部学院),苏铜两市从 2018 年起合作举办了 25 期、2 385 人参加的贫困村创业致富带头人培训班,707 人成功创业,带动贫困户就业 6 951 人。其中,张家港累计选派 322 名党政干部到沿河挂职锻炼 1 个月,在张家港举办沿河党政干部培训班 33 期培训 721 人;选派支农、支医、支教专技人才 156 人次到沿河帮扶 1 个月以上,举办专技人才培训班 32 期培训沿河专技人才 570 人;为沿河培训贫困村创业致富带头人 404 人,带动 2 012 人脱贫。沿河累计选派 78 名党政干部到张家港挂职锻炼 3 个月以上;选派专技人才 183 人到张家港交流学习 1 个月以上。

三、精准发力三项协作，着眼长远提升持续发展能力

2016年7月20日，习近平总书记在东西部扶贫协作座谈会上强调："新形势下，东西部扶贫协作和对口支援要注意由'输血式'向'造血式'转变，实现互利共赢、共同发展。"自2017年以来，苏铜两市东西部扶贫协作立足促进贫困地区可持续发展，着力帮助提升"造血"能力。

一是精准发力资金协作项目扶贫。自2017年以来，江苏省和苏州市落实财政帮扶资金16.8亿元，按照精准扶贫、精准脱贫要求，聚焦"两不愁三保障"，重点向深度贫困县、极贫乡镇、深度贫困村倾斜，向易地扶贫搬迁安置点学校、医院、扶贫车间等配套设施建设倾斜，加大对深度贫困地区产业发展、就业帮扶的扶持力度，累计实施各类帮扶项目1 141个，覆盖铜仁70余万贫困人口，有效提升了铜仁自我"造血"功能和民生事业发展水平。苏州社会各界积极向铜仁捐赠扶贫物款达2亿元，惠及铜仁694个贫困村困难群众近10万人（次）。其中，累计投入张家港市级财政以上江苏对口帮扶资金3.68亿元支持沿河脱贫攻坚，实施各类项目274个，覆盖贫困人口14.9万人（2020年2.5亿元，实施各类项目89个，覆盖贫困人口9.5万人），县域东西部扶贫协作对口帮扶财政资金总量位居贵州省第一、全国前列；乡镇结对帮扶资金累计780万元。社会各界累计捐赠沿河款物3 074万元，其中资金2 490万元。

二是精准发力产业协作消费扶贫。苏铜两市各结对县级市（区、县）合作共建10个工业园区、9个现代农业园区，铜仁·苏州产业园成为国家级双创示范基地。累计招引236家东部企业到铜仁投资，实际完成投资额222.4亿元，带动1.1万名贫困人口增收。全力推动"铜货入苏"，帮助铜仁建成主要销往苏州的绿色农产品直供基地3.2万亩，在苏设立铜仁"梵净山珍"（苏州）展示中心等线上线下农产品展销中心（旗舰店、专柜）45个，自2017年以来实现"铜货入苏"销售额16.3亿元，惠及贫困人口6万余人。其中，累计投入张家港市级财政以上江苏对口帮扶资金2.07亿元用于沿河产业发展，实施产业项目97个，覆盖建档立卡贫困人口5.8万人；"沿货出山"销售额4 752万元，带动贫困人口3 447人脱贫。

三是精准发力劳务协作就业扶贫。苏铜两市将劳务协作作为建档立卡贫困户增收脱贫的重要措施，制定出台了涵盖职业中介补贴、免费技能培训、就业保障服务等方面的一系列优惠政策，鼓励铜仁劳动力尤其是贫困

劳动力到苏就业,并互设劳务协作工作站 11 个。其中,张家港在全国首创东西部扶贫协作劳务协作驿站——"两江家园"并入选贵州省 2019 年度优秀劳务协作工作站。帮助铜仁建成铜仁·苏州人力资源市场,启用"苏州·铜仁就业创业培训远程课堂""苏州·铜仁远程视频招聘平台"等 3 个网络就业、培训平台;引导苏州技师学院等职业培训学校和 35 家重点用人企业与铜仁中高职院校开展校校合作、校企合作,通过"1+2""2+1""1.5+1.5"等"订单式"技能人才培养模式,开设订单班 28 个,817 名铜仁籍学生到江苏(苏州)就读职业学校,并成功打造"1+1+1"读书助贫帮扶品牌(招收 1 名贫困学生就读、推荐 1 名贫困学生家长就业、带动 1 个贫困户脱贫)。自 2017 年以来,双方合作举办贫困劳动力职业技能免费培训班 422 期,培训贫困劳动力 19 471 人,帮助 5 654 名贫困劳动力在苏就业、28 738 名贫困劳动力就近就业。其中,累计投入张家港市级以上江苏财政对口帮扶资金 610 万元用于沿河就业扶贫协作,举办劳务协作技能培训班 53 期,培训贫困劳动力 1 657 人,帮助沿河 258 名贫困劳动力在张家港稳定就业、1 810 名贫困劳动力就近就业。

2020 年 3 月 6 日,习近平总书记在决战决胜脱贫攻坚座谈会上指出:"到 2020 年现行标准下的农村贫困人口全部脱贫,是党中央向全国人民作出的郑重承诺,必须如期实现。这是一场硬仗,越到最后越要紧绷这根弦,不能停顿、不能大意、不能放松。"沿河土家族自治县是国务院扶贫开发领导小组挂牌督战的全国 52 个贫困县之一,武陵山集中连片特困地区 97 个贫困县中唯一未摘帽县,全国四个单一土家族自治县中唯一未摘帽贫困县,也是江苏对口帮扶支援地区的唯一未摘帽贫困县。尽管沿河土家族自治县 2020 年 6 月底已基本达到了贫困县摘帽、贫困村出列、贫困人口脱贫的标准条件,在最后冲锋冲刺打好收官战的关键时刻,张、沿两地还要继续盯紧盯牢沿河高质量脱贫摘帽目标,突出目标导向、结果导向、问题导向,调动一切积极因素,凝聚脱贫攻坚合力,全力向沿河深度贫困最后堡垒发起总攻,坚决打赢打好深度贫困歼灭战。

苏铜两地正在习近平总书记关于扶贫开发和东西部扶贫协作重要论述的指引下,全面巩固脱贫攻坚成效,积极探索脱贫攻坚与乡村振兴的有效衔接,通过"江苏企业+铜仁资源""江苏市场+铜仁产品""江苏总部+铜仁基地""江苏研发+铜仁制造"等模式,全力推动苏铜扶贫协作在更宽领域、更深层次、更高水平上实现合作共赢。2020 年 8 月 15 日,张家港市和沿河土家族自治县在全国县域东西部扶贫协作对口帮扶中率先签订首个扶贫协作与乡村振兴有效衔接框架协议。目前，工作组正承担今年苏州市社科基金项目和铜仁市人文社科课题2项，基于苏州、铜仁两地东西部扶贫协作实践着力进行后帮扶时代东西部扶贫协作模式研究，为扶贫协作与乡村振兴有效衔接探索方向和路径。

（2020年9月27日，国务院扶贫办中国扶贫发展中心、全国扶贫宣传教育中心联合主办的"习近平总书记关于扶贫工作的重要论述学术研讨会"在北京举行，陈世海主持承担完成的2018年度江苏省社科应用研究精品工程市县专项课题《东西部扶贫协作机制研究：以江苏省对口帮扶贵州省铜仁市为例》获习近平关于扶贫工作重要论述学习研究优秀成果奖，陈世海受邀参加会议并作为江苏省唯一代表在研讨会上交流发言，本文系该交流发言稿）

第五编：其他

关于东西部扶贫协作"整村推进结对帮扶"的探索与思考[1]

贵州省铜仁市沿河土家族自治县中界镇高峰村是国家级一类贫困村，是全省 50 个深度贫困村之一。全村有龙门组、子地坝组和小池组 3 个村民组，共有 147 户 561 人，其中，建档立卡贫困户有 50 户 194 人（其中，因病致贫的有 8 户 24 人，因残致贫的有 5 户 20 人，因学致贫的有 7 户 36 人，因体弱欠缺劳动能力致贫的有 3 户 4 人，因缺少发展技术致贫的有 13 户 50 人，因缺少发展资金致贫的有 11 户 50 人，因缺少土地致贫的有 2 户 6 人，因灾致贫的有 1 户 4 人），贫困发生率为 34.6%。现有未脱贫人口 26 户 95 人，贫困发生率为 16.9%。

一、高峰村贫困原因及贫困人口特点分析

（一）高峰村贫困原因分析

高峰村位于沿河土家族自治县中界镇西南，基础设施较为落后，道路比较崎岖，资源贫乏，村民长年以传统农业种植、养殖和外出务工来获得经济收入。贫困原因主要是自然条件的恶劣，具体体现为"四多四少"。一是石漠化土地多，集中连片耕地少。高峰村属于典型的喀斯特地貌，石漠化比较严重，全村仅有耕地 820 亩，土质贫瘠且难以集中连片，连片耕地仅有 200 余亩。二是全年降水较多，可利用水资源少。高峰村全年雨季降水量较多而且过于集中，但蓄水、提水设施不完善，无法有效利用，加之每年 6 月至 9 月降水较少，导致发展农业产业用水紧张。三是传统种养业多，现代农业少。高峰村村民以往主要种植玉米、水稻等传统农作业，由于土地贫

---

[1] 作者陈世海，系政协张家港市委员会党组成员、市委宣传部副部长、市文化广电新闻出版局党委书记；中共沿河土家族自治县委常委、县人民政府党组成员、副县长（挂职），江苏省对口帮扶贵州省铜仁市工作队沿河土家族自治县工作组组长，江苏省张家港市对口帮扶贵州省沿河土家族自治县工作组党支部书记。

瘠，资源匮乏，产出效益极低，群众种植基本没有收入，部分土地荒芜，缺乏现代农业支撑。四是务工人口多，人均收入少。外出务工人口达128人，但大多是以出苦力为主，没有技术工种，工资收入不高。

（二）高峰村贫困人口特点

高峰村贫困人口呈现"一高二多三少"的特点。"一高"就是贫困发生率高。建档立卡初期，高峰村贫困发生率高达34.6%，每3个村民就至少有1个村民是贫困人口。"二多"一是在家闲置人口多。高峰村劳动力314人，在家未外出186人，占59.2%。这部分人也只能在家养猪养牛、种一两亩地，家庭收入无法保障。二是生病体弱人口多。由于空气湿度大、生活环境差等因素，患风湿、关节、腰椎等疾病的中老年群众较多。"三少"一是有发展愿望的少。通过一年多的选拔和培养，高峰村确定的10名致富带头人人选只有一名是贫困群众，贫困群众存在的共同问题是没有发展思路、怕担风险。二是有发展基础的少。以往高峰村贫困群众均从事传统种养殖，没有现代农业产业发展基础，带动他们发展致富需要从零做起。三是接受能力强的少。高峰村在家村民高中及以上学历较少，大部分是初中、小学学历，甚至有些人没有上过学，土壤改良、有机肥、生物农药的使用较为困难，同时学习农业技术、接受新思路进展缓慢。

二、高峰村东西部扶贫协作的主要做法

按照中央精准扶贫和东西部扶贫协作要求部署，张家港经济技术开发区（杨舍镇）善港村与沿河中界镇高峰村于2018年3月正式签订整村帮扶协议，从党组织建设、文化建设、乡村治理和产业致富四个方面开展全方位、深层次帮扶。"整村推进结对帮扶"新模式成为可推广、可复制的深度贫困村精准脱贫范例。

一是以党建为统领，筑牢基层堡垒。深入开展铜仁市生态移民局党支部、善港村驻高峰村工作队临时党支部、高峰村党支部"三个支部联建"，打造脱贫攻坚和乡村振兴的坚强堡垒，重点通过开展红色领航工程和网上支部、党员中心户、田间党建等措施调动党员发挥率先垂范作用，大大提升了党员干部队伍的战斗力。同时，大力培养后备力量，重点吸纳有发展潜力的年轻人进入村两委和党组织。自2018年以来，共发展预备党员4名、入党积极分子6名，目前高峰村党员总数发展到18人。

二是以文化为动力，强化思想根基。坚持"文化立魂"，在全县建立首

个村级新时代文明实践站,以满足群众需求为导向,主动收集群众意愿,链接社会资源,为群众提供教育、文化、科普等五大类服务。组织开展文明家庭、示范家庭、好婆婆、好儿媳等评选活动,在满足村民精神文化需求的同时,培育高峰村群众崇德向善、自强自立精神。充分关爱留守儿童,开展周末辅导班和假期兴趣培育班,让孩子留有所乐。累计播放主旋律电影60余场次,开展法治宣传8场,举办各类文化活动30余场次,提升了群众"精气神"。

三是以治理为引领,打造良好环境。嫁接善港村乡村自治经验,成立村民议事会,实现了百姓的事百姓办。2018年至2019年共收到群众意见建议上百条,有机产业园建设、村级综合服务中心建设等村内大事大项都充分吸收采纳了群众建议。通过大环境整治,干净整洁已成为高峰村常态。成立善扶康医疗互助项目,筹集启动资金10万元,为百姓提供第二医保。推进移风易俗,变冬闲为冬忙,开展文明家族评比等活动,摒弃了酗酒、赌博等陋习。规划建设了集卫生室、文明实践站、致富带头人培训等功能于一体的综合服务中心,总面积5 237平方米,目前主体工程已基本完成。

四是以产业为依托,促进农民增收。规划"一场两园三业"产业布局(一场:生态养殖场;两园:有机农业产业园、茶叶公园;三业:种植业、养殖业、乡村旅游业)。安排东西部扶贫协作资金850万元,苏州银行捐赠150万元,善港村争取张家港市农委30万元资金,用于产业项目建设。目前,有机农业产业园项目一期、二期已完成投资330万元,建成经果林、设施区、瓜蒌和美国金瓜种植区四大板块,种植灵芝、红美人橘子、法国无花果、日本甜柿等20余个品种,预计今年产值300万元以上。茶叶公园项目已投入450万元用于收购原有茶厂及茶叶维护和茶叶加工展示体验中心建设,加工中心主体工程已经完工,2019年生产加工红茶250千克。生态养殖场项目投入220万元用于高标准棚舍建设,已完成总工程量的三分之二,2020年可见效益。通过项目建设,预计2019年可为百姓增加工资性收入50万元以上。依托国务院扶贫办全国贫困村创业致富带头人(善港)培训基地,培养致富带头人12名。

三、存在问题及整改措施

在沿河土家族自治县、张家港市和中界镇、张家港经济技术开发区(杨舍镇)党委、政府的正确领导下,在张家港市善港村党委和驻村工作队的通力配合下，高峰村党支部带领全村党员干部奋力拔穷根，基层组织建设、村风村貌和产业发展都发生了翻天覆地的变化，村民受益、领导肯定、社会认同，中央、省、市新闻单位进行了大量报道。高峰村被推荐为铜仁市文明单位，村党支部第一书记张鲁黔被表彰为2019年度全省脱贫攻坚优秀共产党员，张家港市善港村党委被表彰为全省脱贫攻坚优秀党组织。两村整村推进结对帮扶模式在铜仁市全市推广。高峰村有望在2019年年底实现贫困人口全部脱贫、整村出列。

与此同时，我们也清醒地看到工作中仍然存在一些问题。比如：在产业项目、道路等基础设施建设的公示方面还不够完善，资金来源、带贫机制和利益联结机制等内容公示还不够清楚具体；财政性资金帮扶项目的报账率较低，甚至仍有往年度的实施项目未报账未审计；有关项目确定的与贫困户利益联结机制建立后，至今尚未分红到位；村民致富的内生动力有待进一步激发，在产业园中打零工较多，打零工的老年人多，学习认领种养殖项目的少，返村从事产业项目的中青年少；村风文明程度有待进一步加强，拆除危旧房的矛盾依旧存在，有的还影响了项目的实施；整村结对帮扶上，高峰村的自我、自主意识还不够足；生产生活用水的问题有待进一步根本解决，村容村貌整治工作还未全面展开。这些问题都需要在今后的工作中逐步、逐个解决整改到位。

四、下一步工作计划

继续坚持既定思路不动摇，不断梳理总结工作经验，完善创新工作举措，全力推动产业项目建设，持续改善人居环境，加快培育一批致富带头人，增强高峰村的自我"造血"功能和可持续发展能力，真脱贫、脱真贫，实现民富村强，将高峰村打造成"东西部协作样板区""沿河乡村振兴先导区""国家精准扶贫标准化建设试验区"，让高峰村民更有获得感、幸福感、安全感和尊严感。

一是统筹推进项目建设。坚持因地制宜、科学谋划、长短结合，加快推进产业项目建设，着力提升高峰村产业发展层次，促进产业项目早见效、群众早受益。积极协调县乡及水务部门推进有机农业产业园子弟坝共作区排水工程建设，确保2020年春天该区域可按照计划种养殖。加快启动茶叶基地扩种项目立项工作，进一步完善茶叶公园景观、步道等基础设施建设项目立项并确定茶叶加工设备购买、安装方案。加快推进生态养殖园建设收尾工程和鹌鹑等种苗进场及运营工作，力争年底前投入使用。

二是规范使用帮扶资金。进一步规范财政性资金帮扶项目操作流程，加大对项目实施的督促检查力度，精细做好项目实施和资金使用，确保帮扶资金管理规范、使用安全，把有限的帮扶资金集中用在扶贫的"刀刃"上，最大限度发挥帮扶资金的使用效益，真正使帮扶资金惠及贫困人口。同时，积极与县相关部门尽快抓好财政性资金安排项目的开工建设、报账及审计工作，提高效率，加快进度。

三是持续改善发展环境。制订高峰村人居环境改善方案，积极对上争取项目资金支持，打造土家特色村庄，提升村容村貌。与善港村共同协调争取两地资源，解决综合性贫困村创业致富带头人培训中心项目资金，加快建设完成综合性致富带头人培训中心、党群服务中心、新时代文明实践站、村卫生室和村两委办公场所，将高峰村建设成为贫困村创业致富带头人和农村干部实训基地。编制完善村民自治制度、村级集体经济管理制度、村级财务公开监管制度等，进一步抓好村党支部、村委会、监委会、村民议事会等村级组织的规范性建设。

四是加快培养选育人才。深入推进创业致富带头人选育工作，对已经确定的7名致富带头人（罗文武、罗乾峰、罗劲、罗好、罗贤国、黄婷英、伍梅）和8名技术工人（黄君霞、罗珍贤、陈凤霞、田娜平、陈小芬、罗飞贤、冉玉钗、刘永芬）加快培养和传授农业技术，通过"村集体+龙头企业+基地+贫困户"的组织方式，将贫困户、创业致富带头人、农业产业工人融入产业项目之中学习农业技术和管理经验，进一步提升、巩固培养选育效果。

五是充分激发主体意识。东西部扶贫协作脱贫攻坚的主体责任是中西部地区，东部地区是帮扶责任主体。高峰村脱贫致富奔小康乃至走向乡村振兴，第一位的是要发挥高峰村党支部的战斗堡垒作用，增强全体村民致富的内生动力，发动全体村民打好深度贫困攻坚战。村干部要带头做起，主动认领发展产业项目，带动更多的致富带头人学好技术投入种养殖项目发展，使高峰村的产业项目能够稳健较快发展。

（本文成稿于2019年10月24日，系陈世海在沿河土家族自治县委理论中心组"不忘初心、牢记使命"主题教育集中学习期间所做的调研报告）

精准发力续写易地扶贫搬迁"后半篇"文章[1]

按照精准扶贫"五个一批"的要求，张家港、沿河两地将"易地扶贫搬迁"作为脱贫攻坚的重中之重，充分利用东西部扶贫协作抓手，立足就业就医就学"三就"，多措并举、精准发力，合力续写易地扶贫搬迁安置"后半篇"文章，累计投入东西部扶贫协作资金4 334万元，在沿河土家族自治县内13个易地扶贫搬迁安置点配套实施教育扶贫、医疗卫生、产业发展三大类19个项目，覆盖建档立卡贫困人口14 323人，确保搬迁群众搬得出、稳得住、有保障、能致富。

一、完善配套保障就医就学

易地扶贫搬迁过程中，充分考虑便民需求，在安置点配套建设学校、医院等设施，从根本上解决搬迁移民对就医就学的担忧。自2018年以来，先后投入东西部扶贫协作资金3 853.8万元，配套建设黄土镇、夹石镇、官舟镇易地扶贫搬迁安置点幼儿园，塘坝镇安置点中学学生宿舍和食堂，土地坳镇大面坡安置点小学学生宿舍、竹花安置点中学综合楼，官舟、思州安置点校外教育基地，思州新区安置点中等职业学校贫困生职业技能实训设备项目等教育扶贫项目10个，覆盖建档立卡贫困人口13 271人；投入东西部扶贫协作资金191.2万元，配套建设土地坳镇安置点卫生室、思州安置点A区B区卫生室、晓景乡三合安置点卫生室、官舟镇安置点卫生室、夹石镇安置点卫生室等医疗卫生项目6个，覆盖建档立卡贫困人口145人，有效保障了搬迁群众就近就学就医需求。

---

[1] 作者陈世钩，系政协张家港市委员会党组成员、副主席；中共沿河土家族自治县委常委、县人民政府党组成员、副县长（挂职），江苏省对口帮扶贵州省铜仁市工作队沿河土家族自治县工作组组长，江苏省张家港市对口帮扶贵州省沿河土家族自治县工作组党支部书记。

二、多措并举促进就业增收

坚持"走出去""留下来"相结合,在实施"留雁行动"带动易地扶贫搬迁劳动力就地就近就业的同时,着力实施"送雁行动",千方百计推动易地扶贫搬迁劳动力外出转移就业。一是广泛宣传发动,推动积极就业。深入各乡镇(街道)及安置点举办招聘会23场,推送省内外企业用工信息1 000余条。通过就业创业网络平台、微信平台按周发布企业用工信息,依托驻村干部、帮扶干部、村干部及人力资源机构、劳务经纪人,到各乡镇(街道)及安置点"面对面"开展"送岗位、送服务、送政策"活动,大力宣传发动易地搬迁劳动力积极就业,累计发放宣传册(单)10 000余份,张贴海报5 000张,悬挂报名告示牌50块。二是完善载体建设,吸纳就近就业。积极引导安置点企业创建居家式、厂房式扶贫车间,配套落实吸纳就业补贴、就业援助补贴、稳岗补贴、场租补贴等政策,扶持扶贫车间吸纳搬迁劳动力就地就近就业。自2019年以来,投入东西部扶贫协作资金289万元,配套实施官舟镇移民安置点扶贫车间项目、夹石镇石灰安置点扶贫车间建设项目、和平街道联桥村易地扶贫搬迁产业项目,覆盖建档立卡贫困人口907人。目前,共吸纳就业316人,其中搬迁劳动力95人。三是强化劳务协作,促进转移就业。依托"两江家园"沿河·张家港劳务协作驿站,"点对点"输出劳动力到张家港等江苏省内地区就业,依托驻温州劳务服务站、人力资源机构,开展"点对点"组织化输出到浙江温州、嘉兴等地务工。目前,"点对点"输出到张家港务工9批382人,其中搬迁劳动力81人,到其他东部城市务工265人,其中搬迁劳动力46人。

三、文明引领提振精神面貌

2020年在官舟、思州安置点配套建设2个新时代文明实践驿站和1个新时代文明实践志愿服务指导中心,以贯彻落实中央《新时代公民道德建设实施纲要》为重点、以阅读为载体、以志愿服务为纽带,潜移默化带动安置点搬迁群众脱贫奋进、崇德向善,同创共建美丽新家园。新时代文明实践志愿服务指导中心位于思州B区,面积45平方米,采用"互联网+"技术,运用手机登记注册、参加活动、自动计算时长、实时显示志愿服务动态等,同时协助沿河修订完善了一整套志愿服务管理制度,具有接待、志愿者管理、活动发布、网上培训、志愿成效展示等功能。思州B区和官舟2家新时代文明实践驿站面积分别为95平方米和130平方米,藏书各5 000册,采取智能管理24小时开放。目前选址及规划设计已完成,正在加快施工,计划5月底完工。

(本文成稿于2020年4月11日,未发表)

以精准扶贫协作打赢打好深度贫困脱贫攻坚战

——江苏张家港市践行习近平总书记关于东西部扶贫协作重要论述的生动实践[1]

贵州省沿河土家族自治县地处武陵山集中连片特困地区，是贵州省14个深度贫困县之一、铜仁市唯一的深度贫困县。2014年，全县建档立卡贫困人口17.3万人，贫困村250个（其中深度贫困村50个），贫困发生率为28.28%。到2016年年底全县仍有230个贫困村（其中深度贫困村50个），贫困人口8.05万人，贫困发生率为13.13%，是脱贫攻坚最难啃的"硬骨头"。

2016年7月20日，习近平总书记在宁夏银川主持召开的东西部扶贫协作座谈会上强调，东西部扶贫协作和对口支援，是推动区域协调发展、协同发展、共同发展的大战略，是加强区域合作、优化产业布局、拓展对内对外开放新空间的大布局，是实现先富帮后富、最终实现共同富裕目标的大举措，必须认清形势、聚焦精准、深化帮扶、确保实效，切实提高工作水平，全面打赢脱贫攻坚战。江苏省张家港市自2017年3月与贵州省沿河土家族自治县正式建立对口帮扶关系以来，聚焦聚力精准扶贫，全方位、宽领域、多渠道、深层次开展东西部扶贫协作，全力助推沿河脱贫攻坚。至2019年年底，已出列贫困村208个（其中深度贫困村40个），贫困发生率降至3.3%，未出列贫困村22个（其中深度贫困村10个），剩余贫困人口2.02万人。

---

[1] 作者陈世海，系政协张家港市委员会党组成员、副主席；中共沿河土家族自治县委常委、县人民政府党组成员、副县长（挂职），江苏省对口帮扶贵州省铜仁市工作队沿河土家族自治县工作组组长，江苏省张家港市对口帮扶贵州省沿河土家族自治县工作组党支部书记。

强化组织领导,把准扶贫协作"方向舵"

解决深度贫困问题,加强组织领导是保证。
——习近平在深度贫困地区脱贫攻坚座谈会上的讲话(2017年6月23日)

2016年7月20日,习近平总书记在银川主持召开东西部扶贫协作座谈会并发表重要讲话,他强调,"双方党政主要负责同志要亲力亲为推动工作,把实现西部地区现行标准下的农村贫困人口如期脱贫作为主要目标,加大组织实施力度"。张家港、沿河两地始终坚持高度的政治担当和责任担当,以高度的历史使命感亲自推动东西部扶贫协作,为脱贫攻坚提供坚强政治保证。两地均成立"东西部扶贫协作领导小组",市(县)委书记担任第一组长,自2017年以来,党政主要领导互访对接5次,召开高层联席会议5次;县级负责同志互访对接22人次。张家港制定了《张家港市东西部扶贫协作考核实施细则(试行)》《张家港市东西部扶贫协作工作分工职责实施细则》,细化考核指标,明确考核方式,并编制了《张家港市对口帮扶沿河土家族自治县工作"十三五"规划(2016—2020年)》。沿河每年制定《沿河土家族自治县东西部扶贫协作工作要点》,并对年度目标任务进行分解落实;制定《沿河土家族自治县东西部扶贫协作考核办法》《沿河土家族自治县东西部扶贫协作工作制度》,明确规定东西部扶贫协作工作实行月调度、季督查和年考核,年度考核分值占脱贫攻坚考核分值的20%。

强化党建引领,铸造双轮驱动"火车头"

脱贫攻坚越到最后越要加强和改善党的领导。
——习近平在决战决胜脱贫攻坚座谈会上的讲话(2020年3月6日)

2015年11月27日,习近平总书记在中央扶贫开发工作会议上强调,"要坚持以促进人的全面发展的理念指导扶贫开发,丰富贫困地区文化活动,加强贫困地区社会建设,提升贫困群众教育、文化、健康水平和综合素质,振奋贫困地区和贫困群众精神风貌"。自实行对口帮扶以来,张家港市充分发挥全国首批、县级首个全国文明城市的示范带动作用,把东西部扶贫协作工作和基层组织建设、文明共建有机结合,实施"长江水·乌江情——党建引领促脱贫""长江水·乌江情——文明共建助脱贫"两大工程,潜移默化提振脱贫攻坚信心,推动形成积极向上的强大力量。沿河50

个深度贫困村与张家港结对帮扶单位全面实施跨区域联建党组织。连续举办两届"长江水·乌江情"张家港市—沿河土家族自治县文化交流周活动。赠建全国图书馆中首个以土家文化为特色的24小时土家书房，赠建2个全国首创24小时新时代文明实践驿站。开展"敬老爱幼·东西同行""港沿牵手行·春晖汇爱心""携手禁毒·护航青春"等一系列主题志愿服务活动，全力打造"善行沿河·和美土家"志愿服务品牌。带动和指导沿河中等职业学校组建7支志愿服务队，1 780多名师生注册成为贵州志愿者，常态化开展各类志愿服务活动200多个，覆盖沿河22个乡镇（街道），累计服务时长达1万多小时。

强化多元参与，擘画社会帮扶"同心圆"

实施"携手奔小康"行动，着力推动县与县精准对接，还可以探索乡镇、行政村之间结对帮扶。要动员东部地区各级党政机关、人民团体、企事业单位、社会组织、各界人士等积极参与脱贫攻坚工作。

——习近平在东西部扶贫协作座谈会上的讲话（2016年7月20日）

2015年11月27日，习近平总书记在中央扶贫开发工作会议上强调，"调动各方力量，加快形成全社会参与的大扶贫格局。'人心齐，泰山移。'脱贫致富不仅仅是贫困地区的事，也是全社会的事。要更加广泛、更加有效地动员和凝聚各方面力量"。张家港市始终按照"大扶贫格局"要求，积极动员和凝聚各方面力量参与东西部扶贫协作，着力构建立体式、多层次的多元化帮扶机制，合力助推沿河脱贫攻坚。自实行对口帮扶以来，张家港率先在全国东西部扶贫协作中探索实践"五位一体（市县、乡镇、园区、村村、村企五个层面）"全面结对帮扶新模式。市县层面：张家港、沿河两地政府和市县12个对口职能部门分别签订东西部扶贫协作对口帮扶合作框架协议。乡镇层面：张家港10个镇（区）与沿河22个乡镇（街道）结对帮扶，在全国东西部扶贫协作县（市）中率先实现乡镇结对双向全覆盖。园区层面：张家港2个国家级开发区、1个省级开发园区共同参与贵州沿河经济开发区建设，两地农业部门合作共建农业产业园区。村级层面：张家港18个行政村结对帮扶沿河18个深度贫困村，善港村结对帮扶沿河深度贫困村高峰村"整村推进结对帮扶"模式得到省市各级认可并在铜仁市推广；村企层面：张家港6个国资企业、10个规模民营企业、2个金融机构结对帮扶沿河18个深度贫困村。在村村结对、村企结对基础上，张家港9个部门单位、5个社会组织结对帮扶沿河14个深度贫困村，实现了50个深度贫困村结对帮扶全覆盖。此外，积极动员并鼓励支持各类企业、社会组织、行业协会和爱心人士参与东西部扶贫协作，支持沿河脱贫攻坚。截至2019年年底，累计捐赠沿河各类款物价值1 704万元，其中资金1 391万元。

强化人才交流，打造志智双扶"永动机"

摆脱贫困首要并不是摆脱物质的贫困，而是摆脱意识和思路的贫困。

——习近平在东西部扶贫协作座谈会上的讲话（2016年7月20日）

2016年7月20日，习近平总书记在东西部扶贫协作座谈会上强调，"扶贫必扶智，治贫先治愚。贫穷并不可怕，怕的是智力不足、头脑空空，怕的是知识匮乏、精神委顿。脱贫致富不仅要注意富口袋，更要注意富脑袋"。张家港市始终坚持把激发内生动力作为根本，把扶贫与扶志、扶智相结合，着力振奋贫困地区干部群众走出贫困的志向，调动贫困群众走出贫困的积极性、主动性。

教育医疗领域"组团式"帮扶。习近平强调，"东部地区要在基础教育、职业教育、高等教育等方面，通过联合办学、设立分校、扩大招生、培训教师等多种方式给予西部地区更多帮助。还要注意解决好因病致贫、因病返贫的问题，东部地区可以通过援建医院、培训医生、远程诊疗、健康快车等帮助西部地区"。张家港62所中小学、幼儿园与沿河88所中小学、幼儿园结对，以江苏省张家港中等专业学校为牵头单位对沿河中等职业学校开展"组团式"帮扶，率先实现各个乡镇、各类学校、各个学段"三个全覆盖"结对帮扶。11家医疗卫生单位以"一对一""一对多""多对一"等形式结对帮扶沿河24家医疗卫生单位，以张家港市第一人民医院为牵头单位对沿河土家族自治县人民医院开展"组团式"帮扶，率先实现县级医院、乡镇卫生院、公共卫生单位"三个全覆盖"结对帮扶。

党政干部专技人才共同发力。习近平强调，"要继续发挥互派干部等方面的好经验、好做法，把东部地区理念、人才、技术、经验等要素传播到西部地区，促进观念互通、思路互动、技术互学、作风互鉴"。张家港、沿河两地每年互派党政干部、优秀年轻干部双向挂职，共谋扶贫协作思路、共商扶贫致富大计。截至2019年年底，张家港、沿河互派239名、55名党政干部到对方挂职锻炼，举办党政干部培训班30期，培训沿河党政干部571人次。结合沿河所需和张家港所能，持续加大教育、文化、卫生、科技、旅游等领域的帮扶力度。截至2019年年底，累计向沿河选派教育、医疗卫生、农业方面专技人才93人次进行1个月以上帮扶，举办专技人才培训班28期培训250人次，向沿河输出医疗、农业等先进技术35项。沿河累计向张家港选派专技人才156人次。

创业致富带头人示范引领。2018年2月12日，习近平在打好精准脱贫攻坚战座谈会上强调，"脱贫攻坚，群众动力是基础。必须坚持依靠人民群众，充分调动贫困群众积极性、主动性、创造性，坚持扶贫和扶志、扶智相结合，正确处理外部帮扶和贫困群众自身努力关系，培育贫困群众依靠自力更生实现脱贫致富意识，培养贫困群众发展生产和务工经商技能，组织、引导、支持贫困群众用自己辛勤劳动实现脱贫致富，用人民群众的内生动力支撑脱贫攻坚"。依托全国第三家国务院扶贫办贫困村创业致富带头人培训基地——张家港善港农村干部学院，张家港、沿河两地不断加大贫困村创业致富带头人培训力度，并对其创业给予一系列政策扶持，激发内生动力，示范带动贫困群众行动起来，靠辛勤劳动实现脱贫。截至2019年年底，累计为沿河培训贫困村创业致富带头人356人次，其中48人创业成功，带动贫困人口610人走上脱贫道路。

强化资金管理，抓牢项目建设"牛鼻子"

要坚持精准扶贫、精准脱贫，把帮扶资金和项目重点向贫困村、贫困群众倾斜，扶到点上、扶到根上。

——习近平在东西部扶贫协作座谈会上的讲话（2016年7月20日）

2018年2月12日，习近平在打好精准脱贫攻坚战座谈会上强调，"脱贫攻坚，资金投入是保障"。张家港持续加大资金投入，同时积极吸引社会资金多渠道、多样化投入脱贫攻坚。自2017年以来，张家港市级财政帮扶资金累计安排3 560万元、江苏省东西部扶贫协作帮扶资金累计安排7 715万元，支持沿河脱贫攻坚。张家港市各区镇结对帮扶沿河各乡镇（街道）资金每年保底10万元，对沿河50个深度贫困村的结对帮扶资金每年保底5万元，区镇结对帮扶资金累计450万元，村级结对帮扶资金累计497万元。帮扶资金分配向贫困村、贫困户倾斜，支持贫困村发展产业、完善村内道路、饮水安全、危房改造等，并安排一部分帮扶资金用于干部人才交流、贫困学生就读资助、养老院建设、职业教育支持、扶贫车间项目、文化产业项目、就业支持等，扩大帮扶项目受益面。帮扶资金严格按照项目资金管理办法规范使用，确保用在关键、用出效益。截至2019年年底，使用东西部扶贫协作资金累计实施各类项目185个（其中，产业项目103个，投入资金6 950.8万元；基础设施项目40个，投入资金1 443.7万元；教育扶贫项目9个，投入资金1 343万元；医疗卫生项目17个，投入资金508.2万元）。

强化产业协作，涵养持续发展"源头水"

新形势下，东西部扶贫协作和对口支援要注意由"输血式"向"造血式"转变，实现互利共赢、共同发展。

——习近平在东西部扶贫协作座谈会上的讲话（2016年7月20日）

张家港、沿河两地始终坚持长短结合，把发展产业项目作为关键，将扶贫开发和乡村振兴有机结合，在实施一批"吹糠见米"、短平快项目的同时，充分考虑稳定增收，着力谋划实施一批长期有效的产业项目，增强沿河自身"造血"功能，实现可持续发展。合作共建贵州沿河经济开发区和高峰有机农业产业园，累计引进入驻企业3个，到位投资2.11亿元，吸纳贫困人口就业29个。招商引资引进项目12个，到位资金17.34亿元，带动285个贫困劳动力就业。在易地扶贫搬迁安置点等配套援建扶贫车间4个，吸纳就业533人，其中贫困人口81人。截至2019年年底，累计投入东西部扶贫协作资金6 950.8万元，实施产业项目103个，带动52 435个贫困人口脱贫。依托"五位一体"结对帮扶机制，政府、社会、市场共同发力，出台同城待遇、销售奖励等多项支持政策和措施，积极拓宽消费扶贫渠道，全力打造"洲州茶""幸福李"等沿河特色农产品品牌，全力推动"沿货出山"。截至2019年年底，累计购销沿河农特产品868万元，带动贫困人口1 244人脱贫。

强化劳务协作，打通就业扶贫"快速路"

要着眼于增加就业，建立和完善劳务输出对接机制，提高劳务输出脱贫的组织化程度。

——习近平在东西部扶贫协作座谈会上的讲话（2016年7月20日）

张家港、沿河两地立足就业增收促脱贫，坚持"留下来""走出去"相结合，把促进转移就业作为重点，全力推动沿河贫困劳动力实现就业。依托张家港本土院校沙洲职业工学院大力开展教育扶贫，累计招录沿河籍学子511人（其中贫困生257人），并为沿河籍学生设立350万元专项资助金，学生毕业后张家港企业优先录用。积极开展"校校合作""校企合作"，江苏省张家港中等专业学校与沿河中等职业学校在机电技术运用、汽车运用与维修两个专业合作开展"2+1"分段式培养（沿河2年+张家港1年），共招收50名沿河籍学生（其中贫困生35人），50名学生同步纳入"苏州市—铜仁市东西部扶贫协作职业教育千人培养计划"。张家港企业江苏东渡纺织集团、张家港市环宇职业培训学校分别开设服装设计专业"东渡纺织班""挖掘机技能短训班"等，对沿河籍学生进行"订单式"培养，推动精准就业。全国首创东西部扶贫协作劳务协作驿站——"两江家园"，为沿河劳动力在张家港择业期间提供免费食宿和就业指导，入选贵州省2019年度优秀劳务协作工作站。累计举办劳务协作培训班47期，培训贫困劳动力1 307人次。截至2019年年底，233名沿河劳动力在张家港稳定就业（其中贫困劳动力161人），省内就近就业达1 301人。

到2020年现行标准下的农村贫困人口全部脱贫，是党中央向全国人民作出的郑重承诺，必须如期实现，没有任何退路和弹性。这是一场硬仗，越到最后越要紧绷这根弦，不能停顿、不能大意、不能放松。

——习近平在决战决胜脱贫攻坚座谈会上的讲话（2020年3月6日）

2020年是决战决胜脱贫攻坚收官之年。国务院扶贫开发领导小组对2019年年底全国未摘帽的52个贫困县进行挂牌督战。沿河土家族自治县作为其中之一，是贵州省9个未脱贫摘帽的深度贫困县之一、铜仁市唯一的深度贫困县和未摘帽贫困县，也是目前江苏省对口帮扶支援地区中唯一未摘帽的贫困县。张家港、沿河两地东西部扶贫协作工作将牢记总书记嘱托，全面贯彻习近平关于扶贫开发和东西部扶贫协作工作的重要论述，咬定沿河脱贫出列目标、聚焦聚力、尽锐出战、冲锋冲刺，奋力夺取脱贫攻坚最后胜利，助力沿河全面决战决胜深度贫困歼灭战。

（本文成稿于2020年5月16日，未发表）

张家港·沿河"四个大"精准扶贫协作共克沿河深度贫困堡垒[1]

2017年3月,自江苏省张家港市与沿河土家族自治县正式建立对口帮扶关系以来,始终以习近平总书记东西部扶贫协作重要论述为指引,多层次、宽领域、全方位开展东西部扶贫协作,以"四个大"精准扶贫协作共克沿河深度贫困堡垒,取得了阶段性成效。截至2019年年底,累计减少贫困人口17 818户60 248人,出列贫困村208个(其中深度贫困村40个),贫困发生率从对口帮扶前2016年年底的13.13%下降到3.3%,还有22个贫困村未出列(其中深度贫困村10个)、6 612户20 239人未脱贫。

大格局构建全域帮扶机制。按照构建"大扶贫格局"要求,动员和凝聚各方面力量积极参与张、沿两地东西部扶贫协作,构建起立体式的全域结对帮扶新机制。自2017年以来,率先在全国县域东西部扶贫协作中探索实践"五位一体"全面结对帮扶新模式,市县、乡镇、园区、村村、村企五个层面保持良好互动;张家港10个镇(区)结对帮扶沿河22个乡镇(街道),在全国县域率先实现乡镇双向结对全覆盖;张家港66所中小学、幼儿园与沿河88所中小学、幼儿园结对帮扶,以江苏省张家港中等专业学校为牵头单位对沿河中等职业学校实施"组团式"帮扶,在全国县域教育系统率先实现各个乡镇、各类学校、各个学段"三个全覆盖"结对帮扶;张家港11家医疗卫生单位与沿河24家医疗卫生单位通过"一对一""一对多""多对一"方式开展帮扶,以张家港市第一人民医院为牵头单位对沿河土家族自治县人民医院实施"组团式"帮扶,在全国县域卫生健康系统率先实现县级医院、乡镇卫生院、公共卫生单位"三个全覆盖"结对帮扶;张家港18个行政村、6个国资企业、10个规模民营企业、9个市级部门、5个社会组织、2个金融机构结对帮扶沿河50个深度贫困村,在全国县域率

---

[1] 作者陈世海,系政协张家港市委员会党组成员、副主席;中共沿河土家族自治县委常委、县人民政府党组成员、副县长(挂职),江苏省对口帮扶贵州省铜仁市工作队沿河土家族自治县工作组组长,江苏省张家港市对口帮扶贵州省沿河土家族自治县工作组党支部书记。

先实现深度贫困村结对帮扶全覆盖。2020年围绕沿河22个未出列贫困村，进一步完善"五位一体"全面结对帮扶机制，对10个已结对深度贫困村之外的12个未出列贫困村，组织沙钢集团等12家骨干企业结对帮扶，在全国县域率先实现未出列贫困村结对帮扶全覆盖；对10个已结对深度贫困村中由行政村结对的4个深度贫困村，增配6家企业进行"N+1"强化帮扶。依托全域帮扶机制，社会各界广泛参与社会扶贫，捐赠沿河款物共计2 571万元，其中资金2 067万元。

大手笔投入结对帮扶资金。把发展产业项目作为关键，"输血"与"造血"相结合，着力增强沿河可持续发展后劲。2017—2019年累计安排张家港市级财政以上江苏对口帮扶资金1.17亿元支持沿河，实施产业发展、基础设施、医疗卫生、教育等项目185个。产业类项目中，安排对口帮扶财政资金共5 744万元，覆盖沿河生态茶、生态果蔬、生态畜牧业、生态中药材四大主导产业。2020年更是加大财政资金支持力度，东西部扶贫协作对口帮扶张家港市级以上财政资金达2.5亿元，相当于沿河2019年度公共财政预算收入的六成，实施产业发展、基础设施、住房安全等各类项目89个。县域东西部扶贫协作对口帮扶财政资金总量位居贵州省第一、全国前列。2020年产业类项目共计投入1.5亿元，用于发展食用菌（黑木耳）、辣椒、生态鸡、生态猪等26个产业项目，占张家港市级以上财政对口帮扶资金的近六成。2020年张家港市区镇财政用于结对帮扶沿河乡镇的资金从往年的10万元提高到15万元，共安排330万元。与此同时，充分用好深度贫困县城乡建设用地增减挂钩结余指标跨省域调剂政策，推动沿河4 685亩土地指标实现跨省转让，为沿河脱贫攻坚累计争取财政到账资金84 240万元。

大力度深化就业扶贫协作。立足就业增收促脱贫，把促进劳务协作转移就业作为重点，多措并举全力推动贫困劳动力外出就业。自2017年以来，张家港累计安排对口帮扶资金840万元用于就业扶贫协作，举办劳务协作就业技能培训班53期，培训贫困劳动力1 657人次。全国首创东西部扶贫协作劳务协作驿站——"两江家园"，入选贵州省2019年度优秀劳务协作工作站。2020年新冠肺炎疫情期间实施"送雁行动"，"点对点"免费输送，并对有组织输出到张家港稳定就业3个月以上和6个月以上的沿河贫困劳动力分别给予5 000元、9 000元补贴补助。仅一季度就组织8批372名沿河劳动力到张家港务工，其中贫困劳动力269人。张、沿两地签订铜仁市首个县域东西部劳务协作稳就业协议、贵州省内首批乡镇层面稳就业劳务协作协议并实现乡镇稳就业劳务协作协议全覆盖，设立贵州省内东西部扶贫协作首家村级"就业服务站",全县429个行政村实现"劳务经纪网格服务站"全覆盖。积极推动"校校""校企"合作,依托沙洲职业工学院,合力打造"1+1+1"就学就业脱贫项目(招收1名贫困学生到沙工就读、推荐1名家长在张家港就业、带动1户家庭脱贫),累计招录沿河籍学子511人(其中贫困生257人),学生毕业后张家港企业优先录用。2020年继续招生300名,安排对口帮扶资金550万元资助在读沿河籍学生。沿河中等职业学校与江苏省张家港中等专业学校合作开展汽修、机电专业"2+1"分段式培养,与张家港市的江苏东渡纺织集团合作开设服装设计专业"东渡纺织班"进行"订单式"培养,推动精准就业。

大规模推动双方交流互动。坚持智志双扶,把激发内生动力作为根本,大力推动党政干部互访互动和年轻干部双向挂职锻炼,持续推动支农、支医、支教等专技人才交流,帮助提升贫困群众教育、文化、健康水平和综合素质,激发脱贫内生动力。自2017年以来,张家港共有271批次2 970人次来沿河开展帮扶,沿河赴张家港考察119批次2 766人次;张、沿互派265名、56名党政干部挂职锻炼,在张家港举办沿河党政干部培训班30期培训571人次;累计向沿河选派"三支"人才115人次进行1个月以上帮扶,举办专技人才培训班28期培训250人次,为沿河培训创业致富带头人356人次,向沿河输出医疗、农业等先进技术35项。两地互动交流频次和力度在全国县域东西部扶贫协作对口帮扶中始终居于领先地位。

沿河土家族自治县作为国务院扶贫开发领导小组挂牌督战的全国52个未摘帽贫困县之一,是全国4个单一土家族自治县中唯一未摘帽县、武陵山集中连片特困地区唯一未摘帽片区县、贵州省9个未摘帽的深度贫困县之一、铜仁市唯一的深度贫困县和未摘帽贫困县,也是目前江苏省对口帮扶支援地区中唯一未摘帽的贫困县,是脱贫攻坚最后的"堡垒"。当前,脱贫攻坚已进入最后的冲刺阶段。张、沿两地东西部扶贫协作以习近平总书记东西部扶贫协作重要论述为指引,牢牢咬定沿河脱贫摘帽目标,在苏黔、苏铜、张沿双方党委、政府的坚强领导下,全力向深度贫困最后堡垒发起总攻,坚决打赢打好沿河深度贫困歼灭战。

(本文成稿于2020年8月15日,未发表)

全面建成小康社会背景下"后帮扶时代"乡村振兴路径探析

——基于苏州·铜仁东西部扶贫协作实践的思考[1]

2020年3月6日,习近平总书记在决战决胜脱贫攻坚座谈会上强调:"接续推进全面脱贫与乡村振兴有效衔接。脱贫摘帽不是终点,而是新生活、新奋斗的起点。要针对主要矛盾的变化,理清工作思路,推动减贫战略和工作体系平稳转型,统筹纳入乡村振兴战略,建立长短结合、标本兼治的体制机制。"10月17日,习近平总书记在第七个国家扶贫日到来之际又做出重要指示:"各地区各部门要总结脱贫攻坚经验,发挥脱贫攻坚体制机制作用,接续推进巩固拓展攻坚成果同乡村振兴有效衔接,保持脱贫攻坚政策总体稳定,多措并举巩固脱贫成果。"脱贫攻坚与乡村振兴作为两大国家战略,是我国为实现"两个一百年"奋斗目标而做出的重要战略部署。东西部扶贫协作作为脱贫攻坚的一项重要内容,是推动区域协调发展、协同发展、共同发展的重大战略,是实现先富帮后富、最终实现共同富裕目标的重大举措。

2020年是决胜全面小康、决战脱贫攻坚收官之年,随着脱贫攻坚任务的完成,东西部扶贫协作也将进入向乡村振兴过渡的"后帮扶时代"。十九届五中全会明确提出,优先发展农业农村,全面推进乡村振兴。坚持把解决好"三农"问题作为全党工作重中之重,走中国特色社会主义乡村振兴道路,全面实施乡村振兴战略,强化以工补农、以城带乡,推动形成工农互促、城乡互补、协调发展、共同繁荣的新型工农城乡关系,加快农业农村现代化,并将其作为"十四五"规划和二〇三五年远景目标的重要内容。

---

[1] 作者陈世海,系政协张家港市委员会党组成员、副主席;中共沿河土家族自治县委常委、县人民政府党组成员、副县长(挂职),江苏省对口帮扶贵州省铜仁市工作队沿河土家族自治县工作组组长,江苏省张家港市对口帮扶贵州省沿河土家族自治县工作组党支部书记。作者赵中华,系张家港市人民政府办公室党组成员、副主任;沿河土家族自治县人民政府办公室党组成员、副主任,县扶贫办党组成员、副主任(挂职)。

本文基于苏州·铜仁两地东西部扶贫协作实践，对脱贫攻坚任务完成后如何向乡村振兴过渡进行探讨。

一、"后帮扶时代"的界定

党的十九大明确把精准脱贫作为决胜全面建成小康社会必须打好的三大攻坚战之一。2018年6月，中共中央、国务院印发《关于打赢脱贫攻坚战三年行动的指导意见》，其指导思想即确保到2020年贫困地区和贫困群众同全国一道进入全面小康社会，为实施乡村振兴战略打好基础；其任务目标即通过2018年到2020年3年努力，确保到2020年我国现行标准下农村贫困人口实现脱贫，贫困县全部摘帽，解决区域性整体贫困。同年9月，中共中央、国务院又印发《乡村振兴战略规划（2018—2022年）》，规划近期目标：到2020年，乡村振兴的制度框架和政策体系基本形成，全面建成小康社会的目标如期实现；到2022年，乡村振兴的制度框架和政策体系初步健全。远景规划：到2035年，乡村振兴取得决定性进展，农业农村现代化基本实现；到2050年，乡村全面振兴，农业强、农村美、农民富全面实现。其中，2018年至2022年这5年间，既要在农村实现全面小康，又要为基本实现农业农村现代化开好局、起好步、打好基础。

由此可见，脱贫攻坚和乡村振兴两大战略行动与"两个一百年"目标高度契合，两大战略行动之间也存在一致性。从"两个一百年"目标和两大战略行动时间表来看，集中交会于2020年和2050年，特别是2020年可以说是承前启后的关键节点（图5-1）。2020年之前，是以脱贫攻坚夯实乡村振兴基础，把"产业兴旺、生态宜居、乡风文明、治理有效、生活富裕"的乡村振兴总体要求融入具体的脱贫攻坚行动；2020年以后，则是在脱贫攻坚任务完成、全面建成小康社会目标实现的基础上，以乡村振兴引领扶贫工作，巩固提升脱贫攻坚成果，不断提升全面小康水平，促进区域协调发展，推进全面现代化进程，实现"第二个一百年"目标。

图 5-1　脱贫攻坚三年行动计划、乡村振兴战略规划与"两个一百年"目标时间轴

基于此，本文将"后帮扶时代"的时间范畴界定为 2020 年脱贫攻坚任务完成、全面建成小康社会之后到 2035 年乡村振兴取得决定性进展、农业农村现代化基本实现这一阶段，时间跨度为 15 年，其中 2020 年到 2022 年这两年，可视为后帮扶时代起步阶段。[1]

二、"后帮扶时代"脱贫攻坚与乡村振兴的逻辑关系

脱贫攻坚和乡村振兴都是为实现"两个一百年"奋斗目标、都是围绕"三农"问题提出的国家重大战略，两者之间既存在紧密联系，又存在内在差异。联系方面，一是战略目标上的支撑与递进关系。打赢脱贫攻坚战是全面建成小康社会"第一个一百年"目标的核心和底线任务，是乡村振兴

---

［1］　关于 2020 年脱贫攻坚任务完成、全面建成小康社会之后这一时期，也有研究者将其称为"后脱贫时代""后扶贫时代""后减贫时代""后脱贫攻坚时代""后精准扶贫时代""新减贫时代"等，我们认为，脱贫攻坚任务已完成的情况下，不宜使用"脱贫"概念，鉴于贫困现象特别是相对贫困仍将存在，从宏观角度来讲，"减贫"相对合理。但考虑东西部扶贫协作是对口帮扶关系，本课题使用"后帮扶时代"这一说法。此外，我们认为，"后帮扶时代"的时间界定也不宜太长，到 2022 年显然不符合当前形势，到 2050 年实现乡村全面振兴也有失合理，因此，以到 2035 年"乡村振兴取得决定性进展、农业农村现代化基本实现"较为合适。

的基础和前提；乡村振兴作为"第二个一百年"奋斗目标的核心和新时代"三农"工作的总抓手，则是脱贫攻坚成果的巩固和保障。二是实施内容上的交叉与重合关系。脱贫攻坚在实施内容上涉及产业、文化、教育、医疗、党建、生态等诸多内容，东西部扶贫协作也涵盖组织领导、资金支持、产业合作、人才交流、劳务协作、携手奔小康六大方面。乡村振兴战略在"产业兴旺、生态宜居、乡风文明、治理有效、生活富裕"总体要求下，包括农村一二三产业融合发展、小农户与现代农业发展有机衔接、繁荣乡村文化、提升乡村治理水平、提高农村民生保障水平等。两者之间在内容上存在高度的一致性，特别是在2018年到2020年期间，脱贫攻坚很多具体工作也是乡村振兴战略的实施内容。三是体制机制上的承接与延续关系。脱贫攻坚的体制机制经过持续多年的攻坚战不断总结、不断完善，其中一些必将会被充分运用到乡村振兴战略实施过程中，或者为后者所借鉴、吸收和转化从而进一步发展、完善，共同成为乡村振兴体制机制的基础。特别是在"后帮扶时代"起步阶段，部分体制机制将会直接延续下去，支撑乡村振兴战略走过脱贫攻坚任务完成后的一段过渡期。同时，脱贫攻坚阶段实施的一些产业、就业、教育、医疗、人才等方面的扶持政策，也为乡村振兴战略实施积累了丰富经验，奠定了良好基础。差异方面，一是目标任务上的绝对性与相对性差异。脱贫攻坚目的是在相对短的时间内消除绝对贫困问题，为全面建成小康社会托底，更注重生存性问题。乡村振兴战略着眼于从根本上解决"三农"问题，旨在治理相对贫困，更注重发展性问题。二是对象指向上的局部性与整体性差异。脱贫攻坚对象限定于贫困县、贫困村、贫困人口，存在建档立卡贫困人口与非贫困人口、贫困村与非贫困村、贫困县与非贫困县的明显界限。乡村振兴在脱贫攻坚解决区域性整体贫困的基础上，重点解决"三农"整体问题，覆盖面更加广泛。三是实施节奏上的突击性与持久性差异。决战决胜脱贫攻坚时间紧、任务重、难度大，需要采取超常规举措，通过大规模资金、物资、人力等扶贫资源的集中投入，进行集中战、突击战、攻坚战，其力度、广度、深度和精准度前所未有。乡村振兴战略则是一项更加复杂庞大的系统工程，周期更长、涉及面更广，需要长远规划和持久发力。

三、"后帮扶时代"脱贫攻坚与乡村振兴有效衔接的基本思路

脱贫攻坚与乡村振兴两大战略有效衔接是一个渐进的接续过程，需要

在系统总结盘点脱贫攻坚中成熟的理论成果、实践经验基础上进行一系列调整和转化。一是思想观念上的衔接。脱贫攻坚是乡村振兴的前提和基础,乡村振兴是摆脱贫困后农业农村现代化发展的路径与目标。必须在观念上切实强化脱贫攻坚与乡村振兴有效衔接的意识,准确把握其内在联系和实质差异,将两者有机结合起来,统筹协调、融合推进。二是战略规划上的衔接。结合乡村振兴战略规划和地方实际,制定清晰可行的近期、中期、远期规划,统筹衔接好城市总体规划、产业发展规划、土地利用总体规划等专项规划,做到"多规融合",为脱贫攻坚与乡村振兴有效衔接提供规划指引。三是体制机制上的衔接。充分借鉴脱贫攻坚过程中形成的较为成熟的领导体制和工作机制,不断丰富和完善乡村振兴体制机制,形成防止返贫和新生贫困的长效工作机制,为脱贫攻坚与乡村振兴有效衔接提供坚强保障。四是政策体系上的衔接。对照乡村振兴目标,结合脱贫攻坚与乡村振兴两大战略之间的内在差异,对现有扶贫政策按照取缔、延续、完善等类别进行梳理整合。同时,努力推动临时性、应急性、阶段性、特惠性政策向常态性、常规性、长效性、普惠性政策转变。

四、以苏州·铜仁东西部扶贫协作成效为基础稳步推进"后帮扶时代"乡村振兴

2013年2月,国务院办公厅发布《关于开展对口帮扶贵州工作的指导意见》,确定了东部6个省(直辖市)的8个城市与贵州省8个市(州)的"一对一"结对帮扶关系,其中江苏省苏州市对口帮扶贵州省铜仁市。2016年7月,习近平总书记在银川召开东西部扶贫协作座谈会后,苏州市对口帮扶铜仁市工作上升到全国东西部扶贫协作范畴,江苏省对口帮扶贵州省铜仁市工作由苏州市具体负责,并由苏州市选派干部组建工作队赴铜仁市开展扶贫协作工作。2017年4月和10月,江苏省对口帮扶贵州省铜仁市工作队首批23名队员分批抵达铜仁,苏铜扶贫协作工作正式开启。

自2017年实行对口帮扶以来,苏州·铜仁两地深入学习贯彻习近平新时代中国特色社会主义思想,始终坚持以习近平总书记关于脱贫攻坚和东西部扶贫协作重要论述为指引,按照"精准扶贫、精准脱贫"基本要求,聚焦铜仁深度贫困县、深度贫困乡镇、极贫村、建档立卡贫困人口四大群体精准扶贫,全方位、多层次、宽领域开展东西部扶贫协作,在组织领导、人才交流、项目帮扶、产业合作、劳务协作、携手奔小康六个方面持续精

准发力，取得了明显成效。2013年至2019年年底，铜仁市累计105.5万名建档立卡贫困人口成功脱贫，贫困发生率从2013年年底的30.72%降到2019年年底的1.16%（其中2017年至2019年累计41.29万名建档立卡贫困人口脱贫）。铜仁市辖10个国家级贫困县（区）中，9个区（县）顺利摘帽，唯一的深度贫困县沿河土家族自治县2020年已符合摘帽的标准和条件，通过贵州省组织的贫困县退出评估考核，即将脱贫出列。

2018年7月，习近平总书记对实施乡村振兴战略做出重要指示："要坚持乡村全面振兴，抓重点、补短板、强弱项，实现乡村产业振兴、人才振兴、文化振兴、生态振兴、组织振兴，推动农业全面升级、农村全面进步、农民全面发展。"总书记的"五个振兴"为探索脱贫攻坚与乡村振兴有效衔接指明了方向。对照乡村振兴"产业兴旺、生态宜居、乡风文明、治理有效、生活富裕"的总要求和"五个振兴"的方向，下一步，应以苏铜两地东西部扶贫协作取得的阶段性成效为基础，不断深化"江苏企业+铜仁资源""江苏市场+铜仁产品""江苏总部+铜仁基地""江苏研发+铜仁制造"等协作模式，稳步推进脱贫攻坚与乡村振兴有效衔接，为全面实现乡村振兴提供助力。

聚焦产业协作，携手构建现代化产业体系。一是强化农业产业合作。加大铜仁农特产品在苏展销推广力度，通过在苏州开展铜仁农特优质产品推介会、展销会及设立"专柜、专馆、专区"等措施，进一步推动"铜货入苏"。充分发挥苏州龙头企业带动作用，加快完善从产地到消费终端的产销渠道，提升消费扶贫的规模化、标准化、品牌化、市场化和组织化水平，将铜仁打造成苏州的优质绿色有机农产品直供基地。二是推动农旅融合发展。按照"农业园区化、园区景区化、农旅一体化"的发展思路，充分挖掘利用铜仁市及各区县人文资源、生态资源等优势，着力开发乡村旅游。以打造集观光、休闲、康养、体验等为一体的田园综合体为重点，推动农业园区景区化，实现"生产、生活、生态"与"园区、景区、社区"有机结合，形成农业农村与旅游产业融合的发展格局。三是深化产业园区建设。充分利用苏州产业结构升级转型的机遇，着力引进苏州向外转移的产业，推动全产业链发展，增强铜仁自我"造血"功能。完善产业发展政策措施，提升土地、金融、用工、物流等生产要素配套能力和配置水平，促进苏州资金、人才、技术、管理等要素向共建园区集聚，不断提升共建产业园区承接产业、吸引人才、科技创新等能力。

聚焦人才协作，携手培育高素质人才队伍。一是强化干部人才培训。

充分利用苏州培训资源优势,"走出去"和"请进来"相结合,不断加大对铜仁党政干部和专业技术人才的培训力度。积极选派教育、医疗、农业、文化、旅游、金融、科技等各领域专业技术人才到苏州学习交流,拓宽干部人才眼界和全局思维。整合苏州在铜支医、支教等专家资源,面向铜仁全市提供人才支持和智力服务。二是拓宽人才引进渠道。深化"引才入铜"计划,梳理铜仁市紧缺人才需求,充分利用东西部扶贫协作对口帮扶结对单位之间形成的紧密关系,着力拓宽金融、规划、科技等紧缺人才引进渠道。不断优化人才环境,吸引各方人才投入铜仁乡村振兴中,鼓励支持青壮年劳动力回乡创业,激活农村"一池春水"。三是加快培育产业人才。强化与苏州人社部门、人力资源服务机构、职业教育院校在联合办学、专业设置、师资培训、毕业生就业等方面的全面协作,深入推进"校校""校企"合作,培养更多职业技能型人才,为产业振兴奠定人才基础。加快培养合作经济组织带头人、创业致富带头人、种养大户等乡村人才队伍,强化农民职业技能教育培训,为农业产业化提供人才支持。

聚焦文化协作,携手引领新时代文化风尚。一是推动文明乡风建设。进一步深化苏铜两地文明共建,深入挖掘优秀传统农耕文化蕴含的思想观念、人文精神、道德规范,弘扬主旋律和社会正气,培育文明乡风、良好家风、淳朴民风,使践行文明乡风真正成为农民群众的行为规范和自觉行动。二是推进文化开发保护。依托中国箫笛之乡(玉屏)、傩戏之乡(德江)等一批民族文化品牌,帮助发展休闲度假、旅游观光、创意农业等特色产业,逐步形成"以文促旅、以旅兴文"的良好格局。广泛开展各类民族文化遗产保护传承活动,选择土家族、苗族、侗族等少数民族聚居地,加快打造一批具有民族特色的非遗文化村寨。三是深化文化旅游合作。全面系统挖掘、梳理、展示和开发利用铜仁文化资源,提升乡土文化内涵,形成"乡愁文化"品牌。以梵净山景区等为重点,将旅游宣传推介与招商引资工作相结合,加大推介交流力度,打响"天堂苏州·桃源铜仁"品牌。

聚焦生态协作,携手共建更宜居人居环境。一是联手推动生态治理。积极动员江苏省内生态环境治理等领域企业、社会组织参与铜仁生态修复和生态保护,恢复生态脆弱区生态平衡,筑牢绿色屏障。扎实推进农村人居环境治理,完善水电路网等基础设施配套,一体化推进垃圾分类、污水治理、农村改厕"三大革命",全力打造"有颜值"的新乡村。二是合作开发生态旅游。结合铜仁得天独厚的山水资源生态优势,充分借助苏州资本、技术力量,合作发展有机生态循环农业和生态旅游。以留住乡土味道为重点，全方位发掘乡村个性与特色，结合自然环境，突出乡村风貌，注入生态文化、历史文化、民俗文化等元素，建设"有乡愁"的新乡村。三是探索盘活生态资源。探索开展产权制度改革，充分撬动苏州社会资本、金融资本参与，形成多元化、可持续的投入机制，推动资源、资产、资金"三资融合"，激活农村沉睡资源。充分用好城乡建设用地增减挂钩结余指标跨省域调剂政策，推动指标跨省流转，争取更多资金支持。

聚焦组织协作，携手打造强有力组织保障。一是强化基层党建合作。把苏州党建"海棠花红"先锋阵地群建设与铜仁"民心党建"工作有机结合，在基层党组织生活、党组织活动、新党员发展、阵地建设等方面加强合作，建立党支部、企业、合作社紧密联合体，形成党建与乡村振兴工作同频共振、互动双赢的良好格局。二是健全基层组织建设。进一步推动农村基层党组织力量下沉，把农村基层党组织有效嵌入农村各类社会基层组织，把党的组织体系和工作触角延伸到乡村振兴战略的各个环节，实现党的基层组织对农村工作的全面覆盖。三是提升村民自治能力。着力完善农村基层党组织领导下的村民自治组织和集体经济组织运行机制，帮助农户建立规范的合作组织，引导帮扶主体、社会资本以入股合作等方式与农户建立稳定的利益联结，提高组织化程度和集体行动能力，提升农村基层治理能力。

五、后帮扶时代脱贫攻坚与乡村振兴有效衔接需要关注的问题

一是持续性问题。一方面，积极探索在新的历史条件下把农民组织起来的途径，高度关注发挥好农民的主体作用，持续激发乡村社会的主动性积极性创造性，使乡村振兴获得源源不断的内生动力；另一方面，着力构建和完善互利共赢机制，推动外部帮扶力量自愿自发持续给予帮扶支持。

二是导向性问题。脱贫攻坚任务完成后，应加快政府职能归位，找准有为政府与有效市场的结合点，让市场更加敏锐、精准、快速地捕捉、回应和满足乡村振兴过程中农业、农村、农民的自我发展需求，形成政府引导下市场驱动为主的良性发展机制。着力改变脱贫攻坚政府主导下的短期性、突击性行为，特别是产业发展的短期化偏向，构建可持续的产业发展长效机制。围绕激活农村沉睡资产资源，集成推进农村土地制度、集体产权制度等改革，为乡村振兴释放活力。

三是均衡性问题。将"精准式"济困帮扶与"普惠式"共享发展有机

结合，在政策上逐渐转向普惠性，适度扩大帮扶政策覆盖面，淡化非贫困村与贫困村界限，根据乡村实际情况以需求为导向统筹安排帮扶资源。同时，着力在非贫困村与贫困村、非贫困户（脱贫户）与贫困户之间建立合作机制，形成紧密联系的利益共同体，为乡村振兴凝聚合力。

四是差异性问题。贫困地区经济社会发展水平各异，贫困程度与贫困原因不一，自然禀赋、经济社会发展基础等方面存在差距，脱贫攻坚的进度和质量也各不相同。必须充分考虑各区域在贫困程度、发展阶段、发展程度、发展形态等方面的差异，分区域稳步推进乡村振兴。特别是刚刚脱贫摘帽的贫困县，应进一步稳固脱贫攻坚成果，构建防止返贫机制，确保已脱贫的人口不返贫，生活质量不断改善，发展能力不断提高。

［本文成稿于 2020 年 11 月 10 日，系 2020 年度苏州市社会科学基金项目（应用对策类）立项项目和 2020 年度贵州省铜仁市人文社科课题成果的部分内容，入选 2021 年 6 月 5—6 日中共江苏省委、求是杂志社联合举办的"全面建成小康社会"理论研讨会论文集］

聚焦产业扶贫协作　构建长效扶贫机制[1]

产业扶贫是稳定脱贫的根本之策。2016年7月20日，习近平总书记在东西部扶贫协作座谈会上强调："要加大产业带动扶贫工作力度，着力增强贫困地区自我发展能力。"江苏省张家港市自2017年3月与贵州省深度贫困县沿河土家族自治县正式建立携手奔小康对口帮扶关系以来，始终把产业发展作为东西部扶贫协作重点和脱贫治本之策，以项目带动为引领，以招商引资为抓手，以园区共建为载体，以人才支持为后盾，以消费扶贫为支撑，持续推动扶贫协作由"输血式"向"造血式"转变，助力沿河决胜打赢了深度贫困歼灭战。

一、项目引领，资金投入保障产业扶贫

产业发展，项目是关键，资金是保障。张家港始终聚焦沿河深度贫困县脱贫摘帽目标，牢牢抓住项目建设"牛鼻子"，坚持对口帮扶资金向贫困村、贫困户倾斜，着力支持贫困村发展产业，在实施一批"吹糠见米"、短平快项目的同时，充分考虑稳定增收，着力谋划实施一批打基础利长远的项目，提升可持续发展能力。对口帮扶以来累计争取投入张家港市级财政以上江苏对口帮扶资金3.7亿元支持沿河脱贫攻坚，实施产业发展、基础设施、住房安全等各类项目314个（其中2020年2.5亿元，相当于沿河2019年度公共财政预算收入的六成，实施各类项目128个），县域东西部扶贫协作对口帮扶财政资金总量位居贵州省第一、全国前列。对口帮扶资金超半数共计2.4亿元用于产业发展，实施包括沿河生态茶、生态果蔬、生态畜牧业、生态中药材、食用菌、辣椒、生猪代养、生态鸡等在内的各类产业项目173个，覆盖建档立卡贫困人口5.8万人。其中，2020年投入产业发展

---

[1] 作者陈世海，系政协张家港市委员会党组成员、副主席；中共沿河土家族自治县委常委、县人民政府党组成员、副县长（挂职），江苏省对口帮扶贵州省铜仁市工作队沿河土家族自治县工作组组长，江苏省张家港市对口帮扶贵州省沿河土家族自治县工作组党支部书记。

的对口帮扶资金更是高达 1.69 亿元，占年度对口帮扶资金近七成。

二、牵线搭桥，招商引资夯实发展基础

在张家港设立沿河土家族自治县驻长三角招商引资办事处，搭建招商引资协作平台。围绕精品果蔬、中药材、畜牧养殖和农特产品加工、服装生产、旅游项目开发等产业，坚持每季度到张家港等东部城市开展招商引资活动，举办招商引资宣传推介活动，并对张家港等东部城市来沿投资企业在金融、土地、财政税收等方面给予支持。自 2017 年以来，累计招商引进贵州创辉家具、贵州苏黔农业产业开发、贵州天露园茶业、大一安全环保科技等 20 个项目，到位资金 27.55 亿元，带动贫困人口 1 097 人脱贫，其中吸纳贫困人口就业 472 人。累计援建恒泰源服装有限公司、全鲜电子加工厂、沿丰贝制衣厂、艾禹手工艺品加工厂等，吸纳就业 586 人，其中贫困人口 164 人。

三、倾力合作，园区共建打造示范样本

张、沿两地集中优势资源，在沿河中界镇深度贫困村高峰村共建高峰有机农业产业园，全力打造园区共建示范样本。自 2017 年以来，累计投入高峰村东西部扶贫协作对口帮扶财政资金等共计 2 008.6 万元，建成有机农业产业园、生态养殖场、茶叶公园 3 个有机循环农业产业项目，初步形成"一场两园三业（生态养殖场，有机农业产业园、茶叶公园，种植业、养殖业、生态旅游业）"的产业形态。其中，占地 200 亩的有机农业产业园累计投资 497.5 万元，覆盖贫困户 44 户 146 人，建成经果林、设施农业区、瓜蒌种植区、美国金瓜种植区和稻鸭共作区五个板块，设施农业区建成高标准大棚 2 万平方米。两地农业部门积极为园区定位、功能布局、管理策划、人员培训、技术服务、产品营销等提供咨询指导支持，2020 年还在高峰有机农业产业园挂牌成立东西部农技协作基地，进一步强化农技指导和合作。2020 年又共建东西部扶贫协作官舟食用菌产业园区，投入东西部扶贫协作财政资金 1 亿元的官舟镇马脑村黑木耳种植示范基地一期 107 亩已排棒 50 万棒，占地 86 亩、日产 6 万棒智能化菌棒加工厂项目已竣工投产，食用菌产业实现了规模化发展。

四、授人以渔，人才支持传授致富真经

针对沿河产业发展现状，因地制宜着力推动农业产业化、专业化发展。张家港农业部门在沿河建立农业技术服务平台，设立蔬菜、果品、畜牧兽医、植保、农机等"专家门诊"，为种养殖户常年提供专业技术指导，为沿河农业发展提供技术保障。自2017年以来，张家港累计派出支农人才28人次到沿河挂职1个月以上进行技术帮扶，举办农作物病虫害、蔬果种植、林地养鸡等农业技术培训，共同开展非洲猪瘟、布鲁氏病防控等工作。特别是2020年，支农人才以沿河食用菌（黑木耳）、辣椒、生猪代养、生态鸡、生态茶五大产业为重点，突出专业优势，深入田间地头、山村院坝进行精细化帮扶，为项目推进提供技术指导，为产业发展出谋划策，帮助把好风险关和质量关。依托全国第三家国务院扶贫办贫困村创业致富带头人培训基地——张家港善港农村干部学院，张、沿两地不断加大贫困村创业致富带头人培训力度，并对其创业给予一系列政策扶持，示范带动贫困群众脱贫致富。累计为沿河培训贫困村创业致富带头人456人次，其中254人创业成功，带动贫困人口2 012人脱贫。

五、各方参与，消费扶贫助力沿货出山

自对口帮扶沿河以来，张家港始终坚持政府引导、社会参与、市场运作，积极动员和引导社会组织、民营企业等社会力量广泛参与东西部消费扶贫协作，形成了东西互动、上下联动、点线结合、连点成网的消费扶贫强大合力，"线上""线下"相结合，全力打通流通消费环节制约消费扶贫的痛点、难点和堵点，助推"沿货出山"。强化市场导向，着力发展市场有需求、本地有优势的特色产业，建设以茶叶、白山羊、生态鸡、生态猪、食用菌、辣椒为主导产业的农特产品供应基地，形成具有地域标志特色的拳头主打产品，提高农产品供给的规模化组织化水平，增强持续供给能力。加快品牌培育和推介力度，重点打造"洲州茶""幸福李"两地公共联创品牌，全面提升沿河农产品的知名度和影响力，提高产品质量和供给水平。自2017年以来，累计采购、销售沿河农特产品8 490万元，带动贫困人口9 259人脱贫。

张、沿两地东西部扶贫协作工作坚持围绕完善产业扶贫长效机制，精

准聚焦对接,持续推动东部劳动密集型企业向沿河转移,持续发展壮大扶贫产业,持续推进消费扶贫协作行动,巩固拓展脱贫攻坚成果,为沿河脱贫摘帽后实现乡村振兴奠定坚实的产业和市场基础。

(本文成稿于2020年12月12日,未发表)

全力打造东西部扶贫协作
党建引领促脱贫示范样本[1]

江苏省张家港市自2017年3月与贵州省深度贫困县沿河土家族自治县正式建立东西部扶贫协作对口帮扶关系以来，始终以习近平总书记关于脱贫攻坚和东西部扶贫协作重要论述为指引，坚持"围绕扶贫抓党建、抓好党建促扶贫、检验党建看脱贫"理念，不断推动基层党建与东西部扶贫协作有机结合、深度融合，全力打造东西部扶贫协作党建引领促脱贫示范样本，实现了扶贫协作促党建、强基固本助攻坚，助力沿河高质量打赢了脱贫攻坚收官战。

一、组织领导落实在一线，着力完善"立体式"帮扶机制

张、沿两地党委组织部签订《"长江水·乌江情"党建引领促脱贫框架协议》，率先在全国县域东西部扶贫协作对口帮扶中实施"长江水·乌江情——党建引领促脱贫"工程，从干部交流、人才交流、组织共建三方面确定9项工作举措，推动扶贫协作各职能部门相互联动，制定专项协作协议，明确任务清单，明晰工作职责，确保扶贫协作各项工作落地落实。率先实践探索"五位一体（市县、乡镇、园区、村村、村企五个层面）"全面结对帮扶新模式，构建起立体式的全域结对帮扶机制。其中，乡镇层面，张家港10个镇（区）与沿河22个乡镇（街道）结对帮扶，率先实现乡镇结对双向全覆盖。村村、村企层面，张家港18个行政村、6个国资企业、10个规模民营企业、9个市政部门、5个社会组织、2个金融机构结对帮扶沿河50个深度贫困村，率先实现深度贫困村结对帮扶全覆盖。乡镇和深度贫困村结对帮扶全覆盖经验在贵州全省推广。2020年，聚焦沿河22个未出

---

[1] 作者陈世海，系政协张家港市委员会党组成员、副主席；中共沿河土家族自治县委常委、县人民政府党组成员、副县长（挂职），江苏省对口帮扶贵州省铜仁市工作队沿河土家族自治县工作组组长，江苏省张家港市对口帮扶贵州省沿河土家族自治县工作组党支部书记。

列贫困村，推动沙钢集团等12家民营企业（商会）对其中除10个已结对深度贫困村外的12个未出列贫困村进行结对帮扶，率先实现未出列贫困村结对帮扶全覆盖，并推动英格玛集团等6家企业对10个已结对深度贫困村中由行政村结对的4个深度贫困村进行"N+1"复合化结对帮扶。依托全域结对帮扶机制，自实行对口帮扶以来，张家港党政机关、企事业单位及社会各界累计348批次3 640人次到沿河开展各类帮扶活动，沿河赴张家港对接交流137批次3 316人次。两地互动交流频次和力度在全国县域东西部扶贫协作中始终居于领先地位。

二、最强力量汇聚在一线，着力锻造"尖兵式"帮扶队伍

张、沿两地党委组织部签订《张家港市与沿河土家族自治县干部人才交流培训及就业保障百千万工作协定》，制定《张家港市与沿河土家族自治县干部人才交流培训工作实施方案》，不断加大两地干部人才交流学习力度，着力提升干部人才政治素质、专业技术和能力水平，改善工作作风，为决胜脱贫攻坚提供有力的人才保障。自实行对口帮扶以来，张、沿两地互派322名、69名党政干部挂职锻炼，在张家港举办沿河党政干部培训班35期培训821人次。张家港市各镇（区）都已选派年轻干部到沿河结对帮扶的22个乡镇（街道）挂职帮扶1个月，沿河土家族自治县连续三年共选派66名乡镇（街道）年轻干部到张家港市结对镇（区）挂职学习3个月以上。两地党政干部挂职交流培训力度在全国县域东西部扶贫协作中居于首位。比如，张家港市乐余镇2018年以来连续三年派出年轻干部到结对帮扶的谯家镇、夹石镇挂职帮扶1个月（其中2020年16名）；杨舍镇农联村2018年以来连续三年派出10名年轻干部到结对帮扶的深度贫困村黄池村挂职帮扶1个月；张家港市文体广电和旅游局2019年以来连续两年派出12名年轻干部到结对帮扶的黄土镇平原村和沿河土家族自治县文体广电和旅游局挂职帮扶1个月；张家港经济技术开发区（杨舍镇）善港村向结对帮扶的沿河中界镇深度贫困村高峰村派出驻村工作队进行长期帮扶。结合所需和所能，张家港累计向沿河选派支农、支教、支医人才157人次进行1个月以上帮扶，举办专技人才培训班39期培训647人次，输出先进技术61项。累计为沿河培训贫困村创业致富带头人456人次，254人创业成功，带动贫困人口2 012人脱贫。沿河累计选派专技人才199人到张家港交流学习。

三、战斗堡垒筑牢在一线，着力搭建"全方位"帮扶阵地

自实行对口帮扶以来，张、沿两地切实加强基层党组织协作，移植张家港市"红堡"阵地经验，因地制宜推进沿河党建阵地标准化建设，并在沿河设立"党员干部初心历练基地"，通过形式多样的学习培训锻炼对挂职干部进行党性锤炼。全面推动沿河土家族自治县50个深度贫困村与张家港结对帮扶单位跨区域联建党组织，积极开展"支部联建"，打造"党员之家"，切实提升党支部凝聚力和战斗力。张家港市各职能部门党组织发挥优势，积极为贫困村协调资金、人才、技术等资源，帮助建立村级党群服务中心、农家书屋等阵地。如张家港市水政监察大队与结对的沿河甘溪镇深度贫困村严家村共建"党员之家"，建立村图书阅览室，捐赠电脑、投影仪、图书等物资，帮助严家村党建活动制度化、规范化开展，提升村民文化素养。张家港66所中小学、幼儿园，11家医疗卫生单位分别与沿河88所中小学、幼儿园，24家医疗卫生单位全覆盖结对帮扶，分别由江苏省张家港中等专业学校牵头对沿河中等职业学校、由张家港市第一人民医院牵头对沿河土家族自治县人民医院开展"组团式"帮扶，率先实现教育、卫生健康系统结对帮扶全覆盖并在贵州全省推广。张家港对口帮扶沿河工作组在江苏省对口帮扶贵州省铜仁市工作队及10个区（县）工作组中率先组建成立工作组党支部，组织挂职干部及专技人才党员开展"三会一课"，并同时参加受援单位组织生活。工作组3位党员先后被贵州省委表彰为"全省脱贫攻坚优秀共产党员"。2020年6月，工作组党支部被贵州省委表彰为"全省脱贫攻坚先进党组织"；8月，张家港5名援沿半年以上支医专家全部被沿河土家族自治县委、县政府表彰为"优秀医师"。

四、党建活动开展在一线，着力打造"特色化"帮扶范例

自实行对口帮扶以来，张家港市各帮扶单位不断探索创新党建协作的新形式、新举措，努力打造党建活动示范亮点，示范带动群众脱贫奋进、昂扬向上。在张家港对口帮扶沿河工作组的指导协调下，张家港市善港村党委率先探索实践"整村推进结对帮扶"新模式，与结对帮扶的沿河高峰村携手开展"支部联建、文化共建、乡村治理、产业同建"四大方面帮扶活动，创新实施"合作社中党旗红""党员责任田头亮""党建便利站"3

个"党建+"项目，争取张、沿两地政府共建高峰有机农业产业园，推动高峰村于2019年年底整村脱贫出列，"整村推进结对帮扶"模式得到省市认可并在铜仁全市推广。张家港市政务服务中心、不动产登记中心、公积金管理中心、便民服务中心、公共资源交易服务中心张家港分中心及组成党建品牌服务组织——"五心服务联盟"，自2019年起开展对沿河的党建帮扶，5家单位各出资2.5万元，用于帮助沿河改善贫困村（社区）办事服务条件、资助贫困大学生等。张家港市金融工作服务中心自2019年以来连续两年组织张家港市金融机构组成港城"融之汇"党建联盟，到沿河开展党建帮扶活动，累计捐赠沿河大漆村、明星村补短板专项资金和留守儿童爱心助学金等4.83万元。张家港市人民政府办公室机关第一支部2020年到沿河土地坳镇蒲溪完小开展"红堡驿站·两江情牵"党建助学活动，捐助29名学生助学金每人1 000元、每人价值571元的爱心书包1个，价值共计4.56万元。张家港保税区（金港镇）在结对帮扶的沿河沙子街道、中寨镇、晓景乡设立"红堡友谊之家"，每年组织张家港保税区非公经济党建协会、民营经济协会"爱心联盟"走进沿河，开展帮扶活动，2020年又派出40名镇（区）年轻干部到结对乡镇（街道）挂职帮扶1个月。

2020年11月23日，贵州省人民政府宣布包括沿河土家族自治县在内的贵州最后9个贫困县正式退出贫困县序列，江苏省东西部扶贫协作和对口支援地区最后一个贫困县实现脱贫摘帽。随着脱贫攻坚任务的完成，东西部扶贫协作进入"后帮扶时代"，推动脱贫攻坚与乡村振兴有效衔接成为新的使命。张、沿两地正按照习近平总书记提出的"五个振兴"的要求，持续强化东西部协作党建引领，充分调动各类资源、凝聚各种力量，切实巩固东西部扶贫协作成效，不断推动张、沿两地在更宽领域、更深层次、更高水平上实现合作共赢，为乡村振兴战略有效实施打下坚实基础。

（本文成稿于2020年12月12日，未发表）

张家港市帮扶沿河土家族自治县高峰村经验做法[1]

张家港市自2017年3月与铜仁市唯一的深度贫困县沿河土家族自治县正式建立东西部扶贫协作对口帮扶关系以来，始终以习近平总书记关于东西部扶贫协作的重要论述为指引，精准聚焦组织领导、人才交流、资金投入、产业合作、劳务协作、携手奔小康各项工作，全方位、多层次、宽领域开展东西部扶贫协作，在全国县域东西部扶贫协作中率先探索实践"三个全覆盖"结对帮扶新模式（结对帮扶机制市县、乡镇、园区、村村、村企五个层面"五位一体"全覆盖，党建、教育、医疗卫生、文化文明、产业等结对帮扶领域全覆盖，人才、资金、土地、市场、技术等结对帮扶要素全覆盖），成功构建起立体式的全域结对帮扶机制，助力沿河高质量打赢了深度贫困歼灭战，实现了贫困人口清零、贫困村出列、沿河土家族自治县整县脱贫摘帽。

在村级层面，从2017年开始，张家港市推动全国文明村（文明单位）、社会组织、对口扶贫协作领导小组成员单位、经济强村、规模企业、国资企业六大类共50个单位结对帮扶沿河全部50个深度贫困村，在全国县域东西部扶贫协作中率先实现深度贫困村结对帮扶全覆盖。其中，张家港经济技术开发区（杨舍镇）善港村结对帮扶沿河土家族自治县中界镇深度贫困村高峰村，在张、沿两地党委、政府全力支持和张家港市农业农村局等相关部门通力协作下，率先探索实践"整村推进结对帮扶"，通过支部联建、文化共建、乡村治理、产业同建等措施，着力打造"东西部扶贫协作样板村"。2019年年底，高峰村贫困人口全部脱贫，整村退出贫困行列。"整村推进结对帮扶"模式成为可推广、可复制的深度贫困村精准扶贫、精准脱贫范例，得到省市认可并在铜仁全市推广。

一是强化资金投入，夯实发展基础。自2017年以来，累计投入张家港

---

[1] 作者陈世海，系政协张家港市委员会党组成员、副主席；中共沿河土家族自治县委常委、县人民政府党组成员、副县长（挂职），江苏省对口帮扶贵州省铜仁市工作队沿河土家族自治县工作组组长，江苏省张家港市对口帮扶贵州省沿河土家族自治县工作组党支部书记。

市级财政以上对口帮扶资金等资金2 009万元（其中江苏省扶贫协作资金1 009万元、张家港市级财政扶贫协作资金750万元、苏州市农业农村局捐赠资金100万元、苏州银行捐赠资金150万元），用于实施高峰村茶产业项目、有机农业产业园及其配套设施建设项目、生态养殖场及其配套设施建设项目等产业项目，以及高峰村子弟坝产业路、安全饮水、灌溉排水工程、人居环境整治等基础设施项目共计15个（2017年1个、2018年1个、2019年4个、2020年9个），高峰村生产生活条件得到了极大改善，产业发展能力得到了明显提升。

二是强化园区共建，促进持续增收。张家港市坚持因地制宜、科学谋划、长短结合，集中两地优势资源，在高峰村共建高峰有机农业产业园，全力打造园区共建示范样本。两地农业部门积极为园区提供指导支持，2020年又在高峰有机农业产业园挂牌成立东西部农技协作基地，进一步强化技术指导。目前，园区已建成机农业产业园、生态养殖场、茶叶公园3个有机循环农业产业项目，初步形成"一场两园三业（生态养殖场，有机农业产业园、茶叶公园，种植业、养殖业、生态旅游业）"的产业形态。其中，占地200亩的有机农业产业园累计投资497.5万元，覆盖贫困户44户146人，规划了经果林、设施农业区、瓜蒌种植区、美国金瓜种植区和稻鸭共作区五个板块，设施农业区已建成高标准大棚2万平方米，引进种植日本红美人橘子、阳光玫瑰葡萄等高端品种20余个。茶叶公园累计投资超600万元，建成有机茶园183亩及茶叶加工中心，打造知青茶、善缘红、高峰白等6个有机茶叶产品。生态养殖场投入300余万元，主要发展白山羊、黑毛猪、鹌鹑等特色养殖业，鹌鹑养殖已经见效。

三是强化人才支持，推动长远发展。依托国务院扶贫办全国贫困村创业致富带头人（善港）培训基地，采取"理论培训+实践锻炼"方式，培育一大批创业能成功、带动能成效的贫困村创业致富带头人，鼓励村干部带头承办或领办项目，引领带动贫困群众脱贫致富，累计为沿河培训贫困村创业致富带头人456人次，其中包括高峰村罗文武、罗贤国等10余人。依托张、沿两地共建的高峰有机农业产业园，以建成产业项目为载体，实行"产业就业+农民培训"模式，将发展产业项目、推动务工就业和学习农业技术"三合一"有效结合，贫困村民在产业园区务工就业增收脱贫的同时同步学习种养殖技术，为产业项目后续管理和高峰村未来发展储备专业技术人才，为实现乡村振兴提供人力资源支持。善港村采取"长驻+轮派"模式，自2018年以来累计派出86人次驻村帮扶，为有机农业产业园等建设发展提供技术支持。

四是强化党建引领，激发内生动力。充分发挥党建引领和文明示范作用，积极推动善港村驻高峰村工作队临时党支部与高峰村党支部开展"支部联建"，打造脱贫攻坚和乡村振兴的坚强堡垒，形成合力攻坚、决战贫困、携手小康的工作格局。在高峰村设立"党员干部初心历练基地"，通过多种形式对张、沿两地挂职交流干部人才进行党性锤炼。大力储备后备力量，重点吸纳有发展潜力的优秀青年进入村两委和党组织。目前，高峰村党员总数达到19名。在高峰村建立全县首个村级新时代文明实践站，为群众提供理论宣讲、教育、文化、科技科普体育健身五大类服务。强化乡村治理，推进移风易俗，摒弃陈规陋习，引导开展具有地方特色的文化文艺活动，组织开展文明家庭、示范家庭等评选活动，在满足精神文化需求的同时，培育崇德向善、自强自立的精神。

（本文成稿于2021年4月7日，未发表）

第六编：媒体报道

【山海情深·我们都是贵州人】
四年沿河人，一世沿河情

从江苏省张家港到贵州省沿河土家族自治县，1 460多千米，因着东西部扶贫协作的开展，山与海结下情缘，两个八竿子打不着的地方紧密联系起来，村村"牵手"，甚至小到幼儿园跟幼儿园都结成了对子。

两地"喜结良缘"，离不开江苏省对口帮扶贵州省铜仁市工作队沿河土家族自治县工作组组长陈世海和他所带领的帮扶团队。

"老兵"重回"战场"

2017年10月31日，是陈世海到沿河土家族自治县挂职副县长的第一天。这天留给他最深刻的印象是：辣！

"一两道菜辣就算了，没想到道道菜都辣。"两年后来回忆与沿河最初的相识，对于辣的惊讶之情犹在脸上。对于已是知天命之年的陈世海来说，想要改变饮食习惯是一件很难的事情。

"战书"已领，再辣也得去适应，作为一名脱贫攻坚"战场"上的"老兵"，陈世海已练就一身克服困难的本领。

早在2007年，陈世海受命到张家港市对口帮扶的宿迁市宿豫区挂职区委副书记，对口帮扶了三年零一个月。十年后，陈世海踏上了东西部扶贫协作的新征程，与贵州省铜仁市唯一的深度贫困县沿河土家族自治县立下四年之约。

"上一次扶贫是三年，相当于读了一个专科，这次我给自己报了个本科，希望在'毕业'的时候取得更好的成绩——我们沿河与全国同步奔小康，更美更富，老百姓更幸福。"陈世海为四年之约定了目标，任务虽艰巨，但信心十足。

爱之深则为之计深远

陈世海的信心不只是一腔热血,更多的是深谋远虑的心思和眼光,更重要的是脚踏实地地苦干实干加油干。

沿河土家族自治县共有22个乡镇,其中有50个深度贫困村。到沿河后的前三个月,陈世海带着他的扶贫团队走遍了这22个乡镇,深入50个深度贫困村了解情况,商讨最合适的扶贫方案。

"实地了解情况后,我们觉得必须建立有效的扶贫协作机制,才能真正带来好的协作效果,真正帮助沿河实现脱贫。"陈世海说。

好思路决定好出路

陈世海在全国率先探索实践"五位一体"东西部扶贫协作"携手奔小康"全面结对帮扶新模式,用了半年时间实现了张家港与沿河在市县层面、镇级层面、村级层面、村企层面、园区层面五个层面的全覆盖结对帮扶。

此外,还在全国县域率先实现深度贫困村结对帮扶全覆盖;在全国县域教育系统率先实现各个乡镇、各类学校、各个学段"三个全覆盖"结对帮扶;在全国县域卫生健康系统率先实现县级医院、乡镇卫生院、公共卫生单位"三个全覆盖"结对帮扶……

一项又一项成绩背后,是陈世海和他所带领的扶贫协作团队一次又一次的两地来回奔波。在最初的半年,他在张家港与沿河之间往返的次数不下于20次。两地之间没有直达飞机,需要在乘坐飞机和乘坐汽车之间来回转换才能完成一次行程。

"我既是张家港人,也是沿河人,我是两地的联络员,联络员就是要帮助两地成功结上对子。刚开始大家都有点'羞涩',不够积极,需要我们在中间撮合,现在他们各对之间都自己联络了,不再通过我们当中间人了。"看到辛苦和努力换来好的效果,陈世海甚觉欣慰。

扶贫协作机制让梦想开花

"我真的没想到自己现在一个月可以挣八九千。"沿河土家族自治县人小陈自强告诉记者,身高不足1米5的他之前很难找到工作,2018年张家港市环宇职业培训学校到沿河招人，他便去该学校接受免费培训开挖掘机，学好技术后又被学校推荐到一家公司去上班，工作稳定，且收入超过自己的想象。

张家港与沿河共同建立的扶贫协作机制帮助小陈实现了就业梦，也帮助近1 000名贫困家庭孩子实现了入学梦。对于沿河中等职业学校校长何高来说，张家港与沿河扶贫协作机制所带来的变化也是超过他所能想象的。

2017年，沿河中等职业学校没有足球场，校园里的路都是水泥路面，坑坑洼洼，下雨天行走困难。教学设备和师资力量都十分匮乏。

张家港市的扶贫协作团队过来以后，每年投入205万元用于学校教学设备采购和设立建档立卡贫困学生专项奖学金。

如今，学校有了标准的草坪足球场和跑道，路面全部变成了沥青路，在教学设备上新增了汽修、酒店管理、服装设计等实训设备，同时张家港市高职学校专门派驻优秀教师到沿河中等职业学校对口帮扶，提升学校师资力量。

"以前我们每年招收学生400多个，从2017年开始逐年上升，今年已经增加到900余人。我们服装专业的学生甚至有的劳务派遣到日本就业。"何高说，张家港扶贫协作团队对沿河职业教育的重视和帮助，让他非常感动。

情缘既已结，就是一辈子的牵挂

回首两年扶贫岁月，成绩一一可见。但在陈世海心里，这些还远远不够。

"既然来到沿河，我们就想把最好的给沿河，把'团结拼搏、负重奋进、自加压力、敢于争先'的张家港精神与'团结奋进、拼搏创新、苦干实干、后发赶超'的贵州精神深深融合在一起，不仅要帮助沿河实现在2020年脱贫，与全国同步奔小康，还要促使两地形成长期合作，助力沿河实现可持续发展。"怀着这样的信念，陈世海将在这条对口帮扶的路上坚定而执着地前行。

约，是四年之约，情，却是一生之久。"在我心里，我真的觉得对沿河的关注不会停留在2020年实现脱贫的那一刻，而是有生之年的持续并肩而行。"陈世海说，沿河，必会是自己一辈子的牵挂。

"我们沿河的夜景很漂亮，你们一定要去看看。"在采访的最后，陈世海一句简单的邀请让记者非常感动，因为简单之中有一份深沉的爱。

人物名片：

陈世海，1966年10月出生，研究生学历。1983年7月参加工作，1993年1月加入中国共产党。现任张家港市政协党组成员，中共张家港市委宣传部副部长，张家港市文体广电和旅游局党委书记；中共沿河土家族自治县委常委，沿河土家族自治县人民政府党组成员、副县长（挂职），江苏省对口帮扶贵州省铜仁市工作队沿河土家族自治县工作组组长。

（《贵州日报》当代融媒体记者　邹敏　周自立；海报设计　徐微）
（《贵州日报》官方新闻网站当代先锋网2019年11月19日）

"张家港精神"激荡乌江之滨

这是一次特殊的"牵手"。

一方是位于长江下游南岸的江苏省张家港市,以"团结拼搏、负重奋进、自加压力、敢于争先"的张家港精神闻名全国,综合实力长期位列全国百强县前三名;一方是地处乌江之滨的贵州省铜仁市的革命老区县沿河土家族自治县,素有"黔东北门户,乌江要津"之称,却是贵州省14个深度贫困县之一,铜仁市唯一的深度贫困县。

2017年11月,张家港与沿河正式签订《张家港市—沿河土家族自治县东西部扶贫协作对口帮扶合作框架协议》,成为苏州唯一对口帮扶深度贫困县的县(市)。对于这次跨越1 500多千米的合作,张家港人没有丝毫退缩,用实干和创新践行使命,创造了"五位一体"全面结对帮扶新模式,淋漓尽致展现了张家港精神的时代伟力,彰显了一个全国文明城市的担当。

长江水,乌江情。两年多来,两地密切交流、携手共进,共同演绎出一幅决战脱贫攻坚、决胜全面小康的美丽画卷。

倾尽全力,五大层面系统帮扶

走进沿河土家族自治县高峰村有机农业产业园,只见一派繁忙景象。张家港市善港村驻村帮扶工作队的10多名队员正紧张地放线、浇水、耕地。2018年3月,善港村与高峰村签订整村推进结对帮扶协议,针对高峰村的实际情况,善港村驻村帮扶工作队围绕建强组织、发展产业、培育人才、普惠群众等方面展开帮扶,有机农业产业园就是其中一个重点项目。在"善港样板"的带领下,通过结对帮扶,共享发展经验,造福了一方百姓。仅一年时间,深度贫困村高峰村农民人均可支配收入就增加了1 800元,贫困发生率从34.6%下降至17.1%,到2019年年底可望实现贫困人口清零。

"整村推进结对帮扶"为东西部扶贫协作工作注入了新内涵。两年来,张家港人敢为人先,自加压力,与沿河率先在全国探索出"五位一体"全面结对帮扶新模式,实现了两地市县、乡镇、村村、村企、园区五个层面全面结对。

张、沿双方市县层面签订了东西部扶贫协作框架协议，明确从组织领导、产业合作、文化交流、人才培训、劳务协作、旅游发展、教育卫生等方面开展全方位合作；

张家港市辖区内10个镇（区）与沿河22个乡镇（街道）全部结对，在全国东西部扶贫协作县（市）中率先实现乡镇结对双向全覆盖；

张家港18个行政村与沿河18个深度贫困村建立结对帮扶关系，村与村之间互访考察，有针对性地开展各项帮扶工作；

通过村村结对、企业、行业协会、挂钩帮扶等形式机关部门，在全国县域率先实现深度贫困村结对帮扶全覆盖；

张家港保税区、张家港经济技术开发区2个国家级开发区和江苏扬子江国际冶金工业园1个省级开发园区，共同结对帮扶贵州沿河经济开发区，"两区一园"均与贵州沿河经济开发区签订了扶贫协作园区共建协议。

五大层面系统帮扶，彰显了张家港人倾尽全力打好攻坚战的决心。"自开展对口扶贫协作以来，两地手拉手、心连心，建立起了深厚的友谊！"张家港市挂职沿河土家族自治县县委常委、副县长陈世海说，在强有力的顶层设计之下，扶贫协作在张家港完成了从行政推动到全城联动的转变。

数据显示，截至2018年年底，沿河土家族自治县250个贫困村已脱贫出列154个，减少贫困人口12.6万人。2019年，还将有78个贫困村和2.5万贫困人口脱贫。

需求导向，夯实脱贫攻坚之基

秋冬时节，晓景乡侯家寨村的村民们正忙着翻土种植中药材玉竹，420亩的中药材种植基地十分热闹。4月之前，这里还只是一片荒芜的山坡，短短几个月就出现了翻天覆地的变化。"这条8千米长的山路是张家港投入近100万元修建的，大伙都称它'产业路'，农产品从这里走出去，未来充满了希望。"说起身边的变化，当地村民首先将其归功于新修的一条路。侯家寨村位于沿河东南角，距离县城26.4千米，由于交通不便，产业项目一直难以落地。2019年年初，张家港在了解到村民的强烈意愿后，优先解决侯家寨村的基础设施问题。路通了，机会多了。一个总投资近800万元的中药材种植项目成功落户当地。"有了'产业路'，荒山也能变成'金山银山'，3年后这里就能产出效益1 000万元！"沿河土家族自治县晓景乡农服中心主任、驻侯家寨村干部冯秋波兴奋地说。

以群众需求为导向，当地群众关心什么、需要什么，就干什么，成为张家港推进扶贫协作的根本理念。张家港既舍得财政资金"输血"，又注重产业合作"造血"，并结合当地所需，强化人才支援，加快补齐民生短板。

缓解"看病难"。以张家港市第一人民医院为牵头，11 家医疗卫生单位与沿河 24 家医疗卫生单位通过"一对一""一对多""多对一"方式开展"组团式"帮扶，实现县级医院、乡镇卫生院、公共卫生单位"三个全覆盖"。截至目前，张家港共派出 8 批 40 名医疗骨干对该院进行定点帮扶，累计接诊门急诊患者 13 761 人次，开展危急重症、疑难病例会诊 382 人次、手术 250 例、新技术新项目 55 项。

力求"上好学"。张、沿两地实现各个乡镇、各类学校、各个学段的全覆盖帮扶。2018 年 10 月，两地教育局签订《张家港市教育局—沿河土家族自治县教育局对口帮扶合作协议》，张家港 66 所中小学、幼儿园与沿河土家族自治县 88 所中小学、幼儿园组成结对帮扶关系，两地共派出 100 多名骨干教师开展双向交流；中等专业学校派出 15 名优秀教师在沿河职校开展支教，帮助建设汽修、学前教育两个示范专业，形成专业品牌，打造"2+1"合作分段式人才培养模式，并开设精准就业班；2019 年 11 月，沙洲职业工学院与沿河土家族自治县教育局签订 2020 年招生计划，并为沿河学生量身定制"四个精准"专项教育帮扶方案。

种好"科技树"。张家港在沿河建立农业技术服务平台，设立"专家门诊"，开展技术帮扶。帮扶期间，技术团队多次"授人以渔"，向种养殖户教授蔬果生产、病虫害绿色防控、生猪发酵床养殖、林地养鸡等方面的技术，深入挖掘农业内部增收潜力，为农民增收致富提供"强支撑"。

……

紧贴需求实干，为当地村民带来了实打实的好处。"张家港人真的帮到我们心坎里去了！"快到年底了，晓景乡党委书记崔刚终于松了一口气。当地通过"公司+合作社+农户"的模式，村民流转土地有租金，就近就业有薪金，年底参与分红还有股金。

彰显特色，造就发展"精神引擎"

走在沿河土家族自治县街头，"文明在行动、满意在沿河""决胜脱贫攻坚、同创美好未来"等宣传语引人注目，令人感受到了当地百姓矢志脱贫的精气神。

  细节背后有深意。"张家港的发展历程告诉我们，一个地方的发展根，主要取决于人，只有树立起强大的精神追求，才能继续走好新时代的脱贫小康之路。"陈世海说，通过在沿河开展精神文明建设，造就发展"精神引擎"，才能实现扶贫先"扶志""扶智"，才能保证沿河在脱贫后还能拥抱更美好的未来。

  实际上，自从开展扶贫协作后，浇灌精神文明之花正在成为张家港人的一项"特色动作"。连续两年举办"长江水·乌江情"张家港市—沿河土家族自治县文化交流周活动，通过歌舞、戏曲、曲艺、小品等节目展演，展示两地民俗风情和城市风采，促进艺术交流，提振追梦信心。举办"传承文化根脉·共创精彩生活"张家港市—沿河土家族自治县非遗交流活动；邀请沿河青少年赴张家港参加全国"贝贝杯"青少年足球赛，为山里娃提供走出大山参加国家级赛事的机会。

  "这是张家港人为我们送来的一份'特殊礼物'！"沿河土家族自治县民族文化广场上有一座24小时开放的土家书房，现在已经成为当地百姓日常休闲的新选择。正在陪孩子阅读的杨斌乐呵呵地说，这里离家很近，儿子一有时间就会来。

  从公共文化服务入手，精神文明建设一步一个脚印。由于沿河文化设施相对落后，县域图书馆总分馆体系尚未建立，2018年，张家港市人民政府投资60万元，赠建了这座土家书房，建筑面积26.25平方米，藏书3 000册。书房建立以来，仅2018年下半年借阅量就达到了40 000多册，2019年6月至今，人流量更是达到了38 800多人次。以土家书房为依托，2019年张家港又送上"文化大礼"，赠建了两座全国首创的24小时新时代文明实践驿站。驿站以图书为载体，共有藏书7 000多册，采用智能管理24小时开放，市民通过"刷脸"、刷身份证或微信即可随时进入驿站体验，不仅保障了沿河市民的阅读权利，更为贫困人员提供了有效文化服务载体。

  "精神引擎"不是一朝一夕造就的！张家港人深知，"送文明"的同时，更要"种文明"，只有让文明成为一种生活方式，其力量才能在沿河拔节生长，汇聚出万众一心的巨大能量。

  "我希望我们是一颗火种，先带动学校的师生，再带动沿河整个地区。"踏入沿河职校志愿者协会办公室，传来的暖心话语令人感动。曾德新正和学生志愿者商量去县儿童福利院慰问的活动，这已经是他们组织的第132次志愿者活动了。曾德新是张家港的一位星级志愿者，服务时长达到4 362小时。2018年11月，他来到沿河中等职业学校支教，复制张家港志愿服务成为支教过程中的"特殊任务"。功夫不负有心人，如今全校已建有7支志愿服务队，近2 000名师生志愿者，还成立了校志愿者协会，成为沿河文明志愿服务的"当家花旦"。

在张家港精心组织下，"先锋知音""彩虹桥""法惠万家"等一批接地气、群众满意的志愿服务项目出炉，覆盖儿童之家建设、爱心助学、禁毒防艾、心理辅导等领域。

大江奔流，生生不息。春夏秋冬过两载，两岸景色已不同。风正满力，帆已高悬，张、沿两地合力朝着美好的未来前行！

（雷霆　李仲勋）

（《新华日报》2019年12月13日第22版；新华社《半月谈》2019年12月13日）

决战脱贫攻坚　书写"对口帮扶"张家港答卷

2020年是决战脱贫攻坚收官之年。江苏张家港和贵州沿河两地虽遥隔千里，却因脱贫攻坚、对口帮扶的重任紧密结合在一起。2017年3月，江苏省张家港市与贵州省沿河土家族自治县正式建立对口帮扶关系。两地签署帮扶协议，从组织领导、产业合作、劳务协作、人才支持、携手奔小康等方面开展"一对一"帮扶工作，突出张家港地方资源优势，在契合沿河受援地的脱贫需求上下功夫，深入推进对口帮扶工作。

从长江边到乌江畔，从鱼米之乡到沿河古城，一批批张家港人满怀激情在贵州省铜仁市沿河土家族自治县不懈奋斗，推动两地经济社会快速发展。2019年年底，沿河土家族自治县230个贫困村已出列208个，剩余贫困人口2.02万人，贫困发生率降至3.3%。

率先探索"五位一体"结对帮扶新模式

西部地区资金、人才、技术等要素匮乏，是制约其经济发展的重要因素。近年来，在精准扶贫、精准脱贫战略引领下，东西部扶贫协作成为推动区域协调发展、协同发展、共同发展的关键举措。

从最初的资金投入、物资捐赠到干部援助、人才培养，再到如今的产业帮扶、"三个全覆盖"和"五位一体"结对帮扶，张家港市扶贫协作模式不断创新升级，贵州沿河的脱贫攻坚工作也不断结出累累硕果。

自从2017年10月到沿河工作以来，江苏省对口帮扶贵州省铜仁市工作队沿河土家族自治县工作组组长陈世海多次深入基层调研，进山区、入农家、察民情、问民声，全力推进东西部扶贫协作各项工作。"在最吃劲的关键时刻，脱贫攻坚决不掉链子！再难，办法总比困难多！"陈世海说。

张家港在全国率先探索实践"五位一体"东西部扶贫协作"携手奔小康"全面结对帮扶新模式，用半年时间实现了张家港与沿河在市县层面、镇级层面、村级层面、村企层面、园区层面五个层面的全覆盖结对帮扶。

两地党政高层强化协作交流，高位推动扶贫协作，多次召开张家港市·沿河土家族自治县扶贫协作联席会议，研究部署对口帮扶工作，共商破解协作突出问题之策；分别成立"东西部扶贫协作领导小组"，协商推进工作重点和解决工作难点；签订《优质农特产品产销定向合作框架协议》《农业产业园共建框架协议》等方案协议。

为更好更快推动对口协作工作，张家港市还在全国县域率先实现深度贫困村结对帮扶全覆盖；在全国县域教育系统率先实现各个乡镇、各类学校、各个学段"三个全覆盖"结对帮扶；在全国县域卫生健康系统率先实现县级医院、乡镇卫生院、公共卫生单位"三个全覆盖"对口帮扶……

进一步深化东西部扶贫协作，张家港市紧盯"两不愁三保障"总目标，充分发挥民营经济发达的地方资源优势，凝聚社会组织、爱心人士、群体组织力量参与脱贫攻坚。

2020年4月，江苏省、苏州市重点民营企业（商会）结对帮扶贵州省沿河土家族自治县贫困村签约仪式举行。签约仪式上，沙钢集团、亨通集团、雅鹿集团等12家重点民营企业（商会）与沿河12个未出列贫困村签订结对帮扶协议，并向12个未出列贫困村捐赠120万元帮扶资金，形成收官之战强大的合力。

在张家港市的对口支援下，资金、技术、人员也纷至沓来，沿河土家族自治县的产业、就业、文化等领域逐渐发展起来。2019年年底，沿河原有的230个贫困村已经出列贫困村208个（其中深度贫困村40个），未出列贫困村22个（深度贫困村10个），剩余贫困人口2.02万人，贫困发生率降至3.3%。

产业帮扶激活脱贫内生动力

做活一个产业，带动一片区域。紧紧扭住产业这个"治本之策"，张家港、沿河两地在规划、建设、融资、招商等多个方面全面实施农业产业化东西部扶贫协作，走出了一条具有地域特点、能够促进稳定增收、产业链条完整的产业化扶贫之路。

"这个李子项目是张家港市金茂公司帮扶沿河在这里实施的一个产业项目，这个产业预计5年投产，投产后每亩收入是种植传统农作物收入的5倍，可带动全村100多户贫困户增收。"沿河土家族自治县农业农村局副局长田永兴说。

同样，晓景乡暗塘村利用东西部扶贫协作帮扶资金79万元，发展了特色李产业 100 亩，如今特色李树长势喜人。

村民罗思明介绍，以前这里的土地每年种植的都是玉米、黄豆、红薯等，每亩一年能收入 1 000 元就很不错了，除去肥料、种子等本钱投入后，可以说收入甚微。如今土地流转后，每年不但有租金，而且有空还可以到基地打工，收入要比以前多。

据悉，2019 年，江苏省、苏州市及张家港市财政共同发力，落实 5 273.145 万元资金帮扶沿河，分别在该县安排了生态茶叶、中药材、果蔬和生态养殖项目 76 个，带动了贫困人口 12 504 人脱贫。

除此之外，张家港市农业农村局与沿河土家族自治县农业农村局签订了高峰有机农业产业园共建协议，引进了园区企业，并共同设计打造"洲州茶"联创品牌，建立了绿色农产品直供基地 3 000 亩，为张家港输送农特产品奠定了坚实基础。

产业扶贫带动消费扶贫，2019 年，沿河在张家港召开"沿货出山"消费扶贫宣传推介会和开展展销活动 3 次，宣传推介沿河农特产品。沿河茶叶、空心李、牛羊肉干、珍珠花生等农特产品，通过线上线下销往苏州等东部城市，销售收入达 729.25 万元，实现了产业贫困群众增收全覆盖。

就业联动强化"造血"功能

自从张家港市携手贵州省沿河土家族自治县开展东西部对口扶贫协作后，就业增收也成了两地合作帮扶的重要内容。

贵州地区劳动力资源较为丰富，但因贫困户相对缺乏就业信息，许多工人不知道去哪里找工作。张家港市民营经济发达，企业数量多，就业机会也多，两地从就业资源上寻找互补。

自 2019 年以来，张家港市选派 136 名干部职工赴沿河土家族自治县挂职、支教、支医、支农帮扶和锻炼。沿河土家族自治县安排了各行各业干部职工、技术人员 491 名到张家港市跟班学习、开展支部联建和文化艺术交流活动等，提升干部职工政治素养和业务素质，激发内生动力，实现智志双扶。

对于有就业需求的服务对象，首创"两江家园"沿河·张家港劳务协作驿站，收集、发布张家港企业用工信息，有针对性地开展岗位推荐、稳岗跟踪、实地慰问、政策宣传等活动，并联系优质培训机构，组织有参加培训意愿的劳动者开展定向、定单式培训，做到"转移一人、就业一人、脱贫一户"。目前，沿河已有130人到张家港稳定就业。

新冠肺炎疫情发生后，张家港市就开通了沿河"劳务直通车"，对来张家港的沿河籍务工人员实行"点对点""一站式"的全程免费输送，为入职前的沿河籍务工人员，免费提供食宿。在推动沿河贫困劳动力转移就业、增收脱贫的同时，也帮助了张家港企业有效有序复工复产。

3月5日上午10时许，4辆载有78名贵州省铜仁市沿河土家族自治县务工人员的大巴专车抵达张家港。"在张家港工作满3个月有5 000元补贴，6个月有9 000元补贴，条件非常优厚。"来自沿河思渠镇的田意说，新冠肺炎疫情期间他一直在家休息，没有收入来源，原本打算外出找工作的他，从当地人力资源机构得知张家港·沿河两地共同推出了劳务协作，在了解了相关政策后，他就决定前来张家港工作。

多领域对接彰显张家港精神

秉承"张家港精神"，张家港"沿河土家族自治县工作组"在两地对口帮扶工作中嵌入"文化扶贫""精神扶贫"，不断深化对农村精神文明建设、志愿服务活动开展、新时代文明实践中心建设、文明城市创建、文化产业发展的帮扶指导，努力实现优势互补、互利共赢。

2019年，张家港市人民政府赠建了沿河2个24小时新时代文明实践驿站，以图书为载体，以阅读为媒介，送给沿河市民重量级"文化大礼"。据了解，驿站内共有藏书达7 200册，主要为易地扶贫搬迁至县域居住的居民提供服务。驿站还建立了"新时代文明实践服务队""亲子阅读启蒙教育队""脱贫攻坚政策宣讲队"3支文化志愿服务队，在满足广大市民群众对不同知识需求的同时，为助力该县脱贫攻坚和同步小康起到了积极的促进作用。

丰富的文化扶贫途径，让"张家港精神"滋养着更多的沿河贫困群众身边。"24小时新时代文明实践驿站"自2019年5月31日建成试开放以来，已接待读者超3万人次。

陈世海说："张家港是全国首个文明城市'五连冠'的县级市，我们要把文明的种子种在沿河各个领域，为脱贫攻坚凝聚精神力量。"

在对口帮扶教育领域，张家港市第三职业高级中学的政治老师曾德新到沿河支教后，把"张家港精神"的历程、文明张家港的理念也带到了县中等职业学校。在曾德新的组织下，全校现有7支志愿服务队，近2 000名师生成了志愿者，开展各项志愿服务 130 余次，走遍了沿河土家族自治县 22 个乡镇的敬老院，成为沿河文明志愿服务的"当家花旦"。

在教育、卫生领域，张家港 62 所学校、11 个医疗卫生单位全面结对帮扶沿河 88 所学校、24 个医疗卫生单位，张家港市第一人民医院、江苏省张家港中等专业学校分别牵头对沿河土家族自治县人民医院、沿河中等职业学校开展"组团式"结对帮扶，共同为沿河带来先进的诊疗技术和管理技能。

2020 年是我国全面建成小康社会和"十三五"规划收官之年，是"三大攻坚战"的最后攻关之年、决胜之年。下一步，张家港将更大力度加强与沿河在招商引资、园区共建、旅游商贸、供销市场等方面合作，更深层次深化人才支援、产业合作、劳务协作等帮扶工作，不断丰富拓展扶贫内容和范围，积极引荐本土企业和优质资本投资沿河产业，帮助沿河提升发展内生动力和自主"造血"功能。

（《江苏要情动态》要目文章　中经社分析师　赵鼎　王梦丽　2020 年 5 月 21 日）

张家港陈世海：征战四方的"扶贫老兵"

在第七个国家扶贫日到来之际，在脱贫攻坚的最后阶段，让我们走近在决战脱贫攻坚一线奋斗的干部群众，感受他们保持攻坚态势，善始善终，善作善成，不获全胜决不收兵的"战斗姿态"。今天我们推出的是现年54岁的张家港市政协副主席、江苏省对口帮扶贵州省铜仁市工作队沿河土家族自治县工作组组长陈世海。

"中华民族千百年来存在的绝对贫困问题，将在我们这一代人的手里历史性地得到解决，这是我们人生之大幸。而我能够两次投身脱贫攻坚这项伟大事业，从江苏省内的南北挂钩合作，到全国的东西部扶贫协作，特别是亲自参与打赢脱贫攻坚最后的收官战，更是幸运中的幸运！"

谈起自己的两次扶贫经历，现年54岁的张家港市政协副主席、江苏省对口帮扶贵州省铜仁市工作队沿河土家族自治县工作组组长陈世海难掩脸上的自豪和激动。2020年9月，他被评为"江苏好人"。

跨越大江南北，首次出征战功赫赫

2007年4月，陈世海受命作为苏州市首批援宿干部，到张家港市对口帮扶的苏北欠发达地区宿迁市宿豫区挂任区委副书记，从此开始了三年零一个月的第一段扶贫历程。

三年多来，在两地党委、政府的正确领导下，陈世海在实现宿豫发展新跨越的实践中锐意进取，创新推进南北挂钩合作：张家港市企业累计在宿豫区建办项目82个，投资总额32亿元；宿豫全区16个乡镇和张家港市8个镇建立结对挂钩关系，14个村、2家企业对宿豫区16个经济薄弱村进行结对帮扶，帮助建设标准型厂房1.5万多平方米，引进项目11个，吸纳600多名贫困劳动力就业；宿豫张家港实验小学综合改革成效显著；南北平安创建合作经验在江苏省推广……2009年，陈世海被评为江苏省南北挂钩合作先进个人，被宿迁市委、市政府评为2007—2009年度南北共建园区先进个人；2010年被宿迁市政府记二等功，并授予"宿迁市荣誉市民"称号。

三年多的时间,充满了艰辛和挑战。然而,看着宿豫区日新月异的发展变化,陈世海更加坚定了扶贫的信念。正是这段扶贫经历,不经意间在他心里埋下了一颗种子。

转战祖国东西,"扶贫老兵"重回战场

2017年3月,江苏省张家港市与贵州省沿河土家族自治县建立东西部扶贫协作对口帮扶关系。组织上征求陈世海意见,是否愿意再次出战,他毫不犹豫欣然同意。他说:"我是一名共产党员,组织需要,义不容辞!何况我还有南北挂钩合作的扶贫经历。"2017年10月,51岁的陈世海作为江苏省对口帮扶贵州省铜仁市工作队首批队员中年龄最大的一位,再次踏上扶贫征途,挂任当地县委常委、副县长,开启了在武陵山集中连片特困地区片区县、贵州省14个深度贫困县之一、铜仁市唯一的深度贫困县、革命老区县沿河土家族自治县的四年挂职扶贫岁月。

"没有调查就没有发言权。坐在办公室看材料、要数据,永远掌握不了真实情况。"只要一有空,陈世海就随身带个小本子下乡镇走村寨实地调研,边看边听,边问边记。到沿河挂职后的两个月内,他跑遍了全县22个乡镇(街道)和50个深度贫困村。2020年3月24日开始,他连续5天行程1 000多千米山路,走遍沿河22个乡镇(街道),现场调研东西部扶贫协作项目实施情况;"五一"假期又连续4天行程1 050千米山路,途经黔渝2省市5县,走遍沿河22个未出列贫困村。

经过深思熟虑,陈世海决定从未出列贫困村入手进一步完善结对帮扶机制。他将从事江苏南北挂钩合作工作的成功经验与贵州沿河实际相结合,在全国率先成功探索创建东西部扶贫协作"三个全覆盖"结对帮扶新模式,即张家港与沿河两地扶贫协作结对帮扶机制"五位一体(市县、乡镇、园区、村村、村企五个层面)"全覆盖,结对帮扶领域(教育、卫生、文化、旅游、产业等)全覆盖,结对帮扶要素(人才、资金、技术、土地、市场等)全覆盖,构建起立体式的全域结对帮扶新机制。通过多层次、宽领域、全方位的东西部扶贫协作,2017—2019年助力沿河减少贫困人口17 818户60 248人,出列贫困村208个(其中深度贫困村40个),贫困发生率从2016年年底的13.13%下降到3.3%。

"上次扶贫三年,相当于读了个专科。这次是两轮共四年,我再读个本科,争取做个优秀毕业生。"陈世海风趣地说,言语中透露出自信。

聚焦精准扶贫，勇当扶贫协作"先行者"

"脱贫攻坚，资金投入是保障。帮扶资金一定要帮在点上、扶在根上，要通过项目实施带动脱贫增收。"自实行对口帮扶以来，陈世海全力推进帮扶资金聚焦，累计争取张家港市级财政以上江苏省东西部扶贫协作对口帮扶资金 3.65 亿元支持沿河，覆盖贫困人口 14.9 万人次，县域对口帮扶财政资金总量居贵州省第一、全国前列。利用对口帮扶资金实施产业发展、基础设施、住房安全、教育、医疗卫生等各类项目 274 个。

"扶贫要扶志，也要扶智。口袋鼓了是一时的，脑袋'富'了才是长远的。"怀着这样的理念，陈世海积极推动双向挂职、定向派驻、党建联盟、支部共建等工作，率先实施县域东西部扶贫协作"长江水·乌江情——党建引领促脱贫""长江水·乌江情——文明共建助脱贫"两大工程，持续强化两地党政干部、专技人才交流培养，带动贫困群众脱贫奋进，激发脱贫内生动力。两地互动交流频次和力度在全国县域东西部扶贫协作中始终居于领先地位。

在他的推动下，张家港 62 所中小学、幼儿园与沿河 88 所中小学、幼儿园结对帮扶，由江苏省张家港中等专业学校牵头对沿河中等职业学校实施"组团式"帮扶，在全国县域教育系统率先实现各个乡镇、各类学校、各个学段"三个全覆盖"结对帮扶；张家港 11 家医疗卫生单位与沿河 24 家医疗卫生单位进行"一对一""一对多""多对一"帮扶，由张家港市第一人民医院牵头对沿河土家族自治县人民医院实施"组团式"帮扶，在全国县域卫生健康系统率先实现县级医院、乡镇卫生院、公共卫生单位"三个全覆盖"结对帮扶。

此外，在沿河易地扶贫搬迁安置点等赠建 24 小时新时代文明实践驿站 5 家、新时代文明实践志愿服务指导中心 1 家，助力沿河在全国县域率先建立新时代文明实践驿站体系，在贵州省内率先构建县域新时代文明实践志愿服务体系、图书馆总分馆服务体系，"志愿沿河"网成为全国西部地区首个县级志愿服务网。张、沿两地共同打造"洲州茶""幸福李"等扶贫协作共创品牌，依托贵州沿河洲洲茶业有限责任公司，全力推动"沿货出山"，消费扶贫累计 4 752 万元，带动贫困人口 3 447 人次脱贫。

面对这些成绩，陈世海并没有沾沾自喜。决战决胜脱贫攻坚收官之年，陈世海带领张家港市对口帮扶沿河土家族自治县工作组一班人，继续坚持将"团结拼搏、负重奋进、自加压力、敢于争先"的张家港精神和"团结奋进、拼搏创新、苦干实干、后发赶超"的新时代贵州精神有机融合,积极推动张、沿两地不断深化全方位精准扶贫协作,向沿河深度贫困最后"堡垒"合力发起总攻,和全国人民同步进入全面小康社会。

(中央广播电视总台央广网 钱海燕 赵中华 2020年10月17日)

张家港创新帮扶机制确保精准扶贫全方位实施赢得深度贫困歼灭战

贵州省沿河土家族自治县地处武陵山集中连片特困地区腹地，是国家新阶段扶贫开发重点县，也是贵州省14个深度贫困县之一、铜仁市唯一的深度贫困县。自2017年3月与沿河土家族自治县正式建立对口帮扶关系以来，江苏省张家港市始终以习近平总书记关于扶贫工作的重要论述为指引，坚持精准扶贫、精准脱贫基本方略，坚持决胜脱贫攻坚与乡村振兴战略相结合，坚持扶贫与扶志、扶智相结合，多层次、宽领域、全方位开展东西部扶贫协作，取得了阶段性成效。至2020年6月具备了脱贫摘帽的条件。

攻下最难啃的"硬骨头"，实现顺利摘帽、精彩出列。结合沿河当地实际情况，张家港在帮扶机制上做出一系列创新，确保打赢深度贫困歼灭战，擘画"长江"牵"乌江"，携手奔小康。

一、率先探索"五位一体"全面结对帮扶新模式

2017年11月，张家港率先在全国东西部扶贫协作中探索实践"五位一体（市县、乡镇、园区、村村、村企五个层面）"全面结对帮扶新模式。市县层面，签订《张家港市—沿河土家族自治县东西部扶贫协作对口帮扶合作框架协议》，张家港12个部门与沿河对口职能部门签订12个合作框架协议。自2017年以来，仅两地县级负责同志互访对接就达22人次。乡镇层面，张家港10个镇（区）与沿河22个乡镇（街道）结对帮扶，在全国东西部扶贫协作县（市）中率先实现乡镇结对双向全覆盖。园区层面，张家港保税区、经济技术开发区2个国家级开发区和江苏扬子江国际冶金工业园1个省级开发园区共同参与贵州沿河经济开发区建设工作，两地农业部门合作共建农业产业园区。村级层面，张家港8个行政村与沿河8个深度贫困村建立结对帮扶关系。村企层面，张家港4家国资企业与沿河4个深度贫困村结对帮扶。

二、率先实现深度贫困村结对帮扶全覆盖

在"五位一体"全面结对帮扶基础上,进一步加大帮扶力度,2018年5月,对沿河其余38个深度贫困村进行结对帮扶,在全国东西部扶贫协作中率先实现对深度贫困县县域深度贫困村结对帮扶全覆盖。沿河50个深度贫困村分别由张家港行政村、国资企业、规模民营企业、部门单位、社会组织及金融机构结对帮扶,2018年起深度贫困村结对帮扶资金每年保底5万元,并视情况安排资金实施产业发展项目。

三、率先探索"整村推进结对帮扶"新模式

张家港市善港村与沿河县深度贫困村高峰村结对后,在全国东西部扶贫协作"携手奔小康"行动中率先探索实践村村结对的"整村推进结对帮扶"新模式,携手高峰村开展"支部联建、文化共建、乡村治理、产业同建"四大方面帮扶活动,帮助高峰村规划建设"一场两园三业(一场:生态养殖场;两园:有机农业产业园、茶叶公园;三业:种植业、养殖业、生态旅游业)"产业布局,推动高峰村于2019年年底整村脱贫出列。"整村推进结对帮扶"模式得到省市认可,并在铜仁全市推广。善港村党委书记葛剑锋荣获2018年度全国脱贫攻坚奖(创新奖)。

四、率先实现教育、医疗卫生结对帮扶全覆盖

张家港62所中小学、幼儿园与沿河88所中小学、幼儿园结对帮扶,以江苏省张家港中等专业学校为牵头单位,对沿河中等职业学校开展"组团式"帮扶,在全国县域教育系统东西部扶贫协作中率先实现各个乡镇、各类学校、各个学段"三个全覆盖"结对帮扶。张家港市11家医疗卫生单位以"一对一""一对多""多对一"等形式结对帮扶沿河24家医疗卫生单位,以张家港市第一人民医院为牵头单位对沿河土家族自治县人民医院开展"组团式"帮扶,在全国县域卫生健康系统率先实现县级医院、乡镇卫生院、公共卫生单位"三个全覆盖"结对帮扶。

五、社会力量广泛参与帮扶沿河脱贫攻坚

广泛发动张家港企业、社会组织、行业协会和爱心人士积极参与社会帮扶活动，自2018年至2020年上半年，累计捐赠沿河各类款物价值2 571万元，其中资金2 067万元。

依托该机制，累计投入张家港市级财政以上江苏省东西部扶贫协作对口帮扶资金3.68亿元支持沿河，实施产业发展、基础设施、医疗、教育等项目274个（其中2020年张家港市级财政以上江苏省东西部扶贫协作对口帮扶资金2.5亿元，实施产业发展、住房安全等各类项目89个），县域东西部扶贫协作对口帮扶财政资金总量位居贵州省第一、全国前列。

张、沿两地东西部扶贫协作工作将牢记习近平总书记的嘱托，咬定沿河脱贫出列目标，聚焦聚力，尽锐出战，奋力夺取脱贫攻坚最后胜利，助力沿河全面打赢打好脱贫攻坚战，实现顺利摘帽、精彩出列。

（人民论坛网记者　宋金甫　单成志　2020年10月26日）

山海情谊一线牵　携手同心战深贫

——张家港市对口帮扶沿河土家族自治县纪实

提　要

我住长江头，君住长江尾。跨越山海情，天涯若比邻。同书战贫佳话，共襄脱贫盛举。

2017年3月，江苏省张家港市与沿河土家族自治县正式建立东西部扶贫协作对口帮扶关系。沿河是贵州省14个深度贫困县之一，而位于长江下游南岸的江苏省张家港市则是我国综合实力最强的县级市之一。

自实行对口帮扶以来，张、沿两地始终以习近平总书记关于脱贫攻坚和东西部扶贫协作重要论述为指引，围绕到2020年全面建成小康社会目标，按照"精准扶贫、精准脱贫"基本要求，全方位、多层次、宽领域开展东西部扶贫协作，在组织领导、人才交流、资金投入、产业合作、劳务协作、携手奔小康等方面精准发力，决战深贫，同步小康。

牵手3年间，张家港市以务实行动在武陵山腹地镌刻下"吃水不忘挖井人，致富不忘党的恩"扶贫担当，深入践行饮水思源、不忘党恩的意识，弘扬为党分忧、先富帮后富的精神，谱写结对帮扶战深贫的感人故事。累计投入东西部扶贫协作资金3.7亿元。利用帮扶资金实施各类项目314个，涵盖产业发展、基础设施、教育、医疗、住房安全、劳务协作、消费扶贫、易地扶贫搬迁安置点配套建设、文化交流等领域，覆盖建档立卡贫困人口14万人。张家港镇（区）结对帮扶沿河乡镇（街道）资金累计780万元；社会各界累计捐赠沿河款物价值3 658万元，其中资金2 545万元。此外，充分用足用好深度贫困县城乡建设用地增减挂钩结余指标跨省流转政策，在张家港市大力支持和帮助争取下，推动沿河4 190亩城乡建设用地增减挂钩结余指标跨省流转，为沿河争取县财政到账资金8.74亿元。

11月23日，贵州省人民政府宣布沿河退出贫困县序列。时过境迁，在张家港倾情倾力帮扶下，一个个扶贫产业欣欣向荣，一幅幅城乡美景徐徐展开，"画廊乌江·山歌沿河"正朝着可持续发展的小康路加速前行……

高度重视　组织有力

扶贫帮困离不开党政一把手领导的高度重视。张、沿两地成立了以市委书记、市长和县委书记、县长为双组长的东西部扶贫协作工作领导小组，建立健全领导互访机制，明确两地党委或政府主要领导每年至少互访一次，并召开联席会议，研究解决扶贫协作工作中遇到的困难和问题，部署推动扶贫协作各项工作。

设立日常工作专班，安排5人负责专班日常工作。制定东西部扶贫协作考核办法，签订张、沿两地东西部扶贫协作协议及教育、医疗、农业等领域的专项合作协议，编制《张家港市对口帮扶沿河土家族自治县工作"十三五"规划（2016—2020年）》。将东西部扶贫协作工作纳入县级脱贫攻坚成效考核范围，每年制定东西部扶贫协作工作要点，强化工作调度，推动东西部扶贫协作工作常态化、制度化、规范化开展。

"中华民族千百年来存在的绝对贫困问题，将在我们这一代人的手里历史性地得到解决，这是我们人生之大幸。而我能够两次投身脱贫攻坚这项伟大事业，从江苏省内的南北挂钩合作，到全国的东西部扶贫协作，特别是亲自参与打赢脱贫攻坚最后的收官战，更是幸运中的幸运！"政协张家港市委员会党组成员、副主席，沿河土家族自治县委常委、县人民政府党组成员、副县长（挂职）陈世海话语铿锵。

自实行对口帮扶以来，张、沿两地党政主要领导互访对接10次，召开联席会议10次，推动两地扶贫协作工作落实落细。沿河累计137批次3 316人次到张家港对接交流，张家港累计344批次3 609人次到沿河开展帮扶活动，两地互动交流频次和力度在全国县域东西部扶贫协作中始终居于领先地位。

陈世海是一名经验丰富的"扶贫老兵"。早在2007年4月，他就作为首批援宿干部赴对口帮扶的苏北欠发达地区宿迁市宿豫区挂职任区委副书记，从事三年零一个月的江苏省南北挂钩合作工作。2017年，陈世海又作为江苏省对口帮扶贵州省铜仁市工作队的首批队员，开启了在沿河的四年挂职扶贫岁月。

作为江苏省对口帮扶贵州省铜仁市工作队沿河土家族自治县工作组组

长,陈世海认为,东西部扶贫协作作为脱贫攻坚的一项重要内容,是推动区域协调发展、协同发展、共同发展的重大战略,是实现先富帮后富、最终实现共同富裕目标的重大举措。

自实行对口帮扶以来,两地在开展常态化交流互访的同时,互派青年干部到对方进行挂职学习,通过挂职学习,共谋扶贫协作渠道、共商扶贫致富大计。

自实行对口帮扶以来,张家港市乐余镇、经济技术开发区(杨舍镇)农联村、文体广电和旅游局、凤凰镇等单位相继派出304名年轻干部赴沿河土家族自治县各镇、村开展挂职锻炼。沿河到张家港挂职人数达69人。张、沿两地干部双向挂职培训交流力度在全国东西部扶贫协作县(市)中继续居于领先地位。

产销帮扶 靶向战贫

官舟镇马脑村村民向东和父亲每天清晨放着音乐,按时来到官舟镇食用菌产业园上班,他是一名库管员,父亲则在菌包基地务工。

"以前,村里没有产业,过完春节,我都要外出打工。"向东告诉记者,"像我父亲一样年龄大了的剩余劳动力,只能留在家里。现在好了,家门口就业,我们成了上阵'父子兵'。"

据悉,张家港2020年投入扶贫协作财政资金1亿元实施东西部扶贫协作官舟食用菌产业园区共建,马脑村黑木耳种植示范基地一期107亩已排棒50万棒,占地84亩、日产6万棒智能化菌棒加工厂项目已投产,食用菌产业实现了规模化发展。

2020年年初新冠肺炎疫情期间,和许多返乡过年的农民工一样,黑水镇麻竹溪村村民李荣强被困在家中为工作发愁之际,在对口帮扶工作组的帮助下,李荣强顺利进入张家港市的江苏金鹿集团务工,还享受员工夫妻宿舍,床、柜、空调、电视和独立卫生间一应俱全,每月还能领到近4 000元的工资。

自2017年以来,累计安排东西部扶贫协作资金1 164万元支持劳务协作,举办职业技能培训班62期培训贫困劳动力1 727人,帮助沿河贫困劳动力968人在江苏稳定就业、4 715人在省内就近就业。

2018年5月,张家港市与沿河实现50个深度贫困村全覆盖结对帮扶,张家港市善港村与沿河中界镇高峰村率先探索实践"整村推进结对帮扶"

新模式，得到省市认可，并在铜仁全市推广。

自实行对口帮扶以来，累计投入扶贫协作资金 2.4 亿元用于产业发展，实施各类产业项目 173 个，涵盖沿河生态茶、生态果蔬、生态畜牧业、生态中药材、食用菌、辣椒、生猪代养等产业，覆盖建档立卡贫困人口 5.8 万人。

共建省级贵州沿河经济开发区、中界镇高峰有机农业产业园和官舟镇食用菌产业园 3 个园区，引导入驻园区企业 3 个，实际投资额 4.31 亿元，吸纳贫困人口就业 49 人。

自 2017 年以来，累计投入高峰有机农业产业园扶贫协作财政资金等 2 008.6 万元，建成有机农业产业园、生态养殖场、茶叶公园 3 个有机循环农业产业项目，初步形成"一场两园三业（生态养殖场，有机农业产业园、茶叶公园，种植业、养殖业、生态旅游业）"的产业形态。

强化招商引资协作，累计招商引进苏黔农业产业开发、大一安全环保科技等 20 个项目，到位资金 27.55 亿元，吸纳贫困人口就业 472 人；累计援建恒泰源服装有限公司、全鲜电子加工厂等扶贫车间 10 个，吸纳就业 586 人（其中贫困人口 164 人）。与此同时，全力推动"沿货出山"消费扶贫，自实行对口帮扶以来，消费扶贫累计 8 487 万元，带动贫困人口 9 259 人。

智志双扶　斩断贫根

近日，记者走进沿河中等职业学校，与张家港市第三职业高级中学督导处主任，沿河中等职业学校副校长卢庆生"查哨"，透过 2020 级护理 3+3（1）班教室门的"猫眼"看到，桌凳、地面整洁清爽，拖把、垃圾桶摆放整齐，墙上的"流动红旗"鲜艳夺目。

"自 2019 年 8 月以来，初见成效！'7S 管理'旨在给学校师生注入一种信念，种下思想，收获行动；种下行动，收获习惯；种下习惯，收获品格；种下品格，收获命运。从细微处着手，在日常生活中改变，在教学中进步。"卢庆生告诉记者，"'7S 管理'即，安全（Safe）、整理（Seiri）、整顿（Seiton）、清扫（Seiso）、清洁（Setketsu）、素养（Shitsuke）、节约（Save）七个项目，因均以 S 开头，简称'7S'。"

张家港市第三职业高级中学打造的"7S 管理"育人名片，在武陵山脉腹地沿河中等职业学校开花，继续开启发扬德育办学质量指标，倡导人文教育，重视环境熏陶，推动文明校园创建活动深入开展。

"让学生养成一种习惯，形成一种品质，从内而外地改变，这是我们学校在大踏步前进过程中所需要的。"沿河中等职业学校办公室副主任何振龙说。"放手让学生去做，让学生觉得，'我做得蛮好'，那他的理想信念就在生发。"卢庆生接过话头。

"通过培育'7S'班级、学生代表，选树'7S''流动红旗'样板班级，组织检查专班进行周评比、月评比、学期综合评比三个层级把'7S管理'渗入教学的方方面面，传承践行行知文化，童心筑梦涵养家国情怀。"

"参加志愿者活动既能交到更多的朋友，又能发现自己的不足，还能传达志愿者精神，让张家港精神在黔地开花结果。"沿河中等职业学校学生志愿者协会先锋队队长杨荣江告诉记者，满脸自信的杨荣江就是曾任协会秘书长，张家港支教老师曾德新的"高足"。据悉，沿河中等职业学校学生志愿者协会成立于2019年，直属于学校党支部领导。协会设秘书处，下有7支志愿服务队，常态化的活动有扶贫支农、文明交通、创卫环保、大型会务服务、关爱老人儿童等五大类，惠及全县22个乡镇，已开展活动130余次，现有成员近2 000人。

"如果学校要烧盘'肉末茄子'，那么，我们会把肉末、茄子、大蒜、红椒、香葱、油、黄豆酱等开清单式配齐。"卢庆生说。"2017年11月'张家港·沿河助学帮扶基金'成立暨首批基金捐赠仪式在沿河中等职业学校举行，首期获赠100万元，后又投入职教帮扶资金105万元。2018年、2019年分别捐赠205万元（贫困生资助金100万元和实训设备资金105万元）。"何振龙告诉记者。

"我们坚持扶贫与扶智、扶志深度融合，激发群众'志拔穷根'和'智拔穷根'的内生动力。"张家港市政府办副主任，沿河土家族自治县政府办副主任、县扶贫办副主任赵中华告诉记者。

据悉，张家港66所中小学、幼儿园与沿河88所中小学、幼儿园结对帮扶，由江苏省张家港中等专业学校牵头对沿河中等职业学校实施"组团式"帮扶，在全国县域教育系统率先实现各个乡镇、各类学校、各个学段"三个全覆盖"结对帮扶。

同时，持续强化人才交流。自实行对口帮扶以来，在张家港举办沿河党政干部培训班35期培训821人；累计选派专技人才199人到张家港交流学习1个月以上，在张家港举办沿河专技人才培训班39期培训专技人才647人次。

选派沿河贫困村创业致富带头人456人次到全国第三家国务院扶贫办贫困村创业致富带头人培训基地——张家港善港农村干部学院进行培训，254人成功创业，带动贫困人口2 012人脱贫。张家港选派支农、支教、支医人才144人次到沿河进行1个月以上帮扶。

持续强化党建引领，固本强基展现脱贫攻坚"硬实力"。张、沿两地党委组织部门始终坚持"围绕扶贫抓党建、抓好党建促扶贫、检验党建看脱贫"理念，充分发挥党建引领作用，率先在全国县域东西部扶贫协作对口帮扶中实施"长江水·乌江情——党建引领促脱贫"工程，不断推动基层党建与东西部扶贫协作有机结合、深度融合，努力打造东西部扶贫协作党建引领示范样本。

"富口袋"与"富脑袋"并重，加强扶贫同扶志、扶智相结合。自2017年以来，累计投入张家港市级财政对口帮扶资金420万元，在沿河易地扶贫搬迁安置点等赠建24小时新时代文明实践驿站5家、新时代文明实践志愿服务指导中心1家及全国西部地区首个县级志愿服务网——"志愿沿河"，推动沿河在全国县域率先建立新时代文明实践驿站体系，在贵州省内率先形成新时代文明实践志愿服务体系和图书馆总分馆服务体系，在公共阅读服务和"互联网+"志愿者工作方面实现了与东部发达地区齐头并进。

截至2020年，各驿站累计接待读者20万余人次，平均每册图书外借11次；新增文化志愿者105人，设计并实施文化志愿服务项目28个，收集市民需求300多条，参加文化志愿服务3 000余人次，服务总时长1万多小时，惠及市民6万人次。

医疗帮扶　除病拔穷

"手术前的工作已经准备好了。"12月3日早上，沿河土家族自治县人民医院普外科副主任罗汉武和冉军医生穿上蓝色的手术服向张家港市第一人民医院胸外科副主任医师、沿河土家族自治县人民医院普外科副主任王君示意后，从容不迫地走进手术室。

"在医疗界，胸外科号称'最凶险的外科'。"王君表示很自信，"这一次，是他俩独立'操刀'。"

6月17日，王君作为张家港支医交流人才来到沿河土家族自治县人民医院挂职任该院普外科副主任。随即，沿河土家族自治县人民医院筹建胸外科，而王君带领的冉军、罗汉伍两位医生是组建胸外科的成员，在他多次"实操"示范下，他们现已成长为骨干。

"平易近人、治疗精准、医术精湛、患者放心"是医院同事对王君的评价。

自实行对口帮扶以来，张家港持续推动支农、支医、支教等专技人才交流，帮助提升沿河贫困群众教育、文化、健康水平和综合素质，激发脱贫内生动力。

在王君之前，已经有40多名张家港医生走进沿河，带来了永久性心脏起搏器置入、腹腔镜大子宫肌瘤剥除、腹腔镜全子宫切除、全髋关节置换、胃大部分切除、无痛肠镜、冠状动脉支架植入等技术，填补了当地多项空白。他们不仅直接帮沿河人民解除病痛，也在当地培育了一批各医疗专科的"种子"。

强医疗弱项，重点向贫困村、贫困户倾斜。建成医疗卫生（含敬老院）项目21个，资金1 048.2万元。引进医疗等先进技术61项，沿河24家医疗卫生单位与张家港11家医疗卫生单位建立结对关系，以张家港市第一人民医院为牵头单位对沿河土家族自治县人民医院开展"组团式"帮扶，率先实现了教育、卫生健康系统结对帮扶全覆盖。

(《贵州日报》2020年12月8日14版特别报道　梁瀚泽)

【我的扶贫故事】贵州沿河 ‖ 陈世海：决胜深度贫困战场的江苏"扶贫老兵"

我今年54岁，同事们都喜欢叫我"扶贫老兵"。

称我"老兵"，是因为我年龄大。2017年10月，51岁的我，作为江苏省对口帮扶贵州省铜仁市工作队首批队员中年龄最大的队员，挂任沿河土家族自治县委常委、副县长，开启了在沿河四年东西部协作扶贫岁月，到现在已是第四个年头了。

说我"老"，还因为我之前已有过一段扶贫经历。十年前，2007年4月，我曾受命作为苏州首批援宿干部到苏北欠发达地区宿迁市宿豫区挂任区委副书记，从事三年多的江苏省内南北挂钩合作扶贫。

刚踏上黔东北这片热土，当时，沿河这个地处武陵山集中连片特困地区的革命老区县，是贵州省14个深度贫困县之一、铜仁市唯一的深度贫困县。我来之前的2016年年底，还有贫困人口8万人，贫困村230个，其中深度贫困村就有50个，贫困发生率高达13.13%。

这可真是块难啃的"硬骨头"啊。心里在暗自嘀咕的同时，斗志也一下子被激了起来，心想：贵州有"团结奋进、拼搏创新、苦干实干、后发赶超"的"新时代贵州精神"，咱有"团结拼搏、负重奋进、自加压力、敢于争先"的"张家港精神"，"两个精神"叠加，在我老陈身上，定能释放强大战能，定能把"贫魔"斩于阵前。

架起"梁和柱"，样样"争第一"

光有豪情壮志可不行，怎么办？情况不明，调研先行。为了尽快熟悉情况，我开始逐个乡镇实地走访，两个月内就跑遍了全县22个乡镇（街道）和50个深度贫困村，脑海中的工作思路也渐渐清晰起来。

很快，一个市县、乡镇、园区、村村、村企五个层面全面结对的"五位一体"结对帮扶机制付诸实践。同时，在教育、卫生、文化、旅游、产业等结对帮扶领域和人才、资金、技术、土地、市场等结对帮扶要素方面也逐渐实现全覆盖。最终成功构建起了立体式的全域结对帮扶机制。

有了这个"四梁八柱",工作开展起来就得心应手了。四年来,在全国县域东西部扶贫协作中率先实现乡镇结对双向全覆盖、深度贫困村结对帮扶全覆盖和教育、卫生健康系统结对帮扶全覆盖并在贵州全省推广,率先探索实践"整村推进结对帮扶"模式并在铜仁全市推广,率先实施"长江水·乌江情——党建引领促脱贫""长江水·乌江情——文明共建助脱贫"两大工程,率先建立包括易地扶贫搬迁安置点在内的24小时新时代文明实践驿站体系,率先实现未出列贫困村结对帮扶全覆盖,率先签订脱贫攻坚与乡村振兴有效衔接框架协议,全国首创东西部扶贫协作劳务协作驿站"两江家园"。

另外,还签订贵州省内首批村级消费扶贫协议、首批村级认领微实事项目协议,签订贵州省内首个县域东西部劳务协作稳就业协议、首批乡镇层面稳就业协议并实现乡镇层面全覆盖,建立全国西部地区首个县级志愿服务网"志愿沿河"……东西部扶贫协作对口帮扶,张家港人"样样工作争第一"。

迈出"铁脚板",跑出"加速度"

2020年是决战决胜脱贫攻坚收官之年。沿河是国务院挂牌督战的52个未摘帽贫困县之一,是全国四个单一的土家族自治县中唯一未摘帽县、武陵山集中连片特困地区唯一未摘帽片区县、贵州省9个未摘帽深度贫困县之一、铜仁市唯一的深度贫困县和未摘帽贫困县,也是江苏省对口帮扶支援地区中唯一未摘帽的贫困县。

全国2 707个未出列贫困村中铜仁市有22个,全部在沿河。2020年年初,新冠肺炎疫情又来"添乱",我这个"老兵"更感到"压力山大"。

2月4日,我是工作队和兄弟区县工作组中第一个返回铜仁,冲向沿河疫情防控和脱贫攻坚前线的。

第二天一早就到高峰村察看疫情防控和项目推进情况。从3月24日开始,连续5天跑了1 000多千米山路,走遍沿河22个乡镇(街道),实地察看2020年的扶贫协作项目实施情况。

"五一"假期,又连续4天跑了1 050千米山路,到22个未出列贫困村看项目问民生,动员村民外出务工。回沿河后的半年时间里,除了有一次回苏州参加对口帮扶支援工作会议外,一直没回过张家港。

这段时间,我瘦了20斤,头发也长得不像话,挂职的战友们见了,就戏称有"文艺范",像个"艺术家"。

2020年国庆节,正巧也是中秋节。每逢佳节倍思亲,可此时正是向沿河深度贫困"堡垒"发起最后总攻的时候,怎么能离开"前线"。

当天,我又实地走访察看了中界镇高峰有机农业产业园配套设施建设和稻鸭共作项目、官舟镇马脑村黑木耳种植示范基地和智能化菌棒加工厂项目、黑水镇敬老院项目等进展情况。

几趟跑下来,一只鞋子终于受不了"折磨",缝线断开,裂了个口子,拿去缝补了下又"上马"。我的助手,张家港市政府办公室副主任,挂任沿河土家族自治县政府办副主任、扶贫办副主任的赵中华,看见后笑着说我有一双"铁脚板"。

拿起"笔杆子",当起"研究员"

"铁脚板"一路跑下来,就有了丰富的"一手资料"。于是,开始结合实践总结提炼扶贫协作典型经验并进行理论研究探索,陆续在《人民日报》《光明日报》《红旗文稿》《新华日报》《群众》《贵州日报》《当代贵州》《多彩贵州网》等媒体发表《小康路上 携手前行》等10多篇文章。《精准对接助脱贫 智志帮扶显成效》等7个案例入选全国东西部扶贫协作培训班、全国携手奔小康行动培训班案例;《沿河土家族自治县·张家港市"四个三"探索东西部扶贫协作新路径》等2个项目获铜仁市全面深化改革创新奖。

另外,我还策划承担完成扶贫协作领域省级社科课题2项、市级社科课题5项。其中,1项课题成果获得2019年苏州市社科应用研究精品工程优秀成果三等奖,2020年又获得国务院扶贫办中国扶贫发展中心等评审的习近平关于扶贫工作重要论述学习研究优秀成果奖,1项课题成果获得铜仁市哲学社会科学优秀成果三等奖,2020年承担完成的1项课题又被评选为铜仁市人文社科课题优秀课题。

走过南北东西,踏遍黔乡热土。四年里,沿河城乡面貌日新月异,父老乡亲的日子越过越好,心中由衷感到高兴。

四年里,我被贵州省委表彰为"全省脱贫攻坚优秀共产党员",被张家港市委、市政府授予"担当作为好干部"并记个人三等功,被沿河土家族自治县委、县政府表彰为第三届"乌江先锋"并入选"铜仁脱贫攻坚群英谱",获评"江苏好人",入选第三届中国优秀扶贫案例报告会"最美人物"优秀案例。由我任组长及书记的江苏省对口帮扶铜仁市工作队沿河土家族自治县工作组及党支部,先后被表彰为铜仁市、贵州省脱贫攻坚先进集体和"全省脱贫攻坚先进党组织"。

11月23日,贵州省人民政府公告:包括沿河在内的最后9个深度贫困县正式退出贫困县序列,这也标志着全国832个贫困县全部脱贫摘帽。

能够全身心投入脱贫攻坚这个"没有硝烟的战场",打赢深度贫困歼灭战,实现土家族整族脱贫,与沿河干部群众共同品尝战贫之艰辛,收获决胜之喜悦,这是我这个"扶贫老兵"四年战贫最大的心愿、最大的自豪。

【人物小传】陈世海,现任张家港市政协党组成员、副主席,江苏省对口帮扶贵州省铜仁市工作队沿河土家族自治县工作组组长、党支部书记,挂职任中共沿河土家族自治县委常委,县人民政府党组成员、副县长。陈世海从事南北挂钩合作扶贫期间,2009年被江苏省苏北发展协调小组授予"江苏省南北挂钩合作先进个人",被宿迁市委、市政府授予"南北共建园区先进个人(2007—2009年度)";2010年被宿迁市政府记二等功并授予"宿迁市荣誉市民"称号。从事东西部扶贫协作期间,2018年被贵州省委表彰为"全省脱贫攻坚优秀共产党员";2019年被铜仁市委宣传部表彰为铜仁市脱贫攻坚群英谱(基层干部先进典型),被沿河土家族自治县委、县政府授予第三届"乌江先锋"荣誉称号,被张家港市委、市政府授予"担当作为好干部"并记三等功;2020年被江苏省委宣传部、江苏省文明办命名为"江苏好人(敬业奉献)",并入围全国脱贫攻坚奖(创新奖)通过初评候选对象名单;入选人民网、《中国扶贫》杂志社联合主办的第三届中国优秀扶贫案例报告会"最美人物"优秀案例;任组长的工作组2018年被铜仁市扶贫开发领导小组表彰为铜仁市脱贫攻坚先进集体,2019年被贵州省扶贫开发领导小组表彰为贵州省脱贫攻坚先进集体;任书记的工作组党支部2020年被贵州省委授予"全省脱贫攻坚先进党组织"称号。

(众望新闻　2020年12月28日)

参考文献

[1] 潘建中．积极推进新时代基层文明实践［J］．唯实，2019（8）：79-80．

[2] 刘淑兰，连文．协调发展理念下乡村文化扶贫的现实困境及路径选择：以福建省为例［J］．中共福建省委党校学报，2019（3）：127-134．

[3] 王雪梅．新时代中国贫困地区文化扶贫问题研究［D］．兰州：兰州理工大学，2019．

[4] 李江．乡村文化扶贫中农民主体性及实现路径研究［D］．成都：中共四川省委党校，2019．

[5] 杜玉霞．文化精准扶贫视角下农家书屋建设与运行策略：以盐都区为例［J］．图书馆学刊，2019，41（4）：35-41．

[6] 雒树刚．探索新时代文明实践中心建设"湖湘经验"［J］．新湘评论，2019（6）：5-6．

[7] 陈世海．扶贫攻坚，打造东西协作的升级版［J］．群众，2019（3）：28-29．

[8] 罗锦丽．新时代中国特色社会主义思想对发展马克思主义的意义——评《大国治道：中国特色社会主义战略布局的理论视域》［J］．中国教育学刊，2018（10）：131．

[9] 刘安荣．刷脸就能进！读书不打烊！全国首家24小时主题自助图书馆来啦！［J］．贵图学苑，2018（3）：30．

[10] 庞好月．新时代背景下农村文化扶贫问题探究［J］．山西农经，2018（13）：32-34．

[11] 黄建新．迈步在绿色生态的康庄大道上：康县精准扶贫精准脱贫工作综述［J］．发展，2018（6）：14-18．

[12] 吴璇．公共图书馆文化精准扶贫研究：以巴州图书馆为例［J］．西域图书馆论坛，2018（2）：27-28，62．

[13] 孙佳琦．广东山区农村文化扶贫的问题研究［D］．广州：仲恺农业工程学院，2017．

[14] 丁士军，王妙．新时期文化扶贫的有效路径探析［J］．学习与实践，2017（10）：122-126．

[15] 李如文．实施精准扶贫战略 实现"十三五"规划目标［J］．学

理论，2017（7）：29-31.

［16］张莉. 中国东西部地区扶贫协作发展研究［D］. 天津：天津大学，2015.

［17］樊瑞科. 大众文化视域下的当代中国社会主义意识形态建设研究［D］. 长春：东北师范大学，2014.

［18］蒋筠. 弘扬红色精神　加强德育教育：在新形势下革命纪念馆如何加强未成年人思想道德建设［J］. 改革与开放，2014（5）：84-86.

［19］习近平. 更好推进精准扶贫精准脱贫　确保如期实现脱贫攻坚目标［N］. 人民日报，2017-02-23（01）.

［20］李婧. 习近平提"精准扶贫"的内涵和意义是什么［EB/OL］.（2015-08-04）［2020-10-20］. http://politics.people.com.cn/n/2015/0804/c70731-27408438.html.

［21］张祖平. 新时代文明实践中心与乡村振兴［N］. 中国青年报，2019-03-06（07）.

［22］李禹萱. 精准扶贫战略下图书馆文化扶贫模式创新研究［J］. 河南图书馆学刊，2018，38（10）：76-78.

［23］严贝妮，万尹菲. 我国省级公共图书馆文化扶贫的模式研究［J］. 图书馆理论与实践，2018（9）：1-5，12.

［24］顾润德. 文化精准扶贫战略下农家书屋阅读推广研究［J］. 图书馆研究与工作，2018（5）：49-52.

［25］张慧远. 文化扶贫及其路径研究［D］. 郑州：郑州大学，2018.

［26］邱翠云. 新时代西部地区高校图书馆文化扶贫工作面临的挑战与应对策略［J］. 大学图书情报学刊，2018，36（6）：10-14.

［27］朱爱娥. 精准扶贫视角下农家书屋的可持续发展研究［J］. 图书馆学刊，2017，39（12）：54-57.

［28］龚菲，王尧. 精准扶贫背景下地方高校图书馆文化扶贫研究：以吉首大学图书馆为例［J］. 情报探索，2016（5）：39-41.

［29］邓文飞. 当前湖南省农村扶贫工作的现状与对策思考［J］. 农村经济与科技，2015，26（10）：212-213.

［30］郑瑞强，曹国庆. 基于大数据思维的精准扶贫机制研究［J］. 贵州社会科学，2015（8）：163-168.

［31］文芳，吴青林，黄慧玲. 精准扶贫视角下农家书屋的发展路径研究［J］. 出版广角，2017（14）：43-45.

［32］李小红，段雪辉．外力参与贫困村振兴的治理模式演进［J］．理论探讨，2020（4）：171-176．

［33］高强．脱贫攻坚与乡村振兴有效衔接的再探讨：基于政策转移接续的视角［J］．南京农业大学学报（社会科学版），2020，20（4）：49-57．

［34］付寿康，李忠斌．脱贫攻坚与乡村振兴统筹衔接的策略研究：以湖北省为例［J］．改革与战略，2020，36（7）：102-110．

［35］吕方．脱贫攻坚与乡村振兴衔接：知识逻辑与现实路径［J］．南京农业大学学报（社会科学版），2020，20（4）：35-41．

［36］杨章文．十九大以来国内乡村振兴战略研究：文献回顾与未来展望［J］．当代经济管理，2020，42（7）：9-16．

［37］刘天浩，刘少春．脱贫攻坚和乡村振兴耦合形势下驻村帮扶存在的问题与对策研究［J］．山西农经，2020（13）：1-3．

［38］李博．后扶贫时代深度贫困地区脱贫成果巩固中的韧性治理［J］．南京农业大学学报（社会科学版），2020，20（4）：172-180．

［39］张宜红．接续推进全面脱贫与乡村振兴有效衔接［N］．江西日报，2020-04-20（10）．

［40］朱永新．推进全面脱贫与乡村振兴有效衔接［N］．人民日报，2020-09-22（05）．

［41］朱黎生，王绍德．推进全面脱贫与乡村振兴有效衔接［N］．经济日报，2020-08-24（11）．

［42］陈文胜．脱贫攻坚与乡村振兴有效衔接的实现途径［J］．贵州社会科学．2020（1）：11-14．

［43］张琦．稳步推进脱贫攻坚与乡村振兴有效衔接［J］．人民论坛，2019（S1）：84-86．

［44］汪三贵，冯紫曦．脱贫攻坚与乡村振兴有效衔接的逻辑关系［J］．贵州社会科学，2020（1）：4-6．

后　记

一年前的今天，2020 年 11 月 23 日，贵州省人民政府宣布，包括沿河土家族自治县在内的贵州省最后 9 个深度贫困县退出贫困县序列。这不仅标志着贵州省 66 个贫困县实现整体脱贫，也标志着全国 832 个贫困县全部脱贫摘帽，全国三大攻坚战之一的脱贫攻坚战圆满收官！

沿河土家族自治县退出贫困县、贫困人口清零，意味着全国武陵山集中连片特困地区的贫困县全部脱贫摘帽，江苏省对口帮扶和支援地区的最后一个贫困县打赢深度贫困歼灭战，全国850多万土家族人口整族脱贫！

我从 2007—2010 年开拓江苏省南北挂钩合作，到 2017—2021 年投身全国东西部扶贫协作，作为一个两度投身扶贫事业、帮扶时间前后达 9 个年头的"扶贫老兵"，此时的心情，百感交集、难以言述。

作为脱贫攻坚战的亲历者、见证者、探索者、奋斗者，我应当把这样一项伟大壮举忠实、完整地记录下来，让更多人通过张家港县域帮扶推动区域经济社会协调发展的实践探索，更为直观地了解减贫治理的中国样本为全球减贫事业做出的重大贡献。

我的领导、同事和朋友们的无私帮助，于本书之成稿助力颇多。特别是苏州援宿干部、江苏省对口帮扶贵州省铜仁市工作队及各兄弟区县工作组的战友们，以及全体援铜专业技术人才。后方单位和社会各界全力支持，共同决胜脱贫攻坚这场"没有硝烟的战役"，一个个动人的扶贫故事，为本书提供了丰富的写作素材。赵中华、黄建浩、张黎军等同志，为成书做出了很大贡献。另外，孙佳颖同志为本书出版提供了极大帮助。苏州大学是我的母校，能在苏州大学出版社出版本书我感到很幸运。在此一并感谢。

陈世海
2021 年 11 月 23 日于似无为室